霍华德·休斯传

HOWARD HUGHES

（美）彼得·布朗 （美）佩特·布罗斯科 _ 著 刘科 _ 译

新 星 出 版 社 NEW STAR PRESS

献给我的母亲弗朗西斯·桑德斯·布朗和

我的岳母海伦·霍尔盖特·特维德尔

——彼得·布朗

献给我的父母克劳德·黑格和黑兹尔·黑格

——帕特·布罗斯科

小休斯与他的母亲阿伦娜。他们的关系对休斯的生活有着深远的影响，包括休斯对于女性的态度。

休斯的父亲，老霍华德·休斯。他是一个冒险家、发明家，在商业上十分成功，但却是个失败的丈夫和父亲。

12 岁时，休斯与自己制作的电动自行车。

25 岁的休斯已经成为好莱坞的大亨。

比莉·德芙，默片时代美国"最漂亮的女孩"，也曾是休斯生活中的女主角。

孩子气的、迷人的休斯。比莉·德芙拍摄于 1929 年左右的一次游艇旅行期间。

作为导演、制片人，休斯在空战史诗电影《地狱天使》的拍摄现场。

1930年6月30日，《地狱天使》首映式在古鲁曼中国大戏院举行，吸引了成千上万的观众。

休斯与金发丰乳的珍·哈露。珍·哈露是休斯在好莱坞发现的第一位演员。

金格尔·罗杰斯与休斯相识于1933年，随后她接受了休斯的订婚戒指。

休斯在法院的证人席，就1936年7月的一场车祸接受调查。

休斯和凯瑟琳·赫本。

20世纪30年代，休斯打破
了一连串飞行纪录，这也
使他成为家喻户晓的飞行
英雄。

休斯和他的助手诺亚·迪艾克里特，在为了庆祝休斯于 1938 年完成的环球飞行而在休斯敦举办的庆功宴上。

休斯在臭名昭著的西部片《不法之徒》（1943）的拍摄现场。

1948 年，休斯成为雷电
华电影公司的负责人。

简·拉塞尔，因在电影《不法之徒》
中展现丰满胸部而出名。此后她
还出演了休斯主导的多部电影。
这张照片取自电影《澳门》(1952)。

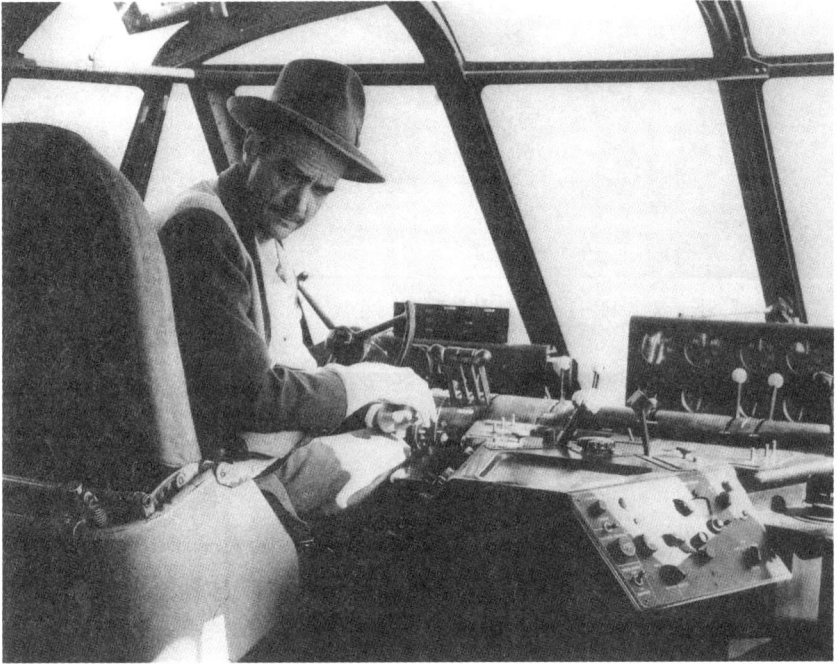

1947年11月4日，休斯驾驶两百吨重的"云杉鹅"号飞机，完成了创造历史的飞行。

"大力神"号，又名 HK-1、"云杉鹅"号，在战争时期用于运输军队。

泰瑞·摩尔，年少无知时迷恋上休斯，但他们从未交换结婚戒指。

1946 年 8 月，休斯与艾娃·加德纳在洋基体育场观看比赛。

休斯晚年。照片大约拍摄于 20 世纪 50 年代。

目 录

本版介绍

当《霍华德·休斯传》于一九九六年出版的时候，我们将其称为一部修正版的传记。许久以来，与那些庸俗不堪的标题新闻、晚年生活的种种传闻以及他在一九七六年以七十一岁的年龄离奇而不幸地去世相比，这位卓越非凡的人所取得的那些卓越非凡的成就会显得黯然失色许多。我和我的同伴彼得·哈利·布朗试图将这位亿万富翁隐士最后一段生命里的那种令人同情的形象——凌乱的头发、皱巴巴的皮肤、褥疮缠身——生动而立体地刻画出来，这位至关重要的性感男人，他那漫无边际的想象力，他那先驱飞行员的勇敢无畏，他以天才商人的智商为美国做出的杰出贡献，以及他那至今仍然意义深远的影响力。

当我和彼得着手对霍华德·罗博德·休斯的人生、时代和秘密进行深入探究的时候，我们并没有意识到，这部人物传记的材料搜集需要在美国的东西海岸之间进行无数次的奔波，而其间还会有太多的地方要一一拜访。霍华德·休斯的足迹似乎无处不在。

他的兴趣如此广泛多样，他的人生篇章如此绚丽多彩。我们发现，我们必须从得克萨斯州的石油繁荣（这是休斯家族暴富的原因）、好莱坞早期的景象到航空业起步时的胆大妄为等一一进行探究。我们观看了他执导、制作和监制的电影（有些电影非常好，但也有一些实在糟糕）。我们翻遍了布满尘埃的图书馆书架和档案袋，熟读了那些年久发黄的法庭记录。我们请求那些了解休斯的人与我们分享他们的故事——当然，我们所听到的一切是如此美不胜收，又如此真实生动，所以，我们的一切努力都是值得的。

在可能的情况下，我们还走访了他常去的那些地方。

我们常常手持笔记本，仔细探访他的公司总部所在的那幢朴素的大楼（位于洛杉矶，以其地址"洛美因七〇〇〇号"而闻名），找来旧地图寻找他在南加州各地秘密买下的那些府邸。我们也曾亲自沿着这个神秘的家族在休斯敦的旧宅里灰尘厚积的楼梯拾级而上，我们在猜想，在父亲长期缺席的家庭里，儿时的霍华德作为这个家庭唯一的孩子，他在庄园里的生活是一幅怎样的场景？一些上了年纪的老休斯敦人回忆说，霍华德是一个害羞的男孩，他常常一个人孤独地摆弄着各种各样的机器，比如，他在十一岁时独自制作的无线广播装置。

我们的调查开始于二十世纪九十年代初。曾经为休斯创造了飞行奇迹的"云杉鹅"号与加州长滩上停放的"玛丽皇后"号一起被放了一个恒温的穹顶下，这里已经变成一处旅游景点。我曾经如朝圣般来参观过这架庞大的飞机——它被认为是休斯钢铁般的意志、烈火般的热情和着魔般的痴迷的最好见证。更不用提他对机械和技术的热爱。我至今仍保留着那次参观的纪念明信片。

仅就创新之大胆来说，"云杉鹅"号从未被超越。

同样的评语，也可以用来概括休斯的一生。

或许正是因为这些，他在去世几十年以后仍然在我们这个星球上投下了巨大的影子。

是的，休斯将作为二十世纪最伟大的怪人而被世人永远铭记。越来越多的人认为，他广为人知的，不再是他的古怪举止，而是他那非同一般的技术敏感度。

作为环球航空公司的创办人，他一手促成了这家伟大的航空公司向商业航空公司的转型，甚至具体到航空餐和机内娱乐等便利设施的改进。他的休斯飞机制造公司开启了高科技系统的新时代，而整个高科技系统都从休斯的电子创新（包括他在一九三八年那次占据了各大报纸头版头条的"环球飞行"中开发出来的无线电设备）中获益匪浅。他留下的卫星设备至今仍是最高的技术标准。

与此同时，霍华德·休斯医学研究所——一家私人研究机构，是休斯为他的休斯飞机制造公司创立的逃税庇护所——正在为数百位二十一世纪生物学家和遗传学家提供资金资助。创办时，该研究所的捐赠基金超过一百二十亿美元，这家仅次于比尔·盖茨基金会的慈善机构为囊性纤维化、肌肉萎缩症、艾滋病、白血病以及其他疾病和残疾提供研究基金。

休斯那个流浪的灵魂还曾在内华达沙漠里那流光溢彩的赌城驻足。如今，拉斯维加斯那些机灵诡诈的人只不过是在继续霍华德·休斯的梦想而已——他的梦想突然中断于他那庞大的商业帝国的分崩离析，此后，他本人也陷入了精神崩溃。

至于他的电影制片人和电影公司老板的身份，他在电影方面的巨大成就相对于他那神话般的环球飞行、高科技创新和艾滋病研究，简直不值一提。但电影让他受到世人的交口称赞：他给世界贡献了珍·哈露和简·拉塞尔。在他的西部剧情片《不法之徒》中，他把摄像头对准了拉塞尔丰满的乳沟，为此，他打了一场勇猛的审查战，保证了票房的一路飘红。如今的色情文化应归功于他那一流的战斗力。

作为霍华德·休斯的立传人和死忠粉丝，我们——和文明世界的其他人一起——将继续为我们的偶像倾倒，继续对他持续的影响力充满敬畏。我们会继续探索他的一生：在出版《霍华德·休斯传》之时，我们惊讶而激动地收到了一些原先已经拒绝我们采访的人写来的邮件。在阅读了本书的书稿之后，他们积极地与我们分享他们记忆中的往事。霍华德的一些朋友甚至变成了我们的朋友。（让我们没有想到的是，我们会与休斯在默片时代的爱人比莉·德芙保持联系。在比莉去世之后，她的女儿邀请我们为洛杉矶的美国电影艺术和科学学院编辑、整理比莉生前所有的信件和照片。）我们期待着休斯更多的生前好友与我们联系，尤其是在这部新的传记出版之后。

霍华德·休斯是一个善良而传奇的人，他站在现代人性的对立面，他留给世人的绝不是十五分钟的综艺新闻所能概括的。

他仍然是不断为我们带来惊喜的那个人。

这正是他的神秘一直经久不衰的原因。

帕特·布罗斯科

序幕：洗劫古堡

一九七四年六月五日，加利福尼亚，好莱坞。

西海岸的薄雾轻轻地荡漾开来，渐渐地弥漫了整座城市。艺术装饰公司的古堡就坐落在洛美因大街七〇〇〇号。在朦胧的薄雾的笼罩下，这个庞然大物看上去阴森森的。保安迈克·戴维斯禁不住打了个寒战，赶忙把身上的飞行夹克裹紧了些，然后，他顺着这座古堡的外墙走下去，开始依次检查那些已经关闭了四十年的门窗。走到门口时，他习惯性地看了下手表。时间刚好是十二点四十五分，换班的时间到了。

可是，就在他打开门的一瞬间，"一件硬邦邦的东西"顶住了他的腰。他不敢反抗。"我想他们有武器，而我什么也没有。"事后他解释说。

"放我们进去！"戴维斯听见背后有人命令他。然后，这帮人——至少有两个人，或许有四个人——走进了这座被认为固若金汤的建筑。戴维斯的一个同事曾将其称为"巴士底狱"。

"别多事，不许乱看！"有个人警告戴维斯。听到这个命令，戴维斯马上侧身趴在地上。有个人绑住了他的手，另一个人蒙上了他的眼睛，有人用一块厚厚的胶布粘住了他的嘴。

第一步的行动干脆利落，一切都很顺利。

没有触动任何报警仪，也没有进入任何监视器的摄像头，在午夜时分的好莱坞大街，这帮人在没有引起任何人注意的情况下，轻而易举地攻占了这座带有传奇色彩的城堡——它的主人就是神秘莫测的亿万富翁霍华德·罗博德·休斯。这座城堡曾被认为是全洛杉矶城里最坚不可摧的商业建筑，整天都有一大队的秘密侦探日夜巡逻，可如今，想要闯进这里就像冲进一家杂货铺一样轻而易举。

戴维斯努力地听着，那帮人举着火把，推进了一辆手推车。透过蒙眼布的缝隙，戴维斯看到了其中一个男人的衣服上绣有"联邦海军"的字样。

这伙强盗似乎对这座城堡的结构和布局了如指掌，他们如入无人之境般地走进了常人无法进入的禁地。他们进入所有的办公室，把几百个文件柜翻了个底朝天，然后又擎着火把，闯入了几十年都没有开过门的地窖。洛杉矶警察局后来透露说，其中有几间办公室的门是被他们用钥匙打开的。整整四个小时，他们都在这座城堡里翻箱倒柜，四十五年来，这里埋藏着霍华德·休斯心灵最深处的所有秘密。

不需得到任何人的允许，他们就粗暴地打开了霍华德最私密的保密箱——默片时代和银幕时代的弹簧双门——这位唐璜先生曾经与无数的银幕巨星发生过数不清的惊人艳遇，早在无声电影时代，他的风流生涯就已经开始了。

凯瑟琳·赫本写给他的炽热情书被粗心地散落了一地，旁边还有艾娃·加德纳怒气冲冲的电报、伊冯娜·德·卡洛寄给他的明信片，当然也还有拉娜·特纳送给他的便条。

地上散落的还有几百张照片，那是简·拉塞尔的胸部特写。这些照片的中间，是一本充满了甜蜜回忆的带注释的儿童读物，那是泰瑞·摩尔送给休斯的礼物。同时散落地上的，还有一个信封，上面依然散发着淡淡的紫罗兰的香气——它是美国时尚界的名流格罗里娅·范德比尔特的纪念物。到处散落的还有成堆的收据，虽然有的票据已经褪了颜色，但是它们依然记载着休斯无数的浪漫艳遇，比较有名的当数金格尔·罗杰斯、艾娃·加德纳、苏珊·海华德和范德比尔特等，当然更少不了霍华德的那位最难以捉摸的情人——热力四射的影星菲斯·多默格。

在一个破旧不堪的旧文件袋里，这帮入侵者发现了数不清的花花绿绿的饭店账单，那都是休斯在墨西哥的旅游胜地阿瓜卡连特度假时的风流债。在那里，休斯终于把珍·哈露搞到手，两人还上了床。是他让哈露在电影《地狱天使》中担任主角，而她则因此一举成名。

但是有一个紫色的首饰盒，却没被强盗们发现。这个首饰盒里装满了订婚戒指——它们曾经是默片女皇比莉·德芙、金格尔、艾娃、凯特、拉娜、菲斯、凯瑟琳·格雷森和大名鼎鼎的社交女王布琳达·弗雷泽的心头最爱，可后来却都被退了回来。

在大厅的后面，入侵者们找到一个桃木柜子，里面被各种文件塞得满满的，与其说是成百上千份的文件，倒不如说是成百上千份的监视报告更准确些。这些报告里记载的监视对象都是一些不入流的小影星，虽然容貌绝美、倾国倾城但却籍籍无名。在五十年代，她们都曾经被休斯金屋藏娇，准确地说，她们只是休斯的秘密情人中的一部分。还有一些文件，分门别类地记载了一些豪宅、庄园、海滩别墅和豪华饭店的地址——那里都曾经记载了这位性情乖僻的亿万富翁留下的无数风流韵事。

柜子里面还装有四百多份剪报，由于年代久远，这些剪报的纸张已经泛黄了。柜子的陈列架上，依次排列着休斯的各种飞行奖杯和全国各个城市的荣誉金钥匙。这些都记录了这位空中英雄在过去的几十年里的丰功伟绩。

可是这些入侵者似乎并不在意休斯私人房间里的这些东西，他们手举火把，穿过两个大厅后，来到一个充满现代气息的房间。烟雾渐渐散去，他们也开始兴奋起来。这就是他们寻找了好久的猎物。就在这个房间，入侵者们找到了两个蓝色的真皮文件盒，其中一个文件盒的上面，赫然标着"联邦调查局，副本"的字样。

"就是这个！"戴维斯听见其中的一个入侵者低声吼道，"肯定是这个。"

打开厚厚的蜡封涂层，他们把里面的文件一股脑地倒在地板上，在暗淡的灯光照耀下，认真仔细地检查着。这盏纱灯是休斯拍摄《地狱天使》时留下的古董，但这并不是他们要找的猎物。

这笔宝藏是埃德加·胡佛亲自送给休斯的，他声称这是出于"对您的敬意"，文件记载着一九四三年到一九四六年之间FBI对休斯的各个爱巢和他在曼哈顿饭店包房的全部窃听记录。这次间谍活动可以说是美国间谍史上最为"无礼"的一次行动。这份报告详细记录了这位亿万富翁与拉娜·特纳、艾娃·加德纳和伊冯娜·德·卡洛共度良宵时的所有细节。当然也包括休斯这头"孤独的狼"的行动宣言。

"一文不值。"一个入侵者含糊地说。

最终，他们在一个小保险柜里找到了自己的猎物——一大堆毫不起眼、纸张泛黄的法律文书，还有休斯和CIA之间的合同以及休斯的一些亲笔手稿。这些文件上的字迹虽然有些潦草，却忠实地记录了休斯在拉斯维加斯的总部与理查德·尼克松的"白宫卫士"之间的全部电话的通话内容。

那些入侵者抓起CIA的档案，塞进了粗呢布袋里。一阵手忙脚乱之后，有几份重要文件侥幸脱逃，其中就有休斯同CIA签署的那份合同，在合同中，他们决定由休斯在海底为中央情报局建造一座庞大的间谍站。而在这份合同中，休斯也明确表示，甘愿为这个有史以来最昂贵的间谍战略计划铺路架桥，但它就这样不经意地溜到桌子底下，静静地躺了好几天。

他们把与尼克松有关的档案袋也装进了口袋，但却没有意识到这些绝密文件可以证明一个事实：正是休斯和尼克松总统之间错综复杂的经济三角关系，才引发了"水门事件"和随之而来的一系列悲剧。他们当然也不可能知道，那张纸条是休斯驻华盛顿代表罗伯特·班尼特送来的，它结论性地证明了美国总统办公室那盘录音带中被抹去的十八分钟，包括总统和他的助手霍尔德曼之间的对话内容，谈话涉及尼克松和休斯之间不为人知的权钱交易。而另一张纸条上虽然只有短短的五行字，却可以证明班尼特就是那个声名狼藉的泄密者。就是他向《华盛顿邮报》的记者鲍勃·伍德沃德和卡尔·波恩斯坦披露了所有的秘密，而后者则根据他的叙述，发表了历史性的政治秘闻录《总统护卫》。

这些入侵者到底是对"水门事件"还是对休斯和CIA之间的关系感兴趣，一切还不得而知。但这些贼人心满意足了。保险箱里的东西被他们洗劫一空，他们还把休斯亲手写过的一百多张黄色法律表格揣进自己的口袋，然后，不声不响地溜出了大厦，再也没有任何人发现过他们的一丝行踪。直到现在，洛美因大厦失窃案依然是一桩悬案。

当休斯得知自己的一方净土遭到了抢劫的时候，他并不在乎被抢走的十万美元的现金和他悉心收集的一大车稀有的南美蝴蝶标本，甚至他和尼克松还有CIA之间的记录他也没有太在意。他最恼火的，是他的情书、监视记录还有他跟他的两任妻子——休斯敦社会活动家埃拉·莱斯以及影星简·皮特斯之间的电报竟然被他们抢走这个事实。最后，当他被告知他的私人日记还完好无损时，休斯立刻派人把这些日记送到银行的保险柜里，它们又在那里静静地躺了六年。

通过三年进展缓慢的调查，我们发现了一系列亲密激情的线索。我们拿到了CIA的传真和与"水门事件"相关的档案。这些材料告诉我们，霍华德·休斯的产业和权力到底有多大，进而也为我们详细地研究他一生提供了大致的框架。我们阅读了上万份材料，为了拿到这些材料，我们和休斯家族巧妙激烈地"战斗"过很多次。我们又对六百多位有关人士进行了采访，而他们分别遍布美国的十五个州，还有的远在墨西哥、欧洲和加拿大。我们所做的一切努力，只是为了捕捉那个二十世纪最隐秘最不可捉摸的灵魂内心深处的秘密。

这部传记提供了一个内部的视角，记录了这个人如何从声名鹊起走到声名狼藉，以至于最终误入歧途。这也是一部好莱坞的史诗，从喧嚣的二十世纪二十年代到崇尚流行时尚的四十年代，霍华德·休斯一直被认为是好莱坞最性感和最不可抗拒的男人。

这个故事中涉及不可思议的巨额财富：价值数百万的珠宝堆在艾娃·加

德纳、伊丽莎白·泰勒和金格尔·罗杰斯的脚下；还有世界上最豪华的游艇，以及来自空中的诱惑。

这个故事还记录了现代版的妻妾成群——性感美女，其中不少人还是正值豆蔻年华的妙龄少女，她们最终发现自己成了重金打造的金丝笼中的小鸟却无力自拔，能做的只有等待，等待着来自那位富有传奇色彩的亿万富翁的遥远的召唤，尽管这种等待的结果往往是徒劳。

故事中的主角拥有不可思议的能量，连理查德·尼克松都因为对他难以抑制的恐惧而下台；故事中的主角是一个空中冒险家，航空界的面貌因他而改变。但与此同时，故事中的主角在公众的眼中又是那么害羞和胆小，每一次跨出别墅对他而言，都需要勇气。

故事中的主人公是一名出身高贵、相貌英俊的继承人，离开这个世界时却无人理睬；他的两次理想婚姻都被婚内不忠、洛丽塔和一个男人孜孜不倦地寻求理想情人毁掉——他要寻找的理想情人要和他母亲一样漂亮和性感。

这是一个从来没有人讲述过的故事。

皇冠下的王子

这是奥斯卡·诺兹华斯医生经历过的最艰难的一次分娩。

这是一九○五年的圣诞前夜，在休斯敦，大多数家庭都在为这个盛大节日的到来做着最后的准备。然而，阿伦娜·加诺·休斯此时却躺在浸会医院的产床上，忍受着分娩的折磨。时间已经过去了九个小时，其间有好几次，她已经失去了知觉，身边的助产士越来越紧张。更叫人焦虑的是，黎明时分，她又出现了大出血。诺兹华斯医生立即通知两位专家，要他们做好准备，因为产妇随时可能需要进行抢救。

阿伦娜的丈夫霍华德·罗博德·休斯忍受着同样的折磨，他正在病房大厅里焦急地踱来踱去。他看上去还很年轻，瘦削精干，衣着得体。身上穿的是私人定制的布克兄弟牌西服，鼻子上架着一副无边眼镜。诺兹华斯医生几次抽空，从产房里走出来安慰他，然而休斯却仍然感觉大事不妙。他和妻子结婚才十八个月，如今她却躺在产房里奄奄一息，而孩子却迟迟不肯露面——他是多么想要一个孩子啊！

好在，在最后的关键时刻，外科医生止住了大出血，救了阿伦娜母子一命。孩子终于出生了，可是他已经对妈妈的身体造成了无法弥补的伤害。她再也不能有第二个孩子了。小霍华德·罗博德·休斯将成为这个家里唯一的孩子。

医生给霍华德几分钟的时间，让他去探望他那可怜的妻子。她躺在恢复室里，一头褐发凌乱地堆在苍白的脸颊上。这一刻成了霍华德一生中最重要的时刻：看着他那疲惫不堪的妻子，再看看白白胖胖的儿子，他的心头为之悸动。就像他的弟弟、电影编剧鲁伯特·休斯后来写到的："他终于下定决心去干一番事业，尽管他那时还毫无前途可言。"

当时，休斯已经三十六岁了。他出生在一个破落家庭，此前一直没有固定的工作。自从十年前辞去了前程渺茫的律师工作之后，这些年来他一直过着动荡不安的生活。他不断地变换着工作，从爱荷华的侍应生，到科罗拉多的新闻记者，再到俄克拉荷马和密苏里的采矿工，各种各样的工作他都尝试过。跟那些整天泡在密西西比渡船上的赌徒一样，他靠着那副天生英俊的脸庞和与生俱来的特殊魅力一天天地混日子。白天，他在肮脏的矿坑里干活；晚上，他就去酗酒、打牌、泡妞。日子一天天地过去，除了一堆不值钱的废铜烂铁、一套对付女人的好手段和一身打牌的功夫之外，休斯一无所有。

然而，四年前的一九〇一年，休斯的生活发生了转折。当时，他还在密苏里当矿石粉碎员，突然有一天，一条消息迅速传开，有一群人在得克萨斯州的斯宾德累托普钻岩时，意外地发现自己所在的地方竟然是一片大油田。这个发现不仅从此改变了得克萨斯州的命运，也改变了休斯的一生。

"我听见别人在乔普林狂喜的欢呼。"休斯写道。他马上扔掉手中的矿镐，整理好行装，向南得克萨斯州进发。就像后来他在日记上写的那样："我的浑身油腻腻的，整个人都陷了进去。所谓的无赖、油井主、开拓者、资本家，这些人我都熟悉，因为我就是他们中的一员。"

作为一个熟练的钻井指挥员，他有着非凡的能力。每一次，他都能准确地指出所谓"软点"所在的位置，这些入口全都通向了巨大的地下油湖。可是他的收入却很不稳定。"这个月，他的银行存折上还有五千美元；可到了下个月一看，他可能反倒欠了银行五千美元。"他的兄弟鲁伯特写道。

幸运的是，有一天，当他走进达拉斯舞厅看到舞厅里的阿伦娜·加诺的时候，他的钱包还是鼓鼓的。阿伦娜是得克萨斯州最迷人的女孩。她长着一头飘逸的褐发，气质高贵而不失时髦，再加上她出身名门，求婚的人络绎不绝，可谓踏破了门槛。她的父亲是达拉斯的大法官和社交圈数一数二的人物，而她的祖父更是一名传奇人物。相传，他曾经担任美国南北战争时期联盟军的将军。她家族中还有更多显赫的人物。这个家族的第一代是法国的雨格诺教徒，早在十七世纪时，他们就已经来到了纽约。据达拉斯名人录中的记载，在她的家族中，大多数女孩子都嫁给了有钱有势的如意郎君。从她一出生，人们都认为阿伦娜也不会例外。然而，"她居然嫁给了一个当时还看不出有任何前途的丈夫。"她的妹妹安妮特回忆道，"我姐姐的确很固执，她只为爱情而结婚。在那个年代，很少有人会这样做。"

　　霍华德不但赢得了阿伦娜的芳心，还在整个欧洲大陆都引起了轰动。他带着新婚妻子去度蜜月，英国、法国、意大利都留下了他们的足迹，他们的花费平均下来，每天都有两千美元之多。一九〇四年的这次旅行总共花了四万九千一百多美元，回到家时，休斯已经身无分文。除了从国外带回的一大箱高级礼服、一大串钻石和一块白金手表之外，他是真的一贫如洗了。

　　克劳福德街一四〇四号是休斯家的第一套房子，这套房子是一套四居室。对于休斯来说，这套房子留给他的，只有失败的回忆。这套房子位于休斯敦城东区一条肮脏的巷子里，周围全是刚刚兴起的、不断扩张的城镇，有的街道还没来得及被正式命名就已经投入了使用。街道的两边全是银行和饭店，而那些靠石油起家的暴发户也把他们的豪宅建在这里，好多豪宅完工还不到半年。然后就是休斯敦运河，河面上总是蒙着一层薄雾般的水汽，在氤氲的水汽中，河边随时泊满了巨大的油船。每天，石油都以每分钟六万桶的速度，日夜不停地倾注到船上的储油罐里，就连在平安夜也不例外——就像休斯在一九〇五年的平安夜回到家里时看到的那样。这一夜对他来说有着里程碑般的意义，因为他有了自己的孩子。

　　休斯认识的每一个人都越来越有钱。一个月之前还跟他在一块儿抢矿镐的兄弟，如今也穿上了昂贵的羊毛套装，就连那些曾经跟他一起混日子的牌友，也能给他们的妻子买得起昂贵的巴黎礼服和鸵鸟毛装饰的高档礼帽了。在一九〇五年的平安夜，就在这一夜，随着儿子的呱呱落地，休斯终于良心发现，他这个当爹的一无是处，每一天，他不是在打井机周围的帐篷里打牌找乐，就是拼命追逐各种各样的女人。

一切都会好起来的，他暗下决心。休斯一把抓起一盒哈瓦那雪茄，又拎起了一瓶白兰地——为了这一天，他已经等了很久了。他冲到隔壁的休斯敦第八消防站，那里有他的兄弟，还有牌桌。消防队长一眼就看到了他手中的雪茄，马上就对休斯露出了会心的微笑，然后转头大喊一声："伙计们，敲钟！"消防站大铜钟的响声顿时响彻云霄。尽管这是一个阴冷潮湿的冬夜，附近的消防队员在听到钟声后，还是全都从站里钻了出来。

所有的人都围上来，争相哄抢着休斯的雪茄和白兰地。休斯举起了酒杯："为了我的儿子，干杯！"然后他乘上一辆马车，连夜赶到市中心的西部联合电信局，在那里，他给亲属们发了数十份报喜的电报。不管是他在爱荷华的父母，还是阿伦娜在达拉斯的亲戚们，很快都收到了这个喜讯。没过多久，祝贺孩子出生的电报就从四面八方雪片一般地飞来，当然也少不了亲人们送给小休斯的礼物、鲜花、银杯和婴儿穿的衣服。

后来，休斯告诉他的朋友沃尔特·夏普，从儿子出生的那一刻起，他主动结束了自己之前放荡不羁的生活。他再也不能继续过那种整天吊儿郎当、一心盼望下口井就会撞上好运的日子了，现在他必须做一些更有把握的事了。

不知不觉之间，三年过去了。休斯的生活似乎还不见起色。他还不知道，未知的好运正在不远的前方等待着他，他发明的新型钻井工具，将彻底地改变石油勘探业的现状。

在他的发明问世之前，坚硬的花岗岩地岩层一直在困扰着开矿的工人们。路易斯安那和得克萨斯的地壳都厚达两公里，而工人们手中两叉的钻头对这些坚硬的岩石束手无策。众所周知的是，就在这里，在这层厚达两公里的岩石下面，蕴藏着世界上最为丰富的油海，它会为即将到来的汽车时代、飞机时代和太空探索时代奠定基石。

直到一九〇八年，整个美国至少有十位发明家在日夜钻研，希望能够发明一种可以穿透这些岩层的钻头。数不清的尝试都失败了，只有休斯最终获得了成功。

当那些高级工程师还在绞尽脑汁地寻找一种最坚硬的钻头材料时，休斯已经有了主意：一根带有多钻头的钻井夯就是最好的工具。他从一位名叫格兰维勒·赫马森的发明家那里买了一颗钻头模型，尽管这种钻头模型在经过试验失败后已经被赫马森淘汰了，可休斯却对它有着必胜的信心。

休斯把这个钻头模型带回了他父亲位于爱荷华州的农场。一九〇八年十月二十日，他坐在儿时的小餐桌前，桌上摆放着十个软管和一把小刀。由他发明的新型钻头的模型就在这一天诞生了：这是一种多头打井机的钻头，每一个圆锥形的钻头都有一百六十六个切面，而且每一个钻头都能独立旋转。

拿到专利权后，休斯又找到了自己的新搭档夏普。夏普为这项发明拿出了一千五百美元，到一九〇九年年中，一个实物的微型模型大功告成。在休斯敦的一个废弃仓库里，两个伙伴看到他们的实物模型毫不费力地穿透了十英寸厚的花岗岩石板时，忍不住欢呼起来。很快，这种快乐就变成了震惊，因为钻头不仅钻透了花岗岩石板，还穿透了石板下面的台子，然后，又意犹未尽地在仓库的地板上打了个大洞。

一九〇九年夏天的一个清晨，休斯和他的搭档一起，捧着一个上了锁的盒子，上面还盖了一层粗麻布，登上了一辆马车，前往休斯敦近郊的古斯格里克工地。到达工地后，他们打开盒子，取出了一个奇形怪状的东西，把它接在钻杆上，然后开动了机器。短短的十一个小时，这个奇怪的东西就凿透了十四英尺厚的岩层，打出一口一千英尺的深井来——然而，同样是在这里，所有的大石油公司都曾经束手无策、望洋兴叹。

这项发明顿时使全世界石油勘探业的面貌为之一新。

在短短十年的时间里，休斯石钻，又称为休斯旋转钻头，被广泛地应用到了全世界百分之七十五以上的油井勘探上。这颗钻头也为休斯家族的财富奠定了基础，休斯一跃成为得克萨斯州有史以来最有钱的富翁。为了进一步扩大自己的财富，休斯拒绝将他的钻头用于销售。所有的石油公司，不管规模大小，都只能以每口井三万美元的价格来租用休斯的钻头（光是标准石油公司在其最初十年里就租用了将近一万五千只钻头），而一旦油井开始往外喷油，钻头就会立即被收回，送往休斯－夏普工具公司，在那里加以清洗、打磨，然后重新租借给其他的石油公司。"他真是个天才！"标准石油公司的总裁威廉姆·斯坦普斯·法里什这样称赞他，"这跟拦路抢劫者有什么两样？可不管怎么说，他真的是个天才。"

老霍华德这时还不知道，有一天，他的儿子会成为一个拥有亿万资产的王国的国王。但有一点他很清楚：钱会让人堕落。所以早在一九〇九年，工具公司的第一家制造厂落成之初，霍华德就起草了他的第一份遗嘱。在这份遗嘱里，他特别指出，他的所有家产交由夫人全权处理，并委托他的弟弟帮忙打理，而他的儿子小霍华德仅占有四分之一的份额，这份家产将被托管到他二十一岁。这时，小霍华德才刚满四岁。老休斯跟妻妹安妮特说，他担心自己的儿子会像休斯敦街头那帮富家子弟那样，成为无所事事的花花公子。

可是，他却没有机会亲自教育小休斯。那些年里，他跟从前一样行踪不定，整天行色匆匆地从一口油井赶往下一口油井。而且他的生活依然纸醉金迷，尽管在儿子出生的当天，他曾经发誓要洗心革面，可是即使在风尘仆仆地推销钻头的那些日子，他依然忙里偷闲地拈花惹草。当他发觉自己在家的日子太少，准备好好做一个丈夫和父亲时，他才发现，自己已经是那个两人世界的入侵者了。

"阿伦娜和她的儿子亲密无间，片刻不离，这种牢不可破的亲子关系非常罕见，至少我本人从来没有见过，以前没有，以后也不会再有。"达德利·夏普这样评价道，他是沃尔特·夏普的儿子，是小霍华德童年时代的密友。小霍华德的一切成了阿伦娜生活中的唯一核心，经历了苦不堪言的开矿棚生活，又在克劳弗德生活了好几年之后，阿伦娜终于苦尽甘来，然而小霍华德才是她能得到的唯一的安慰。为了把他的宝贝钻头推销到更多的地方，老霍华德经常在外面一掷千金、夜夜笙歌，而阿伦娜宠溺小霍华德的花样也层出不穷，在她的眼里，小霍华德永远是她旗开得胜的小马驹。母子俩的亲密不仅仅是精神上的，生活中更是如此。从一出生，小霍华德就和妈妈睡在一个房间，他就睡在妈妈旁边的一张小矮床上。只要小霍华德这里有一点儿风吹草动，哪怕只是发烧或是皮疹，护理医生也会马上冲进来照顾，即使是半夜十二点也不例外。

在那个年代，绝大多数的母亲已经不再沿袭维多利亚式的健康育儿方法了，而阿伦娜却不肯放弃。每天早晚她都会命令："霍华德，站好！"在他脱光衣服后，阿伦娜开始仔细地进行检查，他的牙齿、耳朵、胳膊肘、膝盖骨和生殖器，还有他的屁股，一处也不放过。检查完毕，她会接着告诉他："现在你该去刷牙了。"每天早上，她还会提醒小霍华德吃鱼肝油和矿物油，每天晚上则提醒他别忘了服泻盐。每天她还会用强碱肥皂给他洗澡，从不间断。

这种复杂的亲子关系被后来的心理学家们称为"情感乱伦"。

一九一〇年休斯工具公司的年利润达到了五十万美元，于是休斯一家搬到了休斯敦南部位于约克姆大道的一所别墅里。这里是豪华住宅区，草坪上绿草茵茵。他们全家人都加入了当地的基督教会精英会，很快就成为休斯敦地方俱乐部的活跃分子，经常热心地举办各种宴会和夏日的露天派对。不久，小休斯就到了入学的年龄，父母把他送到了当地的一所贵族学校就学，这所学校就是休斯敦普鲁索学校。

随着老霍华德在石油勘探界的不俗表现，他逐渐成为得克萨斯地区最有钱的富翁之一。与此同时，他在油田开发和天然气行业的地位也不容小觑。一九一五年沃尔特·夏普撒手人寰，老霍华德成了工具公司唯一的所有人，而他也当仁不让地把这家公司的名字改成了休斯工具公司。

老霍华德乘着颠簸的火车，从一座城市辗转到另一座城市，为自己的钻头寻找更多的市场。而身在旅途的他当然不甘寂寞，陪伴他的除了钻头，还有芳香纯正的法国香槟和浓妆艳抹的美貌女郎。与此同时，他还为他所生活的城市休斯敦创造了不少财富。他很在意自己的穿着，任何时候都是衣冠楚楚，买来的新衣服堆满了整整一个房间，里面塞满了各种名贵西装、衬衫，还有夏天穿的薄外套。

可这一切在阿伦娜看来却毫无意义，金钱和社交于她，实在不值一提。毕竟，她也是大家闺秀，出身名门。然而，财富能够把她的儿子塑造成一个真正的贵族，能够让他跟周围的那些不学无术、没有教养的暴发户的孩子明显地区别开来。邻居们曾记得，小霍华德骑着他的第一辆自行车绕着跑道跑了一圈又一圈，可当他看到小伙伴们兴奋地去参加夏令营时，眼中却流露出羡慕的眼神。

阿伦娜很清楚地知道，她的丈夫不会依她的意愿整天留在她身边，可小霍华德不一样，他没有选择。她搬出了一大套繁文缛节，让小霍华德言听计从。"小霍华德对待他母亲的态度跟我们不一样。"他的表兄、住在达拉斯的玛莎·波茨回忆说。有一次，阿伦娜为小霍华德和他的表兄弟们组织了一次驾车旅游，他们一起去了盖尔福斯顿附近的海滨。"我们到家后，都径直走回了自己的房间，可霍华德却跑到他妈妈跟前说：'谢谢妈妈，今天我们玩得好极了。'他这么做，让我们觉得自己就是一群乡巴佬。"

阿伦娜希望小霍华德能时刻待在自己的身边，却无意中使霍华德与小伙伴们日渐疏远。就像普鲁索学校校长詹姆斯·理查森所说的那样，霍华德总是被男孩子们取笑。他们说他是"娘娘腔"。理查森意识到，霍华德从小被灌输的这种思想对他的成长是不利的，于是，他督促老霍华德不要老让儿子黏着妈妈。"应该让他感觉到，他是这个世界的一部分，而不是所谓的精英分子。"

霍华德十岁的时候，阿伦娜通过自己的社会关系，顺利地让儿子当上了基督教堂会年度狂欢节的"五月之王"。上流社会的男孩子对这种"娘娘腔式的荣誉"通常都是不屑一顾，但霍华德却泰然受之。时至今日，还有一张照片记录着当时的情景：小霍华德头戴纸冠，安静地坐在王座上，他的脸上写满了轻蔑。

能够打破他这种孤僻的，只有为数不多的几个孩子。他们打破了阿伦娜在她"唯一的乖宝宝"身边筑起的无形高墙，与霍华德进行交流。而他们确实感受到了他的天分和情绪上的不安。"你总能注意到孩子间的差别，而霍华德就是与众不同。"埃尔瓦·卡尔布·杜马说，他的弟弟曾经跟六岁的霍华德一起玩过。"霍华德是个奇怪的孩子，非常害羞，非常孤僻。"达德利·夏普也同意这种说法。

在操场上，小霍华德似乎有些笨拙，但他非凡的创造力完全弥补了这一点。在留意到儿子对机械结构的超凡领悟力之后，有一次，阿伦娜骄傲地说："在他看来，一只小狗也是一台机器。"在普鲁索学校的那段时间，他把小朋友们玩的游戏都变成了自己的实验。

"一天下午，我们在达德利·夏普家的院子里荡秋千，"玛丽·卡利南·克雷文斯回忆说，"我和达德利比赛看谁荡得高。"从高高的空中看下来，玛丽·卡利南发现霍华德正在数数。"我们只顾着荡秋千。" 克雷文斯夫人回忆道，"可霍华德却试着从中推测出落地的曲线规律。虽然那时他还小，可他就是什么东西都想搞明白。"

十一岁那年，小休斯独自组装了休斯敦第一台无线通信设备。他就是用这台设备与墨西哥湾的船长们进行联络。就像达德利·夏普所发现的那样，霍华德跟踪并记录下了船上发出的信息。在终于搞清楚了那些长长短短的声音原来是莫尔斯密码之后，他一宿没睡，开始自学密码和发报。"结果，他第二天就能跟船长们交谈了。"夏普回忆说。

就像夏普说的那样，休斯可以为了一样东西而废寝忘食。"有一天，我们两个决定去买萨克斯上音乐课。一开始，休斯吹的净是些奇怪的声音，可他没日没夜地练了几星期之后，就吹得悠扬自如了。"

由于休斯对萨克斯的迷恋，他还出过一个小事故。有一次，学校带孩子们到布拉索斯河边野营，霍华德偷偷地带上了他的萨克斯管，由于他把萨克斯管藏在了衣服里，所以没有人注意到。半夜三点，营长罗伯特·布赖森出来巡视时，恍惚听到附近不明的号叫声，一声接着一声，响亮而怪异。循着声音走过去，他发现小霍华德正笔直地坐在他的小帐篷里，吹着萨克斯的和音。

布赖森给休斯记了四次过，还罚他第二天晚上站岗。"这一回吹萨克斯时，一定要小声点儿！"布赖森警告霍华德。

老休斯为儿子在主房后面盖了一个工作间——一间棚子，里面黑暗又油腻，从木匠工具到电器设备应有尽有。只有一条规矩：小霍华德每次从工作间出来之前，必须把工作间里所有的东西都摆放整齐。只要有一件东西放错了地方，他就会一个星期被禁止入内。而休斯只被罚过两次。

在这个小房间里，休斯施展了他全部的智慧，锻炼了各方面的能力，与此同时，他也正在与同伴越来越疏远。"有时候，他一连好几个星期都待在那个小房间里琢磨他那些小玩意儿，他就喜欢做这些事。虽然此时他还年幼，他的父母也还健在，可他已经喜欢沉浸在自我的世界中。"夏普说。

在休斯早年的成果中，有一辆大自行车（在当时的一份《休斯敦邮报》上，十二岁的霍华德站在他的发明成果旁边，一脸严肃），一个内部通信联络系统和一个架在自己家和两个街区外的达德利家之间的电报联络装置。"我儿子一定会成为一个了不起的大人物，"阿伦娜说，"小霍华德一定会成长为一个出类拔萃的人。"

当家庭财富日益增长的时候，休斯对机械的热情也日益高涨。十四岁的一天，他在市中心的施图茨代理店里看到了最新款式的猫熊牌汽车，这是当时全美最高级的汽车之一。小休斯绕着崭新发亮的汽车转了两圈，似乎陷入了沉思。终于，他走向售货商杰克·霍纳，对他说："我想要这个。能不能烦请您今天就给我送到家里去？"

惊讶的售货商点了点头，然后就消失在柜台后面。他走进内室，打通了老霍华德的电话，告诉他这辆车的售价高达七千美元，时速可达到九十英里。而老霍华德只问了一句："我儿子有没有说他要这汽车干什么用？"

"说了，先生，"霍纳回答，"他说他能把这车上的零件全都拆下来，然后再重新装回去。"

"好的，"老霍华德满意地回答，听起来好像大大地露了一把脸，"送过来吧。"

小休斯把汽车拆得七零八落，然后，不到一个月，又把汽车重新拼好。

小休斯童年的另一个特点是体弱多病，这也给他未来的生活投下了长长的阴影，他变成了一个奇特的智慧型抑郁症患者。

很快，阿伦娜就开始带着儿子到各大旅游胜地去旅游和散心，以此躲避休斯敦的炎热和潮湿，当然，这些旅游也把小休斯的世界和他的同龄人隔得越来越远。

他经常打寒战和发生间歇性的身体不适，常常让最好的医生都束手无策。无奈之下，他们允许他抓着毯子，一个人缩在墙角里。到十岁时，小休斯已经变成了一个"规避者"，就像现代心理分析家们定义的那样，一个需要借助于心理疾病来逃避现实生活的人。

从某种程度上说，小休斯的抑郁症也帮助阿伦娜达到了自己的目的。看到老休斯整天在外花天酒地，她就以儿子身体不好为借口，把那个风流浪子及时地拉回家来。不管小休斯患感冒还是麻疹，只要一听到消息，老休斯就会立即赶回家中，哪怕他身在曼哈顿，或是路易斯安那的油田，甚至是洛杉矶。顺便提一句，休斯的工具公司刚刚在洛杉矶新开了一家分公司。

小霍华德很早就知道，要想得到什么东西，最有效的方法就是装病。只要他一有什么身体不适，他的父母就会立即冲到他的床边。

但是，阿伦娜不是普通意义上的那种谨小慎微的母亲。事实上，她对小霍华德过分的关注更像是一种歇斯底里的病态恐惧。"她的表现很不正常。"雷蒙德·弗勒说，在休斯过世之后，他曾经花了整整三年时间来研究休斯的心理问题。他解释说："正常情况下，母亲应该测量一下孩子的体温或检查一下有没有其他症状，然后再决定是否送孩子去学校。而她则不同，只要小休斯有一点点的不舒服，她就会把他留在家里，哪儿也不让他去。"

弗勒从上千份档案材料和报道中还原了小休斯当时的生活。他这么写道："他不是个健壮活泼的孩子，不像其他男孩那样长得结实挺拔。他的妈妈为此忧心忡忡，而这种忧虑伴随着她对不能再生孩子的焦虑而与日俱增，越来越紧张。"

阿伦娜以小休斯"体弱多病"为借口，把儿子牢牢地拴在自己的身边，寸步不离。大多数时间里，小休斯都跟妈妈同住，爸爸就睡在楼上的书房里。一家人经常一起去东海岸度假，但即使在那里，小休斯还是和妈妈同屋睡，老霍华德会另开一套房间，有时候甚至睡在酒店大堂里。

　　阿伦娜的妹妹安妮特注意到："在小桑尼（小休斯的爱称）十岁之前，每晚都跟妈妈睡一张床，即使在亲戚家做客也一样。妈妈睡哪里，他就睡哪里。"而只要一有人谈到这件事，阿伦娜就会立即就着话题开始抱怨小休斯是多么容易受到病毒的感染。

　　这种不健康的亲子关系在一九一六年被首次打破，当时小霍华德刚满十一岁。有一天，他破天荒地提出要去参加宾夕法尼亚州波科诺山举行的野营。这次野营是由前美国军队骑手丹尼尔·卡特·比尔德赞助的。比尔德想通过这种生存训练方法来磨炼一下东海岸那些自小就娇生惯养的富家公子。

　　这些来自全美最富有家庭的少爷被集中在一起，参加一个为期六周的集训。"我们要磨掉他们身上的娇气，让他们强壮起来。"比尔德后来写道，"他们必须适应环境，否则就会被淘汰。"

　　阿伦娜和老霍华德不太情愿地将小休斯交给比尔德——事实上，是万分不情愿。尽管毫无理由，夫妇两人还是在东海岸徘徊了许久：老霍华德在曼哈顿谈了点儿生意，而阿伦娜在波科诺附近的几处名胜游玩了几天，两人每天都会分别跟比尔德联系。

　　野营开始十天后，比尔德收到了老霍华德发来的一份剪报，上面有消息说，纽约正在流行小儿麻痹症。在报纸上，老霍华德还写了几句话："从这份剪报里您可以看到，这种可怕的病毒很容易感染——就算是一个健康的孩子也不能幸免。"

　　比尔德还没来得及回信，老霍华德就在外面得到消息，说参加野营的一个孩子感染了"流感之类的病毒"。夫妻俩竭力表示要把小休斯拯救出来，可就在这时，他们接到了比尔德的电话："那个男孩已经被隔离了，别担心，小休斯一切平安。"

三天后，阿伦娜再次写信给比尔德："我知道，我的宝贝在那里一定很孤独。他需要我。如果您能体谅他的恋家情绪和不同于常人的敏感，我将万分感谢。"

比尔德实事求是的答复却惹恼了这位母亲。"他是个可爱的小伙子……他看上去很开心，没表现出恋家的样子。"

阿伦娜为此勃然大怒，她不相信她的小宝贝"能够离开她而生存"。在八月九日的信里，她要求去探望小休斯，哪怕只有"珍贵的几小时"。她解释道："他写来的信只有寥寥几行字，我必须见他一面，不然的话，我不允许他在这里继续待下去。"于是，驻队医生开出了健康证明，力证休斯从头到脚一切完好，而她对此却置若罔闻。

在六个星期的离家生活中，休斯晒得黝黑，身体也变得强壮起来。白天，他跟其他营员一起，到提得玉丝康湖上划船，晚上，则在野外搭帐篷露营。他学会了不用木柴就能生火的方法，还学会了做火腿煎饼。对于从小就娇生惯养的休斯来说，这都是不小的挑战。在"野外侦察"单元，他做的野生鸟类观察也非常出色。

但是，他的妈妈不喜欢这些。她不顾比尔德的反对，硬是把他从营地里揪了出来，然后乘坐飞机，把他带到叔叔菲利克斯·休斯位于克利夫兰的家里。

阿伦娜对垂头丧气的小休斯解释说，小儿麻痹症正在"席卷全国"，她只不过是要把他从这场可怕的流行病中解救出来，她抽泣着说："它会杀了你，你不知道在那个营地有多危险。"

但小霍华德却深感羞愧。他原本计划去参加一次深夜远足，可现在却被妈妈生拉硬拽地拖了回来。在整理行装准备离开的时候，他似乎听到别的男孩子正在一边偷偷地笑，看着他把他的衣服、矿物油、花哨的外套和那些毫无必要的一大包"必备药"塞进大箱子里。

很快，连克利夫兰和他叔叔那无可挑剔的房子看上去也不怎么安全了。母子二人又开始了新的逃亡，他们要从他们假想中那场正席卷全国的流行病中逃出来。一天晚上，阿伦娜和小休斯坐在一起，她拿出一摞图片，开始向小休斯描述小儿麻痹症的可怕，那些图片给小休斯留下了深刻的印象，他记住了所有的细节，一辈子也忘不掉。

但他还是恳求妈妈让他参加明年的比尔德野营活动。"下一次我会拿到丛林勋章。"他告诉达德利·夏普，"说不定，我还能成为新生辅导员呢。"夏普以前可从来没见过他的朋友那么独立和自豪。

阿伦娜只好不情愿地把他送回了营地，她没有任何理由不送他回去：流行性小儿麻痹症早就结束了。

但她很快又给比尔德写了一封可怜兮兮的信。"请让医生给小霍华德多一点照顾，特别是他的牙齿和双脚。"同时，她还明确反对营地让小霍华德吃煎饼之类的食物。

她并没有意识到，她这种令人窒息的爱已经把儿子变成了被人嘲弄的对象。小霍华德来到山区营地的第一天，她就写信给领队说："请多关照我的小霍华德，别让别的孩子嘲笑他，他承受不了这个。"

一九一九年秋天，小霍华德进入南端高中。这时，他已经长成一个小伙子了。他个头很高，体格饱满，还有一副宽宽的肩膀，他那英俊的外表已经初现，五官轮廓分明。尽管他已经在尽量增加跟外界的接触，但在同班同学的眼里，他仍然是一个独来独往的机械奇才。其实，他已经加入了ＹＭＣＡ（Young Men's Christian Association 基督教青年会）篮球队，并已开始练习游泳和潜水。

然而，这一切都无法消除他母亲内心深处根深蒂固的恐惧。他的神经衰弱终于在一九二〇年四月二十日这一天爆发，这时他还不满十五岁。

这天早上，他没按时下楼吃早餐。阿伦娜去叫他，却没有得到回应，这显然不合常理。阿伦娜赶紧冲上楼，却发现小霍华德正在呻吟，已经神志不清。阿伦娜赶紧检查儿子的身体，从眼睛和牙齿开始往下，摸到小霍华德的双腿时，她发现，儿子的左腿蜷成一团，没有一丝力气，而右腿则被紧紧地裹在被单里。"宝贝，你能站起来吗？"她问。

"我的腿动不了了。"小霍华德回答说。

十几年来，阿伦娜的生活似乎一直在等待着这个时刻，现在，它终于到来了，她内心深处那灾难性的预言终于降落到了小休斯的身上，她有点手忙脚乱，但她知道要怎么做。

接到消息后，老霍华德匆匆地从密西西比的赌场赶回家。阿伦娜推掉了所有的社交活动，亲朋好友都赶到约克姆大街的别墅来探望小霍华德。休斯敦的弗雷德里克·拉米斯医生也被请来了——当时，他正在追求阿伦娜的妹妹安妮特。但令他迷惑不解的是，床上躺着的小霍华德没有任何症状：不发烧，不肿胀，抽血化验的结果也没有任何异常，但他就是不能下地走路。阿伦娜在房间里不停地走来走去，焦躁不安，虽然她身边的一大群医生都是得克萨斯州最杰出的医生，却没有一个医生能找到真正的原因。

阿伦娜和丈夫都认为这是小儿麻痹症——他们终究没有躲过一九一二年那场流行病毒的追逐。老霍华德向著名的洛克菲尔德医学研究院求救，他向医学院院长西蒙·弗莱克斯纳保证："只要能把我亲爱的儿子治好，要多少钱都没有问题。"弗莱克斯纳派出了他手下最得力的医生兼小儿麻痹症研究专家奇克林，到休斯敦亲自为小霍华德诊治。他住进了小霍华德的隔壁房间，给这个可怜的年轻人开了一大堆药丸，同时，还对他进行理疗。

没人想象得出这八个星期是多么难挨。在休斯一家人和加诺跟拉米斯的悉心照料下，霍华德终于恢复了知觉，大家都禁不住高兴地跳了起来，可同时，每个人又都有点忐忑不安，生怕再有什么意外。又过了三个星期，小霍华德才被哄着坐上了轮椅，开始在大街上随意走动。当酷暑和潮湿的夏季到来时，阿伦娜和奇克林带着小霍华德去了密歇根的麦基诺岛，在这里，小霍华德得到了长达一个月的深度治疗。

就像小霍华德的表姐约翰·沃顿夫人所说的那样，这场没头没脑的怪病给休斯留下了终身的残疾——他什么也听不见了。这场病使他后来再也无法参与正常的社交活动，也给别人留下了孤僻和冰冷的形象。（后来休斯对他的情人包括凯瑟琳·赫本和菲斯·多默格说，他的耳聋是童年时代的一次潜水事故造成的。然而，真正的病因可能是遗传，休斯家族的其他人，包括小霍华德的叔叔鲁伯特·休斯在内，听力都不太好。）

后来，休斯的一些亲戚认为他得的是白喉、猩红热或胸膜炎中的一种。但奇克林医生总是怀疑小霍华德是在装病，因为没有任何心理因素会导致这场"歇斯底里性瘫痪"的出现。

老霍华德看到诊断结果之后，他觉得，他不得不采取行动了。他决定，立即采取行动来改变阿伦娜和儿子的这种危险关系，但此时似乎已经太晚了。考虑到儿子离家上学可能会更好过一点，他亲自为小霍华德整理行装，把他送到了费森登学院，这是波士顿郊外的一所著名高中。出发那天，老霍华德亲自把儿子送到学校，阿伦娜一个人被留在了家里。

在学校里，小霍华德最大的障碍是羞涩，关于这一点，一点儿都不令人惊奇。在头几个月的校园生活里，小霍华德一看到别人向他走过来，就会赶紧躲开。在同学们的眼里，他是一个害羞而孤僻，甚至有一点笨拙的人。在课堂上，当老师叫他上讲台背书时，他会站在那里，两只手垂在两边，身体却不停地发抖，然后，他结结巴巴地嘟囔几句。有一次，他选择背诵奥利佛·文德尔·霍尔莫斯的《勇敢的老人》，这大概是他所能找到的最短的诗。开始时，他旁若无人地小声嘟囔着，仿佛在跟人说悄悄话，于是，老师对他说："大声点，我一句也没听见。"没想到，休斯竟然开始喊叫起来。

也许正是由于害羞的天性，休斯喜欢黑夜。他经常在凌晨一两点溜出宿舍，从地下室的窗户爬进体育馆，然后，就在体育馆里走来走去；有时，他会带上一个小笔记本，在笔记本上演算家庭作业；有时，他又会在体育馆里不停地自言自语："霍华德，你能行！你能行，霍华德！"有一次，一位学长看到他站在篮球场正中心，紧紧握住拳头，两只胳膊僵硬地放在身体两侧，大声地朗诵着他的法语作业，然后，他又安静下来，仿佛在等待着墙壁的回音。

刚入学的那段时间，他仍旧像往常那样要求优待。首先，他要求零花钱不受限制。对儿子一向百依百顺的老霍华德立刻向学校写信："请允许小霍华德可以任意支配他的零花钱……从我账上扣除即可。"后来，还是校长说服了老霍华德，让他对儿子的开销有所限制，跟其他的同学一样遵守纪律。

也许是习惯了散漫的学习方式，小霍华德还抱怨说，学校布置的"作业多得像山一样"。于是，母亲阿伦娜便向校长请求对自己的儿子有所"照顾"。弗雷德里克·詹姆斯·费森登写信回答："请保证您的儿子按要求完成他的作业，这一点很重要。虽然这对一个从来没上过寄宿学校却又娇生惯养的孩子来说确实有点儿困难。"

尽管小霍华德只在费森登待了一年，但却在这里接触到了令他终生痴迷的东西。在一次周末见面时，小霍华德说服爸爸带他去一趟新英格兰，因为那里有一架水上飞机。老霍华德极不情愿地拿出五美元，让小霍华德坐了一会儿飞机，过了一把瘾。没想到，这短短的几分钟却改变了小霍华德的一生，并且像后来的事实所证明的那样，改变了日后的世界飞行史。

当小霍华德以"优异的"成绩从费森登八年级毕业后，老霍华德觉得他的实验已经成功了。他的目的是削弱阿伦娜对儿子的控制，此时，他已经取得了阶段性的胜利。

为了完成他的工作，老霍华德把他的儿子送进了加州圣芭芭拉附近的撒切尔学校。一个学期还没结束，母子俩的关系已经无可挽回地破裂了——悲剧性地破裂了。

死亡的阴影

　　一九二一年八月的一天，小霍华德跳上"西风"号火车，坐进了火车上的一个私人包厢。他上身穿着一件运动衫，下身穿着一条卡其色长裤，脚上是一双牛仔靴。从他的手提箱上，可以看到他的姓名的字母缩写，里面塞着他的几件衬衫、几条列文裤、一双棒球手套和一双系绳式钉鞋。总之，他现在的装束极为普通，和大街上任何一个得克萨斯州的十六岁男孩没什么两样。但这套看上去极为普通的装束，实际上却标志着他迈出了脱离母亲那炽热难耐的母爱和摆脱她那强烈的控制的重要一步。

　　这个夏天，有好几个教练指导小霍华德练习棒球和篮球，同时也教给他一些方法以便他能适应新的学校生活——尽管这些方法大多数孩子随便在哪儿都能学到。爱子心切的阿伦娜当然不乐意，她绝不愿意看到儿子离开自己的视线。

　　当火车哐当哐当地离开闷热的休斯敦时，小霍华德的脸上露出了轻松的笑容。前方就是南加州，那里到处坐落着西班牙风格的别墅，还有蓝天白云、碧海沙滩以及云集的大牌明星。

　　奥哈伊紧临海边，撒切尔学校就坐落在这里。学校的前身是一片农场，主要种植柑橘和鳄梨。但舍曼·戴·撒切尔——这个耶鲁的橄榄球手不能只指望一百六十多亩的果树去谋生，于是他又创建了一所预科学校，从此，这个简陋的农场就成了管束富家子弟的最佳场所，这也是老霍华德选择这里的原因。

然而，小霍华德的入学并非一帆风顺。当老霍华德和撒切尔接洽的时候，这所学校已经满员，并且还有一大批人在申请入学。"我不管别的，"老霍华德信心满怀地对撒切尔说，"从来没什么能挡得住我，这次也不例外，我一定要让霍华德进撒切尔。"为此，作为对招收小霍华德入学的回报，他愿意为撒切尔修建一座新的宿舍楼或体育馆。舍曼·戴·撒切尔拒绝了，但不管怎样，最终，这笔钱还是以另外的一种方式跑进了撒切尔的口袋里。撒切尔学校虽然规定"每学期的招生绝不能超过六十人"，但小霍华德还是成了这里的第六十一个预科生。

老霍华德还与撒切尔达成了口头约定：小霍华德必须自立。学校不会提供任何的特殊照顾、健康保护以及额外指导。

小霍华德和其他三个孩子住在同一个房间，并建立了短暂的友谊。他买了一匹马，玩玩马球，还参加了学校赛季的第一场比赛。当黑夜降临，他常常会骑马奔驰在橡树谷中。

当撒切尔告诉老霍华德管束奏效时，老休斯十分高兴。然而到了那年深秋，阿伦娜违背了承诺，再次开始插手。她坚持特殊的医疗检查，并为了给予小霍华德特殊指导而持续地游说。"我认为对于一个孩子来说，适应学校生活并且交到自己应该交的朋友实在是太难了。"她在给撒切尔的信中写道。

有一次，小霍华德受了一点烫伤，又因骑马蹭破了一点皮，阿伦娜得知后，立即让奇克林医生赶往奥哈伊进行照顾。"他在这里其实生活得很好很快乐。"奇克林医生写道，"他并没有生病。"

独自在家的阿伦娜无所事事，精神上无所寄托，便重新将生活的重心放在更加关注小霍华德的健康状况上。而老霍华德的私人火车还在休斯敦、曼哈顿、芝加哥之间一刻不停地奔驰着。他继续孜孜不倦地从事着他的贸易探险，订单如雪片一样飞来，这让他在生意场上应接不暇。

与此同时，在弟弟鲁伯特的协助下，老霍华德在美国西岸开了个工具公司分公司。与个头瘦高、性子急躁的老霍华德恰好相反，鲁伯特又矮又胖，身体圆滚，活脱脱像个圣诞老人，他不仅是一名多产的杂志和报纸撰稿人，还是好莱坞最成功的剧作家之一。在南加州，他还经营着一家著名的夜总会，叫"阿拉伯之夜"。当时无数女明星争相光顾那里，老休斯自然也是常客之一。

老休斯的风流韵事很快传回了休斯敦。与他关系暧昧的包括"有樱桃小嘴"的默片明星梅·默里，也有曾为柯达公司拍摄广告的埃莉诺·博德曼，甚至还有流亡的俄罗斯迷人女郎阿拉·纳济莫娃，她在日落大道的住处被认为是她和其他女人调情的场所。工具公司的聚会在大使饭店一直进行到黎明，相传休斯有一个禁酒令前的酒窖和喝不完的一九一五年波旁威士忌。

即便如此，一九二一年的圣诞节，阿伦娜仍以女主人的身份在约克姆举行了一次盛大的家庭聚会。这座府邸第一次被装点得如此漂亮。虽然阿伦娜和老霍华德的关系已经日渐疏远，但这次聚会仍维系了他们早已岌岌可危的夫妻关系，并且不久之后就有了意想不到的结果：二月份，医生对阿伦娜说，她又怀孕了。

起初，老霍华德表现得非常高兴。他开始相信，妻子会再生一个孩子来弥补伴随着小霍华德的离开而在家里留下的空旷感。他也觉得小霍华德需要一个弟弟或妹妹，毕竟独生子的家庭对小霍华德的成长并不太有利。

但是很快这次怀孕就变成了一个悲剧：小霍华德的出生已经使阿伦娜的身体受到了很大损害，更糟糕的是，这次是宫外孕，孩子在宫外的发展会带来破裂和大出血的危险，随时威胁着孕妇的生命。因此，阿伦娜不得不终止怀孕。

阿伦娜的妹妹安妮特和其他亲戚听说，阿伦娜在医院做了一次"小"手术。对此，小霍华德一无所知。一九二二年三月二十九日下午两点四十七分，在医生汉密尔顿给阿伦娜进行气体麻醉后，她的心脏停止了跳动，年仅三十九岁。

妻子死后不到一小时，老霍华德和妻妹安妮特见了面，并说服她保守这个秘密。阿伦娜死亡的真实原因和手术的马虎过程就这样成了一个秘密，尤其对她的儿子保密。

老霍华德在悲痛欲绝中发出了两封电报，一封发给他的弟弟，另一封发给小霍华德。"妈妈病了，"他在电报中写道，"鲁伯特会带你回家。爱你的霍华德·休斯。"

小霍华德竭力表现出坚强的样子，尽管他不明真相，但母子连心，他还是敏锐地觉察到了家中发生了悲剧，满怀恐惧地钻进了叔叔的豪华轿车。车子到达休斯敦，在下车之前，鲁伯特摸着他小小的肩膀说："虽然我不愿意让你知道，但我必须告诉你，你的母亲去世了。"看到他惊愕的表情，鲁伯特又补充道："她没能挺过那场手术。"

小霍华德悲恸难当，他躬下身去，尽力抑制着眼中汹涌而出的泪水。

"我可怜的哥哥太悲痛了，根本没法亲自告诉小霍华德这个消息。"鲁伯特后来说道，"因此，我尽可能说得委婉一点。"

老霍华德曾经疯狂地追逐名利，为的是让温柔善良的阿伦娜能在南方上流社会中出尽风头，出人头地。而如今，他只能孤独地坐在约克姆大道的豪华府邸中，看着房内豪华的陈设，格鲁吉亚的银器、维也纳的水晶、富丽堂皇的大马士革帷帐，他甚至还嗅到阿伦娜常用的香水味儿在空气中飘荡。

阿伦娜的影子无处不在，这一点一直折磨着老霍华德。他无法忍受阿伦娜的离去，最终他收拾起了自己的行李，就此离开了约克姆。

在他后来的生活中，只要身在休斯敦，豪华冰冷的莱斯宾馆就是他在休斯敦的办公室地点。"他非常迷恋休斯敦和约克姆大道的屋子。"安妮特回忆道，"但我姐姐的死在他的心底留下了挥之不去的恐惧。"一些人认为他因伤心过度而不愿回家住，另一些人则认为，那是出于他对已逝太太的内疚。

休斯先生当然是一个现实主义者，他知道，在小霍华德的抚养问题上，他责无旁贷。

于是，他拜访了身在约克姆的妻妹安妮特。安妮特比阿伦娜小八岁，早在一九一九年，她就频频出入于休斯的家庭。她毕业于威斯理大学，一战期间去过西线，负责美国一个护士站的管理工作。她曾是一个无所畏惧的冒险家，而在休斯敦，她却变成了一名诲人不倦的博爱主义者。对休斯先生来说，请她做小霍华德的代理母亲让他感到有点尴尬，因为安妮特是姐姐的知己，她深知老霍华德的那些风流韵事对阿伦娜造成过多么严重的心理伤害。

现在，他不仅要求她放弃在休斯敦的生活，还要让她离开她的未婚夫拉米斯医生，和小霍华德一起搬到加州生活。在老霍华德不近情理的请求下，此时已三十一岁的安妮特只能继续独身，"并且，你要把你的后半生都奉献给小霍华德，把他抚养成人。"

"他就像个疯子，情绪激动。"她回忆道，"我告诉他，我可以帮他一年，一年后再结婚。还有，让这么小的一个孩子和一个小老太婆待在一起不是什么好事，而我就是那个小老太婆。"

葬礼在阿伦娜的豪宅中举行，身着黑西服的父子二人站在安妮特和鲁伯特中间。

就这样，小霍华德回到了撒切尔。老霍华德虽然身体结实，内心坚强，但却承受不起这生离死别的痛苦，他崩溃了，他需要儿子在身边，以此赶走因妻子离开而带来的无边寂寞。几天后，他打电话给撒切尔说，他希望小霍华德回家。"他不在身边时，我孤独极了，我无法承受这样的痛苦，"他承认，"我控制不了自己。"

撒切尔虽然富有同情心，但他坚持原则。"对这个年轻人来说，回到以前的生活对他没有一点好处。"撒切尔私下给老霍华德写信道。在拯救顽童方面，撒切尔有着二十年的丰富经验。在他的眼里，如果小霍华德想变成一个全面发展的年轻人，只有回到学校，他的学校是小霍华德最后的机会。

很明显，在阿伦娜去世后的几个月里，小霍华德很快地从悲伤中恢复过来。他的老师们注意到他母亲的离世似乎使他从巨大的情感压力中解脱出来，其中一位老师还指出他顽固的羞怯开始逐渐减少。

为了能够把小霍华德留在学校里，撒切尔和老霍华德之间发生了一场激烈的斗争。撒切尔召集了小霍华德最亲近的老师，在听取了他们的意见后，他写信给老霍华德。"你的儿子比这里的其他孩子更需要与人交往。"他又写道，"我认为如果你为了自己的私心，坚持把他留在身边，对他的成长会非常不好。"

撒切尔学校的六位老师共同写了一封请愿书，希望能够挽留住小霍华德。在请愿书的结尾，他们写道："这个孩子真的需要留在学校。"

撒切尔的最后一封信陈述道："让霍华德离开学校对他的健康成长没有任何好处，因为他需要得到与其他孩子同样的教育环境。"

撒切尔不断尝试着给这个迷途的学生指出一条正确的道路。老霍华德要么出于自私，要么因为一时的精神错乱，总之，他始终没有答应，他把儿子强行带离了学校。

在南加州，有一所西班牙殖民时期风格的平房，原本是贵族和马球运动员的度假地，小霍华德和安妮特就住在这里。早上，女侍者穿梭在各个房间里，更换床单、摆放鲜花；晚上，侍者推着装满佳肴美酒的小推车为每个人提供贴心周到的服务。

在这里，父亲、儿子和姨妈开始了新的生活。老霍华德找来裁缝，为儿子定做了各式衣服，西服、网球衫、高尔夫球装，以及各式各样的鞋子。

老霍华德也在为儿子找另一所学校，这次，他再次用钱买到了一般人都买不到的东西。通过向著名的加州大学提供慷慨的捐赠，老霍华德让儿子顺利地成为加州大学的学生。不久，几位全美知名的科学家和工程师就被安排来辅导这个富有的得克萨斯州小伙儿。"休斯贿赂了学校。"安妮特后来承认，"小霍华德虽然没有高中毕业证，但还是顺利进了大学。"她淡淡地说："我不知道他在那里到底学到了多少知识。"

但小霍华德起码学到了一样东西：金钱几乎能买到一切。一个中产家庭一年只要五千美元的生活费，就已经生活得相当富足，而这个数字仅仅是小霍华德每个月的生活费，还不包括他的衣服、生活用品、食物和娱乐用品的花费。此外，一辆豪华的黑色轿车和一名专职司机也随时待命，供他使唤。

安妮特劝说小霍华德那位住在达拉斯的表妹凯蒂·卡拉韦到加州来住一段时间。"这样，可怜的小霍华德就不会感到寂寞了。"小霍华德和凯蒂常常待在房间里一起看默片，一看就是几个小时。小霍华德很快就适应了这样的生活方式：早晨，让加州工学院的科学家给自己补课；中午打网球，下午早些时候打高尔夫，剩下的时间看电影。此外，小霍华德每礼拜都拿出三天时间前往飞行学校去上课——他对花了五美元的飞行经历记忆犹新，虽然那时他还在费森登学校。"飞行员们常常被他提出的飞行动力学的怪问题弄得焦头烂额。"安妮特回忆道，"我们只能大致猜测到他有多么麻烦。"

在这个年轻人的口袋里，装着一个棕色的小笔记本，他在里面密密麻麻地记下了他在实验室、默片影院和空中所学到的知识。十七岁时，小霍华德·休斯就把自己的一生确定了下来：飞行和电影。

与此同时，在安排好家里的事之后，老霍华德就在大使饭店的豪华套间里住了下来。在喧嚣的二十世纪二十年代，这里充斥着洛杉矶的豪华与奢靡，在这个快乐单身汉聚集的地方，他很快如鱼得水，成了这里最快乐的单身汉。

老霍华德疯狂地挥霍着他那如山的财富，这令休斯工具公司的执行董事们感到无比头疼，因为眼看着公司的储备资金已经被挥霍得剩下不到十万美元了。"他在漂亮女人身上大把大把地花钱，给她们买鲜花、珠宝，还有衣服。"苏珊娜·芬斯塔德回忆道。在老霍华德去世后，她担任小霍华德的律师和财产管理人。

有一次，老霍华德租了三列火车，带着十四个人来到了肯塔基的德比城。他先在纽约城逗留了几个礼拜，然后坐着设有六个大客厅的私人游艇，穿过加勒比海和巴拿马运河回到洛杉矶。

在此期间，他把被自己强行从撒切尔拖回来的为他解忧的儿子留在家里，让姨妈陪伴着他。

一九二三年以来，醉生梦死的老霍华德逐渐认识到，他正把十八岁的儿子带进与自己一样疯狂的生活模式中。好莱坞和他自己奢靡享乐的生活方式正深刻影响着小霍华德这个年轻的电影狂人。

鲁伯特·休斯当时已是一名剧作家和导演。小霍华德一有机会就缠着他，要到他的摄影棚看热闹，在那里，他能遇到许多当红女明星。小霍华德也时常关注着星期天鲁伯特家里准备的奢靡派对，他的眼里充满惊异，却一言不发。

为了重整工具公司，老休斯退掉了他在好莱坞和纽约租的豪华套间，回到了休斯敦。同时他强迫小霍华德到休斯敦著名的莱斯大学继续学业。小霍华德没有必要的学术背景，入学又成了问题，老霍华德口袋里的钱又一次变成了莱斯大学的建设资金，钞票再次发挥了它的重要作用。

回到休斯敦的小霍华德却并不关心他的工程学。相反，他醉心于高尔夫球赛和驾着他的豪华车兜风。他显然有足够的钞票可以挥霍，但当老霍华德把儿子的零花钱从一个月五千美元增加到一礼拜五千美元时，这对父子吸引了整个休斯敦的目光。而当老霍华德的游艇驶进月光如水的西尔万海滩，小霍华德租借能够容纳六十个人的交响乐团演奏的舞池来为他中意的明星捧场时，整个休斯敦都震惊了。

虽然老霍华德能源源不断地给儿子钱花，但他却不能陪儿子一起住在约克姆，他再一次请妻妹安妮特来充当小霍华德母亲的角色。此时，她早已置老霍华德的反对于不顾，坚决和拉米斯医生结了婚。早些时候，老霍华德为了自己的儿子能有人照顾，自私地反对她结婚，现在他又老调重弹，要她抛开丈夫和自己的生活，来照顾小霍华德。

"在此之后，他仍旧天天不回家。"安妮特在一九七七年的一次采访中说。她再次搬到约克姆，不过这次有她的丈夫做伴。

老霍华德回到公司，小霍华德在莱斯的学习、约克姆的临时家庭、名车、高尔夫周末，生活回到了正常的轨道，但这样的生活很快就结束了。

一九二四年一月十四日，老休斯和六个石油巨头共进午餐，讨论在南加州扩建油田的细节，在那里，工具公司新开了一个工厂。库尔德尔是一名退役的陆军上校，现在，他是老霍华德的助手。他后来说，老霍华德"在那个冬天似乎在拼着命地解决一件事，就是处理欧洲和中东国家对钻头的征税问题"。

这场讨论结束后，休斯和工具公司的销售主管布朗谈了一个多小时，探讨如何加速制造钻头的事宜（当时公司有一百五十多种不同尺寸和不同种类的钻头），在大部分的时间里，老休斯都在走来走去，大声朗读着堆积起来的销售资料，突然，他一下子跌坐到宽大的皮椅里，开始不停地大口大口喘气。

布朗急忙跑到他身旁，休斯正颤抖着试图要站起来，他紧紧抓着椅子扶手，结果又重重地摔倒在地上，手里还紧紧攥着一份资料。

《休斯敦邮报》用一个整版的版面报道了他的猝死。老霍华德死于突发的心脏病，年仅五十四岁。

石油巨头们纷纷来到休斯敦，来吊唁他们的老朋友。葬礼仪式铺张豪华，小霍华德却悄悄回到了家，他把自己锁在房间里，里面堆满了他的小玩意儿——有他父亲为之着迷的收音机，有玩具猫的零件，还有他小时候收藏的家庭照片。

在十六日的葬礼上，用的是老霍华德一幅六英尺三的相片，照片中他脸色苍白，后来这幅照片被悬挂在休斯家族图书馆里。一大堆花圈环绕着那具灰色的棺材。教堂的唱诗班唱起了挽歌，就像《休斯敦新闻报》报道的那样，窗外的一只鸟儿也满怀悲伤地"唱起了送别曲"。两年前，神父波特·格瑞主持了小霍华德的母亲阿伦娜的葬礼，今天，他又重复着这件同样悲伤的工作。

葬礼过后，安妮特代表家属送别了成队的吊唁者，而小霍华德则一个人闷声不响地躲在父亲的书房里，不肯露面。因为前一天晚上，他在保险柜中发现了父亲的两封遗嘱，一封是在他母亲去世几个礼拜之后签署的，留给他的是百分之七十五的财产和价值一百万美元的债券和股票，百分之二十五的财产分配给其他的亲属。

第二封，则被老霍华德精心藏了起来，在这封遗嘱里，他把小霍华德的份额减到了不足百分之五十，另外的百分之五十多财产则分给了其他亲属。

不过，令小霍华德感到欣慰的是，第二封遗嘱上父亲并没有签名，所以它并未产生法律效力。他把这一封藏了起来，直到三十年后才让它面世。

然而，他还是感受到了被背叛的滋味。长期以来，他觉得自己如同一个傀儡，听凭父亲的摆布，他憎恨父亲对他的每一项安排。"我父亲从不和我商量，也不征求我的意见，他总是不由分说地把东西塞进我嘴里，从不管我是否喜欢。"他曾经这样说道。

这天下午，他把多年来郁积在胸的怒气和怨气一下子发泄了出来。当时，吊唁者正聚集在约克姆的屋子，小霍华德溜到父亲的红木书桌旁边，一只只打开书桌上的抽屉，翻阅了全部文件，一件件地把它们扔到了旁边的壁炉中。

扔掉了一堆文件之后，他看到了一只上锁的小抽屉，里面的东西让他颇感意外。那是父母的结婚证和几封发黄的情书，还有在阿伦娜去世前一天夜里写给老霍华德的信。

在信里，阿伦娜说她已经预感到了死神的逼近。在娟秀的字迹中，阿伦娜诚挚地表达了她对老霍华德"持久而永恒"的爱，同时她还写道，对于老霍华德跟女明星们的那些风流韵事，她"理解并且完全原谅"。

小休斯小心翼翼地把信收起来。后来他承认，自己曾为母亲在世时所承受的这种痛苦而深深难过。

"他对我和达德利·夏普说，他永远也不会再提起这件事了。后来，我再也没听他说起过。"诺亚·迪艾克里特说。不久以后，诺亚就成了小休斯的助手。迪艾克里特后来说，他永远无法忘记小休斯眼中那种"难以挥去的忧郁"。

没过多久，小休斯跟达德利·夏普一起去了一趟欧洲。回到休斯敦之后，他就和亲属们摊了牌。他特别考虑到了鲁伯特，在他十八岁时，这位叔叔就想当他的监护人。霍华德现在清楚地认识到，他的叔叔骨子里就是一个吸血鬼。"我想让他们全都滚出我的生活！"他怒火中烧地喊道，"我要找个人来管理这个该死的工具公司。"毕竟工具公司是父亲的遗产，而不是他的个人资产。

他翻阅了那里堆积如山的账簿，沉思着，盘算着还有多少现金可用。他一直有个大胆的计划，就是通过抵押约克姆的府邸和向工具公司借贷现金，买断亲属们对他的干涉。

他动身去了一趟好莱坞，在那里，小霍华德和祖父母、叔叔之间爆发了一次又一次的争吵。在和叔叔的一次对峙中，小霍华德咆哮着，执拗地对他叔叔说："我不会再读书了，我也不要什么监护人！事实上，我要买断你们所有的股份，我自己来管理工具公司。"

伴随而来的是长久的沉默。

终于，鲁伯特开口说："你不能这样做，你还只是一个孩子。"

"要不了多久了。"小休斯回答道，"我很快就会宣布，我已经成年了。"

"他太想独立了。"安妮特后来说，"可他丝毫不顾及我们的感受。"

鲁伯特和其他亲戚任由这位年轻的继承人任性胡来，因为刚刚十八岁的他根本不可能宣布独立。但在父亲的律师弗兰克·安德鲁的帮助下，小休斯在得克萨斯州的民法典中找到了一个法律条文，该条款认为，只要他能在法庭上证明自己有能力处理好自己的事务，就可以在年满十八岁时宣布独立。

最高法庭法官沃尔特·蒙蒂斯是小霍华德自小就认识的社会名流。跟他密谋之后，休斯精心策划了一系列持久又巧妙的活动，不管是在休斯敦的乡村俱乐部的休闲高尔夫比赛中，还是在莱斯旅馆的豪华午餐中，休斯都成功地证明了自己能够独当一面。蒙蒂斯事无巨细地盘问休斯关于石油业、关于未来可能会对钻头产生影响的技术以及管理一个经济帝国所必备的素质等各种细节。"每一个问题他都胸有成竹，对答如流。"蒙蒂斯对安妮特说，"我绝对相信他。"蒙蒂斯同时表示，他也对这个年轻人履行父亲遗嘱的能力和继续学业的承诺等都深信不疑。

在一九二四年十二月二十四日他的十九岁生日这一天，休斯来到蒙蒂斯法官面前，他神情严肃地说："我想要的只是我应该得到的，只不过早了三年而已。"然后他抬头注视着这名法官，神情自若地撒了一个谎："我打算回到莱斯大学完成我的学业。"

接着是一连串的家庭会议，继承者们一个接一个地接受了他们应得股份的现金。这次买断总共花了休斯三十二万五千美元，工具公司剩下的现金就只有这么多了。

剩下的，还有一个障碍：休斯要征得他母亲的两个妹妹——珍妮特和那个不可战胜的安妮特的同意。"我拼命反对这件事。"安妮特后来回忆道。和鲁伯特一样，她也想劝阻她的外甥，她甚至还规劝他说："如果没有文化，你永远也不会成功。"

安妮特知道她的外甥不会再回到校园，也不会把工具公司的事业当成自己的人生理想。"我知道，他对好莱坞充满向往。"因此她答应，只要他愿意接受一个条件，她就同意他去做他想做的事情。

安妮特解释道："我不能让他带着所有的钱一个人去好莱坞，绝不能跟那帮吸血鬼混在一起。"

小霍华德·休斯很快就要结婚了。

包办婚姻

一九二五年六月二日，在一个雾气蒙蒙的清晨，一队花匠来到了石油巨头威廉姆·斯坦普斯·法里什位于时尚的雷明顿大道上的休斯敦庄园。他们在英式花园里不停地进进出出，带来了大捆的粉色绣球花和鲜艳的红玫瑰，用这些鲜花在花园里搭建了一座凉亭。其余的花工则把天门冬编成柔软的花冠，装点着花园过道的两侧。

在旁边监督着迅速搭建起来的盛大仪式现场的，是一个身材修长、容貌精致的女人，名叫丽比·莱斯·法里什，此时三十九岁，是新娘的姐姐，也是休斯的安妮特姨妈的朋友。她是这场婚礼的首席伴娘，身披苹果绿的薄纱，上面还缀着仿古式的玫瑰红刺绣花边——图案与花园里的绣球花相得益彰。多亏莱斯家族的高贵血统和丈夫的财富，她的丈夫——石油公司的创始人兼董事长威廉姆·斯坦普斯·法里什腰缠万贯，因而，法里什夫人才以权威的身份邀请来宾参加她的妹妹与新郎霍华德·休斯（现在已经不能再叫他小休斯了）这场豪华的婚礼。

傍晚时分，客人们送来的礼物已经在宏伟壮观的别墅门厅堆积如山。但是，大多数礼物是与豪宅的奢华似乎并不相配的瓷器和银器。婚礼准备得有些仓促，新娘和新郎甚至来不及挑选结婚礼服的式样。

来宾们于傍晚六点准时到达——男士们穿着亚麻和马裤呢长裤，女士们穿着雪纺和丝绸裙装。霍华德的伴郎达德利·夏普回忆道："那时，太阳快下山了，但白天余留的高温还是令人窒息，客人们都为礼服的轻薄而暗自感谢上帝。"

伴随着丽比·法里什的一个手势，交响乐队奏起了二十世纪二十年代的经典爱情曲目，随后是维多利亚婚礼进行曲的一个片段。从远方的得克萨斯平原上偶尔传来几声雷鸣，似乎在与乐队的旋律遥相呼应。

基督教堂执事皮特·格雷·西尔斯神父走到了柱廊，伴郎达德利·夏普紧随其后，走在最后面的是休斯，他穿着乳白的礼服，打着黑领结。他的双手背在身后，黑发垂下眼睑，双眼好像正在羞怯地打量着人群。来宾们不约而同地把眼光投到了新郎的身上。由于休斯的青少年时代是在马萨诸塞和加利福尼亚的学校里度过的，因此，在家乡并没有多少人认识他。但在这一刻，所有的眼睛都聚焦在他的身上。

"不管是婚礼上，还是他所在的街区，甚至整个休斯敦，毫无疑问的是，他是最英俊的男人，虽然他根本没意识到这一点。"夏普说。

婚礼进行曲的序曲开始演奏。

首先走过来的是法里什夫人和霍华德那位表情严肃的安妮特·拉米斯姨妈，她是这桩婚姻的缔造者。紧随其后的是埃拉的姐姐劳拉·莱斯，最后是霍华德的新娘埃拉·莱斯。

休斯敦的媒体称赞埃拉·莱斯为"休斯敦社交界最受欢迎的新人"，她于一九二一年至一九二二年的社交季初次亮相，她的生活与菲茨杰拉德时代和泽尔达爵士时代有些相似，但更像小说《乱世佳人》里的斯嘉丽·奥哈拉和那种古老的南方上流社会里走出来的名媛。

她一头黑发、容貌秀丽，与休斯的母亲阿伦娜惊人地相似。

凭着家族的名声，她在南得州上流社会——石油行业的旧富与新贵中如鱼得水。埃拉是威廉姆·马什·莱斯的孙侄女，而马什本人则是休斯敦的缔造者之一，休斯敦的莱斯大学就是以他的名字命名的。显然，埃拉的家族留下的遗产很让人引以为荣，但据埃拉的朋友劳拉·柯克兰·布鲁斯说，埃拉的家庭"几乎没什么钱"。正是因为缺钱，如今的莱斯家族常常陷入困境，也正是因为缺钱，埃拉的姐姐和霍华德的安妮特姨妈才商量着要把她嫁给霍华德。

霍华德和埃拉在幼儿园时就是同学，那时，霍华德五岁，埃拉七岁。他们一直就是擦肩而过的熟人。当姐姐试图为她规划未来时，埃拉与一个风流倜傥的金融家已经相恋多年。他是一个前途无量的年轻人，但和埃拉一样，他的家境也不富裕。三年前，他们经别人的介绍而认识。一九二五年，他们订婚了——至少他们自己已经彼此认定了对方。

在解释为何自己甘愿眼看着自己心爱的人嫁作他人妇时，詹姆斯·奥弗顿·温斯顿说得很现实："那时，作为一个男人，要能给他的女人足够多的钱，我做不到，起码在当时我还做不到。"

但埃拉并没有立即同意这场包办婚姻。霍华德的表亲凯蒂·卡拉韦和诺亚·迪艾克里特都记得，最后，霍华德是凭借着最常见的伎俩赢得了她的芳心：生病。

休斯声称，在一九二五年去加州的旅行中，他得了一种不知名的疾病。"医生打电话给埃拉说，霍华德病得很厉害，但在昏迷中，他一直在呼唤着埃拉的名字。"迪艾克里特写道："埃拉对此难以抗拒。等到霍华德回到休斯敦时，埃拉已经同意嫁给他了。"

然而就在婚礼五天前，休斯去了休斯敦的法律事务所，与离婚专家布莱恩、戴斯和柯尔金进行了详细的沟通，言谈中，他对这桩婚事表现得十分不屑。他要专家们帮他研究得州和加州两地对于离婚时共有财产的分割方法，以保护他的财产。事务所给休斯出具了一份厚达五十页的报告，指导他如何保护自己那正在日益扩张的财富帝国。专家们提醒他，不能在婚后做大宗购置。"即使是以分期付款方式购买的商品和房产，只要出售时有盈利，也属于合法的夫妻共有财产。在证券市场上投机赚来的利润也一样。"就这样，结婚之后，休斯从没有大宗购置过任何东西。

结婚前的两个夜晚，与许多浮华青年聚在一起开单身汉狂欢派对的做法不同的是，休斯为自己立了一份新遗嘱。这份遗嘱可以保证他的休斯工具公司将来不会落入亲戚或他的未婚妻手中。在遗嘱中，他赠给姨妈珍妮特·休斯敦七万五千美元，另外一千美元和在约克姆大道上的房子则赠予安妮特。

在他的财产中，大部分用于成立"霍华德·R.休斯医学研究实验室"。"成立时间就在我死后不久。"他要求该基金会将基金"用于科学研究，以发现和研发防治危险疾病的抗毒素和特殊治疗方法"。

同时，他又拿出价值五十万美元的"A级股票给我的妻子埃拉·莱斯·休斯"。

当时，包办婚姻在美国南部并不罕见。休斯敦的历史学家解释道："休斯敦并不是典型的得克萨斯城市。它带着美国南部城市的深深烙印。"因此，霍华德和埃拉举行的是古典上流社会的婚礼，而这种安排是出于对双方家庭的地位和形象的考虑，不涉及感情——也无关性和谐。

当天的《休斯敦时报》用了大量篇幅来描述新娘埃拉的打扮。新娘穿着有古典玫瑰花边的白色婚纱，"她的花冠下没有挂面纱，而是戴着一顶镶有玫瑰和珍珠的帽子，缀着橙色的鲜花和栀子花，手臂里挽着一束百合花"。

霍华德·休斯和一个贵族少女结合了，但在他看来，这个贵族少女跟一个陌路人并无二致。

霍华德夫妇在曼哈顿和美丽的长岛海滩度过了他们的蜜月，随后，在夏季结束时抵达了洛杉矶的联合车站，空气中到处弥漫着浓郁的橄榄花和夜来香的味道。他们逍遥自在地坐着当时最豪华的敞篷辉腾轿车，随身带了整整六大箱衣服，两辆林肯加长礼宾车，还有几个卡地亚和蒂凡尼皮箱。休斯带了三张不同银行的信用卡、五万美元现金和两家休斯敦银行的支票。而埃拉在两座城市都有自己的账户——就像婚姻协议上详细规定的那样。

霍华德和埃拉乘着两辆豪华轿车穿过中产阶级艺术风格的市中心，途经天使铁路，从威尔士大道绝尘而去，最后抵达大使酒店。大使酒店坐落在接连天际的绿色草坪和木槿花丛之间，一楼是一家名为椰子林的爵士夜总会。衣着时髦的旅馆侍者带领着霍华德和埃拉，走进一间装修豪华的双人套房，窗户上挂着浆洗挺括的窗帘，房间里摆放着每天新换的鲜花。而侍女、负责衣物洗熨的服务员和女按摩师则随叫随到——只要他们一按铃就行。

霍华德和埃拉打扮得非常登对——他身穿剪裁利落的亚麻套装、一头乌黑蓬松的头发和一双棕色的眼睛；她则身穿优雅飘逸的雪纺长裙，美丽而优雅。"这对璧人堪称完美，足以和电影明星媲美。"记者阿德拉·罗杰斯·约翰回忆道。但霍华德和埃拉注定成不了他们梦幻世界的双星。

埃拉不是频繁地出入于酒店的套房，就是给远在好莱坞的社交名媛们打电话；而霍华德此时却正在着手开启他的宏伟计划——成为一个电影制片人。

没过几天，休斯的故事就已经传遍了整个好莱坞。"我们听说，他刚刚继承了几百万美元的遗产，'又神秘又任性'。"比莉·德芙说，她是默片时代首屈一指的电影明星，跟她同时代的著名女明星里，还有电影界的传奇人物玛丽·璧克馥和格罗里娅·斯文森，以及报业巨头威廉姆·伦道夫·赫斯特的情妇、女演员玛丽昂·戴维斯。

不管是在赫斯特城金碧辉煌的城堡里，还是在绯闻专家帕森斯高雅的茶会上，每到一处，休斯都会郑重其事地宣布，他将成为好莱坞下一位伟大的制片人。而剧作家本·赫克特对此的评价是：他只是个"乳臭未干的小毛孩儿，只不过口袋里有几个钱而已"。

他进入新职业的第一步是摆脱石油日常事务的羁绊，尽管他的公司每天都能带来不低于五千美元的收益。而那些让他不胜其烦的亲戚则理所当然地认为，小霍华德一定会接替父亲留下的位子。当达德利催促他把石油作为终生职业时，休斯马上反驳道："我对石油没有兴趣。"休斯立志要创造一个传奇，在被问及将如何处理父亲的古董桌子时，他坚决地答道："卖掉。"

但休斯并不是个商业白痴。他意识到自己需要个助手，去帮他管理那个能源源不断地给他带来财富的休斯工具公司，并且这个人不会因为在生产线上弄脏手而感到丢脸。尽管霍华德一心想尽快投身电影界，但在一九二五年八月，他还是腾出时间接见了纷至沓来的应聘者，其中有专业律师（他对这个职业没有任何信任）、年轻的管理人员（他觉得这些人太过油嘴滑舌而且骨头太"软"），还有股票交易人（对于石油业来说，他们太大材小用了）。

最后，诺亚·迪艾克里特出现在大使饭店套房的门前。他三十六岁，看上去神采奕奕，做过会计，也曾是一位职业拳手。他向刚洗完脸的休斯做了自我介绍，然后有力地握了握休斯的手。休斯看着一脸惊讶的迪艾克里特笑了："我就是你要找的人，虽然我只有十九岁。"

霍华德的言行举止让迪艾克里特感到很放松。休斯一眼都没看诺亚随身带来的工作简历，而是一手把它扔在了桌子上。相反，他一动不动地盯着迪艾克里特的眼睛，好像能从中读出对方的心思似的。"他的眼神中透露出深邃和欢乐，那是我唯一的一次看到这样的休斯。"迪艾克里特后来回忆说，"他的身上的确有种神秘的能力，他一眼就能鉴别出对方是敌是友，这种技能成就了一个亿万富翁。"

然后，休斯又向迪艾克里特凑近了一点儿："能不能告诉我，一艘军舰如何寻找目标？"

诺亚脱口而出："这只是个三角测量的问题而已。"

休斯凑得更近了："你能给我解释一下内燃机的原理吗？"诺亚自信地点了点头。

然后，休斯叫了酒，两个人畅谈了一个下午，充分讨论了汽车、飞机和投资电影的成败得失。

离开大使饭店之后，诺亚非常纳闷。他不知道自己是否在"这个有趣而出色的年轻人"心里留下了好印象。一连几周，迪艾克里特都没得到任何消息，直到一天下午，休斯从洛杉矶请来的新律师麦卡锡出现在他的门前，这位新律师要诺亚当天下午就加入休斯的公司。迪艾克里特此时还不知道，他日后会成为休斯的父亲、母亲、心理医生和最亲密的伙伴，他也预料不到，这一干就是四十年。

休斯把迪艾克里特安排在饭店的另一间套房中，而他则开始正式投身电影界，向好莱坞星光璀璨的名人堂进发了。

开始时，迪艾克里特还担心这位即将掌握自己命运的年轻人只是一个平庸轻浮的花花公子，一个毫无目标、注定会在二十世纪二十年代把家产败光的败家子。这种想法并不是杞人忧天，因为在二十世纪二十年代，美国的多数富豪都因为过度挥霍而最终变得一贫如洗。

在诺亚帮助休斯的头两年里，休斯银行账户上的数字如变戏法似的消失殆尽：十万美元买了一队汽车；四百万投资失败；两万美元买了时装、皮衣和珠宝（这些小玩意儿大多变成了送给好莱坞那些女明星的小礼物）；两万美元花在了娱乐和酒店住宿上；两万五千美元买了华尔街的个人股票机；另外的五十万美元则造了一辆蒸汽动力的旅游车。

休斯还花了八万美元投资了他的第一部电影，名字叫作《了不起的霍根》。可是，这部影片并没有公开发行和放映。这部影片是由老休斯的老朋友拉尔夫导演和主演的，他在电影业的从业时间已将近十年。这部影片讲述的是一个性情善良的包厘街无业游民的生活。开始时，这部电影的预算只有四万美元，但只要休斯一直给钱，拉尔夫就一直往下拍。当意识到自己在烧钱时，休斯终于宣布道："不能继续这样了！"在此之前他花钱如流水，并以此放纵自己。

休斯记得，父亲从来没买过一双进口鞋，从来也没买过轿车，而他自己一口气就买下二十双皮鞋、六辆汽车，他把钱大把大把地花在高档手表上，仅一个下午就能试穿二十套手工制作的布克兄弟牌西装。

如果休斯继续这样毫无节制地乱花钱的话，他就真的要重蹈那个时代大多数富豪的覆辙了。

这是空前绝后的十年，一战过后世人变得愤世嫉俗，对物质开始狂热地追求。二十世纪二十年代给我们留下了什么？查尔斯顿快步舞、短发和爵士青年，还有匪徒的枪声。随着弗洛伊德的精神分析法的传播，"性"第一次成了可以公开讨论的话题。由于美国宪法第十八条修正案明确禁止酒精，走私酒就成了必需品。人们不止渴望喝酒，还渴望刺激的赛车，这得益于汽车的迅速发展。"要想开车就先付钱"，广告中这么吹嘘这种梦幻的四轮机器。

电影界永远都走在潮流的最前面。仅二十世纪二十年代中期的一年，好莱坞就在全国一万五千家影院上映了四百部电影，嘉宝、卓别林、基顿、费尔班克斯、璧克馥等无数好莱坞明星统治着这个新王国，尽管他们中许多人早已被后人遗忘。一九二六年，瓦伦蒂诺的意外身亡引发了公众的极大狂热，这表明新一代美国人正面临着诱惑。

受他们统治的不仅仅是银幕。他们还在曾经的豌豆田和胡椒丛里建起的餐馆里卖弄着他们的美貌和财富。在好莱坞那家拥有三百五十个座位的蒙马特饭店里，挤满了用餐的明星，前来看热闹的游人被红天鹅绒的警戒线隔在了一边。而坐落在大使饭店的对面的布朗德比饭店，无数人挤在门口，迫切地想得到一个明星的签名。

那些花里胡哨的电影布景好像已经征服了世人的理智。德比饭店竟然被建成帽子形状，侍女们穿着的短裙也像带着层层花边的帽子。在洛杉矶的商业区，巴黎酒店试图创造出左岸大街才有的美食、饮料和放荡的生活。在大洋城，祖鲁酒店向人们展现着非洲乡村的主题，连侍者都是黑人。就连风景，也被改造成好莱坞的风格，这股风潮甚至已经扩展到了墨西哥边境，只用五个小时的驾驶，你就可以在那里自由自在地喝酒、赛车和赌博。这一切的无穷魅力吸引着追求享乐的美国人。卡林特有游泳池和网球场，而赌场里玩家只用金子。杜松子酒和享乐的诱惑越过了陆地的边界：在距海岸三英里的长岛到圣莫妮卡一线，到处停泊着赌博的游船。

刚刚走进这个花花世界时，休斯就好像阳光下的宠儿。但是，他还是像个孩子一样挑剔。

在饭店里，他对客房服务百般挑剔，连领班亲自服务都无法让他满意。土豆片的厚度不能超过四分之一英寸；三明治必须切成三角形状；莴苣则必须切得均匀。

有一天早晨，服务员端来了四盘煎蛋，却被休斯全部扔了出去。迪艾克里特还记得，当时，他和埃拉饶有兴致地看着休斯叫来厨师长，还让他带来了便携炉子、鸡蛋、牛奶和长柄煎锅。休斯一边毫不客气地把牛奶倒入已经变热的锅里，一边怒气冲冲地教训厨师不要再把牛奶煮到沸腾，然后，便一丝不苟地亲自煎起鸡蛋来。他对其他甜点和食物一样不满意。

他最擅长的就是告诉别人某件事的正确做法。有一次，他染上了流感，于是，他叫来饭店的医生，而当医生要给他打针时，他却不耐烦地说："你扎错地方了，要这样才能扎进血管。"随后，休斯把针扎入了自己手臂的肌肉里。第二天早上，他手臂肿起鸡蛋那样大的包。"我再也不会这么干了。"休斯对诺亚说。

诺亚经常为休斯的冲动而感到惊讶。有一天，休斯突然冲进迪艾克里特在酒店的办公室，他说："我要在床头安装一部行情接收器，我要在股市大干一番。"迪艾克里特说："可楼下酒店的大厅里就有一部机器啊。""那台机器不好用，我想每天早上四点钟就能在床上读到华尔街当天最新的行情，我要抢在别人之前进行交易。""可这得花很多的钱啊。"诺亚回答道。"去死吧，钱！"经过巧妙的周旋，诺亚终于如愿在卧室给休斯装了一根中继线，让他可以在床上就读到最新的股市交易记录。

二十世纪二十年代中期，股市动荡不安，而休斯的冲动让他付出了极大的代价，在大萧条期间，休斯在华尔街损失了八百万美元。

他固执地想要建立一支蒸汽动力汽车队的想法也同样让人觉得匪夷所思。"我想，我们可以制造出一辆汽车，从洛杉矶开到旧金山只需要一箱水。"诺亚对此表示怀疑："制造一辆这样的汽车，需要多少钱？"休斯在写字板上列了几个代数等式后说："一辆汽车的造价是两万五千到三万美元。"迪艾克里特大笑道："那谁买得起啊？""我在体育界有一些朋友，他们可能会买得起。就算他们不买，我自己每年至少也会换辆漂亮的新车。"

加州技术中心的工程师们花了五十五万美金制造出了一辆模型车。这是一辆无座的敞篷旅游车，线条流畅，高效节能，开四百英里的路程只需要一箱水。但车的主体是一个三角形的管道综合体。在检查穿过车门的蒸汽管时，休斯详细地询问工程师："敞开车门会怎么样？司机会被烫着么？"工程师频频点头。

休斯又转向迪艾克里特说："找个家伙把这个地方切掉，必须注意切成一小段，越小越好。"起初，迪艾克里特只是袖手旁观，任由休斯挥霍，只要不把公司抵押出去或动用老休斯的股票就行。他这个助手要做的，就是在一旁饶有兴致地观赏，但他已经意识到，休斯的肆意挥霍只是出于他想享受花钱的乐趣。一天早晨，迪艾克里特劝告休斯说："所有伟大的人都有一个明确的目标。"

"我也是，"休斯说，"我想成为世界上最伟大的高尔夫球手、好莱坞最好的制片人、世界上最伟大的飞行员和最富有的人。"他微笑着又补充道："当然，不一定非按那个顺序来实现。"

当他在洛杉矶高尔夫球联合俱乐部的绿茵上大喊大叫时，他的方法也是极其"科学"的。在他的"软硬兼施"之下，他最终用上了这座城市最好的进口高尔夫球设备，还把自己的练习动作都拍了下来，包括基础训练和提高性训练，用的都是慢镜头和先进的彩色胶片，甚至不惜动用了摄像机隔音设备。

为加强臂力，每天黄昏前，他都会在一位摔跤教练的指导下在橡胶垫上进行艰苦的训练。一天下午他不禁哀叹道："我累得都不能做爱了。"

但他的第一部电影放映之后，事实证明，他只是个有钱的土包子。这部电影只得到了一次上映的机会，却引起了满场的哄笑，年轻的制片人脸红了。

看完电影后，他的一位亲戚把他拉到一边说："放弃电影吧，你不会成功的，电影最终会榨干你所有的财富。"

愤怒之下，休斯开了一家属于自己的电影公司——卡多电影公司，是休斯工具公司旗下的一家公司。他还聘请了几名知名导演，并亲临两部影片的外景地。一部是《大家都在演戏》，这是一部发生在五个男人和一个婴儿之间的喜剧，投资七万美元，收回了十六万美元；另一部是《阿拉伯双雄》，讲述两个步兵在阿拉伯的奇遇，耗资五十万美元，收回八十万美元，并且还获得了奥斯卡最佳导演奖。为了成功，休斯不惜一切代价。他曾经把一部拼好的片子剪开，然后重新拼接起来，编辑之后，每一幕仅保留百分之九十。他还想办法进入好莱坞主要的大型电影布景地，做了二十本笔记来记录影片制作间的情况。

同时，休斯还有另外一个目标：尽可能把世界上最漂亮的女人弄上床。他对此乐此不疲，认真而热情，仿佛在从事一项事业一样。初到好莱坞，休斯还只是个情场新手。迪艾克里特说，刚开始时，休斯对待女人的方式让人觉得很别扭。他甚至怀疑休斯在蜜月里根本就没跟妻子同房，也就是说，休斯在住进大使饭店时还是个处男。而这家饭店简直就是好莱坞的桃色新闻基地，好莱坞巨头们和招蜂引蝶的默片明星在这里幽会，他们在饭店的角落里筑起了一个个秘密爱巢。

休斯对性采取了一种近似于征服天空的科学态度，他网罗了许多姿色一流的女人，享受着自由无羁的性。最让他着迷的是一个性感的酒吧女郎，每次来到饭店时，她总穿着一件性感皮衣，有时是黑貂皮的，有时是白貂皮的，有时是水貂皮的，因场合的不同而不同。

乘着电梯下楼就是爵士俱乐部，在那里，他眼神害羞地看着松树下的小明星，还时不时和那些不拘传统的女子交谈几句。很快他就学会了向她们献殷勤，其中包括 Flapper[①] 琼·克劳馥、想要嫁给富翁的康斯坦斯·贝内特和最近出演了得克萨斯电影的玛奇·贝米拉。

"他是个英俊的男人。"贝拉米说。她拥有好莱坞最有趣、最狂野的沙龙，她可能是第一个从休斯看似英俊的外表下看出了他内心深处痛苦的人。休斯每次去好莱坞贝弗利山拜访她时，她都会注意到，他总是慢慢地走过来，不时回头看一看，仿佛"有人在跟踪他似的——他真是个孩子"。

一九二五年十月，休斯想方设法地向埃拉隐瞒他的挥金如土和漫天的性绯闻。她的存在，说好听点儿是令人不快，说难听点儿，是个潜在的威胁。他说服她返回休斯敦的家中，说什么必须有人待在家里，为即将到来的圣诞

---

① Flapper 是美国一九二〇年代的时尚潮流和文化符号。短裙、波波头、听爵士乐、抽烟、喝酒、开车、对性开放，这些都是 Flapper 的标志。

节和新年做准备，他向埃拉保证，他一定会在感恩节之前赶回去。

埃拉不情愿地回到了家，她随身带了许多平时几乎不穿的长袍，多得数不过来的名贵皮衣，还有数不清张数的账单。她拥有南方贵妇所渴望的一切，唯独没有一个温暖的家，没有丈夫也没有家人陪伴。

为了把休斯敦的房子装修为蜜月的爱巢，休斯花了五万美元，家里还雇了许多用人。但按照南方的严苛传统，丈夫不在家时，埃拉不能独居在家里，她只好搬进了姐姐家空闲的侧楼。在休斯敦，漫天的谣言说，休斯把妻子打发走了，但为了保全休斯的面子，埃拉每天都和在社交界颇有威望的姐姐一起出现在各种宴会中。

圣诞节就要到了。埃拉一封接一封地给休斯发电报，在第一封电报里，她请求丈夫尽快回来陪她，只要他愿意回休斯敦，埃拉就会觉得他们的婚姻仍在存续。

"我想死你了。"十二月二十一日黄昏时，她发出了当天的第二份电报。十二月二十三日，埃拉已陷入更深的绝望："不知为何，总没有你的回音，期待你明天离开洛杉矶。"

平安夜是休斯的生日，她发电报说："祝你生日快乐，每一分钟都在想你。"

有时候，她的不耐烦一不小心就在电报中暴露无遗："你看过我的银行账户了吗？如果没有，请注意查一下，圣诞节快到了，我要给用人们发奖金。请务必明天就动身。"签名时，她删掉"你的爱人"的称呼，直接写作"埃拉"。

尽管迪艾克里特总是想办法把休斯的语气改得尽量缓和，但看上去还是很冷淡："我很忙，不可能离开洛杉矶。"这是最常见的答复。

迪艾克里特感到有些惭愧，他竟然成了休斯的同谋。在迪艾克里特看来，休斯从来都没有爱过埃拉，当初之所以娶她，只是为了摆脱他那帮烦人的亲戚而做出的决定。一位致力于休斯传记研究的心理学家说，早婚是休斯从心理层面对世界的一种报复。"他觉得自己被世界抛弃了，他需要用婚姻来补偿他的损失。"心理医生解释道。

在休斯敦的朋友面前，埃拉从不说休斯一句不好。"但她从来都没透露过她心灵深处的东西，她所有的情感只有自己知道。"埃拉感觉到与休斯已渐行渐远，甚至连给休斯买的圣诞节礼物都要征求迪艾克里特的意见，她承认："我对休斯一无所知。"

在休斯敦，埃拉扮演的是一个安分而孤独的妻子的角色。但迪艾克里特早已预见到了丑闻早晚都会爆出。"休斯的女朋友那么多，一切可能都会出现。"他曾对麦卡锡律师说。

十二月中旬，悲剧发生了，尽管在当时这件事并没有引起太大的反响。就在休斯乘车回到休斯敦前不久，他最心爱的那个姑娘，就是常常穿着性感皮衣的那位红发女郎，在向他道晚安后，裹上外衣坐上了他的私车。司机名叫哈尔，以前是一名警车司机。

那年冬天，风暴肆虐，哈尔选了霍华德最结实的一辆车送这位姑娘回家，这是一辆特大型号的劳斯莱斯。十分钟后，汽车在一条结冰的街道上失去了控制，一头撞上了路边的电线杆，那位红发女郎当场香消玉殒，人们发现，她那性感的黑色皮衣下一丝不挂，而那个名叫哈尔的司机则失去了知觉。

哈尔拒绝供出他的老板。他对警察坚称，死去的女孩就是他的情人，尽管警察已经查清，车子的主人就是霍华德·休斯，但司机就是守口如瓶。他还拿着迪艾克里特提供的钱上下打点，以保证老板不受任何牵连。迪艾克里特出面解决了法庭的开销，支付了罚款，为司机办理了假释。

休斯留在了洛杉矶。圣诞节前不久，他又恋上了一个金发女郎，每次约会时，她还带着另一个金发女郎。这一年的平安夜，休斯是在夜总会度过的，而这天也正是他的二十岁生日。

休斯的姨妈对他的缺席大为不满。圣诞节一大早，她就命令外甥回家帮助埃拉准备新年的庆祝会，霍华德听话地回了家，但却随身携带着一袋高尔夫球棒，而迪艾克里特就跟在他身后。

在谈到休斯跟他的家人团聚时，迪艾克里特只说了一个词："极不礼貌。""大部分时间里，他不是在高尔夫球场的草坪挥杆潇洒，就是在父亲的书房里闭门独处，还频繁地给好莱坞的某个金发女郎电话传情。"

一九二六年一月中旬，休斯带着埃拉回到了洛杉矶。但他很快就发现，大使饭店已经不是他的主场了，因为埃拉每分每秒都在他的身旁，她的存在时时刻刻提醒着他：你已经不是那个快乐的单身汉了。迪艾克里特把隔壁的套房改造成了休斯工具公司在西海岸的办事处，他还时常罔顾老板的隐私，毫无顾忌地拿着最新数据进进出出，但休斯对钻井的机械装置和水利结构丝毫没有兴趣。因此，休斯同时"驱逐"了助手迪艾克里特和太太埃拉：迪艾克里特受命搬到了商业区的一套办公室里，而埃拉则被送到了一个宽敞阴郁的大宅子里，那是上流社会曾经的"城堡"，休斯自己则另外租了一处别墅。

当他的太太努力把自己塑造为上流社会的领袖时，休斯却常常游荡于大街小巷，与那些拼命往电影圈里钻的好莱坞年轻女郎调情。下午，休斯的节目是茶会；午夜则转战于夜总会，甚至还会出现在异装癖滑稽戏的开幕式上。

与此同时，在穆尔菲尔德，尽管她的居所富丽堂皇，埃拉却依然郁郁寡欢、日渐憔悴。偶尔，霍华德也会带着她去好莱坞的社交圈，那里一直充斥着喧嚣和媚俗。可是对于丈夫，她却依然表现出小鸟依人的一面，甚至还带着几分紧张和敏感。曾经有几个人在男演员本·莱恩的海边别墅里跟她有过一面之缘，他们回忆说，她可以说是位标准的南方美人，天性中带着羞怯和敏感，说起话来总是轻声细语。无声电影明星帕丽·米勒说，她是"一位乖巧伶俐的小妇人，每当她的丈夫向她介绍某位电影明星时，她总是表现出很感兴趣的样子。也有人评价说，我可以让人面狮身的斯芬克斯都滔滔不绝，可是要想让埃拉·休斯回我一声'是'或'不是'却很困难。每次说话前，她总是要看看时时陪在身边的丈夫的脸色，在得到他的允许后，才肯和你开口说话"。

埃拉的第二任丈夫詹姆斯·温斯顿在提到她在好莱坞的那段生活时，评价说她就像"一只被困在婚姻牢笼中的金丝雀"。安妮特·拉米斯该为这桩婚事负责，后来她也这样评价他们的婚姻："这是埃拉生活中的一个缺憾。每天，霍华德在家的时间都不会超过一个小时，他总是狼吞虎咽地往嘴里塞块三明治，然后马上转身离开。"据安妮特回忆，这次婚姻让埃拉"痛苦不堪"。说到她的外甥，安妮特承认说，"我觉得霍华德对她没什么感情。"

休斯敦人艾娃·杜马是埃拉的密友，她自始至终见证了这场婚姻。她这样评价这场婚姻："可怜的埃拉，简直就是休斯的牺牲品。"杜马接着补充道："她太脆弱了，不够自信。"

结婚后不到一年，休斯就流露出了对埃拉的厌烦。一九二六年三月，休斯终于按捺不住了。为了表达他对埃拉的蔑视，他要求埃拉回休斯敦去。屈指算来，从结婚到埃拉被放逐，他们在一起的时间仅仅只有十六周。

三周之后，埃拉开始向他请求，说她想回到洛杉矶。四月十九日，她向他发出了第一封电报，其间这样的电报她发了五十多封。在这封电报里，她写道："我很想念你，我不想长期待在这个地方。等你的电话。"

四月二十一日她又写道："昨晚你没时间来电我很难过，我想你应该知道我不参加乡村俱乐部舞会的原因。"

从四月十九日到七月四日，埃拉一直在请求回洛杉矶，与她的丈夫重修旧好，她发出这样的请求前后有二十多次。在五月中旬的一封电报里，她写道："哪怕这与我的判断和愿望多么相违，只要你觉得这样做是最佳选择，我仍然愿意待在这里。"春天已逝，炎夏将至，可怜的埃拉已经陷入了绝望。极度绝望的她甚至在一天的时间里发出了三封这种内容的电报。

而休斯对埃拉的感情却表现出明显的轻蔑和刻意为之的麻木不仁，尽管这很令人费解。众所周知，在三十年代，他对好莱坞的众多小明星都如骑士般地彬彬有礼，而且在人生的最后几十年里，他与这些人中的不少人都有过一段罗曼史。诺亚·迪艾克里特在一本没有公开出版的回忆录里漫不经心地评价休斯："他完全无法在婚姻状态里生活。埃拉是一位活泼可爱、富有教养和温柔深情的女性，但她却受制于休斯。而休斯居然还对此心有怨恨、耿耿于怀。"

七月初，在安妮特·拉米斯和她的丈夫弗雷德里克·拉米斯还有埃拉的姐姐丽比的劝说下，休斯终于打消了离婚的念头。霍华德最终同意让她返回洛杉矶，重新成为孤独的霍华德·休斯夫人。"明天相见，不胜欣喜。"埃拉在六月四日给霍华德发了电报——几小时之后，她就乘着圣达菲的微风，踏上了重返洛杉矶的征程。

迫于姨妈严肃的谈话和诺亚明确的反对，休斯在一个短暂的时期内扮演了一位忠诚的丈夫的角色。

埃拉得知了霍华德的风流韵事，这已经是休斯敦都在谈论的话题。工具公司的高层对这位花花公子老板长久以来的轻蔑使得所有绘声绘色的谣言在美国石油之都的统治阶层中散播。

在埃拉回到汉考克公园前，休斯在离公园五个住户远处另外租了一套昵称为安吉洛的房子，这里成了休斯情人的藏匿处和电影圈的风月场。

埃拉使自己重新成为穆尔菲尔德的女主人，但是这并没能阻止休斯对女色的沉溺和迷恋。事实是，在未来的岁月中，她最主要的竞争对手并非是其他女人，而是休斯那伟大的梦想。

进军好莱坞

　　一九二七年秋天，霍华德在穆尔菲尔德宅邸的楼梯套间里建立了自己的独立王国，他把楼下的书房和那间西班牙殖民风格的豪华图书馆换上了双重锁，把埃拉和他的员工挡在了外面。大多数日子的午后，霍华德先去威尔士乡村俱乐部的草坪上散步，回来后就把自己悄悄地关进这间锁着的侧房内。偶尔，他也会轻声地跟太太打个招呼，随后就马上消失在他亲手建立的奇幻空间里。虽然是间正式的起居室，这里却有点灰暗。休斯在这里如饥似渴地学习飞行课程，有关飞行的图书堆积如山，很快就塞满了房间，而国防部那些战机的照片和记载着一战中那些伟大空战的一卷卷录像带就逊色多了。

　　在看完了无声电影的代表作、曾获第一届奥斯卡金像奖最佳制片奖的一战史诗电影《翼》之后，休斯觉得他本人完全可以做得更好。他相信自己可以做出终极版的空中史诗。他甚至计划"自掏腰包，拿出至少两百万美元"来制作这部电影，他不想借助于好莱坞任何一家电影公司的势力和保护。

　　而电影公司的老板和专栏作家们却对他的计划嗤之以鼻；即使是在电影业刚起步的那个时期，也没有哪个家伙敢挑战好莱坞的那些大亨。元老级电影专栏作家卢埃拉·帕森斯的话说："霍华德·休斯是个自以为是的年轻人，他想单打独斗。他给自己的电影取名《地狱的天使》。"但是，休斯的电影对一战空战的切入点都是独一无二的。他的电影记录了四个国家的顶级枪械：英国、德国、法国和美国。

应休斯的要求，诺亚·迪艾克里特将七十万美元转账到一个指定的账户上，这笔钱将用来购买二手飞机、成套设备以及支付二十四位退役战斗机操作员和一百名飞机修理工的工资。转账之后，他才听说了这部电影和它的内容。为了筹集这么大一笔钱，迪艾克里特不得不掏空了工具公司的金库。当公司的管理层抗议这次针对公司金库的第二次洗劫时（第一次发生在霍华德收购亲戚手里全部的股份时），休斯对迪艾克里特干脆果断地说："这是我的钱。快点儿给我拿来！"

随后霍华德迅速地出资五十万美元，组建了一支私人战斗机部队，飞机分别来源于上面提及的四个国家。然后他又买入了四十架战机——而休斯在公关报告里把这个数字夸大到一百架左右。他的侦察机队从德国魏玛共和国检修好的舰队和一群大胆的美国马戏飞行员中穿梭而过，然后在巴黎郊外那布满灰尘的飞机棚里轻轻降落。他们把俏皮的法国斯波德、危险的SE-5英国战斗机、坚固的索普维斯"骆驼"战斗机、一战的超级杀人武器——福克双发涡桨式飞机都重新制造出来。然后，在好莱坞最大胆和最有经验的飞行员、一战高手罗斯科·特纳和保罗·曼茨的指挥下，他又高薪聘请了飞机修理工和飞行员。

休斯工作起来没日没夜，他策划着电影的空战镜头，包括一系列的特技效果和伦敦大轰炸，仅后者就动用了两个六十英尺高的城市模型。而在飞机坠毁的那场戏中，光一个模型就花了四十六万美元——是当时一部普通惊险片预算的三倍多。与此同时，导演马歇尔·尼兰也开始拍室内戏，包括一场军队舞会，仅仅是买豪华戏服一项就支付了一千七百美元。休斯对金钱的花销毫不在意，他全身心地投入到影片的拍摄中。很快，极度缺乏睡眠的休斯开始出现在拍摄现场，他身上是全套的飞行员装备：腿上穿着马裤，上身穿着皮夹克，脚上的靴子擦得闪光锃亮。他一再推翻尼兰的想法，这位资深导演终于停机走人。于是，休斯选中了卢瑟·里德，他曾是《纽约先驱论坛》杂志的飞行版主编，现在却来应征做导演。但在里德工作时休斯照样指手画脚。

最后，里德嚷了起来："你要是什么都懂，干吗不自己来拍呢？"

霍华德沉默了几分钟。最后他说："好吧。让我来吧。"

在接下来的三年时间里，这段一战空军的传奇史完全把他控制住了，他心无旁骛地投身其中，完全把个人生活放在了一边。他的健康状况也越来越差，这件事差不多毁掉了他的身体。

迪艾克里特试图劝阻他，却遭到了休斯的拒绝。"只要能成为好莱坞历史上最伟大的电影导演，我什么都能做。"

一九二八年的一月十日，霍华德的战斗机队从加州英格尔伍德的明兹费尔德跑道上滑行而起，在湛蓝的圣莫尼卡岛上空表演了一场真实激烈的空战。光是让所有的飞机起飞就花了两个小时。

空中两军交战正酣，惊险场面不时出现，而在所有的战机上方的，是休斯本人，他通过一套复杂的无线电系统与空中的飞行员们保持联系，指挥他们做出他想要的表演。

但是只做导演还不能让休斯过瘾。就像二十世纪二十年代那些初出茅庐、没有参加过一战的飞行员一样，他渴望在战斗特技方面一显身手。二月初，他终于找到了一次机会。

当时，他的飞行员们正在表演着有史以来最危险的飞行特技，霍华德在一场戏中告诉马奇，让他表演一下低空扫射。"我想让飞行员驾机俯冲地面，在离地两百英尺时突然返回高空。"休斯说。

"那无异于自杀，"马奇惊叫起来，"俯冲低于一千英尺时，飞机就可能坠毁。"

休斯毫不让步。"你胡扯！优秀的飞行员就能做到！"

"好吧，但我的飞行员没一个人能做到。"马奇回答。

"那好吧，"休斯说，"让我来吧。"

休斯仍然穿着他那套电影导演的装束，羊毛马裤、菱形花纹的套头衫和同样花色的短裤，他跳进了一架托马斯·摩尔斯侦察机的机舱，直接驾着飞机冲向云霄。他漫不经心地绕着英格尔伍德盘旋了几圈之后，把身子探出机舱，观察了一下放置在七十八英尺高的塔台上的一组摄像机的位置，就开始了他的特技表演。他给摄影师打了个"开始"的手势，就驾机向地面俯冲下去。

在距离地面一千五百英尺的高度，侦察机的引擎开始咔咔作响。休斯紧紧地抓住操纵杆，想把飞行速度降下来。在一千英尺的高度，飞机的速度越来越快，风在机翼两侧咆哮着。地面的工作人员焦急地等待着。休斯此时不应该把飞机拉起来吗？但休斯正集中精力观察摄像机的角度，根本没想到要把飞机拉起来。

在七百五十英尺的高度，他知道自己遇到麻烦了。休斯握住操纵杆，试图遏制住飞机的俯冲。然而，侦察机径直往下坠。摄像人员只来得及看老板最后一眼：休斯已经摘掉帽子，两脚竭力地踩在仪表盘上，努力保持着身体的平衡。但坠机已是无法避免的了。

然后，飞机的左翼就像日本折扇一样折叠起来。机身与地面摩擦时发出了巨大的噪声。然后是螺旋桨，一直刮着跑道，刮起了沙砾和玻璃碴。

一阵风起，卷起的尘土笼罩在飞机的残骸上，接着是一种不祥的沉默。最后，《地狱天使》的飞行中队队长福兰克·克拉克嘟囔了一句："见鬼！我们的饭碗丢了。"克拉克、马奇，还有两个医护人员赶紧跳进那堆废墟里。他们找到了已经没了形的驾驶舱和休斯的皮夹克；他们还看到机身旁边有一摊血迹。但休斯不见踪影。

忽然，新建的机棚里传来了一阵低沉的呻吟声。透过昏暗的光线，他们看到休斯正斜倚在墙壁上，满脸痛苦。他的衣服上血迹斑斑，已经被撕扯得七零八落。

休斯受到了惊吓，他开始语无伦次地说起他的高尔夫比赛。然后一头栽倒在地，晕厥了过去。一辆救护车立即把他送进了英格尔伍德医院，在那里，诺亚·迪艾克里特见到了他那身负重伤的老板。根据霍华德事前的指示，他用假名为霍华德挂了号，并要求医生和护士发誓保密。

霍华德得了严重的脑震荡，眼睛上方的一块头骨裂开了，脊椎骨顶端也受到了不明的伤害。当他被送往急救室抢救时，还处于昏迷中。他本应该在医院待三天的。"也许有脑伤。他的右眼也许保不住了。"一位医生告诉迪艾克里特。

不可思议的是，第二天早上，休斯就从病床上坐了起来，他声称自己已经痊愈了。

"我要求你蒙着纱布乖乖地待在病房里，否则，我不能保证你的眼睛不会失明。"一位医生对他说。

而迪艾克里特清楚地记得休斯当时的回答："胡说！跟艺术相比，我的视力算得了什么？"第二天，他就回到了拍摄现场。

几十年之后，休斯才开始明白这场事故对他的脑子造成了永久性的伤害。由于昏迷时间过长，并且有一块金属碎片永久地留在了他的颅骨里，所以他的脑袋上留下了伤疤，却始终没有人发现，直到他去世时。

《地狱天使》的坠机对他身体的伤害只是一个开始。接下去的是强烈的偏头痛、奇怪的失忆现象、种种不可理喻的行为，以及几十年之后的精神失常。这次伤害还影响了他的心理健康，影响了他的天生才智。而此时，在这场事故的隐患还未表现出来之前，似乎只给他带来了一点小麻烦：他动了一次小小的外科整形手术，拿掉了下巴的颚骨，而他的下巴一直令许多女人着迷。

在《地狱天使》紧锣密鼓地拍摄之际，他的那场包办婚姻也开始逐渐解体。

一九二八年，休斯再次驱逐了他的太太埃拉。虽然不情愿，但埃拉只能一直跟着富有的姐姐——丽比·法里什居住在休斯敦，她们一起生活，一起交际应酬。她早已厌倦了没完没了的马球比赛、帆船竞赛和温泉疗养。她与丈夫的联络，只能通过干巴巴的电报或偶尔的几个问候电话——而这还得看休斯有没有空。

有一次，埃拉从曼哈顿给休斯发电报："我们要去看国际马球比赛。我姐姐有个包厢。"然后她又充满渴望地加了一句:"要给你留个座位吗?"一九二七年,在芝加哥观看那场轰动一时的特内对丹普森的拳击赛时,她也曾满怀希望地询问:"你不想跟我们一起去吗?"

除了说点公事之外,霍华德仍然是一副遥不可及的模样。埃拉变得越来越愤怒,她为自己的婚姻感到羞愧。在一封电报里,她这样责备休斯:"我不能总是到处漫无目的地漂泊,从以往的经验来看,你不过是在敷衍了事。如果一切无可挽回,告诉我,我总不能一直这样处境尴尬。"对此,休斯依然不为所动。

一九二八年十月,休斯派诺亚·迪艾克里特将休斯夫人送回休斯敦,她即将入住的仍然是法里什家的客厅。因为精神上的压力和过度疲劳,十月五日,她一到休斯敦就病倒了。

她立即被送进休斯敦的圣约瑟夫医院。医生的诊断结果是"大肠发炎""神经过度疲劳"和"脱水"。休斯对此一无所知,每天结束了《地狱天使》的拍摄后,他就忙于出入好莱坞的夜总会。在她卧病在床时,他罕见地给她发了封电报,漫不经心地告诉她,"我找了一个新的摔跤教练,很难对付。"这位出轨的丈夫还加了一句:"我每天七点半起床,所以,我不会出去乱逛。"

然而就在同一天,在发出第一封电报四个小时之后,休斯又发出了一封电报给埃拉的医生拉米斯。这一次,休斯似乎非常愧疚:"请给埃拉仔细做个体检。别担心费用,我很担忧。"

当埃拉十天以后回到法里什家里时,她收到了休斯的另一封电报,电报里他显得少有地亲切:"请饶恕我的杳无音信,但电影上的事让我忙得要命。浑身酸痛,那个新的摔跤手很厉害——上个礼拜天我几乎没法打高尔夫。"

十月三十一日,埃拉仍在饱受腹痛的折磨,并且已经不能进食,只能通过静脉注射补充营养。休斯向拉米斯医生发去了一封怒气冲冲的电报,"为什么她还不见好?我看你最好找个专家来——至于费用,让它见鬼去吧!"

休斯给在法里什家里休息的埃拉发了一封电报。"我们还在奥克兰拍《地狱天使》，我要争取拿下三十二架飞机的那场空战戏。天气糟极了——希望你安好。"

十一月八日，拉米斯医生送来了好消息："埃拉的情绪好多了，疼痛也减轻了很多……我会继续向您报告的。"然而，从十一月十九号开始（又是一个感恩节），一直到十二月，休斯又"忙得没空"给太太打电话了。

在休斯的安妮特姨妈眼里，埃拉总是"看上去无精打采，悲伤忧郁，心事重重"。这桩包办的婚姻已经成为一出无声悲剧。尽管夫妻双方问候频繁，措辞客气，但他们的交流始终仅限于电报、便条和体检报告，谁都不愿意说穿那个显而易见的事实：埃拉·休斯在这场婚姻游戏中彻底失败了。

埃拉和休斯又度过了一个身处两地的圣诞节。不可思议的是，埃拉居然发电报给诺亚·迪艾克里特，问他："你听说过霍华德想要我送他什么圣诞礼物吗？或许是什么办公室用品？"

对于埃拉来说，一九二八年圣诞节格外不同。休斯敦谣言四起，是关于神龙见首不见尾的休斯和常年留在休斯敦的埃拉。这些谣言第一次触及到了婚内不忠的问题。一个陌生的名字被频繁提及。"我第一次听说比莉·德芙这个人的时候，有关埃拉的婚姻已摇摇欲坠的谣言已经传得沸沸扬扬。"埃拉最亲近的朋友之一劳拉·柯克兰·布鲁斯说。

这位电影明星的名字和其他信息，也传到了埃拉家人的耳朵里，她的姐姐丽比和姐夫威廉姆·斯坦普斯·法里什——标准石油公司董事会主席，同时也是工具公司最大的客户——都听说了这件事。丽比暗下决心，要帮助自己的妹妹，不能让一个戏子取代她妹妹的位置。一九二九年初，她为埃拉整理好行装，送她搭上了开往洛杉矶的火车，这也是埃拉为了挽救这场婚姻进行的最后一次尝试。

回到穆尔菲尔德后，埃拉就搬到了一间客房，她将孤身一人，一直待到这场婚姻的结束。

一九二九年二月的一天，休斯垂头丧气地走进迪艾克里特的办公室，一屁股瘫坐在椅子上。因为熬夜剪辑影片，他衣冠不整、一脸疲惫。这位未来的好莱坞巨头这次犯了个巨大的判断性错误。他没认真考虑电影的声效问题。作为新生事物，"会说话的电影"已经夺取了电影业的主要市场。事实上，观看无声电影的观众已经寥寥无几。一些昔日雄霸影坛的巨星，像哈洛德·劳埃德、巴斯特·基顿、约翰·吉尔伯特和克拉拉·鲍等人早已失宠，因为他们从未接受过发音训练。就像卢埃拉·帕森斯说的那样，有声电影是演员们的"滑铁卢"。这句话对无声电影导演们也同样适用。

现在，休斯坐在迪艾克里特对面，清了清嗓子之后，他承认道："我们必须把《地狱天使》制作成有声电影。"迪艾克里特在心里大致盘算了一下，他的老板已经投入了二百二十万美元——在当时，这是个天文数字。这部电影差不多已经把休斯家族的产业逼到了破产边缘。休斯工具公司的高管们已经对他们年轻老板的挥金如土提出了两次强烈抗议，但都是好助手迪艾克里特帮他摆平了。

"那还需要多少钱？"迪艾克里特低声问道。霍华德把开支精打细算到每一美分的用途。眼下的工程还需要一百七十万美元，包括新的配乐、配音和一些室内戏的重拍。幸运的是，舞会那场戏只要重新编曲就可以了。

"他没叫我去筹钱，他只是期待着钱会像变魔术一样钻出来。"迪艾克里特后来回忆道。

给《地狱天使》配音就意味着要给每一位演员加上对话。这对于两位男主角本·莱昂和詹姆士·霍尔来说，并非难事。他们两人在影片中饰演皇家飞行队的兄弟，能体现出高大健壮感觉的声音就可以了。但在片中饰演轻佻女子一角的格蕾塔·尼森，她的发音带有很重的斯堪的纳维亚口音，完全不符合她扮演的让两兄弟为之争风吃醋的英国女郎角色。休斯坚持说："我们必须把她拿掉。"由于声音转换的费用不菲，休斯再也没钱请一个明星来顶替格蕾塔。于是，他派人四处寻找新人——而且还得性感。

大伙儿又开始忙碌起来。刚刚出道的小明星和临时演员在休斯面前走马灯般走过。他对派拉蒙电影公司和华纳兄弟电影公司的后起之秀们进行了几十次试镜。正当芳龄的琼·科利尔、特尔玛·托德和玛丽安·马什都曾经被列为人选，还有未来的巨星卡洛尔·隆巴德，她一度被认为是扮演该角色的最佳人选，但几个星期之后，休斯又否认了她出演的可能性。

事实上，如果那个名叫阿瑟·兰多的执着而又年轻的经纪人没有在星期五下午走进《地狱天使》的拍摄现场的话，这个角色就属于隆巴德了。兰多挽着一位身着普通薄纱裙的金发女郎，她浓妆艳抹，涂着厚厚的眼影和唇膏，身上散发出丛林栀子花香水的味道。厚厚的睫毛膏和贝蒂娃娃似的嘴唇让她看起来像照片里一样完美。"天啊，她的身材真像一个簸箕啊！"《地狱天使》的台词编剧约瑟夫·蒙丘尔·马奇不禁脱口而出。

开始时，休斯对新来的这位金发女郎并没有什么特别的印象。事实上，在看到她第一眼时，他幽默地大笑起来。试镜时，她和本·莱昂演对手戏，一直等到她演完，休斯还是坚持原来的看法。"依我看，她一文不值。"休斯告诉她的经纪人。

兰多竭尽全力为她争取最后的机会："她已经准备要为飞行员牺牲一切了。她知道，她要让他们暂时忘掉战争，但他们最终还是要回到战场，而且很可能永远都回不来了。当她鼓舞他们的时候，她自己的心已经碎了。"

休斯犹豫了一下，心里盘算着。事实上，挑选演员这件事已经让他不胜其烦。最后他问："她能把这些表现出来吗？"

"小菜一碟，刚才她不过是有点紧张。"兰多回答。

"还有，"休斯最后说，"她的爆发力怎么样？"这句话指的是她的胸围，这是性感女郎的重要要求，他觉得这个女孩穿得有点儿保守。

"足够了。相信我！"

休斯又冒了一次险，给了珍·哈露第一次扮演主角的机会。

"我猜，霍华德·休斯对那些金发女郎已经腻味了，那时，他差不多快要绝望了。"聪明的哈露说，不久她就领到了一千五百美元的订金，开始了她为时六个礼拜的工作。正是这六个星期的工作使她开始真正地成了一个明星。

埃拉作为休斯夫人的地位已岌岌可危。她参加了洛杉矶后进者同盟，全身心地投入到了慈善工作中。她每天晚上回家时，总能在门口与正要外出的丈夫擦身而过。就像迪艾克里特说的那样，整座房子里"沉默到窒息"。有时，霍华德也会陪着埃拉去布朗赛马会或者去参加卢埃拉·帕森斯的晚宴，但那样的机会简直是屈指可数。"我几乎记不起来是从什么时候开始，霍华德那可爱的妻子就不再出席宴会了，"帕森斯承认，"当然，霍华德本人再也没提过她。"

埃拉·莱斯·休斯决定为挽救自己的婚姻进行最后一搏。她那贵族式的娇柔美丽对休斯已经失去魅力，她丈夫还在外面寻花问柳，追求漂亮的女演员。或许她可以利用她的社交手段来留住他。

一九二九年三月中旬，埃拉精心准备了一系列的晚宴和聚会，给洛杉矶上流社会的头脸人物和跟着休斯拍电影的那帮无名小卒之间创造一次沟通的机会。她要和丈夫步调一致，虽然自己不懂电影，但可以利用自己的身份帮助丈夫。她计划把这次盛会作为他们重归于好的开始。她一遍又一遍地征求休斯对这次盛会的意见，只是为了确保在那个礼拜六他能够出席。他似乎非常赞成这个主意，甚至还为此提供了一份客人名单，其中包括卢埃拉·帕森斯、《地狱天使》的男主角本·莱昂和他的妻子、演员贝比·丹尼尔斯以及迪艾克里特一家。

出于对她丈夫信誉的怀疑，在宴会前的几天里，埃拉给休斯打了无数个电话，还留了无数个便条，提醒他千万不要忘记宴会时间。

星期六晚上七点钟，穆尔菲尔德庄园成了白色的海洋。韦奇伍德陶瓷餐具、成千上万朵栀子、几百株纯白的兰花和爱尔兰蕾丝桌布把整座房子变得优美至极。穿着套装的侍者帮着客人停车——霍华德的客人们开着各色豪车，不乏皮尔斯箭头和劳斯莱斯，更有好莱坞浮华的大轿车。

"两群人几乎悄无声息地围在那里，没有人试图把他们往一起拉，"迪艾克里特事后承认，宴会没有达到预期效果，"霍华德照样迟到了，一直到九点三十分才露面，而那时，客人们已经开始吃餐后甜点了。"

休斯穿着一条皱巴巴的灯芯绒裤子和一件脏兮兮的衬衫，却没觉得自己的着装有何不妥，他只是嘟囔着道了一声歉，然后就东倒西歪地坐到椅子上，一只脚还跷得高高的，全然不顾及客人们的感受，开始狼吞虎咽。吃完饭，他只跟卢埃拉·帕森斯打了个招呼，就转身上了楼。

对埃拉来说，当休斯转过身去的那一瞬间，他们的婚姻结束了。她眼含泪花，向迪艾克里特承认了她的失败。"你知道的，迪艾克里特先生，我已经尽力了，我真的尽力了。可现在一点希望都没有。"第二天，她告诉休斯，她准备在休斯敦申请离婚。霍华德并没有接茬。

两天以后，埃拉第二次在穆尔菲尔德庄园收拾了她的行装，她愤怒的姐姐丽比和霍华德那难缠的姨妈不约而同地赶到了穆尔菲尔德庄园，她们给自己的亲人带来了情感支持。

从埃拉走进日落有限公司的那一刻起，分居正式开始。

刻骨的爱

当埃拉·莱斯·休斯出走好莱坞时，她与霍华德的离婚大戏已经开幕。在当时，离婚是一件奇耻大辱，而《地狱天使》已经不再是她唯一的对手了。弥漫在休斯敦的风言风语都是真的。她的丈夫已经看上了光彩照人的比莉·德芙，默片时代最大名鼎鼎的明星。

当休斯和德芙在巴尔的摩饭店的星光舞厅里第一次相见时，好莱坞已经在风传着两人"一见钟情"的传说了。卢埃拉·帕森斯，这位洛杉矶第一位八卦专栏作家，把这段因缘归结为"天赐的命运"。但事实上，这完全是休斯人为的安排。

休斯先找来伦道夫·赫斯特的情人玛丽昂·戴维斯做介绍人，然后又翻遍了好莱坞的社交安排表，费尽心思地寻找合适的时机。掌握好恰当的时机，至关重要。众所周知的是，比莉·德芙的丈夫欧文·威拉特导演，是一个出了名的醋坛子，他的占有欲极强，所以，休斯趁着她丈夫不在场的时候，方才可以靠近已婚的德芙。那天晚上，休斯穿上了崭新的晚宴服，一套在二十世纪二十年代大行其道的米黄色西装，然后，他躲在排队的一个角落里，只等着戴维斯一个手势，他就可以随时跳出来。

虽然休斯与比莉·德芙之间的绯闻漫天飞，但好莱坞上流社会的精英们却对此嗤之以鼻。在他们眼里，此时的休斯还只是个口袋里塞满了钱的乡巴佬，而比莉·德芙则是万人仰望的当红明星。当休斯还是费森登学校吊儿郎当的公子哥时，德芙已经在好莱坞名声大震；当休斯还在撒切尔高中与害羞做着艰难的斗争时，德芙已经出演过三十部电影，并被当时的评论界称为"全世界最美的女人"。

然而，介绍人玛丽昂和八卦专栏作家帕森斯却坚信，这两个人是天造地设的一对，十分般配。"看上去，他跟她一样优秀。另外，他们两个人都带着感伤的、难以言传的羞涩。"帕森斯二十年代的助手、专栏作家多萝茜·曼纳斯回忆道，"他们的恋情是上天注定的，无法避免。"他们初次相遇于巴尔的摩的舞厅，整个好莱坞都在那一刻为他们驻足观望，正如比莉·德芙回忆的那样："突然之间，在场的人全都看着我的身后，我一转身，就看见玛丽昂挽着一位高大的陌生男子，正向我走来，他的皮肤有点黑，脸上表情僵硬。"

戴维斯用她那只戴着羊皮手套的纤纤玉手拍了拍德芙的肩膀。"比莉，这是霍华德·休斯，他想认识你。"比莉露出了迷人的微笑，她正要寒暄几句，"可他却一言不发，只是那么直盯盯地看着我，一直那么看着我。"德芙回忆说。最后，在这阵尴尬的沉默之后，休斯暗示让玛丽昂带他离开。

比莉很是迷惑。"我想，这不该是那个他们所谈论的口袋里装了几百万美元的年轻人，他是个怪人，我当时一点也不喜欢他。"

然而结果却令人匪夷所思，这次简短尴尬的会面却使休斯的激情更加高涨。

约翰尼·马斯基奥时任一家电影公司的助理导演，他曾经在二十年代末期与休斯有过一面之缘。他这样评价这件事："当时休斯是真的把比莉当成他一生中最为重要的情人了，我想比莉也是这样认为的。"

而诺亚·迪艾克里特对此事的看法则是："休斯深深地沉醉在这次的爱情里，他像一个刚刚得到初吻的孩子那样忘乎所以，连走路都是跌跌撞撞的。"在二十三岁的时候，休斯开始了他的第一次真正的恋爱。他的追求对象就是那位沐浴在无声电影时代的落日光辉下的银幕女皇比莉·德芙，时年二十四岁。他一直追随着她，从一个派对跟到另一个派对，从好莱坞的地下酒吧再到大使饭店的爵士夜总会，还有蒙特马特的豪华舞厅都有他们的芳踪，两人几乎形影不离。

"不管我出现在什么地方，休斯总会尾随而至，然后在我身旁坐下。尽管我们的恋爱进展缓慢，过程中也没有什么大起大落，可这是我一生经历过的最深沉、最热烈的爱情。"德芙充满深情地回忆道。

成千上万朵的栀子花、黄玫瑰和玉兰花源源不断地送到了德芙的家中，接着送来的就是数不清的名贵珠宝，还有那些透明水晶瓶里装着的名贵香水。不久，这场追求就上升到了军事的高度。休斯不惜聘请了私家侦探，暗中关注着德芙的一举一动，然后把这些行踪完整地记录在一本侦察笔记上。每天晚上，休斯都要花点工夫认真翻阅。比莉在加州中部拍电影的时候，休斯的飞机时常出现在拍摄现场的上空，然后降下机翼，他对比莉的问候从天而降后，然后又神秘消失，这种问候方式已经成了休斯的专属标志。

两人独处时，休斯终于向比莉吐露心曲，他说自己的婚姻已经终结了。"他很明白地表示自己正在离婚，并且坚定地表示和好已经绝无可能。"而比莉也告诉他，自己和威拉特的婚姻也已经是"名存实亡"，她也向休斯保证自己将尽快离婚。可是愤怒的威拉特更不好惹，他放出狠话，坚决要跟比莉和休斯战斗到底。

不久，威拉特以牙还牙，他也请了自己的私人侦探，命令他们：不管休斯和比莉去什么地方，他们都必须盯紧，寸步不离。整个好莱坞都偷偷地躲在一边，窃笑着观看他们的精彩表演：一大队私家侦探开着这些富人的跑车，时时刻刻地尾随着休斯和比莉，如影随形，寸步不离。因为威拉特已经下定决心，绝对不肯让这对年轻的情侣称心如意。唯一面临危险的，是德芙的事业。多年以来，她在无声电影界中一直是身价最高的女演员，而且她的事业如日中天，身价还在不断攀升，前不久刚刚成功签约华纳兄弟电影公司，这家全美国最大的电影公司承诺给她的片酬高达每部十万美元。

有声电影的兴起更让她的身价倍增。因为在那个时代，德芙是少数受过专业朗读训练的电影巨星之一。而威拉特却在这场竞争中渐渐地处于下风了，因为大多数的无声电影导演在转型执导有声电影的尝试上纷纷败北。

随着比莉的家庭的溃散，休斯的婚姻也同时步入分裂的轨道。这场婚姻由一场疾病开始，最后又由一场疾病结束，不能不说造物弄人。一九二九年七月一日一大早，休斯跟跟跄跄地从《地狱天使》的制片间回到了家，连衣服都没脱，就一头栽倒在床上。

他在床上折腾了好几个小时，汗水浸透了他的衣服，他几乎已经神志不清了。当管家发现他的时候，已经接近中午。他躺在床上，床单已经被他的汗水浸透。管家马上通知了迪艾克里特。"他看上去快要死了！"她说，"快点救他！"

迪艾克里特立即打电话给凡尔纳·梅森医生，上次拍《地狱天使》的时候，休斯坠机受伤后，是他救了他的命。两个人一起冲进那间华丽的卧室，一直在那里守候了四十八个小时。休斯得的是脊椎性脑膜炎。在那个时代，抗生素还没有发明出来，所以得了这种病，随时都可能丢掉性命。

七月三日早晨，梅森医生把迪艾克里特拉到大厅，告诉他，也许他们老板只剩下几个小时了。"我认为我们应该把休斯夫人叫回来了。"梅森表达了他的看法。

迪艾克里特有点儿犹豫。他知道，从三月份到现在，休斯一句话都没跟埃拉说过。他觉得他们离婚是迟早的事，他完全相信两人之间压根儿就"没有爱情，只有做作，注定要失败"。

可是如今事出危急，迪艾克里特还是给住在曼哈顿大使饭店的埃拉发了一封电报。"霍华德有生命危险，"在电报里，迪艾克里特这么说，"梅森医生建议尽快赶回洛杉矶。"当时，埃拉正准备和法里什一家一起去欧洲游玩。

接到电报后，埃拉疑虑顿生。她想起了休斯当年为了跟她结婚而装病的事儿，他这次会不会又是故伎重演呢？即便如此，最终她还是决定履行一下妻子的责任。她和姐姐从飞往诺曼底的飞机上搬下行李，然后搭乘火车，直奔洛杉矶。上火车前，埃拉回了电报："告诉医生我已在返回途中。如果霍华德苏醒，告不告诉他由医生自己决定，谢谢。祝他好运。"

她还在电报中告诉他们，她将在芝加哥转车。"在那里，把休斯的最新情况通报给我。"

没想到过了两个小时之后，休斯居然苏醒过来，这使迪艾克里特和梅森医生大吃一惊。晕晕乎乎的休斯问他们："你们怎么啦？"

梅森医生顿时瞠目结舌，他嗫嚅道："您这次的情况危险极了，所以我们只好告诉了您妻子，现在她正往这里赶来。"休斯一听，就马上号叫起来："为什么，谁让你们叫她回来的？"

然后他一把抓起了话筒。

他当然要全力阻止埃拉的归来，因为现在比莉已经占据了他生命的全部。他在电话里安排了两拨人马去芝加哥阻截埃拉，要求他们劝说埃拉返回纽约，最好让她继续去欧洲旅游。他还分别给车站站长和芝加哥西部联合公司的迈克尔·麦克劳德打电话，要他们送给埃拉几封私人电报和复印件，他在电报上写道："刚刚听说了你要回来的消息，为什么不提前通知我一声呢？今天我的体温已经降到了一百华氏度。我不知道迪艾克里特发电报给你的原因，可是我的病根本没什么，为此再劳烦你坐三天的火车实在有欠妥当。请你返回纽约吧，到纽约后给我打电话就行。无论如何，你都不要到这里来。真的不用来，记得一定要给我打电话。"

车站站长亲自把电报和它的复印件分别塞进埃拉和她姐姐丽比·法里什的包厢的门缝里，然后站在大厅，亲眼看着它们被收进去。没错，它们的确已经被送到了埃拉和她姐姐的手里，但是休斯还是不能放心。

于是，休斯又花了大把时间给麦克劳德、克博勒、兹姆利和一位库姆尼克小姐打电话，答应给他们不少好处。最终，下午七点四十五分，库姆尼克小姐在埃拉·莱斯·休斯夫人从餐车返回的时候，亲手把四份电报复印件交到了她的手上。可是埃拉不肯下车，她继续西行，因为好几个月来，她终于第一次收到了从休斯那儿送来的信息——这些电报。

当她和姐姐在帕萨迪纳火车站下车时，她的脸上写满了期待。诺亚·迪艾克里特前来迎接，他从她的神色里看得出来，此刻，埃拉满心期盼地想要快点儿回家与丈夫重修旧好。

"我真是个头脑简单的蠢货！"迪艾克里特写道，"当时埃拉的姐姐把我拉到一边，小声问我埃拉现在回家是否安全，我竟然以为她是问会不会传染，所以我就告诉她绝对安全。可是，我把埃拉和法里什夫人接上车后却发现，德芙抱了一大堆衣服，刚从后门冲出去。直到此时我才知道，休斯正在追求比莉，而且事态已经发展到了不可挽回的地步。"

埃拉终于回到了自己的家，但她却赫然发现自己的房间早已另有佳人。她还发现，休斯对她的态度依然如故，他的心意没有丝毫的改变，对她的一切依然那么漠不关心。而休斯更加恼羞成怒，因为埃拉居然误以为他的电报里有和好的意思。就算埃拉做得再好，他也丝毫不为所动，即使这位被他屡次伤害的妻子依然关心着他，在这个时候风尘仆仆地来到他的身旁也不行。

在楼下的客房里，埃拉扑到姐姐的怀里放声恸哭；而在楼上，休斯却在给比莉打电话。

休养几天之后，他从床上爬起来，收拾好航海服，带着比莉·德芙一起驶向了圣卡塔利娜岛。这次公开的航行大有不管不顾的挑战意味，他们恣意妄为地驶过海峡，来到了富人们休闲度假的天堂——阿冯拉港，这里的天空湛蓝湛蓝的。这次航行也是这对情侣的独立宣言，它向埃拉和德芙的丈夫欧文·威拉特传达了一个信号：他们各自的婚姻都已经走到了尽头。

万事通卢埃拉·帕森斯在收音机里公开了这段恋情，她向全国的听众描述了这段田园式的浪漫爱情。她告诉公众：德芙小姐"已经厌倦了无休无止的演艺生涯"。最后，她还让大家不必担心德芙会因为和生性孤僻的休斯同行而有辱她的清白，帕森斯的理由是，"有德芙的妈妈陪着他们呢"。

可是，这段浪漫的航程差点儿以悲剧结尾。周日下午的返程途中，太平洋上风云突变，大风掀起了二十英尺高的巨浪。这艘五十英尺长的游艇在海里颠簸，被风浪抛得忽上忽下。海水冲进船上的走廊，一直淹到比莉的脚踝，惊慌失措之际，她独自一人跑上了甲板。"我疯了似的乱撞，企图返回船舱，"比莉回忆道，"突然一个急浪打了过来，我倒在地上。当时的情况极其危险，我随时都有可能被冲下船去。"当时休斯却在船舱里，对外面的这一幕全然不知，还好当时船长在场。"他一把抓住我的脚踝，把我拉回了船上。"德芙说。

休斯发现比莉躺在一张椅子上瑟瑟发抖，马上紧紧地抱住了她，一路上再也没有撒手。游艇搏风击浪，终于平安返回洛杉矶港。"天哪，差点儿我就失去你了。"他温柔地吻着她，"要是没有你，我要如何活下去？"

从圣卡塔利娜岛航行回来一周后，比莉·德芙接到了休斯打来的电话。他告诉她快点儿装扮整齐，陪他一起去参加一个特别的宴会，并且说他"要给她一个惊喜"。

他的司机载着他们冲出了洛杉矶。一路上，群山连绵，树木茂密，油井林立。最后到了圣佩德罗，汽车停了下来。蓝色的港湾里，轻柔的光芒洒在一艘乳白色的游艇上。它就这样静静地泊在那里，等待他们的到来。在餐厅落座后，休斯递给比莉一个镀金的花篮，花篮里堆满了栀子花，顶上笼罩着十株纯净洁白的幽兰。在轻柔的烛光里，霍华德张开双臂，做出拥抱这艘百十英尺长的水上皇宫的架势。"这是专属于我们两人的，"他说，"今天我刚买的。"

为了纪念德芙最近拍的那部反映爵士时代的有声电影《画中的天使》，他们用片中的主人公的名字"萝蒂欧"为这艘游艇命名。就在一个小时之前，为了今晚就拿到这艘船，诺亚·迪艾克里特还在这笔买卖之外，另外加了一笔三十五万美元的"小费"给船长。

比莉和霍华德双双留在了船上，从晚上直到清晨。他们手挽着手，一起坐在甲板上，在满天尚未褪去的星光下做爱。"真是太浪漫了，"比莉回忆道，"这艘游艇成了我们的爱巢，一个只有我们两人分享的秘密，不会有第三个人知道的秘密。"

就像专栏作家多萝茜·曼纳斯描述的那样，这段"甜蜜而秘密的浪漫史"已经进入了危险的阶段。受伤的威拉特发誓要让休斯付出代价。假如威拉特不能得到比莉的爱，那么比莉就别想过得比他好，他还要把休斯也推到一场同样一团糟的离婚大战里，让他的公众形象一落千丈，而埃拉和他在这两场离婚大战中都会成为有利的那一方。

有天下午，休斯和比莉驾车行驶在好莱坞大道上，一起回家。突然，休斯的眉头皱了起来，"我发现有人在跟踪我们，你抓紧喽！"说完，他便加快了速度。车子一转过拐角，便直奔拉斯帕尔马斯街而去。那是一条死胡同，正好跟好莱坞大道平行。他们后面跟着的车子也加快了速度，尾随他们进了死胡同。"霍华德打开车门，那辆车上的人也跳了下来。"德芙记忆犹新。

很快那人就跑得不见踪影，霍华德在后面穷追不舍。十分钟后，他返回车里，一拳砸在了挡泥板上。"我追不上他，可以肯定他是在跟踪我们，这个杂种！他肯定是在跟踪我们！"

比莉也皱起了眉。"我认为这事儿肯定是欧文搞的鬼。"

第二天早上八点钟，休斯就把他的律师内尔·麦卡锡和诺亚·迪艾克里特叫到了家里。他要求他们去"找到威拉特那个杂种，问他到底要多少钱才肯跟比莉离婚，让我们安静一点"。

威拉特立即给了回音。"回去告诉休斯，要他像个男人一样站到我的面前，"他说，"然后我们再谈。"而休斯当天下午就出现在威拉特的家中。

威拉特告诉休斯：是他成就了比莉。如果不是他既做她的丈夫，又做她的经纪人，比莉怎么可能那么容易就成为万众瞩目的大明星？"痛快点儿，我们只谈生意，"威拉特说，"赔我三十二万五千美金，我就答应和她离婚。"

得知这个消息的比莉顿时勃然大怒。"我告诉休斯别理他，"她说，"可是休斯下了决心，他想尽快和我结婚，所以他执意不听，决定答应威拉特的要求。"第二天一大早，诺亚就一个子儿不差地把这笔钱送到了威拉特的手上。

埃拉和姐姐丽比一回到休斯敦后，她就向法院递交了离婚请求，在高贵的莱斯家族中，这种事尚无先例。在埃拉的姐夫威廉姆·斯坦普斯·法里什的帮助下，埃拉和她的律师经过协商，起草了离婚协议。协议没有引起太大的争端，全部内容都切实可行，其实这份协议的最大受益者还是休斯。埃拉只向他索要了一百二十万美元的安家费，可是如果按照得克萨斯州的法律来算，她本来应该拿到他们家庭共有财产的一半，那就是一千万美元了。

埃拉在离婚请求中写道："这笔安家费只不过是他的礼物而已，这不是我们的共有财产，也不是我向休斯索要的赔偿。"埃拉甚至还允许休斯以分期付款的方式来支付这笔钱，她同意休斯每年付给她二十五万美元，到一九三三年全部结清。

在离婚请求中，她还说休斯是一个"暴躁、易怒、极端冷酷，对他人漠不关心，不适于共同生活"的人。

直到最后一刻，她仍旧对休斯慈悲为怀。

为了尽快和比莉结婚，搬开法律条文上讨厌的"居住要求"这块绊脚石，霍华德甚至同意去内华达州过一种"前所未有"的生活。因为在那里，比莉的离婚手续会比在加州办得快很多。

为了"操纵内华达"，休斯开始改头换面，伪造了一系列的身份证件。律师内尔·麦卡锡一手炮制了这个计划。按照他的安排，休斯将会成为一名默默无闻的美国公民。把钱交给威拉特后不久的一天早晨，休斯给比莉打电话："让玛丽（比莉的女用人）出去帮你买点儿农民穿的衣服，穿上这些衣服后，别人就不可能认出是你。"

"晚上八点，我会去你家接你。记住穿上那些农民服，不要化妆，也不要梳理头发，像早上刚睡醒的样子就好。"

身披棉大衣，脚上穿着一双皱巴巴的工作鞋，头戴一顶破破烂烂的草帽，这位好莱坞最漂亮的明星一头钻进在门外等着的轿车里。休斯坐在车里，这位全美国最有钱的继承人现在看上去也没什么特别：他也是身穿工作服，脚蹬工作靴，一顶汗渍斑斑的帽子遮住了他那英俊的脸庞。车子把他们送到了洛杉矶联合火车站的侧门，他们就从那里登上了开往内华达一个农场的火车。而且他们订的是硬座。

"我们两在一个小站下了车，有一辆破车在出站口等着我们。"德芙说，"我们好像是到了沙漠。我们的目的地是一座小农房，房子周围全都是田地。"

71

这所农房紧挨着有一间棚子，德芙管它叫"草棚"。棚子的四周是坑坑洼洼的泥墙，墙上有扇窗，却没有玻璃，地板上满是灰尘，一塌糊涂。霍华德指着它对比莉说："这就是我为你准备的别墅，这样你才可以顺利地在内华达离婚。"两个人一起大笑起来。

然后休斯才把他的计划毫无保留地全盘告诉了比莉。在这里，他们要扮成兄妹，给这对农夫夫妻打工，然后，那个"住宅要求"就可以去见上帝了。而且在这里还有一个好处，就是他们可以踏踏实实地待在一起，不管是好莱坞，还是休斯敦，不会有任何人知道他们在干什么。那些地方的流言蜚语已经让他们苦不堪言了。

当他们遇到他们的"老板"——一个农夫时，霍华德告诉比莉："他以为我们是来学习怎样干农活的。"接下来他的话让比莉目瞪口呆："你在农场内劳动，而我去外面种地。我们一定要当心，千万别露出马脚。"

"上帝啊，我们真的是在劳动！"德芙回忆说，"可以这么说，我们看上去绝对不像是拍电影的。我也确实尽力了。每天一起床，我就得替我'哥哥'叠被子。等农夫的妻子开始为冬天窖藏蔬菜的时候，我就站在旁边观察，然后照着样子做。这些活儿里边，我最讨厌的就是拔甜菜。"农夫的妻子把碗洗干净后，比莉会帮忙把它们擦干，而"'我的哥哥'就在外面的地里埋头苦干"。

每天傍晚，等太阳快要落山的时候，比莉和霍华德会一起穿过一条小巷，绕过一片桉树林，然后停下来，手握着手，静静地站着，一言不发。"那情形太浪漫了。"比莉回忆道。

但休斯的律师很快就发现这间棚子并不能算是比莉的合法住宅，所以这次平静的乡村生活仅仅持续了不到两个星期，"兄妹"两人又回到了洛杉矶，在所有好莱坞记者的注视中，开始了他们的加州离婚战。

数年后，德芙回忆道，那时是个简单的农夫的霍华德，看起来比作为著名富翁和电影制片人的他更快乐。

一九三〇年一月二日清晨，各大媒体竞相报道了德芙的离婚案。首先是卢埃拉·帕森斯，她在文章中说，当天早晨比莉·德芙将正式出庭，要求与丈夫欧文·威拉特结束六年的婚姻关系。卢埃拉在文章开头这样写道："和平鸽没有到比莉·德芙家的上空盘旋，她能得到的，只有拳脚相加的威胁。事实上，在一个派对上，曾经发生过让我至今仍然记忆犹新的事情：欧文·威拉特径直走到他妻子面前，一拳把她打倒在地。"

同样在那天早晨以大标题出现在各大报纸上的，还有《好莱坞评论新闻》的"比莉·德芙指责威拉特对其施暴"；《检查者报》的"默片导演惨无人道，国际美女亲口证实"。

那是二十世纪三十年代的第一个工作日。上午九点零五分，德芙站到了证人席上。她身着黑色香奈儿外套，头戴无边黑帽，腿上的长袜同样也是黑色的。她看上去就像是一个正在居丧的女孩。

她平静地陈述着事实，但审判还是中断了两次，这是为了让内尔·麦卡锡律师能够冲出去给他的老板霍华德·休斯打电话，征求他的意见。每次回到法庭后，他都要扒在比莉的耳朵上窃窃私语一会儿。

十点十分，审判结束，法庭批准了她的离婚请求。经手这件案子的是亨利·阿奇博尔德法官，他也是休斯的球友，两人都是洛杉矶乡村俱乐部的成员，经常在一起打球。

比莉终于重获自由。在她通往休斯夫人的道路上，前面已经是一片坦途。

在法庭外的大厅里，她被记者们团团围住。"您会跟霍华德·休斯结婚吗？"一个记者问她。德芙从容地扶了扶自己的帽子，说："请给我一支烟。"记者紧追不舍："您到底会不会跟霍华德·休斯结婚？"

"有没有人能给我一支烟？"比莉一边问，一边挤出人群。

出了人群后，她回转身，说道："霍华德是个杰出的飞行员，也是第一流的高尔夫球手，我能说的只有这么多。"

说完这些，比莉·德芙步伐轻快地沿着洛杉矶高级法庭的台阶逐级而下。在那里，霍华德·休斯的豪华轿车正等候着她。

如雷的掌声

穆尔菲尔德庄园的管家比阿特丽丝·道勒被一阵刺耳的爆炸声惊醒了。她身边的墙壁在摇晃，铅窗上的玻璃发出哗啦哗啦的响声。她听了听声音，好像是一楼下面的酒窖里正在发生激烈的枪战。她伸手抓起了话筒，但又犹豫了。接下去是长时间的沉寂。

她似乎能听见弹壳落在地窖的磨石子地板上的声音。肯定是休斯。他对酒窖和酒的痴迷完全无法控制，所以，他亲自保管着酒窖唯一的钥匙。

爆炸声又一次响了起来。道勒飞快抓起话筒，拨通了诺亚·迪艾克里特的电话，迪艾克里特告诉过她，不管什么时候，只要休斯开始发疯，就赶紧给他打电话。

诺亚从威斯特伍德驾车来到了沉睡中的汉考克公园，在这里，休斯是最年轻的庄园主人。看到周围邻居家里一片漆黑，诺亚顿时长长地松了一口气。他来到酒窖，他那年轻的老板正挥舞着汤普生冲锋枪，在酒窖里横冲直撞，他的脚底下堆满了威士忌瓶子。机枪是从《地狱天使》的拍摄现场借来的，而威士忌则是他父亲在禁酒前收藏的。

地窖四周的墙上和天花板上到处是弹坑，先前老霍华德为了保护他那价值五万美元的一九一八年的波旁和苏格兰威士忌，对地窖增加了特别防护。霍华德面色憔悴，精疲力竭，对自己引起的骚动浑然不觉。两个男人安静地靠在酒窖的墙上。迪艾克里特等待着霍华德开口，然而霍华德却一言不发。

最后，迪艾克里特像一个充满爱心的父亲一样把老板扶上了床，然后才驱车回家。在一九三〇年春夏之交的这段日子里，休斯的每一个白天和黑夜都像是一团糟，他总是永无宁日地在捣乱，而这个夜晚不过是其中的一天。

《地狱天使》的杀青一拖再拖，而费用却与日俱增，这些如同噩梦一般折磨着休斯，而为了赢得比莉·德芙，他更是打了一场复杂异常的战役，这更令他筋疲力尽。休斯的精神开始陷入了崩溃。

休斯总是喝得酩酊大醉，这是他生平的头一次。每天，在结束了编辑室里长达十八个小时的工作之后，他都会把迪艾克里特骗到他的酒窖里去，然后就开始一瓶接一瓶地干掉那些颇有年份的威士忌。迪艾克里特一开始只是在一旁默默地看着，但他渐渐注意到，酒精的刺激和休斯的问题性格结合在一起，正在一步一步把他的老板逼向自杀的边缘。

"你到底想干什么？"他终于忍无可忍地问道。

休斯漫不经心地对他笑了笑。"我想要成为每个年轻人理想中的样子，一个绅士酒仙。"

"胡说，"迪艾克里特回答说，"你不过是在为自己难过罢了。"

休斯对《地狱天使》的命运做了一次豪赌，从已经在经济衰退中严重缩水的资产中一口气抽出了几百万美元。这部电影还造成了人员伤亡。在拍摄过程中，有三名飞行员先后在不同的事故中丧生。

《地狱天使》的后期制作每天开销高达两万五千美元，休斯承受着巨大的压力。好莱坞的专栏作家们已经把这部影片当作了电影行业的一个笑料。就连霍华德的密友卢埃拉·帕森斯也在文章中写道："《地狱天使》已经成了'拖延'的同义词，也成了好莱坞陈腐的笑话，像那些多年生的植物一样，每隔几个月就开一次花。"

几个星期之后，卢埃拉对朋友的刺激并未停止："多年以后，当我们跟我们的儿孙谈论起霍华德·休斯的时候，我们也许只能说，那个无畏的人终于要推出《地狱天使》了。"这是休斯第一次经历文字攻击，也使得电影编辑室的气氛更加紧张起来。

一天晚上，剧作家约瑟夫·蒙丘尔·马奇正在为即将重新配音的电影片段编写新对话，突然，他听到放映室的门被撞开了，《地狱天使》的一位编辑跌跌撞撞地下了楼。休斯紧跟在他后面，一面大喊大叫，一面冲他挥舞着拳头。

"眼看着猎物就要跑掉了，休斯拿起一个重重的金属烟灰缸，冲着正在疾步逃跑的编辑的脑袋砸过去，"马奇回忆道，"那个铁家伙距离编辑的脑袋只有一英寸，庆幸的是，它只是砸碎了一块栏杆。"然后，休斯阴沉着脸，转身走回了自己的办公室，砰的一声关上了门。"休斯的耐心彻底崩盘了，他变得可怕极了。"

每天午夜之后，他都要在威尔士乡村俱乐部柔软的草坪上散步几个小时。有些晚上，他则用车推着一大堆高尔夫球，然后用球杆把它们一个一个地打到对面寂静的小山上去。

休斯特别迷恋强大的机器，现在他又开始发疯似的追逐速度，把自己的汽车和飞机开到极限。他撞坏了自己的"丹丝博格"号，在修好之后，又把它弄坏了。

由于比莉正在圣卡塔利娜岛拍电影，休斯觉得自己好像被遗弃了。和一个小孩一样，他时时需要别人的关注。

在为《地狱天使》工作了很久之后，他会跳上自己的汽车，呼啸着冲出威尔士大道，开上太平洋海岸的高速公路，经过马里布，直奔黑暗中的波音特沙丘。一天晚上，他开着那辆帆布顶的科德汽车急转弯，撞到一边的花岗岩峭壁上。巨大的冲击力使休斯的头撞在挡风玻璃上，他被甩出了车。等他醒来时，已经躺在圣莫尼卡医院的急救室里了，他一睁开眼睛，就从床上跳下来，朝门外跑去。

"休斯先生，请等等！"年轻的医师说，"您得了脑震荡！"

"胡扯！"休斯回过头说，"要是我得的是脑震荡，我现在根本就走不出这道门。"

在重拍《地狱天使》最后的镜头时，休斯又无可救药地迷上了一架一战时期的高速战斗机。但想要驾机飞行，必须经过特别训练，只有退役的飞行员保罗·曼茨接触过这类飞机。在一次拍摄的间歇，休斯溜进了驾驶舱，然后驾着飞机在跑道上慢慢地滑行起来。曼茨见状，赶紧跟在后面跳上了飞机，坐在了副驾的位置。"霍华德·休斯，你不能开这架飞机！"

"保罗，我已经在开了。"休斯回答说。

但是，要把这个复杂的机器降落在地却不是那么容易的事。休斯笨手笨脚地试了三次，其中一次与摄影塔相差了几英尺远，他厌恶地把操纵杆交给了马奇："我放弃。你把这鬼东西给降到地面上吧！"

据迪艾克里特回忆说，休斯似乎在不停地说："杀了我吧，只要你能做得到。"休斯的助手觉得，休斯的焦虑唯一的解药就是《地狱天使》的完成和发行。

说起来容易做起来难。等到整部电影完成拍摄的时候，仅飞行外景的摄影场地就换了八个，包括奥克兰机场，飞行员们在这里干等了好几个星期，等待着休斯想要的云彩形状，把这个场景作为空战背景。就像《剧照》杂志所说的那样，"如果云不听休斯先生的，那么休斯先生只能听云的"。

尽管休斯早就公开宣布了他对比莉·德芙炽热的爱，但这并没有妨碍他成为一个"尽心尽职"的导演——包括他对女主角珍·哈露的"尝试"。就像《地狱天使》的主角本·莱昂说的那样，休斯和哈露两人一见面就"火花四射"。制片人约翰尼·马斯基奥说，尽管"哈露并不是休斯喜欢的那种女人——她的长相太难看了"，这段缘分还是持续了一段时间，而且她还说，休斯曾带她去过阿瓜卡连特。记者阿黛拉·罗杰斯·圣约翰斯曾在威廉姆·伦道夫·赫斯特的圣西蒙景点看到过这两个人。女演员多萝茜·李也记得，休斯陪着哈露从椰子林夜总会门口走出来。后来哈露说，勃然大怒的比莉·德芙为她和休斯的关系画了个句号。

那年，哈露才十九岁，一开始，她对自己在《地狱天使》中扮演的角色并不满意，她不知道该怎样才能演好那个满口都是挑逗话语的荡妇。在一场戏中，她绝望地向她的场景导演詹姆斯·惠尔求助："请告诉我该怎么做。"

惠尔直言不讳："我可以告诉你怎么做个演员，可你总不能指望我告诉你怎么做个女人吧？"

休斯知道他想让她做什么。在后来变成休斯商标的奇怪模式下，他亲自参与了哈露的服装设计，包括一件紧身礼服，每当哈露在拍摄现场穿上它时，周围的人会感到喘不过气来。这件礼服的背后是真空的，露脐的胸衣只用两根头发丝粗细的带子吊着，带子上还镶满了水晶。

在一场戏里，哈露穿了一件薄如蝉翼的睡衣，性感极了。可是在休斯看来，这件衣服还不够性感。"把前面开大点！"他命令她。她把拉链往下拉了几英寸。"再大点！"休斯说。"等到影片通过的时候，那件睡衣事实上已经开到她的肚脐了，她那丰满的胸部一览无余。"约瑟夫·蒙丘尔·马奇写道。

等到拍电影的海报时，休斯更加充分地利用了哈露的胸部。广告人威尔逊·海勒专门为休斯找来了一位摄影师拍摄哈露的胸部线条，为此，他得到了休斯的极大赞扬。这位摄影师的工作重点是女演员丰腴的胸部。他为哈露拍了几张照片，照片中哈露的领口敞开，笔直向下，只突出了傲人的上围，"休斯对那几张照片极为满意。"海勒说，"这些早期的露胸照片被送往了全美的各大报社。"

电影终于要公映了，这是四个剪辑师花了五百六十小时在二十五英里长的胶片里剪接出来的。

最后，休斯挑选了全美最负盛名的古鲁曼中国大戏院作为《地狱天使》首映式的地点，这里也是全美租金最高的会场。首映式定在一九三〇年六月三十日。

晚上七点，和风轻送，休斯大步走出穆尔菲尔德庄园的前门，俯身钻进一辆租来的豪华轿车中。这是一辆传统的好莱坞豪车，里面摆放着插满玫瑰的纯银花瓶，还有斟满美酒的水晶酒樽。休斯解开了身上那件手工缝制的晚宴礼服，把笔挺雪白的衬衫领口和端端正正的领结做了最后的整理。这身正式的服装，衬着他英俊脸庞上热烈的表情，使他看上去要比二十四岁的实际年纪还要年轻得多。

他一只手里握着一束淡紫色的兰花，这是为了和此刻正依偎在他身旁的比莉·德芙那身粉蓝色礼服搭配而精心挑选的。休斯一点头，车子就轻轻地驶入了车队里。这些车子看上去都一模一样，每一辆车都擦得纤尘不染，每一辆车顶都装着一个喇叭。

前面的那辆车里坐着珍·哈露，她看上去有点紧张，整个人都埋在了休斯为她挑的白兰和栀子花里。

车队开到了传说中的维恩大街，向好莱坞大道进发，一面墙的探照光出现在眼前，三百道光柱一字排开，从洛斯菲利兹大厦一直照到大剧院的前院。那里曾经是无数默片明星的纪念堂，玛丽·璧克馥和查理·卓别林都曾在这里驻足。

通向古鲁曼中国大戏院的路上车水马龙，大街被粉丝们挤得水泄不通，休斯一行人用了一个多小时才到达目的地。"一路上至少有四万五千辆汽车在排队等候，这是洛杉矶西区有史以来最严重的一次交通堵塞。"一位新闻报告员激动地报道说，随后他又语速飞快地加了一句，"五十万人涌上街头争先目睹名人和明星们的风采。"当晚，洛杉矶警察局的三百五十名警察全线出动，同时还临时调来了一百名美国海军参与维持治安。

在距离剧院一英里的路上，休斯用喇叭发出指令，在车里指挥了好莱坞历史上一场无与伦比的空中表演。一个中队的古董飞机从圣费尔南山谷起飞，在模拟空战中做出俯冲、陡升、翻滚等特技动作。九百加仑的液体烟雾从飞机尾部喷出来，在剧院上空雾蒙蒙的天空中留下了红、灰、黄三色漂亮的色带。在落日的余晖下，天空中闪烁着令人眩晕的彩色旋涡。"这一切就像浓墨重彩的油画一样。"哈露说。

最后，三架飞机在好莱坞大道上空画出了一个绯红的箭头，箭头停留在剧院的仿中式塔尖的天空中。

坐在轿车里的休斯此时陷入了沉思。几篇不利的影评就足以毁掉他。前一天晚上，休斯把自己深深的忧虑告诉了诺亚·迪艾克里特。"如果明天的电影首映式效果不佳，我的破产就是必然的了，那我会开上飞机，飞到最高的高度，然后一头栽进海里。"

"情况确实有些严峻。"迪艾克里特后来回忆道，"他一直在孤军作战，没有一家电影公司支持他。相反，他们都在盼着这个二十四岁的还乳臭未干的小子一败涂地，他们希望他完蛋。"

此刻，决定他命运的是好莱坞的媒体军团，他们此刻正坐在预订的天鹅绒豪华包厢里，低头浏览媒体资料和真皮封面的限量版节目单。休斯勇敢地直面这部电影的成本问题，他以四百二十万美元的预算将这部电影搬上银幕，仅首映式就花了四万美元，这是当时成本最高的电影之一。在另外一份由休斯的私人公关林肯·卡尔伯格撰写的新闻稿中，他用"白金女郎"来称呼哈露，这个称呼把她推进了一流影星的行列。

在古鲁曼中国大戏院门外，休斯的车队慢慢出现在聚光灯下，人群中爆发出一阵又一阵的欢呼。海军士兵们身穿军装，排好队伍一路小跑，把休斯、比莉和身穿白色毛皮大衣、充满激情的哈露护送进辉煌壮丽的影院，影院里面，一支百人交响乐队正在演奏着激荡人心的《地狱天使》的插曲《战地之歌》。

随着好莱坞名流显贵们的最终落座，令人眼花缭乱的"开场秀"开始了。杂技演员、芭蕾舞演员、喜剧团轮番上台，甚至连一战时的王牌飞行员罗斯科·特纳也上台露了一手。他穿着帅气的飞行制服，还牵着他的宠物小狮子——这是他的金字招牌。

但台下的观众真正等待的还是那部期望已久的电影。最后，天花板上的枝形吊灯暗了下来。片头字幕出现在银幕上。三个小时之后，两千名疲惫不堪的观众全体起立，掌声雷动。休斯惊叹不已。他似乎已经制作出了一部超出任何一家电影公司制作的电影——这部作品成为有声电影历史上的第一部大片。

"我们都希望这位魅力十足的年轻人能带领整个电影行业从目前的沼泽中走出来，摆脱大衰退和广播在全球普及所带来的冲击。"专栏评论家阿黛拉·罗杰斯·圣约翰说，"再也不可能有一个晚上能让好莱坞如此疯狂。"

休斯和比莉坐在剧院最后一排，在电影结束后的欢呼声中，两人悄悄地溜出了电影院，穿过老花园宫殿酒店的棕榈林，来到了蒙特玛特咖啡店，德芙将在这里举行一场首映庆功宴。

"他从来都不喜欢当众夸耀自己的成就，"德芙回忆说，"但他心花怒放。"这也是理所当然的事情。《地狱天使》一夜之间把他变成了好莱坞的大牌制片人。

他不必再费尽心思地为《地狱天使》改写影评了。"对比这部电影，《翼》显得太过拙劣。"《洛杉矶先驱者晚报》的记者哈里森·卡洛尔这样评论道。而《洛杉矶时报》的爱德温·沙勒特则宣称："休斯的'讽刺剧'成了一部恢宏的作品。"《综艺》杂志如此评价："作为空战题材的影片，休斯的《地狱天使》太火了。"即使在今天，正如著名的电影历史学家凯文·布朗洛所说的那样，《地狱天使》仍然是"有史以来拍摄的最壮观的飞行场景"。

评论家和观众都被珍·哈露征服了。尽管她不是扮演英国女士的最佳人选，但暴露的着装和诸如"要是我换一件更舒服的衣服，你会吃惊吗"之类的台词使她成为当时最性感的女明星。

《地狱天使》使休斯一跃而成为王牌电影制作人。但这部电影并没有给他带来利润。诺亚·迪艾克里特说，这部电影的投入始终没有收回，给霍华德留下了一笔一百五十万美元的亏损。但当时它真的像是一部获利可观的电影。

到了那年冬天，休斯手头有五部进度不同的影片，从此他也成了早期有声电影行业最重要的独立制作人。

对于休斯来说，《地狱天使》就是他梦想中一个全新的电影帝国的奠基石。在拍摄过程中，休斯的电影制作公司卡多公司还拍了反映黑社会内幕的传奇剧《讹诈》和描述婚姻故事的《求偶游戏》。两部影片都取得了成功，前者甚至还被美国许多评论家评为年度最佳影片。

休斯又一口气签下了许多明星，虽然这个做法有点盲目。他签了吴蝴蝶，她被称为"中国的玛丽·璧克馥"。但他却再也找不到一部适合哈露的影片，于是，他只好转手把她卖给了别的公司。同时，他还对连锁电影院和早期的彩色摄影产生了浓厚兴趣。他的彩色摄影工作室坐落在好莱坞洛美因大街七〇〇〇号。在公司倒闭之后，休斯继续把这幢像城堡一样的建筑作为自己的办公室。这幢建筑后来以"洛美因七〇〇〇号"而闻名。

休斯继续在戏剧界和文学界仔细搜寻，最终，他得到了《首页》的版权，这部百老汇的滑稽剧原来是由查理斯·麦克阿瑟和本·赫克特撰写的。休斯计划邀请刘易斯·迈尔斯通来做影片的导演，他曾经因执导休斯的《阿拉伯双雄》和战争剧《西线无战事》而获奥斯卡奖。在剧中扮演主角（两名芝加哥的新闻记者）的是帕特·欧布里恩和阿道夫·蒙邱，而同时来应聘的詹姆士·卡格尼（休斯称他是"小矮子"）和克拉克·盖尔布（因为休斯觉得他"耳朵太大，奶头太小"）被休斯给否决了。

《疤面人》描述了臭名昭著的黑帮教父阿尔·"疤面人"·卡彭跌宕起伏的一生。虽然休斯当时正在和电影制作人霍华德·霍克斯因为他的空战影片《黎明巡逻队》的版权问题打官司，因为休斯宣称霍克斯的电影《黎明巡逻队》的部分场景是对《地狱天使》的剽窃。然而，他却私下里主动接近霍克斯，跟他商议导演《疤面人》的事情。

"那天我正在湖边乡村俱乐部打高尔夫，突然，球童跑过来跟我说：'霍华德·休斯先生等着您接电话。'"霍克斯记得，休斯在电话里问他说能不能和他打场球。"我说：'我不想跟他打高尔夫。'"

就在球童把霍克斯的话转述给休斯后不久，他又跑回霍克斯身边报告说："他说他会把指控给撤了。"

霍克斯和休斯一起打了高尔夫球，也正是在这块草坪上，他们同意合作，于是就诞生了那部具有历史意义的影片——《疤面人》。新人保罗·慕尼在片中扮演了这位"芝加哥之王"，但影片在道德审查时遇到了问题——海斯审查办公室拒绝审批。但就像休斯在《地狱天使》的审批中所做的那样，他坚决拒绝屈服于任何压力。

"让海斯审查办公室见鬼去吧,"他告诉霍克斯,"马上开拍,越真实、越激烈、越恐怖越好。"

霍华德还从华纳兄弟公司手里买下了比莉的合同,全面负责起了她的职业生涯。在描写飞行员生活的喜剧片《空中恶魔》中,休斯使用了《地狱天使》未用完的连续镜头,还让比莉饰演年轻的斯潘塞·特雷西。通过参与《爱情时代》和《空中雄鹰》等影片的拍摄,休斯进一步巩固了比莉在电影界的地位。

当休斯为他的电影做预算时,他吃惊地发现,《地狱天使》事实上已经掏空了他的钱袋。当他试图动用工具公司的储备金时,他又发现,公司的账户上只有十万美元了。但是他手头上与联合艺人公司签下的五部电影已经是箭在弦上,连发行日期都安排好了。

和往常一样,他就打电话给身在休斯敦的诺亚,要他立即注入新的资金。

"霍华德,我们得当面好好谈谈。"

两天以后,诺亚来到了穆尔菲尔德庄园,两个人面对面地坐在阳光灿烂的餐厅吃早餐。仆人送上来的是老式的得克萨斯早餐:鸡蛋、大片的吐司、里脊牛排和滚烫的黑咖啡。两个人默默地吃着早餐;迪艾克里特并没有急于把他的坏消息告诉休斯。

饭后,两人聊了一会儿新钻头的成功和休斯那些无人同情的亲戚,最后迪艾克里特单刀直入地说:"事实上,霍华德,你已经破产了。现在你的账上一分钱都没有。"

迪艾克里特措辞谨慎。霍华德·休斯没有听人对他说"不"的习惯。自从挣脱了家庭跟他那桩买卖婚姻的束缚,休斯总觉得自己是世界的主宰。所以,只有由迪艾克里特来向他说"不"了。在接下来的三个月里,大萧条的全面冲击最终打垮了休斯工具公司。自一九一二年以来,公司第一次出现了赤字。

更糟糕的是,工具公司的高管们早就为抗议这位年轻的继承人大肆挥霍的行为做好了政变的准备。更让人尴尬的是，休斯又要拖欠埃拉的第二期安家费了。埃拉的家人，尤其是标准石油公司总裁威廉姆·斯坦普斯·法里什和休斯的安妮特姨妈，早就非常不满了。

"你不过是破产。你又没有完蛋。不过，你可不能再乱花钱了。"诺亚警告说。

休斯平均估算了一下五部电影的预算。他需要两百多万美元。诺亚也认识到了自己处境的微妙性：霍华德不仅对自己大牌制作人的形象非常着迷，更重要的是，他正在计划投资五十五万美元拍摄五部影片中的三部，这三部都是他的爱人比莉·德芙主演的。事实上，他早就签下了比莉第一部电影《爱情时代》的发行合同，并计划在半年内公映。

和远在休斯敦的高层人士一样，迪艾克里特也很清楚，休斯已经直接或间接地在德芙身上花了一百五十万美元。对此德芙曾分辩道，休斯拿出了五十万美元付给华纳兄弟公司买下了她的合同；又拿出三十二万五千美元付给她的前夫欧文·威拉特以确保比莉能顺利离婚；有三十五万美元用于购买和改造豪华游艇；两万美元给了比莉的离婚律师内尔·麦卡锡，让他推进离婚的进度；那年夏天去欧洲旅行花了两万美元；买珠宝和礼物的钱金额未知。

然而这只是休斯大笔花销中的一小部分。从一九二七年到一九三〇年，这位年轻的继承人一共花掉了一千六百万，其中六百万投资于电影和早期的彩色摄影。在一九三〇年这样的经济大萧条时期，休斯每个月还要花掉成千上万的钱。

对于迪艾克里特以前提出的种种警告，休斯从来都置若罔闻。在从欧洲回来的路上，休斯在纽约短暂地停留了几天，他给诺亚发去电报，说他正准备考虑有关股票的事。"我有内部的线人。"他解释说。

但迪艾克里特知道，当时的股票市场还相当动荡，他请求股票商鲁道夫·库顿千万要阻止休斯。"现在别进股市，孩子，"库顿对霍华德说，"现在情况很不稳定。"

但休斯还是一意孤行，一下子买下了七万股蓝筹股，包括一大笔克莱斯勒汽车公司的债券。

第二天早上，库顿把诺亚从睡梦里叫醒。"你那个小家伙到底是怎么回事？克莱斯勒跟其他三家公司的股票都跌到盘底了。"诺亚的脸色顿时变得煞白。不到一个小时，休斯就亏掉了四百万美元。

迪艾克里特从长岛高尔夫俱乐部的球场上叫走了休斯。"现在你得持着那七万股股票，等着股市回升；那可能需要几年时间。当初你为什么不听我的？"

休斯尴尬地说："我从高尔夫球场的一个朋友那里得到的小道消息。他看上去很有把握。"

在霍华德和比莉到达西海岸期间，迪艾克里特想出了一个大胆的计划，既能筹集到拍摄电影的资金，又不用把工具公司卖掉。"我们唯一的选择是把工具公司抵押出去，"迪艾克里特解释，"然后，我们把一大部分的公司股票转手给城市银行——农业信托公司，这样，他们就会预支给我们两百零七万美元——这些钱足够你拍电影和支付日常开销了。"

休斯明白这是最后一搏。如果届时不能如数偿清贷款，那么他将彻底失去对这份祖业的控制权。他非常不情愿地同意了，同时也保证将把自己的生活费降到一九三一年的二十五万美元，在他看来，这是赤贫阶层的生活费标准。然而在一九三一年，美国家庭的平均年收入只有四千美元。

诺亚还与埃拉·莱斯·休斯和她的姐夫威廉姆·斯坦普斯·法里什——埃拉实际上的全权代表——签订了一份屈辱协议。他们允许休斯暂缓一九三二年应该支付的二十五万美元的安家费，休斯许诺在一九四〇年之前付清剩下的全部七十五万美元。但法里什还提出了另外一个苛刻的要求，在协议里他白纸黑字地声明，他和前休斯夫人"都不信任霍华德·休斯的偿债能力"。为了平息这些质疑，法里什强迫休斯暂时将一千七百股工具公司的股票转交给埃拉作为抵押，直到埃拉的安家费完全付清为止。这一份额是休斯工具公司总股票数的百分之二十五。他们还弄了一份法庭指令，禁止休斯进行十万美元以上的支出，除非获得"埃拉·莱斯·休斯的书面认可"。除了已经签约的几部电影以外，在一九三九年之前，休斯不可能再拍摄或监制其他任何一部电影，当然他也不可能再在股市上有什么大的投资了。

就像诺亚简明扼要地总结的那样："要过花天酒地的生活，休斯的钱已经足够了；可要成为影视界的大亨或企业界的巨头，他的钱还远远不够。"

在财务方面，这个在喧嚣的二十年代最跋扈张扬的继承人终于着陆了。

但是，工具公司参加"叛变"的那些高管还是低估了休斯。他命令诺亚去休斯敦对付那帮"多余的老家伙"。休斯还补充道："记着，这个公司是我的。"

迪艾克里特跟公司的每一位高管都会了面，他发现，他们对少东家满是不屑。公司的高级副总裁科洛内尔·库尔德尔是老霍华德的密友，他担任这个要职已经有十年了，他向迪艾克里特说出了所有高管的心里话："霍华德对这个公司没有丝毫贡献，而我们付出的是全部的心血。他只会从公司里大把大把地拿钱，到好莱坞去花天酒地。"

当迪艾克里特把库尔德尔的话转述给休斯时，休斯顿时勃然大怒。他的第一反应是要炒掉这群老家伙。"可是，他们会去投靠我们的竞争对手。"迪艾克里特劝他说，"最好的做法是安抚他们。"

高管们提出了一个计划，以便把休斯工具公司的控制权抢过来，他们每年给休斯五十万美元。这个提议他们以前已经对休斯说过，只不过允诺给休斯的数目要少得多而已。

在穆尔菲尔德庄园，休斯风趣地说："他们做梦！诺亚，我要从公司里挣的钱可不止五十万美元。相反，我可以给他们每人一些股票，为期五年。"作为额外的谢罪礼物，他每年多支付给公司的五大高管每人十万美元。

电话结束之后，休斯冷冰冰地告诉迪艾克里特，他从来不打算放弃公司的控制权。他跟那些公司高管撒了谎。根本不会有股票给他们。"公司就是挣钱机器，"迪艾克里特记得休斯这么对他说，"它最终会使我成为世界上最大的富翁。"

为了实现这个目标，休斯命令迪艾克里特到休斯敦待上半年，在工具公司建立起休斯－迪艾克里特的双头独裁制度，把工具公司建成世界上同行业中最大的企业，他未来亿万家产的基石。从那一天起，休斯不再像过去那样，把休斯敦送过来的报告、数字和账目扔在一边；他如饥似渴地研究了所有的资料。在接下来的五年里，随着大衰退的消退，工具公司的科研人员比大萧条前多了一倍，产量翻了两番，钻头产量增加了十倍，并且工厂完全实现了现代化作业。

但是，在情感方面，他也不会改变自己。他对女色无尽无休的追逐最终将耗尽他生命中所有的爱，把他的私人生活推进混乱之中，他从一个城市飞到另一个城市，不顾一切地寻找女色，借此来找回他那不可挽回的爱情。

孤立无援

一直以来，比莉·德芙都对她离开霍华德的原因讳莫如深。当然，在二十世纪三十年代，他们的这段惊天动地的浪漫爱情似乎永远不会结束。六月初，霍华德、比莉和她的女仆乘上"圣菲酋长"号火车前往纽约，那里的三家影院正在同时首映《地狱天使》。第二天，他们搭乘"欧罗巴"号离开纽约。他们的目的地是欧洲。在这艘游轮上最豪华的双人套房里安顿好了之后，他们纵情享受着非同寻常的蜜月前的浪漫时光。

这对情侣在夜深人静的时候手拉着手去甲板上散步，在包间里共进晚餐，然后是彻夜长谈。"那是一段最浪漫的时光。"德芙回忆说。一天傍晚，在泰晤士河边，他们又一次紧紧地拥抱在一起。这时，一位和气的警察斥责了他们。"可是后来，他居然带着我们把伦敦城转了个遍，还带我们去看了普通游客无缘游览的景观。"德芙说。在这次欧洲之旅的最后一站，他们在奥地利的冬日里流连忘返，最终，他们继续前往位于布拉格的布鲁诺诊所。

在比莉的坚持下，他们造访了举世闻名的捷克斯洛伐克的诊所。"霍华德快要失聪了，"比莉解释说，"他的听力每年都在下降。他老是听不清别人在说什么。我发现，要是我盯着他的眼睛，刻意放慢说话速度的话，他倒是能听懂我说的话。即使有的内容他听不见，他也可以从我的唇形判断出来。"德芙常常温柔地捧着霍华德的脸，直视他的眼睛，语调缓慢地对他慢声细语。有时，她会用手指着屋子里的东西，而他则会顺着她的手势望过去。"我们深爱着对方，世界就在我们脚下。"德芙充满深情地回忆说。他们也以一种悲哀的方式在自己的世界里迷失了。

刚开始，休斯对失聪一事竭力隐瞒。其实在十几岁的时候，他的耳聋就已经非常明显了。休斯敦的医生们对听力疾病只有常识性的认识，所以他们能给休斯的建议只有使用助听器。但在休斯看来，这个建议无疑是一种侮辱。"我永远不会戴助听器的。"他告诉他的安妮特姨妈。为此，他还离家参加了一个读唇法课程，却没有坚持学完。到一九二八年，对于别人的高声说话，他只能断章取义，在他听起来，别人的说话声就是一阵阵呼啸声和嗡嗡声。截至一九三〇年，他的两只耳朵已经出现经常性的耳鸣。这种状况扰得他寝食难安，当他转录《地狱天使》时，连影片中的对白都难以听清。

他唯一的安慰只有两样东西：汽车的方向盘和飞机的驾驶舱。马达的轰鸣声掩盖了他的耳鸣缺陷，他的同伴们只有提高音量对他说话。在他此后的人生里，这两个封闭的空间成为他最后的怀抱。

在布拉格，经过十天烦琐的检查之后，捷克医生告诉休斯：他得了耳骨炎，这是一种家族遗传病，病灶就在他的耳蜗内的骨头上。他们还告诉他：这种状况几乎没有治愈的希望。"耳朵里面的骨头会继续生长。"一位医生告诉他，"并慢慢地堵住整个耳膜。"而经常的耳鸣只不过是充斥在耳朵内那些多余的骨头和血管共同作用的结果。医生为他提供了一套复杂的助听装置，可他拒绝了。

"他那该死的虚荣心！"后来迪艾克里特这样说，"他的自尊不允许他使用这种东西，而助听器会大大减少他与我们这些人的隔阂。"

捷克医生最后的建议是："学习读唇法。"

二十世纪三十年代，轻松自在的汉考克公园住宅区是洛杉矶那些品位高雅的阔佬的不二选择。它既不同于贝弗利山那些招摇俗气的别墅群，也有别于蹩脚的好莱坞山顶豪宅，贝莱尔的暴发户们的豪宅与它更不可同日而语。和车水马龙、商业味十足的威尔士大道比起来，藏身其后的汉考克公园可谓闹中取静，街道两旁的行道树沿着小丘蜿蜒曲折，环绕在一个时髦的购物区四周。在购物区，女佣和管家总能搞到一些出其不意的宝贝，像美味可口的堪萨斯小牛排、反季的树莓和苏格兰的茶叶烤饼等。

除非受邀来参加下午茶聚会和参加这个社区极为正式的宴会，否则，好莱坞那些声名狼藉的记者很少踏足汉考克公园住宅区这块净土。记者阿格·安德伍德曾经写道："在汉考克公园住宅区，连狗吠声都如此安静。"凯瑟琳·赫本后来也曾猜测，为什么"那里的安静如此死寂"。

一九三〇年冬天，霍华德和比莉来到了这个世外桃源，筹划他们的婚礼和未来的家庭生活。

比莉的影响遍布整个穆尔菲尔德庄园，从玄关处那个插满玫瑰的水晶花瓶，到客厅里闪闪发光的钢琴，到处都是她的痕迹。在楼上，地毯、瓷砖和天窗统统被装饰一新，从前一个阴暗狭窄的房间变成了比莉的闺房。装修工带来了各种花色和质地的地毯、英国墙纸和家具样图，不厌其烦地请她过目。

她和休斯两人避开了好莱坞星光熠熠的派对，连好莱坞最热闹的夜总会也从不踏足，几乎每天都是他们两个单独吃饭。"我们的爱情变得深刻而平静；这种爱情一生一世你也许只能碰到一次。"比莉在回忆这段往事时，十分动情。"很多时候，我一边弹钢琴一边唱歌；有时，霍华德会吹萨克斯。我们不需要那些花里胡哨的东西。"

德芙是霍华德的第一个灵魂伴侣，一个把他的兴趣放在第一位的爱人。她的出现让他感到安心，她给了他内心的宁静，这是他从来没有体验过的。

当失眠困扰着霍华德的时候，比莉可以彻夜不眠地陪在他身边，用她那舒缓的声音陪他聊天。假如他那天决定不再睡觉的话，她会陪着他去高德温电影工作室，观看最新的影片。他们常常在那里一部接着一部地观看电影。

可是，一九三一年的一个黄昏，当休斯从电影《疤面人》的拍摄地回到家里时，他发现比莉已经不辞而别。他们之间没有争执，没有翻脸，没有恶语相向。她只是带走了她带到穆尔菲尔德庄园的东西——几瓶香水、几本乐谱和休斯给她写的情书。然后，她回到了她在附近为父母建起的别墅。

他们通过几次电话，电话里休斯一再向她发誓。即使是在六十年之后的今天，德芙还是出言谨慎，她没有说过一句指责霍华德的话。但似乎可以肯定的是，是他的拈花惹草和极其强烈的嫉妒心注定了这场关系的终结。比莉比其他女人更早地认清了休斯：他把女人当作自己的私有财产。他对这些财产拥有全部的控制权。她们像犯人一样处于他的掌控之中。

"他坚持要掌握比莉每分每秒的行踪，"迪艾克里特回忆说，"我觉得，她似乎并没发觉这一点，可事实上，霍华德的确派人跟踪过她，就连她在穆尔菲尔德庄园的时候，仍然有人监视着她。"有时候，在人头攒动的俱乐部里，休斯仍然坚持亲自送她去化妆室，然后再陪着她返回餐桌就餐。

比莉也许是发现了她的未婚夫在不远处的秘密派对别墅。这里有一种妓院的氛围，霍华德只是时常在这里跟一些籍籍无名的小影星幽会：这些女子与他，不过是流星，在他的生命中稍纵即逝，像影子一样不留痕迹。为了赴约，霍华德只用随手抓起高尔夫球杆，马上就消失在篱笆的尽头。和穆尔菲尔德庄园一样，房后就是高尔夫球场。"其实，知道这件事的人不是很多。"约翰尼·马斯基奥说，他曾经在休斯的两处别墅里拜访过休斯。

"我离开他的原因是非常私人的，"德芙说，"我想把这件事看作一件小事。有人会觉得它根本无足轻重。"她又加了一句："我们两个已经开战很久很久了。"

霍华德感到震惊极了。"比莉离开我了，"他告诉诺亚，"我不知道该怎么办。"

比莉离开的那天，霍华德正在准备和她一起在"萝蒂欧"号游轮上举办一场宴会。由于比莉的不告而别，那天晚上，他只好如期举行宴会并担当起主人的角色。可他对客人们始终敬而远之。当游轮驶离马里布的时候，默片明星科琳·穆尔发现休斯不见了。于是，她开始四处找他。他独自站在船尾，神情落寞地盯着月光下的太平洋。"今天晚上挺不错的，你觉得呢？"穆尔主动和休斯攀谈，休斯回答说："是的，我是这个世界上最不开心的人。"

在制作比莉主演的电影《空中雄鹰》和《爱情时代》时，他仍然无法忘掉关于她的所有记忆。在她离开以后的几个月里，他常常坐在放映室里，看着她的倩影在屏幕上一一闪过。他生命中第一次伟大的爱情就这样结束了。

在那疯狂的岁月里，休斯和成打的女人们约会过，仿佛可以通过单纯的人数来弥补比莉离开后他失去的爱。从一九三一年到一九三三年，与休斯的名字联系在一起的女人不少于五十个，有女演员、交际花、酒吧女郎和美国海岸两边的当红舞女。

在好莱坞，不少人都亲自看到他跟许多女影星出双入对，有多萝茜·乔丹（雷蒙·马瓦罗的老搭档，后来嫁给了《金刚》的导演梅里安·库柏）、丽莲·邦德（她在片中经常出演第三者的角色）和影坛新秀琼·朗（后来嫁给了臭名昭著的约翰尼·罗塞利）。有一次，在好莱坞举办的舞会上，他还向米高梅公司的歌后珍妮特·迈克唐纳递了张便条。就连已婚的琼·克劳馥他也不肯放过，他扬言说，假如琼·克劳馥肯跟他约会，那么他会准备一份"非常丰厚的礼物"给她。

对于当时年龄只有十几岁的影坛新秀艾达·卢皮诺，他更是紧追不舍。六十年后提起休斯，艾达还特意强调说："我妈妈陪着我。"至今她还记得，在她十六岁生日的那天，休斯打算送给她一瓶香奈儿香水和一台望远镜。"可是我告诉他，我不要他的望远镜——我对香奈儿香水也毫无兴趣。"最终，休斯还是送给她一份礼物。当卢皮诺打开礼物盒时—— 一台双筒望远镜——休斯由衷地称赞她："你很真实！"在之后漫长的岁月中，他对她一直不乏钦佩之情。在他的帮助下，这个十几岁的小姑娘最终成长为一名导演，并且成为女性制片人的先驱。

他和女演员玛丽安·马什频频约会，他们的精神恋爱一直持续到四十年代。马什亲身经历了休斯的变化。"我亲眼看着他是怎样一步步地改变的。"她总结道。在她看来，休斯对女人的狂热迷恋归因于他的狐朋狗友。

随着《地狱天使》的一举成名，休斯开始与一帮狐朋狗友出入于各类大型派对和俱乐部,这帮人的核心成员被称作"三十年代的鼠帮"。在这帮人里,有英俊帅气的特工、食客帕特·德·奇科和他那同为特工的表弟阿尔博特·布里科里(六十年代,他曾经冒充〇〇七系列影片的导演),温文尔雅的特工约翰尼·马斯基奥,还有华纳兄弟公司三十年代中期的老大、文质彬彬的亚历克斯·达西·华纳。

"我们能做的,就是从这个俱乐部出来,再到另一个俱乐部,帮助休斯物色到他中意的姑娘。"达西记得。

而马斯基奥的看法则是:"他想要的是可以立即上床的性伙伴。"

在这些猎艳过程中,在他那帮兄弟的煽动下,休斯可以一个星期就跟好几个女人上床。自然而然地,他很快就以冷漠情人的称号而臭名昭著。同样让他闻名遐迩的,是他随时会在半道上把那些小影星扔在威尔士大道或纽约的斯托克俱乐部里,独自扬长而去。有的时候,做爱才到一半,他却出去接打电话,然后就一去不返。

在和比莉分手仅仅几个星期之后,霍华德就和"银幕妖女"南希·卡洛尔一见钟情,很快便陷入了爱河。南希天生一头红发,她的性感与玛丽莲·梦露不相上下。十八岁那年,她已经是一个有名的纽约歌舞团女演员,数不清的约会求爱都被她冷静地拒绝了,但在几次一流宴会上,她却跟休斯眉目传情。可是,就在休斯第一次带她回家的那晚,他们的游戏就提前终止了。

那天晚上,他为她准备了烛光法式大餐,然后,把她带进了卧室。在南希脱得只剩下一层性感的黑色内衣的时候,霍华德拿起厚厚的一摞航空和工程方面的书,走进了浴室。

在浴室里,他打开了一本描写一战飞行史的作品,然后就饶有兴致地阅读起来。卡洛尔在浴室外面足足等了二十分钟后,穿上了黑色外衣,重重地摔上房门。她穿着高跟鞋匆匆地消失在茫茫的夜色之中。

后来,霍华德终于想起来卡洛尔还在床上等他,于是他赶紧返回卧室。但他的性伙伴已经难觅芳踪了。他恼火地跳上汽车去追,最后却孤零零地返回了穆尔菲尔德庄园。

最终，他们的关系维持了六七个晚上，然后卡洛尔就识趣地消失了。"我已经厌倦了游戏般的恋爱。"她对迪艾克里特坦白说。

一九三二年初的一个晚上，在前往椰子林俱乐部的路上，休斯顺道造访了迪艾克里特的办公室，向他抱怨一个永恒话题——女人。"我是看透了那些演员……我决定找个圈外的好女孩，然后娶她为妻。"

作为一个已婚男人，诺亚赞同地点了点头；休斯在好莱坞的每次叛逃，都会让诺亚度过一个不眠之夜。

但是，尽管这么说，又一位女人对他的吸引持续了更长的时间，这就是当红的影坛新秀金格尔·罗杰斯。如果她的头脑不够冷静，也许她已经成为穆尔菲尔德庄园的第二位女主人。但她一直和休斯保持着适当的距离。

金格尔曾经是一名杂技演员和百老汇的玉女派演员，一年前曾在《飞向里昂》一片中与弗雷德·阿斯泰尔演对手戏。那时的她，距离超级巨星的地位已经触手可及。她是得克萨斯人，长着一头淡色金发，喜欢说俏皮话，总是口无遮拦。二十一岁的时候，她已经成为新一代影星的先锋了。和许多昙花一现的默片影星比起来，她意志坚强，人格独立。

休斯遇到金格尔的那天，筋疲力尽的她刚刚结束一天的工作。在四十二号大街的摄影棚里，她已经用拉丁语放声高歌了一整天的"我们发财了"。在椰子林爵士舞厅，她得体地陪着老板、制片人默文·勒罗伊跳舞。

六十年之后，罗杰斯回忆说，"从默文的肩上看过去，我发现有个年轻帅气的小伙子紧盯着我。为了能一直看着我，他拖着舞伴一个劲地旋转。我们俩的目光相遇了，那个小帅哥微笑地看着我。他刚一开口，他的笑容点亮了整个房间。"

休斯正在陪着不幸的南希·卡洛尔跳舞，但她很快就被晾在了一旁。休斯出现在勒罗伊的桌前，在制片人和罗杰斯之间坐了下来。"他说了个笑话，然后大笑起来。"罗杰斯回忆道，"他确实帅极了。"

当歌手拉斯·哥伦布在台上唱起了《梦幻大街》时，霍华德站在那里，勇敢地向金格尔伸出手，邀请她和他共舞一曲。多年以后，罗杰斯仍旧清楚地记得他手臂的力量和向往的表情。直到现在她还是很好奇："他接吻时是什么样呢？"第二天，休斯向迪艾克里特赞不绝口地谈起了金格尔·罗杰斯。

而迪艾克里特却认为，她和别的小影星没什么不同。"她确实与众不同。"休斯坚持道。

休斯是对的。金格尔·罗杰斯给这位年轻的继承人疲惫不堪的生活带来了一丝真实。她告诉他自己的真实想法，他的那些财产也没有什么特别的（她也是这么认为的），她让休斯深深地迷恋，而休斯对她的追求从这一刻开始，断断续续地持续了七年之久。

在认识一个星期以后，霍华德打电话给罗杰斯的妈妈莉拉·罗杰斯，她是好莱坞传奇星妈之一。霍华德请求她陪伴金格尔参加由他监制的强盗史诗《疤面人》的首映式，莉拉代女儿接受了他的邀请。

对于休斯来说，在洛杉矶举行《疤面人》的首映式标志着他的一次胜利。随着《地狱天使》的公映，他终于成长为有经验的制片人，他的那些飞行特技和拍摄技术也令世人大开眼界。而《疤面人》的杀青，则昭告着他在审查大战中的大获全胜，尽管他也为此做了不少让步。

为了满足时代的要求，为电影颁发上映许可证的海斯监察处在电影发行过程中是必不可少的，于是，休斯同意对影片做一些修改。他修改了影片的结尾，最终，影片的主人公罪有应得地被吊死在绞刑架上。影片的副标题也改成了"国家的耻辱"。但休斯还自鸣得意地添上了点修饰：一个介绍性的免责声明，谴责黑帮的混乱状态——而这正是这部影片生动地讲述的内容。

休斯头上斜戴着帽子，手挽着金格尔·罗杰斯，出现在派拉蒙影院的首映式上，好奇的人群爆发出经久不息的欢呼声。

但是，金格尔会把霍华德逼得走投无路，而霍华德对新猎物的物色从未停下。知名度和丰厚的家底把他变成了社交圈最受人欢迎的知名人士。他夜夜笙歌，处处留情。无论是巴港、纽波特、圣芭芭拉、柏林格姆、劳德达尔堡、曼哈顿、棕榈海滩，还是查尔斯顿、费城、波士顿和斯坦福，处处都留下他挽着少女们出出进进的足迹。

他真心喜欢那些刚刚学会跳沙龙舞的女孩，他还把她们当作没有麻烦的约会对象。他轻松地向迪艾克里特解释道："我只需要无尾晚礼服。她们甚至还提供鲜花——来搭配她们的衣服。主人只需提供食物，连小费都省了。"这些约会很难单纯。多年以后，约翰尼·马斯基奥说：对于休斯来说，这些"初出茅庐的小姑娘""比他约会的那些小影星要容易搞定得多"。

让人啼笑皆非的是，休斯最后居然又回头追求他的前妻了。就在四年前，休斯逼迫埃拉走出他的生活。四年后埃拉已经重塑了自我，成为休斯敦社交界的主要人物，还是一个富有经验的旅游者。不仅如此，她还与她婚前的旧爱詹姆斯·奥弗顿·温斯顿重续前缘，如今的詹姆斯已经是一位如日中天的期货经纪人和石油经纪人。

当霍华德给埃拉打电话的时候，温斯顿正好来看望埃拉，两个人正待在她的房间里。埃拉专心地倾听着休斯的电话，而温斯顿则目不转睛地望着埃拉。最后，埃拉终于答应去一家饭店的茶室跟他见面——这个场合能让人保持冷静。

霍华德的追求方式直接而热情，他向埃拉展现了他们那了无生机的婚姻中不曾展现过的魅力。他向埃拉再次求婚，告诉她，不管她提出什么条件，他都会答应——这是一个丈夫在明白了一切后所做的最后承诺，只可惜已经太晚了。

但是埃拉已经今非昔比了，如今的她更加睿智，也更加坚强。她依然保持着与生俱来的优雅，她没有马上让他失望，小心翼翼地让他知道自己的想法。最后，她告诉他，她和温斯顿要结婚了。她保守了自己的诺言。"有事给我写信吧。"匆匆地写下这几个字后，她便义无反顾地回到了她深爱了十三年的男人身边。

六十年以后，在描述他等待着埃拉回来所饱受的折磨时，温斯顿仍然十分动情。"埃拉会怎么选择，我真的没有把握。可是，她不仅回来了，而且还再次答应要嫁给我，我简直欣喜若狂。霍华德·休斯真的是个傻子，他居然让这么好的一个女人从他身边走掉了。"

《疤面人》的开幕式结束后，纽约的那个夏天变成一些适婚年龄的社交新人名副其实的晋级时间。尽管如此，休斯仍然迫切需要尽量减少自己的单身汉形象在媒体的曝光率。没过多久，频繁地出入于德雷克饭店已经使他的处境十分危险了。专栏作家们常常躲在专栏的后面，希望能把正在跟纽约最性感的电影新星做爱的休斯捉奸在床。

酒店侍者和女招待们在重金的诱惑下，把休斯送进了八卦专栏。他的好几段地下恋情被频频曝光，他对女孩子们的高调出征常常面临着被对方反复质疑的尴尬。还有一伙狗仔跟踪他来到了棕榈海滩的别墅门前，休斯的两位朋友，好莱坞的专栏作家卢埃拉·帕森斯和曼哈顿的沃尔特·温切尔却因此赚得盆满钵满。

霍华德考虑着要在东西海岸各租一个套间。但最终，他却买下了世界上最性感的游艇。

这是一个群雄争霸的时代，首先是男演员诺埃尔·科沃德，他坚持与他的女主角们在海面上上床；然后是音乐家科尔·波特，他的音乐剧《万事成空》在海面上取景；而金格尔·罗杰斯和弗雷德·阿斯泰尔在电影中则是在一艘豪华游轮的床上发生了罗曼蒂克。幸运的是，这艘名为"漫游者"的游艇体长三百二十英尺，有着精美的艺术风格，游艇上有一间正式的客厅、三个主卧和一个厨房，当时，它正在市场上待价而沽，等待着新的主人。

为了买下这艘全球第五大私人游艇，休斯乘船来到了苏格兰。要把游艇买下来，他就必须避开埃拉对他的财产的合法冻结。尽管遭到了迪艾克里特的反对，但他还是用分期付款的方式买下了这艘船，其中一部分费用来自休斯工具公司在欧洲的盈利。

他把这艘船的名字改为"南方十字"号，还聘用了船长卡尔·福林以及三十名船员来为这艘金白相间的豪华游艇服务。在欧洲，他为游艇做了最后的装饰，包括在主卧室内安装了一盏水晶吊灯，在那张巨大的双人床上铺上一张狼皮。然后，"南方十字"号掉头向纽波特进发。在那里，数不清的美女

97

正在望穿秋水地等待着他。

世界上最性感的女人们会在这艘华丽的海上宫殿里受到热情款待，因为这里有一个价值五千美元的酒窖、一箱拿破仑白兰地，还有化妆室的柜子里堆满的各种巴黎香水；而床上铺陈的，则是比利时修女们亲手刺绣的亚麻毛巾、床单和桌布，上面还绣着他姓名的缩写 HH。

在南加州，"南方十字"号变成了最具传奇色彩的游艇，也是这个到处都是海上宫殿的地区最豪华的游艇。在每一次心急兴奋的征服行动中，他都游刃有余地将这艘游艇物尽其用。

他的约会绝对由他控制。他会浪漫地追求一名女孩子，让她确信自己将跟她结婚，然后他的目光便转向下一个猎物。最先成为休斯残忍诱惑的牺牲品的，是十七岁的曼哈顿少女蒂米·兰辛，她美貌惊人，但在二十世纪三十年代初一次简短的洛杉矶之旅中，她落入了休斯的魔爪。

他们的罗曼史开始于大使饭店的豪华套房，随后他们的爱巢转移到了从纽约出发，取道巴拿马运河并最终驶向洛杉矶的游艇上。他们在达阿卡布里库弃船上岸，在墨西哥的各处名胜游玩了两个星期。然后，休斯把这位妙龄少女带回了穆尔菲尔德庄园，让她住在埃拉曾经居住过的那个房间。"说真的，她的确十分迷人，"迪艾克里特说，"他把她送到戏剧学院，请好莱坞最有名的美容师威斯特摩兄弟对她从头到脚进行了新的包装，她相信他们就要结婚了。"

最终，兰辛看透了休斯的把戏，并闹了"难堪的一幕，甚至还威胁着要自杀"。迪艾克里特回忆说："最后，她的父母出面，把她从休斯身边带走了。她跟许多女人一样，都被休斯的魔法迷得神魂颠倒。"

在此期间，霍华德还和世界出版大鳄赫斯特的儿子小威廉姆·伦道夫·赫斯特成了志同道合的朋友。跟休斯一样，小赫斯特也是一个空中淫棍，他驾着霍华德指派给他的豪华水陆两用飞机在空中寻欢作乐。这艘飞机上可以容纳六个人，把座位推起来之后，里面的空间足够四个人做爱。他们搜罗来歌舞女星、电影新秀和交际花，把她们带到棕榈泉、卡莱恩特甚至去圣西蒙的赫斯特城堡，那里有一百多个房间，他们可以选择一间在里面睡觉。

有天晚上，与霍华德约好见面的小赫斯特迟迟不见身影，等得不耐烦的霍华德拨通了圣西蒙的电话。"你到底在哪儿？"他问，"女孩们在哪儿？"

"什么女孩儿？"

"'什么女孩儿？'你什么意思？"霍华德叫起来，"没有女孩，我们还见什么面呢？"

休斯听见电话的那一头有人哈哈大笑起来。

"休斯先生，我是比尔的爸爸。"这位报业巨头说，"你要找的是另一个'赫斯特先生'。这位先生也认识比尔，他很快就带着女孩到你那里了。"

然后，赫斯特遗憾地叹了口气："你知道吗，霍华德，要是我能跟你们一起玩该多好啊。"

步入成年

从那时候起，霍华德开始以其他方式变得心神不安。他的举止开始变得越来越离谱，最终演化成了具有传奇色彩的怪异癖好。他对健康的担忧与日俱增。他开始连续几天不露面。而为了成为一流的飞行员，他开始了越来越不要命的冒险。

他的第一个怪异行为是放弃了从前在好莱坞挥霍无度的夜生活。有一天，当秘书例行公事地将装着不同面额的两千美元的信封交到休斯手上时，休斯却拒绝了。

诺亚打电话给他："霍华德，你到底怎么了？"

"很简单，诺亚。"休斯回答，"从现在开始，我身上一分钱也不会带了，而且我要让所有人都知道。我身上连一杯咖啡的钱都不再带了。"

迪艾克里特大惑不解。"看在上帝的分儿上，霍华德，你出门办事不能不带钱啊。"

"去你的，诺亚。哪怕你口袋里只有五百美元，一出门就有人把你干掉。"

休斯的担忧并不是空穴来风。一九三二年十二月，洛杉矶一家报纸报道说，霍华德卷入了一起敲诈案。一个漂亮的金发女郎打电话给休斯，扬言说她要自杀。"如果你不马上来见我，我就到你家门前自杀。"她威胁说。休斯把他的律师内尔·麦卡锡的地址告诉了她，然后跳进车中，匆匆赶往附近的麦卡锡家。在这里，她又威胁休斯和麦卡锡。除非他们给她钱，否则她会把左右邻居都叫过来围观。

休斯害怕了，给了她五美元。

不但不随身携带钱包，休斯还把他那些华丽的衣服也抛弃了。休斯那装满了高级定制的圣地萨维尔街男装和美国知名男士服饰品牌布克兄弟设计的高级套装的衣橱被弃之不用，取而代之的是休斯亲自购买的一套深色套装、一套浅色成衣、两双从运动品商店买来的帆布网球鞋、两条卡其布工装裤和一堆百货商店买来的衬衫。

休斯第一次穿着一套蓝领套装踱步走到电影外景地时，他的好友、经常盛装打扮的帕特·德·奇科把休斯上下打量了一遍，嫌恶地问："霍华德，你怎么穿成这样啊？"

霍华德满不在乎地说："有什么大不了的，帕特。你是阔公子，而我是个干活儿的。"

他对世俗做出的唯一让步是保留了一套燕尾服、一套夏天穿的正装和两件再普通不过的晚宴衬衫。在必要的时候，他的整套行头很容易就可以打好包，一个礼盒里就能装得下。他不用再担心服饰搭配。所以，经常有人看见他身穿一身燕尾服，脚上却穿着网球鞋。

他的饮食习惯也变成了一种固定模式。休斯的标准餐包括牛排、豌豆和冰激凌——有时每种食物都要两三份。与此同时，他的每日作息也变得更加日夜颠倒，甚至比他在拍《地狱天使》时还要严重。必要时，他甚至可以连续七十二小时不睡觉。

休斯还表现出了偏执狂的特点，并且不由自主地感到恐惧。与他的母亲一样，他也对自己会被看不见的细菌和病毒吞噬的可能性吓坏了。二十多岁的时候，有一天，休斯叫迪艾克里特到穆尔菲尔德来参加一个"紧急会议"，并告诉他"我快要死了，我得过一次心脏病，下一次它就会彻底要了我的命的"。

迪艾克里特觉得，他的老板身强体壮。但他还是陪着休斯把戏演了下去。"好吧，霍华德，我们送你去文森特医院检查一下，让那些心脏病专家给你做一次全面检查。"休斯在文森特医院做了一次长达四个小时的全面检查，然后又按医生的要求在楼梯上跑上跑下跑了半个小时。医生们最后得出了结论：他的身体顶呱呱。但休斯还是不相信。"我会证明他们是错的。"休斯坚持说。

"怎么证明？"迪艾克里特问。

"等我死了。"休斯回答，"反正我他妈的也快死了。"

二十世纪三十年代的一个夏天夜晚，他的恐惧达到了白热化的程度。从圣安娜岛吹来的热风吹拂着穆尔菲尔德庄园开着的门，休斯又举行了一个奇怪的仪式。在漫天的风沙和纷飞的菩提叶中间，他把衣服堆得高高的——开司米套衫、亚麻套装、苏格兰羊毛套装，还有色彩艳丽的花纹毛衣。

霍华德在楼梯上跑上跑下，两只胳膊下堆着他拿到院子里的衣服。他把这些衣服整整齐齐地分类摆开：晚礼服一摞，毛衣和夹克一摞，鞋和内衣放在对面的角落里。飞行服，包括他拍摄《地狱天使》时穿的那套，则堆在中间。

几个小时之前，他警告迪艾克里特说，他需要"一队非常谨慎的应急"工人到他家里来。他胡言乱语地说"身边的人都背叛了他"，一种"可怕的传染性病毒已经污染了他的衣服"，还污染上了他床上的埃及棉床单。霍华德和不计其数的无名金发女郎上过床，其中有一位身患花柳病。

"她有性病，诺亚！"他喊起来，"她是从那个高尔夫球手那里感染的，就是那个在威尔士乡村俱乐部打球的家伙，是她把可恶的病毒带过来的，这些病毒现在已经无所不在了。这里的一切东西都必须烧成灰，诺亚。把它们烧成灰。"

然后，他用稍稍镇静的口气发出了具体的命令，指挥他们怎么把这些衣服和床单烧掉。工具公司的四个雇员扛着十二个帆布邮包来到了穆尔菲尔德庄园，每个邮包上都配有一把闪闪发亮的黄铜锁，每把锁只有一把钥匙。

"我已经都安排好了，你可以使用长滩油田附近的工业焚烧炉。等每个袋子装满了，我会亲自给它们上锁，钥匙我自己留着。当你的手下把那些烧焦的黄铜锁带回来，我就知道任务已经顺利完成了。"

等到所有的衣服被放在小丘上之后，霍华德穿着那条斜纹棉布裤和一件白色的希尔斯衬衫在院子里踱来踱去，监视那些工人把衣服装进袋子。为了保护他们，他还让他们戴上厚厚的橡胶手套。一个年轻人拿起了拍《地狱天使》时的那件夹克，他实在不忍心把它烧掉，他抬头看着他的老板，问："我能留着它吗？"

霍华德想了一会儿，然后点了点头。"你要是因此染上了梅毒请不要回来找我……我不会帮你支付药费的。"

在处理完衣服之后，他还让人把穆尔菲尔德庄园上上下下都打扫了一遍，这才觉得安全了点。他母亲对细菌和病毒的迷信也遗传给了他。消毒剂加强碱肥皂可以治百病。梅毒也不例外，他对此坚信不疑。

体检很快证明，他感染的是一种原生梅毒，在盘尼西林还没有被发明之前，这种病十分危险，有时甚至可以致命。霍华德在医院接受了高强度的治疗，这种治疗方法不仅危险，而且有时还会引发一系列的副作用，包括心脏病和损伤神经——在最糟的情况下。一连五周，休斯接受了"魔术子弹"的治疗过程，也就是将低毒的水银和砷注射到他的血管里。但在某些病例里，即使是那些"重金属"也不能完全治愈患者。不幸的是，霍华德就是其中的一个，诺亚·迪艾克里特生前曾多次在采访中暗示这一点。

当时的医生告诉休斯，他的梅毒感染已经转化为第三期梅毒，按当时的医学水平，这种情况更难治愈，并且将导致中央神经系统的瘫痪。最终，某些患者会明显变得思维迟钝。意识糊涂和严重的妄想症的现象也并非罕见。

而休斯的验尸报告中也清楚地写着"第三期梅毒的典型症状"。

据休斯的一位私人律师说，二十世纪五六十年代，这种疾病及其副作用的病历被用来有效地平息了好几起私生子的诉讼。事实上，休斯并没有因为这种疾病而导致不育。至少，有三位女人最终因为被霍华德·休斯弄怀孕而进退两难。

也正是从这个时候开始，休斯上演了一系列的失踪事件。穆尔菲尔德庄园的仆人们经常发现霍华德的床没有动过的痕迹，楼下的一辆车已经不见踪影。通常情况下，这辆车会停在英格尔伍德机场，后来迪艾克里特还发现，休斯的侦察机和水陆两用机，总会有一架消失不见。没有任何飞行计划备案在册，而藏在穆尔菲尔德保险柜里的成卷成卷的钞票也随之不翼而飞。

很久以后，休斯家族雇用的专业调查者对休斯失踪的那些时间进行追踪；他们的图表表明：霍华德在一九三一年"出差"三十一天；一九三二年三十五天；一九三三年十九天；一九三四年四十二天；一九三五年四十一天。一九三二年，他失踪了两次。

一九三二年三月一日至三月十六日，迪艾克里特手头上正有几份至关重要的文件需要老板签字，他几乎把整个美国翻了个遍。在得知霍华德就在休斯敦处理工具公司的几起疑似间谍事件之后，诺亚赶紧给安妮特·拉米斯发了电报。迪艾克里特告诉安妮特，休斯"失去联系已经有一段时间了"。这变成了休斯经常被抱怨的导火索。

一九三二年九月，休斯计划了最大胆的一次失踪行动。他悄悄地走进大使饭店的理发店，剪短了头发，抛弃了他那潇洒的制片人的风格，换成了大街上常见的那种露出耳朵的发型。他又买了一件希尔斯蓝色棉质套装和一双棕色的商务皮鞋，然后乘坐火车前往得克萨斯的沃斯堡。

他和其他的求职者一起在美国航空公司地区办公室门口排队。一张全真的得克萨斯驾驶执照和社会保险卡证明他的身份是查尔斯·霍华德。尽管他的听力有问题，他还是被成功录用为行李工，并成为公司飞行员培训计划的候选人之一。每天早上七点三十分，他乘坐美国航空公司的航班从沃斯堡飞往克利夫兰，他会亲自把自己的行李装好并办好登机手续。然后，他就跑到驾驶室，在副驾驶员的位置上坐下来，老练的机长会教他如何驾驶三引擎的福克飞机。他很快就熟练地掌握了那些仪表盘、按钮和开关的操作，这给机长留下了深刻的印象。他总是随身带着一本笔记本，从不离身，上面记满了他驾驶的那架飞行的种种即时观察。

后来，迪艾克里特跟美国航空公司的高管谈起休斯的这次有趣的"失踪"。这位高管告诉诺亚，休斯获得了一大堆"不可思议的推荐信"。一位机长写道："这个人天生就是一个一流驾驶员的材料。"

"查尔斯·霍华德"的薪水很快就从起初的每月一百一十五美元提高到了三周后的每月两百五十美元。但他的秘密生活还是结束了，原因是一位区公所的长官认出了"查尔斯·霍华德先生就是霍华德·休斯先生，他曾经在纽约《地狱天使》的首映式上见到过"。

在身份被揭穿之后，他作为副飞行员完成了他一生中第一次横跨大陆的飞行，并为纽约各大报社拍摄了一系列照片。休斯身穿浆洗得笔挺的制服，头戴飞行帽，一边放着行李，一边自信地从驾驶舱里向外望去，这一幕被拍了下来。这些照片由休斯自己在好莱坞的公关公开发布——照片的配图文字说，休斯"是为了他的下一部电影收集数据和灵感……电影的主题是客机上的浪漫史和戏剧"——他们把照片通过电报发给了美联社。一九三二年十二月六日，《纽约太阳报》在头版上刊登消息说，在美国航空公司工作了四个月之后，休斯希望拍摄一部电影，"讲述在商用飞机上发生的故事"。

至少这次失踪有了一个理由。现在，他对他那梦寐以求的领域——飞行，有了更深的了解。在这次失踪期间，他朝着成为世界著名飞行员的目标迈出了关键的一步。从职业上来说，霍华德是一个不受约束的人。他渴望成为一个真正的空中英雄，像查尔斯·林德伯格一样，年纪轻轻时就能在天空中刻上自己的记号。当林德伯格在一九二七年飞越大西洋时，纽约举行了狂热的庆祝游行，这些埃拉在电报里曾激动万分地向他描述过，从此以后，他就把这个梦想当作自己梦寐以求的目标了。

他也在空中寻找安慰，他要驾着他那新的波音侦察机横跨美国西部。霍华德在身边放了一沓笔记本，他时不时地用眼睛瞥一两眼笔记本上的飞行计算结果，然后乘着沿岸的风在气流中飞行，一会儿向前猛冲，一会儿左右穿梭，一会儿在空中盘旋，一会儿又突然向地俯冲，然后在飞机即将着地时猛地拉起飞行控制杆。

到一九三二年，休斯几乎已经驾驶过所有类型的飞机，从过时的一战战斗机，到比空气还轻的双翼飞机；从海空两用的水上飞机到三个马达的"福克"机，没有他不熟悉的。驾驶飞机垂直上升或者陡然下降的那种冲击感让他狂喜。他驾机飞得更高、更快、更远，远超过机械所允许的范围，达到神志不清的边缘。

"对于一个无法摆脱病毒又极容易害羞的人来说，休斯在空中飞行时丝毫没有任何不安。"迪艾克里特回忆道，"他的开心战胜了他那种自我保护的本能。"

休斯在蓝天下挥动着拳头。他从来不怀疑，在天空中，他是所向无敌的。在女人面前，他证明了自己作为飞行员的不可抗拒的魅力。他把他的飞行器当作诱惑女人的工具，就像他在电影项目上所做的那样。

事实上，休斯亲手制造的第一架飞机可能是有史以来最性感的机器，那是一架机身光亮的水上飞机，通身线条干净，没用一颗铆钉，也没有一条焊接缝。当时，他把一大群工程师、科学家和机械师召集到格兰德尔机场的一角，简单地指示他们："我要你们建造一架世界上飞得最快的飞机。"

对于休斯的这个要求，任何一家大飞机制造公司都能轻易实现，而且他们的造价可能更低。但休斯想建造一个飞机系列，来实现"飞行史上的革命"。那时，他设想要创立一个航空巨人的核心——能够与休斯工具公司相提并论的工厂。

霍华德挑选了从加州科技所新近毕业的理查德·帕尔默担任总负责人，他早已凭借他那大胆独特的飞机设计而闻名于世。格伦·欧德科克被任命为工程总监。当时他年仅二十七岁，从此以后，他成了休斯最亲密的朋友之一。

跟帕尔默和欧德科克一样，所有参与这项工程的人都宣誓对此保密，绝不向外界透露一点消息，媒体把这架飞机称为"霍华德·休斯的神秘之舟"。

洛杉矶的加利福尼亚理工大学附近有一座飞机场，在飞机场角落的一个被隔离的飞机库里，每天都是一片忙碌景象，精密焊接工在那里进进出出，装饰工们挥舞着奇形怪状的橡皮条，一卷卷昂贵的真皮被运进去，大家加班加点，卖命地干活。最后，这架神秘的飞机蒙着大帆布被送到加州科技所的风道里进行测量，测量的时速达到了三百六十五英里。这一成绩超过了科技所已有的任何记录。

这架战机的名字叫 H-1，又叫"银色子弹头"，它总共只翱翔了四十四个小时，却把霍华德·休斯的名字变得家喻户晓。建造这架飞机共花了两年时间，耗资十二万美元，那个小制造厂的名称是休斯飞机制造公司，当这架被休斯称为"漂亮的小东西"的飞机最终面世时，已是一九三五年的八月初。休斯的目标很明确：要刷新由法国飞行员雷蒙德·德尔莫特创造的每小时三百一十四英里的世界纪录。

要飞得"比任何人都快"，这必然会有相应的危险，休斯只把他的飞行计划告诉了周围有限的几个同事。连诺亚·迪艾克里特也是直到最后一刻才得知消息的。

但那些难对付的工具公司高管时刻都在监视着休斯。公司总经理库尔德尔对这个"小败家子"向霍华德在休斯敦的律师福兰克·安德鲁抗议说："这次危险的飞行会让我们全都完蛋。"他要求休斯起草一份遗嘱，把工具公司的大部分财产留给公司的高管和员工。

休斯朝迪艾克里特咆哮着说，"明显的消息泄露"，但他还是给公司的高管写了一封信，声称"公司的重要官员将得到丰厚的回报"。但他拒绝重立遗嘱。

一九三五年九月十三日，星期五，H-1 飞机停在停机坪上，机身短粗，红银相间。休斯跳进了机舱，飞机腾空而起，飞过帕洛斯·费迪斯半岛之后，在太平洋上空折身而返，直奔奥兰治县的埃迪马丁菲尔德机场，在那里他的飞行速度将被正式记录。

著名的女飞行员阿梅莉亚·埃尔哈特、美国航天协会的劳伦斯·泰克尔森和好莱坞最出色的飞行特技大师保罗·曼茨都在地面等待着他的好消息。

在俯冲至摄像机和记录器之前，霍华德轻松地把飞行帽推到脑袋一边，向地面上的埃尔哈特招手。她的在场证明了这次飞行的重要性。自从查尔斯·林德伯格以来还没有什么人敢如此大胆地进行这么严格的表演。和林德伯格一样，休斯有资金和实力在天空中改写航空业的进程。

为了更快地飞行，"银色子弹头"穿越了圣莫尼卡山脉，划了一个弧线，就飞向了科罗纳·德尔·玛尔海面。然后，霍华德钻出云层，飞机在空中划下了一条模糊的云带。他七次飞过跟踪器和摄像仪，速度记录分别达到了每小时三百五十五、三百三十九、三百五十一、三百四十、三百五十、三百五十四和三百五十一英里。他已经打破了曾经的最高纪录，休斯知道这一点。但他向埃尔哈特示意，他还要再试一次，这次是从一千四百五十英尺的高空俯冲下来。

"银色子弹头"像雷电一般飞速下降，在离地一千四百英尺的高度时才开始往上拉升。阿梅莉亚看见，休斯竭尽全力想让飞机拉起来，但飞机引擎已经熄火，他拼命地拽着操纵杆，想打开第二个油箱——第一个油箱已经耗干了。

但这架小飞机的机头还是无法拉高，相反，它不祥地哀鸣着从空中栽向地面。从一千二百五十英尺的高空开始，埃尔哈特就看见休斯以每小时一百英里的速度消失在灰尘和碎片的云团中。当机场地面人员赶来的时候，他正气喘吁吁地从驾驶舱里爬出来。欧德科克赶紧跑上去。"你还好吧？"他问。

休斯歪嘴笑了笑："她本来能飞得更好的，欧德。她本来可以飞出三百六十五英里的，我知道。"

然后他解释说，他的第一个念头是跳伞保命，但在经过重新考虑之后，考虑到"我在这架飞机上面付出的时间和金钱"，他才决心奋力一搏。休斯将螺旋桨折断归因于"飞行员的失误"。

"我试着启动辅助油箱，但有点儿晚。"他一边解释，一边在折断的螺旋桨旁边摆姿势让记者拍照。这一天，他穿了一套新的蓝色套装，牛津棉衬衫上配了一条深色的领带，头上还戴着飞行帽和飞行眼镜。这个饱受经济萧条之苦的国家正如饥似渴地盼望着一个英雄的横空出世，而休斯就是这个英雄。

但并不是所有的人都在为他的胜利而喝彩。对飞机的检查证明，连接辅助油箱的输油管道里塞着一团钢丝绒。这团钢丝绒是用一小段铅丝小心地系在那里的。显然，"银色子弹头"的坠机是事先计划好的。

破坏者始终没有找到。但休斯觉得，他又有了一个理由，让他无法信任那些越来越背叛他的工具公司的高管了。

在没有预先通知的情况下，休斯在一九三六年的一月十三日又进行了一次飞行测试——从伯班克飞到新泽西的纽瓦克。但起飞后不久，休斯就发现与地面无线电失去了联系。在越过勘萨斯威奇托的北线之后，他的罗盘也坏了——一阵风把指针吹离了原来的位置。没有了指向仪的导航，休斯只好打开一张地图，摊在大腿上，一边操纵飞机，一边紧盯着底下的城市，猜测那里到底是什么地方。

当他在十二点四十二分降落的时候，机场只剩下了一名计时员。他是打破了当前的纪录，但仅少用了一点点时间。他完成这次飞行的时间是九小时二十七分钟十秒。这跟他原先计划的速度比起来就像是蜗牛在爬。就像他告诉美联社的那样，"我想去纽约，所以，我想知道自己能飞得多快"。跟林德伯格那样的成功比起来，他还差得很远。

后来还有一次，在跟朋友的一次五十美元赌注的打赌中，他又完成了一次破纪录的飞行。他跟朋友打赌说他能在芝加哥吃午餐，然后回洛杉矶吃晚餐，就这样，经过八小时十分钟二十五秒飞行之后，他的飞机着陆了。这次飞行花了他将近一千美元，然后，他跳出机舱就去吃了晚餐。他要了一份烤牛排和必要的配料，总共花了七十五美分。

尽管这次飞行有点儿轻举妄动，但事实上，它却成为一次严格的训练。"在这八个小时里，我学到的东西远远要比在过去的十五年里学到的还要多。"休斯承认。在没有地图的情况下飞行了几个小时（因为在芝加哥找不到地图），"一切都乱了套"。"先是空速计指针突然掉到了零。然后氧气罐的连接处阻塞了。最后，我以为一切麻烦都已经解决，而且加州也已经近在眼前，这时，我的油压突然降为零。我只好手工供压。"在意识到自己在逆风中飞行了五个小时，并且飞机的机翼上已经结冰之后，休斯实事求是地加了一句："飞机上唯一能正常工作的大概就只有引擎了。"

加利和凯特

一九三五年深秋的一个下午，一位名叫伦道夫·斯科特的年轻演员身穿高尔夫球衣来到了穆尔菲尔德庄园。他还带来了一位朋友，这位朋友浑身晒得黝黑，穿着讲究。斯科特把手中的高尔夫球袋扔到大厅，然后就要求见休斯。

斯科特是休斯家的常客。六年前，他揣着家里写的介绍信从弗吉尼亚州找到了休斯。埃拉接待了他，而休斯则给派拉蒙公司的老板阿道夫·朱格打了个电话，为他在很多电影里安排了男一号的角色。

多亏了两个人共同的爱好——高尔夫，斯科特与休斯的友谊走过了休斯的离婚，而斯科特的演艺事业也有了长足的进步，他已经和艾琳·邓恩、金格尔·罗杰斯这样的大牌影星演对手戏了。后来，他不仅成了伟大的西部片明星，还跻身好莱坞富豪之列。

"这位是加利·格兰特。"斯科特向休斯介绍他的室友。刚刚和演员弗吉尼亚·彻里尔离婚的加利此时正处于人生的低谷，斯科特就带着他一起出来散心。他没料到，他的这句介绍就此开启了一段长达四十年的友谊。（不可思议的是，三十年代末期，斯科特和加利、休斯两人的友谊却完全中断了。）

110

据说，休斯起初对格兰特的天资心生嫉妒，格兰特外表成熟，骨子里带着一种勇猛的冒险气质，在等级分明的好莱坞，这就意味着成功。加利和好莱坞各个阶层的人都相处融洽，不管是有着英格兰背景的演员罗纳德·科尔曼，还是天天围在达里尔·扎纳克身边、爱打马球的花花公子。在好莱坞，格兰特还以举止优雅而著称，他的套装和宴会礼服剪裁合体，由伦敦的著名设计师豪斯和柯蒂斯量身裁剪。格兰特是唯一一个亲自为自己设计造型的男演员，他亲自为自己主演的室内戏设计造型。

格兰特还以纵情酒色而闻名，这还要从他和"银幕妖女"梅·韦斯特的那段牢固的关系说起。当时，她从众多的男星中亲自把格兰特挑了出来，选他作为她在影片《侬本多情》和《我不是天使》中的搭档。面对着格兰特，她娇喘微微地说出了她那句赞美诗："快来吧，来看看我。"

当格兰特走进休斯视野的时候，他还算不上是大牌明星，但已经近在咫尺。

有一次，在解释自己和休斯这段持久的友谊时，格兰特说："我们当然不是完全一样的人——也许，这才是我们如此互相喜欢对方的原因。"为了证明自己的说法，格兰特还回忆起他和休斯多次坐飞机旅行的往事，每次旅行时，格兰特都要带着他那些"绣着名字的配套服装"，而休斯则"带着一个扔了两件衬衫的纸盒子到达机场"。假如休斯需要正式礼服，他就去找加利借。"我知道，他之所以这么喜欢我，是因为我们俩穿同一个型号的衣服。"加利有一次开玩笑说。

事实上，这两个男人还有更多惊人的相似之处。在加利时尚优雅的衣服下，是一颗害羞、孤独、缺乏安全感的心，这和休斯如出一辙。加利总是认为自己是个孤儿，在十三岁的时候就离开了一穷二白的家和对他漠不关心的父母。他在英国巡回杂技团度过了剩余的少年时代，变戏法、唱歌、跳舞等杂技他全都做过。一九二〇年来到纽约后，他辞去了那份工作，在几出轻喜剧里崭露头角后，他又从纽约来到了好莱坞。

和休斯一样，格兰特的性格中也有阴郁悲观的一面。在忧愁和抑郁的魔咒下，他也会陷入休斯那样的精神崩溃的泥潭。和休斯一样，他也喜欢讳莫如深——对自己的媒体形象非常谨慎。

尽管格兰特老是喜欢说："我之所以能够和休斯成为长期的朋友，主要是因为我从来都没想过要从他那儿得到什么利益，而他也从没指望我能回报他什么。"事实上，这是一个让双方都不无裨益的友谊。格兰特喜欢财富，所以他喜欢与那些富有的人为伴。而休斯则对美女情有独钟，格兰特的身边从来都是美女如云。"毫无疑问，加利老是帮休斯安排和那些女人的约会。"两人的密友约翰尼·马斯基奥如是说。

但不管怎么说，这段友谊并不是依赖于夜生活才延续下去的。两个男人一直惺惺相惜。有时，休斯一言不发地凝视着他那些眼花缭乱的实验飞行器的飞行计划和前景，格兰特则安静地坐在房间里陪着他。"休斯是我所有的朋友中唯一一个可以让我觉得安静的人。"格兰特后来回忆说，"有时候，我们会一起坐下来，一言不发地坐两个小时。"休斯的管家比阿特丽丝·道勒回忆过，有一次，在一顿漫长的晚宴上，格兰特和休斯总共说了不到十句话。

休斯和格兰特之间的友谊或许是休斯一生中被误解最多、歪曲最多和名声最坏的一个篇章，近年来尤为如此。

一九八六年十一月，格兰特去世。在他死后，不少作家把他和休斯的这段友谊描写成充满色情的同性恋。甚至有作家声称，休斯和斯科特是一对恋人。根据他们的臆想，在斯科特和格兰特的感情逐渐变淡的时候，休斯与格兰特投进了彼此的怀里。但目前并没有任何直接证据能够证明休斯同格兰特有什么友谊之外的感情，而格兰特和斯科特也并没有任何的性关系。有人曾经把休斯的一生做了三次详尽无遗的研究，却没有发现过他哪怕一点的双性恋倾向。

"霍华德的一生树敌颇多，包括联邦调查局，所以如果真有同性恋行为，那么不管他的行踪多么隐秘，肯定早就被揭穿了。"联邦调查局前特工罗伯特·马休说。在五十年代，他曾经是休斯的二把手。诺亚·迪艾克里特也对他的传记作者说，他也听到过类似的风言风语，但他知道那不是真的。

"简直是一派胡言。"女演员菲丽斯·布鲁克斯说，她先后与休斯和格兰特有过一段情。

比莉·德芙对菲丽斯·布鲁克斯的说法表示赞同。"霍华德和男人有染？简直是天方夜谭！"

同样，我们逐句研读了联邦调查局对休斯私人生活调查所做的两千零五十九页的绝密档案，没有任何证据能够证明他是同性恋者。休斯家族整理出来的关于霍华德·休斯的法律、性关系以及心理研究的摘要多达十万页，其中同样也没有任何这方面的蛛丝马迹。

也许在喧嚣多变的好莱坞，休斯与格兰特之间这种友谊显得有些奇怪。但这段友谊却真实而持久。一九七〇年，是休斯说服了格兰特，要他参加奥斯卡颁奖晚会并接受大会颁发的特别贡献奖。而多年以后，当所有人都离休斯而去的时候，是格兰特仍然与他保持着正常的联系。

同样也是格兰特，把凯瑟琳·赫本介绍给了休斯，休斯一生中最伟大的一段浪漫史就此开启。这对情侣一起度过了四年的浪漫时光。

这段浪漫史的开端就充满了戏剧性。这段情缘起源于一个下午，一架波音侦察机像幽灵一般从海面上空的薄雾里坠落。阳光照射着飞机的鼻子，闪闪发光，双侧的机翼倾斜，而机身则在沙丘上滑行，最后像风一样掠过海面停落在草地上。

乔治·丘克正在附近执导电影《西尔维娅·斯卡利特》的一个镜头，他疯狂地挥舞着双手，让摄像师停止拍摄。然后，他悠闲地把手斜插在口袋里，抬起头，和剧组成员一起欣赏着眼前发生的奇观。

如今，有架飞机或直升机降落在电影外景地算不上什么大不了的事。但在一九三五年，这可是了不得的事。而霍华德本人的出现更是奇迹，他身着真皮飞行夹克，下穿飞行裤，脚蹬一双科尔多瓦皮靴。

凯瑟琳听到了飞机的咆哮声，她从临时化妆间探出头来，目睹了这个"飞得最快的人"的飒爽英姿。她披着一头红发，身穿一件男式的马球夹克。她退回化妆间，催促用人们准备好丰盛的野餐，她的女仆手忙脚乱地拿出正

113

式茶点要用的茶杯和茶碟。

就连在附近晃悠的导演丘克都不得不承认，这一定是一出好戏的开端。

可是，这段漫长而曲折的罗曼史其实并非命运的安排，休斯和凯瑟琳后来都亲口承认，这是加利·格兰特一手导演的。

三年来，格兰特以一个东欧媒人特有的热情捍卫着这段浪漫情缘。他甚至亲自挑选了加州最美丽的海岸作为这场好戏的开幕地。在连绵的特兰卡斯海滩，格兰特将在这里完成这部特别的电影，而赫本在大多数时间里要假扮成男孩。

"看，霍华德，"就在前一夜，格兰特对休斯说，"现在，我已经进退两难了……你可要去吃午饭。我早就向他们承诺了，要邀请'一个非常有意思的人'来出席的。"

休斯有点犹豫："你瞧，我每天都忙着比赛呢。"

"拜托，就算帮我个忙吧。"

霍华德不情愿地答应了。"但我不能待太久。"

格兰特带着他的朋友来到了一条地毯上，这条地毯是凯特亲手铺在沙丘后面的灌丛草坪上的。乔治·丘克正在那里等着，他看上去总是很快活，人缘又好，在好莱坞，只要有人说话，最起劲、最能拉话头的肯定是他。赫本照例迟到了一点，她穿着一条宽宽松松的华达呢裤，上身是一件白衬衫，手臂上挎着一篮子的苏格兰烤饼。

休斯在丘克和加利之间坐下，凯特优雅地斜靠在地毯上。然后，当赫本、丘克和格兰特开始说笑好莱坞的八卦新闻时，休斯几乎就在那里一言不发。当他们送休斯回飞机时，凯特和加利故意走在后面，"我想，我们说好了只带'有意思的人'来午餐的。"她直截了当地说。

"当霍华德心里还想着工作时，他就是这样的。"格兰特承认。但他保证，只要放下工作，休斯就会非常有趣。格兰特还继续卖力地想要把赫本介绍给他的朋友。

自从初识之后，凯特的家里就经常堆满了花。休斯经常请她到他家吃饭，还展示他的飞机，试图给她留下一个深刻的印象。最后，他终于让她放松了戒备。大名鼎鼎的凯瑟琳终于同意去了解他。然而第一次深入接触之后，她吓了一大跳：原来休斯是个聋子！怪不得在野餐那天他像个木头人一样坐在一边。凯特后来悲伤地写道："显然，他不能说：'请大声点，我听不见。'因此，当有两个或者两个以上的人在场时，他显然什么都听不清。"她认为休斯的病因在耳蜗。同时赫本还评论道："为了取得跟其他人平等的权利，他越来越远离自己的生命了。"

他们的爱情并不是在灯红酒绿的好莱坞度过的，赫本抗拒那种穷奢极欲的生活。他们的爱情，发生在草地上，在天空中，在穿越马里布峡谷的自由驰骋中。有一天，他们约好了打高尔夫球，为了准时赴约，他驾驶着一架侦察机，准备降落在贝尔航空乡村俱乐部草坪边的狭窄空地上，他挑选了两棵巨大的松树，飞机降落后，距离两棵树只有三英尺。俱乐部的管理人员对此大声抗议，但休斯却置之不理。他纵身跳下飞机，就开始陪凯特玩高尔夫，然后，又搭她的车回了家。飞机后来被拆得七零八落，拖回了他的机棚，为了讨凯特的欢心，他这一趟就花了一万美元。

休斯和凯特两人都很冲动。有一次，休斯正在理发时，凯特闯进来了，非要他陪着去打高尔夫球。休斯二话没说，头顶着理了一半的头发起身就走，留下理发师站在那里目瞪口呆。

"她又聪明又善良。"在与赫本共度良宵几天之后，他兴奋地告诉他的朋友加利·格兰特，"她毫不羞涩，绝不做作——也许她是世界上最有魅力的女人。"

凯特也同样被休斯征服了："我喜欢他的气魄和毅力，他是这个世界上最出色的男人，而我是最出色的女人。我们都狂热地希望出名。"

两个人都出身豪门，独立而有个性。他们都不是随波逐流的人，和休斯一样，凯特从来不用她的着装去取悦别人。她的衬衫经常是半新不旧，喜欢穿那种磨得很软的鞋子，她也是第一个敢于身穿裤装出现在公众面前的女性。

从身材方面来看，两人也很相像。两人都很精干，身材瘦削，她身高五点七五英尺，体重一百一十五磅，很少用化妆品去掩盖脸上的雀斑；休斯身高六点三英尺，一双黑色的眼睛，好像有种魔力，笑起来牙齿很好看。两人都刚刚从自己的包办婚姻中解放出来，赫本和她的家族的世交、股票商勒德洛·史蒂文斯离婚。

他已是而立之年，而她也二十八岁；他因为他的飞行而声名鹊起，而她的事业却因为票房惨败和屡遭恶评而在走下坡路。她的公众形象永远都是一个富有、高傲的东部人，因为落难才来到了好莱坞。就在她与休斯相遇的前一个月，专栏作家们还给她冠上了"凯瑟琳女皇"的雅号。

一九三一年拍摄的《离婚账单》为她赢得了奥斯卡提名。在此后一系列的影片中，她都大获成功，其中包括《艾丽斯·亚当》和《清晨的荣耀》，尤其是后者为她捧回了最佳女主角奖。但好运不常在，接下去的几部片子，包括《苏格兰的玛丽》和《名门大街》在内，都遭遇了票房惨败。剧院所有者集团的头头哈里·勃兰特编了一本号称是"票房杀手"的黑名单，赫本名列其中。但她还是一如既往地高傲不驯，对此，她声称："如果我不笑得开心一点的话，我就会哭的。"

她签约的雷电华公司正急着找个借口来赖掉她那两千五百美元的周薪。他们给她送去一个拙劣的剧本，心中明知她会断然拒绝的。果然，他们赢了。赫本拒绝出演《凯里妈妈的小鸡》这样粗制滥造的作品。事实上，赫本就这样被公司打入了冷宫，现在，她已经为买回自己的合同而开始跟公司谈判了。

谁能料到，那个冒冒失失闯进她生活的男人居然会使她在事业上重生呢？

就像以往一样，休斯并不愿意让自己去适应赫本。像许多成功男人一样，休斯并没有理由对一个女人死心塌地。他相信，他会找到最重要的爱人，就像比莉·德芙或者是凯瑟琳·赫本这样的女人。但他不明白，这样"伟大的爱情"为何会结束他以往的露水情缘。

"从心理学角度来看，他确实不能一心一意地只守着一个女人。"罗伯特·马休说，"要让他那样，还不如叫他去死，恐怕会更容易些。"

事实上，死亡就在他接下来的一次约会中等待着他。当跟他的飞行员兄弟们一起在南加州海边胜地圣芭芭拉度假时，他认识了那里的少女南希·贝尔·贝利。她当时才二十岁，有一身小麦色的皮肤，长得与埃拉·莱斯十分相似。"那个男人走进蒙特西托乡村俱乐部时，我正在跳舞。"南希回忆说。当他牵着她的手满场飞旋的时候，南希得知，他曾在一份地区报纸上看到过她的照片。照片里的她穿着泳装，站在海浪里。

但在他们后来约会的那天晚上，南希却惊奇地发现，原来休斯是个十足的绅士。"他就连分别时都不肯吻我一下，看电影时连我的手都不握一下。"南希记得，她感到非常困惑。"他很内向，也很脆弱，像个小孩一样需要别人的爱护。我想，这正是他最吸引女人的地方。"

在她二十一岁生日的那天晚上，休斯带她出去，并向她保证，她会有一个难忘的夜晚。但南希怎么也没有想到，他们会登上第二天早上所有报纸的头条新闻。

一九三六年七月十一日，一个多云有雾的日子。休斯开车带南希前往洛杉矶。他们的目的地是好莱坞的特雷德夜总会，那是好莱坞最多姿多彩的夜店，有五彩的渔网，有人工的热带雨林，还有如瀑布倾泻般的兰花，使之成为洛杉矶最纸醉金迷的地方。霍华德和南希一起喝着店里的特色饮品——加冰朗姆酒和果汁混合而成的淡蓝色饮料。"酒性太烈，刚喝了一杯，我就晕晕乎乎了。"南希回忆道。

然后，他们顺道回了一趟穆尔菲尔德。霍华德冲上楼，换了一套衣服，这时，管家端来了马蒂尼。南希把她的酒倒在了盆栽的棕榈树根上：刚才的朗姆酒已经让她头昏脑涨了。"我不知道休斯喝了没有。"

两人又从穆尔菲尔德出发，去椰子林饭店。在那里，他们吃了晚餐，又喝了点儿酒。其间，帕特·德·奇科经过他们的包厢时，走进来问了一声好。吃完饭，他们又起程，这回是去了西边的圣莫尼卡码头的娱乐公园，休斯想去那里坐摇船。

大约十点四十五分，他们开车经过第三大街的拐角，那里灯光昏暗，突然间，对面汽车的灯光一闪，晃得人几乎睁不开眼。休斯赶紧打方向盘，想要躲避迎面开来的这辆汽车。然后，她听到一声巨响，好像汽车撞上了什么。她的脑子一片空白，但休斯好像很清楚到底发生了什么。他停下车，朝路中间跑去，他的身影在路上跌跌撞撞。在路的中间，有个人——五十九岁的裁缝盖布·迈耶倒在地上，当场毙命。

迈耶到底是站在斑马线上呢，还是径直走到了休斯的车前，这永远都无法得知了。关于这场车祸的关键细节，在两套截然不同的官方报告里变得疑云密布，使证人们困惑不解。经休斯的律师、交友广泛且战无不胜的内尔·麦卡锡成功地从侧面游说，真相变得扑朔迷离。"他（内尔）是我父亲的一个朋友。"一九九四年，南希回忆说，"他被认为是洛杉矶最好的律师。"

"直到我们的车完全停下来，我才明白发生什么。"她说，"在我的一生中，我从来没有见过在那么短暂的瞬间发生如此严重的事情。"

在一位旁观者的帮助下，休斯把死者抬到了路边。他惊惧地看到，人群开始聚集起来，许多行人是刚刚从附近的第三大道和威尔希尔跳下公共汽车的。

"突然，休斯把我一把拽出汽车，从我的脖子上扯下了漂亮的栀子花环，把我推进路边的出租车。我使劲反抗，我想要那个美丽的花环。可他说：'不，我要你在人群里消失。'"

"我被推上车，他告诉我，到穆尔菲尔德附近再下车，在那里过一夜。他还说，第二天一大早会有人送我回家。"

华莱士警官是第一个到现场的警方人员。他发现休斯瘫倒在他的车上，"我想及时停车，"他告诉华莱士，"我把手放在他的手腕上，想看看是否能找到脉搏。可一点反应都没有。"休斯说自己是个"制造商"，家住得克萨斯的休斯敦，约克姆大道三九二一号，但有人认出了他。

霍华德被送往好莱坞接待医院，接受酒精检验。结果证明他是清醒的，但医生注明他曾喝过酒。

在中央监狱里，休斯的罪名是"涉嫌过失杀人"。

警探拉尔夫·戴维斯一直怀疑他是酒后开车，他想得到细节："你知道发生了什么吗？"

"是的，我知道，"休斯回答，"在我的律师内尔·麦卡锡到场之后，我会回答一切问题。"

在与麦卡锡交换意见后，休斯向媒体发出了一则简短的声明，声明强调，这是他第一次遭遇交通事故，在此之前，他连"一只猫或者一只狗"都没有轧到过。为了表达得更加清楚，他补充道："十八年前，我在父亲的亲手教导下开始开车，他要我谨慎驾驶，这辆车我已经开了六年半了，车上连一个刮痕都没有。"他拒绝提供那晚逃入夜幕之中的那位女子的名字。七月十二号清晨，在麦卡锡的陪同下，他被保释出狱。

这条新闻占据了当天所有晨报的版面。但几乎所有的记者都忽略了迈耶的死，不约而同地把焦点放在休斯和那个"临阵脱逃的神秘女子"的身上。一篇报道的标题是这么写的："失踪的美女是死亡的关键"。

就在晨报被投进汉考克花园安静的院子里之后，一名私人警探出现在穆尔菲尔德庄园门口，他的任务是把南希送回圣芭芭拉。在汽车驶离城区之前，警探要她一直躺在后座上，休斯永远都不会泄露她的身份。直到警方传讯了帕特·德·奇科，他们才找到了贝利，她的照片立即登上了所有报纸的头版。

就在这个时候，一位重要证人出现了。他是联合包裹服务公司的司机，他告诉警方，事故发生时，受害人正站在斑马线上。更糟的是，他证明说，休斯那晚把车开得很不稳定，速度比通常情况下快很多。

七月十五日，霍华德和脸色苍白的南希一起出庭受审。麦克马斯再次盘问证人，而证人却改了口供。在新的证词里，迈耶直接走到了休斯的车轮前面。在区法院律师布朗·菲茨的建议下，休斯被判无罪。在法庭外的台阶上，休斯告诉记者："这场事故的责任不在我。这一点从一开始就是显而易见的。我的车速很慢，那个人从暗地里一下子蹿到了我眼前。"

而休斯后来的遗产卷宗记录则表明，证词的改变很可能是受了休斯家族和工具公司的影响。

迈耶的家人收到了两万美元的善后费。

贝利始终相信那一晚休斯是无辜的，但她再也没见过休斯一面。

一九三六年十二月，休斯又恢复了与赫本浪漫的恋爱关系。当时，赫本主演的《简·爱》正在巡回公映，休斯就跟在她的身边，寸步不离。电影于十二月十日在纽黑文首映，第二站是波士顿。这也是休斯一生中第一次把自己完全地交付给另外一个人，他跟随凯特去了波士顿，就住在她所居住的科普利广场饭店隔壁，电影上映那天夜晚，他坐在观众席的最前排。

他为她准备了一场浪漫的烛光晚餐，在她的化妆室里放满了玫瑰。就像赫本本人羞涩地表示过的那样，那晚，一切都"不可避免地"发生了。她成了休斯的情人。

休斯还跟着赫本先后去了底特律、克利夫兰和芝加哥。"他每天在电话里处理自己的业务。"赫本在她的自传《我》里如此写道。但在抵达芝加哥的那天晚上，休斯一个人回了洛杉矶。出发前，他来到彩排现场，跟赫本单独待了几分钟之后，就匆忙赶往机场。至于他离开的原因，除了他们自己，无人得知。

尽管休斯很希望能陪着赫本一起，跟随《简·爱》剧组一起走遍美国东部的各大城市，但他知道，如果要打破驾驶飞机横跨东西海岸的纪录，那么最好的时间就在一月份。此时，太平洋上吹来的西风会以惊人的速度把他推往成为名人的路上。

一九三七年一月十九号，在伯班克的联合机场，休斯坐在机舱里，系上安全带，戴上了皮帽，静静等候着控制塔传来的信号。几乎是在一眨眼间，他戴上了一个全新的"连续供氧"的氧气罩。

自从父亲去世以后，他就在等待着这一天的到来。背后吹来的劲风将帮助他创造一个属于他自己的奇迹，去找到一个真正属于自己的地方。

格伦·欧德科克负责在地面上协助休斯。他发现，他的老板看上去有些心不在焉，并不是太在乎仪表盘上的灯光和按钮，而这些却是决定生死的关键。凌晨两点十四分，起飞信号准时亮起。

休斯打开节流阀，飞机滑过跑道，在轰隆隆的机鸣声中呼啸着拔地而起，直冲云霄。很快，飞机就平稳地翱翔在内华达的群山之巅。当他飞越云层时，黑暗吞没了他的身影。在他身下，昏昏欲睡的机场里发出的微弱的无线电信号将是他唯一的指航灯。

在穿越大峡谷的边缘时，他看到飞机下方一个巨大的黑色深渊，顿时感到一阵晕眩。他的两只胳膊开始感到异常的沉重，就像是瘫痪了一般，几乎无法握起操纵杆。三十秒钟之后，他开始喘息，几乎陷入昏迷的状态。

他吃力地抬起他那几乎瘫痪了的手臂，狠命抓住面罩上的输氧管，他试着摇动输氧管，想把气泡里的氧气摇出来，但却徒劳。他的一只手已僵硬得无法动弹，死死地抓着那一小段软管。

休斯松开了操纵杆，用他的那只尚能活动的手和最后一点力气，用力把面罩拉下来，直接把管子塞进嘴里。他用牙齿把软管咬开，拼命地呼吸着氧气，慢慢地，他的知觉恢复了。后来他曾说，当时，他离死亡只有一步之遥。"那种痛是抽动的。"他告诉伦敦《泰晤士报》，"然后是刺痛，接着是晕眩，然后又是刺痛。"

由于霍华德是在高达两万英尺的高空飞行，那段破损的输氧管就成了他唯一的生命线。他就是凭借这条软管飞到了东海岸，为了缓解高压引起的脑袋剧痛，休斯张开嘴，声嘶力竭地狂吼了五分钟，只有这样，他才能把注意力集中在仪表盘和引导他飞行的灯光上。

当他穿过北亚利桑那州的上空，去迎接高空的气流，准备趁着风势全力一搏时，"银色子弹头"里的无线电装置突然失去了信号，这就意味着，在接下来的飞行里，他不得不依靠肉眼来导航，所有能看见的，也就是云缝里的亚利桑那、圣路易斯和印第安纳波利斯。

凌晨时分，美国航空协会依然没收到来自休斯的任何信号。按照惯例，他们只好宣布休斯已经失踪，清晨时分，美国航空协会对全世界宣布说，五个小时之前，地面接收站突然与"那位空中英雄，那个腰缠万贯的花花公子"

失去了联系。

然而，最备受煎熬的莫过于仍然留在芝加哥的凯特了。她一个接一个地打电话给休斯在洛杉矶的公司总部，但那里的人和她一样，对此一无所知。没有人可以反驳《芝加哥论坛报》采用的那篇特别社论的题目：失踪的空中英雄。

在纽瓦克，美国航空协会的代表们已经筋疲力尽。在他们正要放弃时，却接到了美国空军发来的消息：有飞行员在宾夕法尼亚密德尔登的空军基地上空发现了休斯驾驶的飞机。

他们发现，这架银色雄鹰正在以每小时三百八十英里的速度在云海中穿行，一分钟之内下降了一万两千英尺。在飞机的橡胶轮即将擦地的一瞬间，美国航空协会的官方计时员、浪琴公司的威廉姆·甄特使劲掐了一下手中的秒表。计时器的指针停在美国东部时间十二点四十二分，此时，离休斯从伯班克的出发时间正好相差七小时三十分钟。

休斯打破了一年前他本人创下的纪录，这次，他的飞行时间整整缩短了一百一十七分钟。当然，对于去年的纪录，他本来就是不屑一顾的。同时，他也用这一次的飞行证实了高空飞行、无铆钉机身和折叠式起落架的优势，这些则为人类未来对商用飞机的普及奠定了基础。

尽管身穿羽绒飞行服，休斯还是止不住地瑟瑟发抖。他冲出记者们的层层包围，一个人冲进了纽瓦克机场的一个电报亭里，立即给凯特·赫本发了一封电报，文字简洁："我已降落。很安全。在纽瓦克。爱你。霍华德。"

但赫本早已得知他安全抵达的消息，也知道他毫发无损。她甚至已经准备好了马蒂尼酒，准备为他庆祝。她手中紧紧握着当天的《芝加哥新闻报》，上面有一条标题占据了两英寸的版面：休斯用七个半小时横跨美国。

从这一天起，休斯变得和赫本一样鼎鼎大名。对于"两个热衷于名利的人"来说，这绝不是一件不值一提的小事。

当休斯正急不可耐地赶往赫本身边时，芝加哥的库克法庭咨询办公室接到了一个电话，电话中，对方自称是"休斯夫人"，她很认真地询问了在当地领取结婚证的程序。巧合的是，芝加哥大使饭店的接待处也在同一时间接到了一个类似的电话，那时，赫本正好还住在这里，而且休斯所订的一个套房还没有退房。

一位在饭店接待处做"内应"的报社记者很快就把这个消息捅给了各大媒体，顷刻之间，"跟踪凯特和休斯的行动"启动了，某些芝加哥记者把这件事描述成电影拍摄方哗众取宠的招数，是为了吸引公众的眼球，为即将放映的电影《简·爱》做免费广告，而且他们还提供了种种"确凿的"证据。在横跨美国飞行成功之后，霍华德曾充满深情地向赫本求婚，而赫本也表示同意，但据欧德科克后来说，休斯曾承认，他和凯特在"此前已经几乎要结婚了"。

但新闻媒体的强烈关注把他们在芝加哥结婚的计划化作了泡影，记者们成群结队地奔向电影院和大使饭店。一月二十一号早上两点四十五分，赫本刚刚从影院出来，一大群记者就紧随其后，追着她的汽车紧追不放，在酒店的大厅里，人更是越聚越多。"霍华德在哪里？"一个记者高声问道；"你们什么时候结婚？"另一个记者问；"你们是从什么时候开始住进一个房间的？"另外一个记者更加露骨地问。

凯特转过身去，看了人群一眼，她停顿了一下，就匆匆走进了电梯。

第二天下午两点钟，赫本照例去参加彩排，三千名女孩冒着小雪在尖叫呼声中迎接她的到来。据相关预测，等到开幕时，观众将会多达一万多人。就在同一时间，库克法庭的书记员迈克尔·福林在市中心召开了一个记者招待会，他表示，他正急切地盼望着这对全美最大名鼎鼎的情侣的到来。他还兴高采烈地展示了他为此准备的新西装以及与栗色领带相配的一束康乃馨。

但福林的等待落了空。下午五点钟，大使饭店的礼宾员代表赫本小姐发表了正式消息。他毫无表情地说："赫本小姐本人希望公众周知，赫本小姐今天不会与休斯先生结婚。"

第二天一早，《芝加哥论坛报》告知读者："赫本小姐的结婚日非同儿戏！"

在酒店的楼上，休斯被孤独地困在套房里，与爱人共度一夜都成了难事。下午茶时，当休斯好不容易溜进赫本的房间里待了几分钟时，广播里却正在播出他们俩的婚礼不会举行的消息，此后不久，美国联合通讯社也公布了这则新闻。

尽管由于某种未公开的原因，他们的婚礼被取消了，但是，他们之间的感情反而更加牢固了。事实上，休斯马上就飞回了家，在家里等待着凯特的到来。

穆尔菲尔德庄园很快就要有新的女主人了。

凯瑟琳女皇

一九三七年的春天，凯瑟琳·赫本搬进了穆尔菲尔德庄园，随着她的到来，休斯剪不断理还乱的情史被一扫而光，休斯同埃拉·莱斯的包办婚姻和同比莉·德芙的爱恨情仇就此烟消云散。赫本带来了几件新英格兰风格的家具，一个专门用来挂放长裤的衣橱，一大摞的书和剧本，还有她特有的讽刺式的幽默感。欢声笑语又回到了穆尔菲尔德庄园。

休斯丢掉了他那张病床一样的单人床，换上了一张双人床，他又开始时不时地在家里吃饭了，还一天到晚跟凯瑟琳泡在高尔夫球场上。但休斯和凯瑟琳都是极有个性的人，因此，两个人在相处中都学会了忍让。她慢慢培养出对他的生意和航空界人脉的兴趣，包括偶尔与一些匪徒打交道。而他则尽量保持忠诚。私下里，两人的好友加利·格兰特时时在他们中间充当和事佬的角色。

如果说霍华德·休斯那麻烦不断的一生中还有什么黄金时代的话，这段时光就是。

现在，他找到了一个与他才智相当的爱人。作为哈蒙国际勋章的最新获得者——那是罗斯福总统在白宫亲自授予他的，也成为他一生中最为珍视的财产之一——他是一个真正的空中英雄。他恰好刚刚从休斯工具公司的复兴中获得了一笔不菲的财富，随着大衰退的日渐消逝，休斯工具公司的营业额正在步步攀升。

一天早晨，休斯陪着赫本来到他的机场，他一打开飞机库的大门，一辆闪闪发光的西科斯基 S-43 正停在里面。这架水陆两用机配备了双引擎，可以坐六人，而且能储存足够的燃料来飞越大西洋。撤掉椅子，机舱就变成了一个空中卧室，停机不受着陆地点的限制，水上、沥青地面都行。

凯特和休斯坐进了机舱，机舱内的新皮革还在散发淡淡的香味，机舱内壁是新涂的瓷釉，地上铺的是新地毯。在这里，休斯向凯特吐露了他要环游地球的计划，他不是要做一个不要命的飞行高手，而是一个驾着这架价值五十万美元、载满乘客的飞机的先锋飞行员。他告诉凯特，此举将开创一个全球空中飞行的新纪元，从此，航班将可以定期载满乘客从纽约飞到伦敦。但他首先要让飞机进行一系列广泛的试飞，各种飞行高度和飞行速度都要一一试飞验证。

赫本几乎跟休斯一样热情洋溢。从此以后，他们的罗曼蒂克转移到了蓝天上。他们飞到了圣卡塔利娜岛，一头扎进环礁湖里，引得飞鱼从碧绿的海水中飞跃而出。他们横跨美洲大陆数十次，霍华德在机舱驾驶，凯特则在机舱的睡袋里舒服地睡觉。有时，他们会通宵达旦地畅谈，话题不是好莱坞就是飞机。"完全是天堂的生活！"她后来感慨道。

他们沿着东海岸飞向缅因海滩的孤岛，从飞机上俯瞰波士顿、费城和纽约夜晚璀璨的灯光。"我跟着休斯到处飞行。我们飞遍了美国……这里……那里。有一次，我们从纽约五十九号街大桥底下起飞。"赫本回忆道，"当我们在东部飞行的时候，天气炎热，于是，我们在长岛海峡中心停下，然后从飞机机翼上跳入水中游泳。"

回到好莱坞之后，他们对别人的想法置若罔闻。事实上，休斯的最后一件礼服也已经破成布片了，而一向喜欢穿长裤的凯特几乎连一条裙子都没有，但这一切并不能阻止他们。当他们外出的时候，霍华德就会冲出去借晚礼服，赫本则要借长裙。

"他们毫不矫饰，十足的真我风采。"许多年后格兰特说，"从那个时刻起，休斯再没有买过一件燕尾服，而他所有的衣服只要一个大箱子就能装得下。凯特也同样对衣着准则和社交规范毫不在意。他们并不想让自己的生活变得太复杂。"

然而，穆尔菲尔德庄园里的生活却没有那么轻松和和诗意。两人都习惯了富裕的生活，也习惯了随心所欲，他们一共请了八个仆人，包括一个正式的男仆、两个司机和一个洗衣女工。

他们的习惯也很相似：比如，赫本每天要洗六次澡，每次洗澡后都要换一身衣服。休斯一天要换四五件衬衫和两条裤子。由于每一顿晚饭都是半正式的，自然就少不了雪白的缎子桌布和带图案的餐巾，洗衣女工弗洛伦斯·福斯特每天洗完这些需要九个小时。

就像凡尔赛宫一样，霍华德的客人们也被很细致地分为三等。一等客人通常都是社会名流和好莱坞大亨，用餐时使用的是瓷器中的收藏级艺术品——哈维蓝瓷器和水晶高脚杯。二等客人大多是演员和霍华德的酒肉朋友，使用的是带有玫瑰花图案的美国瓷器和雕花玻璃高脚杯。而三等客人就比较复杂，既包括有着"教父之祖"之称的卢西亚诺、"黑道杀手"巴格斯·西格尔等黑道朋友，也包括那些鲁莽爱闹的飞行员，这些客人使用的瓷器和玻璃杯都由管家比阿特丽丝·道勒收藏在一个专门的碗柜里。等这些客人酒足饭饱之后，这些餐具全被摔碎，扔到垃圾桶里。

"你知道的，霍华德，"有一次凯特对他说，"要是你交朋友小心一点，就不会有这种麻烦了。"

在穆尔菲尔德庄园里，气温像过山车一样起伏不定。赫本对新鲜空气有种着魔般的依赖，而这与霍华德总要把所有的窗户都关起来的习惯背道而驰，因为他怕病毒的入侵。凯特经常在寒冷的一月里就把楼下的窗户全部打开，然后自己偎在巨大的壁炉边从熊熊的炉火中取暖。而可怜的休斯则把自己裹在睡袍里，穿着棉拖鞋。

在这场恋爱中，眼泪和吵架几乎没有出现过，但这对情侣在遇到一些轻微的意见不合时，也会有长久的沉默。

凯特抽烟的习惯是其中的一个导火索，这个习惯是休斯无论如何都不能接受的。当时正在与格兰特热恋的演员菲丽斯·布鲁克斯曾在著名的约会地"公鸡和牛"餐馆看到两人唇枪舌剑。"吃饭时，凯特点了一支香烟，休斯竟伸出手，把香烟从凯特的嘴里拽了出来。我心想：'天哪，要出什么事了吧？'但她只是笑了笑，看上去有点尴尬，一句话也没说。"休斯不仅赢得了这场战斗，更赢得了这场战争：最后，凯特把烟戒掉了。

一九三七年的整个冬季，霍华德都在为他的环球航行做准备，这时距他上次打破横跨美国大陆的纪录已经整整一年，他和赫本之间出现了第一道裂痕。

当时，他正往返于华盛顿、伦敦和巴黎之间，为环球航行办理清关手续，几个星期都没有跟凯特联络。凯特焦急地打听着他的下落，一天早上，雷电华的高管们开始密谋着除掉赫本，因为赫本的脾气确实让他们受不了。这些话刚好被赫本听到，愤怒中，她爬到了二楼的屋顶上，威胁说要跳下去。

休斯的化妆师莱恩·"猎枪"·布里顿只好从窗口探出身去，把凯特从房顶上哄了下来。"我把她扶到理发椅上坐下，不停地安慰她，直到她完全冷静下来为止。"布里顿疯狂地寻找着休斯，最后才得知他正在驾机飞行。不过布里顿最终在米高梅公司找到了加利·格兰特。

"加利打电话对我说，为了使凯特打消自杀的念头，他可是花了不少工夫。"约翰尼·马斯基奥回忆说，"要是休斯失联了，那就真的别指望能联系上他了。"

事实上，那段时间，休斯的身边有别的女人陪伴。虽然赫本此时就住在穆尔菲尔德庄园，他还是做不到对她一心一意。一九三八年，当他身在伦敦和飞行官员会面时，他就故态复萌，到处拈花惹草。下榻在萨沃伊宾馆时，他跟伍尔沃兹家族的女继承人芭芭拉·赫顿狭路相逢。那时，她是一个金发女郎，漂亮而性感，甚至比休斯的身家还丰厚。制片人弗雷德里克看见他们在萨沃伊酒店的舞厅里跳舞，"他们像初恋情人一样牵着手，含情脉脉，甜蜜忘我"。休斯在"可怜的小女富豪"赫顿的圆形大床上度过了几个美妙的下午，床上铺着绸缎床单，头上是鸵鸟羽毛做的床顶。

后来，赫顿以少有的坦白回忆说："他看到我很难达到高潮，于是，他很卖力地帮助我第一次尝到了高潮的滋味……之后，他一边在我身边自慰，一边说'我怎么也来不了'。当我把手放在自己身上的时候，他却怒气冲冲地把我的手拿开。他不能接受一个女人在欢爱中忘我的表现，因为他觉得他必须是整件事的绝对主宰……"

但休斯在回到赫本身边后却对此只字不提。事实上，他向赫本保证，他想跟她结婚。"我疯狂地爱着他，他也爱我。"赫本坚持这么说。很自然地，她把他介绍给了她的家人。而此举并不顺利。

在第一眼看到康涅狄格州的旧塞布鲁克时，他的水陆两用机正跟在大西洋的浪头后面缓缓前进。来到海角上，他看见了赫本家的避暑山庄——费尼克。它看上去就跟凯特描述得一模一样：像是春末的彩虹挂上了初夏的颜色。漫山遍野的草坪，粉红如云的樱桃树，还有争芳斗艳的郁金香。费尼克醒目而打眼，四周的橡树和枫树像一个围墙把它包围起来。在远处，平躺着古老的沙丘和潮湿的沼泽，沼泽边上是亭亭的水柳和黄绿色的海藻。

一九三八年五月初的一个早上，休斯将要拜会令人望而生畏的赫本家族，他们曾毫不客气地赶走了凯特的一大批追求者，这件事在演艺圈里人人皆知。

这次拜访对休斯来说几乎是势在必行，因为休斯在新年来临之际许下三个心愿，第一个心愿就是要在这一年夏天跟赫本结婚。另外两个心愿分别是在七月份完成环球航行和启动计划，将休斯飞机制造公司变成一个飞行巨头。

而诺亚·迪艾克里特在心里却对休斯的愿望很不以为意。"很可能一个都实现不了。"他对他自己说。

尽管赫本深爱着急性子的休斯，但她不仅害羞，而且还一心想着恢复自己的票房号召力。她认为这是她的天赋使命：先立业，后成家。

休斯的环球航行计划仍被官僚主义无限期地搁置着。美国航空商务局一次又一次地拒绝了他的要求,理由是"休斯没有正当的理由"来进行他的飞行计划。与此同时,阿道夫·希特勒也不同意他飞越纳粹德国的领空,而这一点对于他打破所有现存速度纪录来说,是必不可少的。

至于要成为航空业的巨头,刚刚合并的美国航空公司和泛美航空公司一致认为,休斯只不过是个胆大包天的花花公子和败家子。

事实上,在前往费尼克之前,休斯已经在自己的行李里面准备好了飞行地图和休斯工具公司的账本。但他此行的目的并不是谈生意。他要同凯特的父母会面。他很清楚,要想跟这个家族最出名的女孩结婚,必须先征得家长的同意。

但是,这个北方家族并没有打算接待他。凯特的父亲托马斯·诺弗尔·赫本医生是美国著名的泌尿病专家,也是一位保守的家长。凯特的母亲凯瑟琳则是一名争取妇女参政权力的运动者,也是最早的节育运动活动家。她对休斯表现冷淡,她用这样的态度让休斯明白,她对凯特的前夫、有着贵族血统的勒德洛·史蒂文斯更加青睐,因为费尼克庄园仍为他留着一个房间。虽然他同凯特离婚已有四年之久,可他似乎仍是这个家族的成员。

被凯特家人亲热地叫成"勒迪,亲爱的前任"的勒德洛·史蒂文斯甚至在这个时候还出现在霍华德的面前,并巧妙地摧毁了休斯一心想塑造的友好形象,休斯处心积虑地想要打动这个一致对外的家族。每天黎明时分,当休斯紧张不安地从早餐桌上溜出来跟他私订终身的未婚妻一起喝咖啡时,史蒂文斯就会从门外走到他们跟前,若无其事地大谈特谈他用整整十年才把赫本追到手并娶进门的往事。吃晚饭的时候,那个谈吐风趣、温文尔雅、衣着得体的"勒迪,亲爱的前任"就会在餐桌上滔滔不绝,而休斯则不声不响地坐在一旁。因为他听不见,当然也就没有了插嘴的份儿。即使在旧塞布鲁克乡村俱乐部的高尔夫球场上,勒迪也把休斯打得一败涂地,这本来是休斯讨好赫本医生的绝好场合。一天早上,他们刚刚开场,休斯愤怒地发现,史蒂文斯拿了台摄像机,在拍摄他和凯特的一举一动。他手握照相机,围着他们转来转去，连应有的礼节也不顾了。更让休斯愤怒的是，他发现赫本正在镜头前优雅地摆着姿势。"停下来，该死的！"休斯对凯特说，"我没法打球了！"史蒂文斯只是笑了笑，继续摆弄他的摄像机。休斯又抗议了一次。

"瞧，霍华德，"赫本医生说，"在你来到这里之前，很多年来勒迪一直替我们拍照；你走了以后勒迪还会替我们拍照。他是这个家庭的一部分。好了，继续打球。顺便说一句，这次你得打出七杆才行。"

"霍华德真的发怒了，他一杆挥去，球落地时离洞口六英尺，"凯特回忆说，"第二杆球就进了洞。他发挥得不错。"

赫本家族的人总是直截了当（赫本夫人喜欢盘问客人的政治倾向，她对保守思想大为指责），而且自由散漫（在费尼克，连个作息表都没有）。他们崇尚艺术，但不喜欢飞行。他们从小就教育凯特要成为"新女性"，不能受男人控制和束缚。

很显然，在旧塞布鲁克，休斯是格格不入的。赫本家的世交，萨拉·克莱门特·皮斯回忆，在旧塞布鲁克的那段时间，休斯很少跟其他人一起吃饭，他习惯于等别人都吃完了再开始独自用餐。按照皮斯的说法，凯瑟琳·赫本对休斯很耐心："（她）总是说，惹恼他有什么好处呢，因为她说什么他都听不见。"

休斯同赫本医生倒是结下了一段友谊，他喜欢同医生一起谈论医药和治疗方法的新发现，但不管怎样，他并不真正喜欢赫本家族，他们也一样。

凯瑟琳是勇敢的。五月二十五日和二十六日，她跟休斯暂定结婚。五月二十八日一早，在接受"对康涅狄格州"的电话采访中，卢埃拉·帕森斯得知了他们的决定。不到两个小时，《洛杉矶先驱报》增发了题为"凯特将嫁给霍华德"的特刊。这篇报道是这么写的："根据今天刚刚从电影界获得的消息，赫本将很快嫁给霍华德·休斯，一位身价百万的飞行片导演。另据报道，两人计划将在休斯宫殿般的游艇上完成他们的结婚旅行。但具体结婚时间尚未最后决定。"

很多年后，迪艾克里特指出，在五月的最后一个星期，"南方十字"号已经整装待发，船上装满了最精美的食物，休假的船员们也都被召了回来。他们的卧室也被装修一新。

但到了六月十日，休斯与凯特的关系再度陷入僵局。环球飞行的计划终于被批了下来，为了全身心准备这次飞行，休斯不得不赶回洛杉矶。后来，赫本注意到，他们的意见分歧与职业选择有关系。"派拉蒙给我一个我不愿接的剧本，可霍华德希望我能接。他觉得，我那时还因为此前的失败而处境尴尬，我应该努力改变这一切。"

最后，休斯终于得到了航空商务局的批准，他可以驾驶着他那架全新的"群星"号进行环球飞行了。

"群星"号是一架单翼机，线条柔和，银光闪闪。机舱能容载十二个人，外加一百五十加仑的飞行燃料，里面还有一个航空装备实验室，这一次，它的装备超出了休斯的标准，整架飞机重达十三吨。为了支撑这架庞然大物，休斯还特别为它装载了特制的古德里奇橡胶轮胎。

预计到这次飞行可能出现的危险，在飞机起飞之前，休斯修改了遗嘱。他的朋友阿梅莉亚·埃尔哈特已经在前一年夏天的飞行中失踪。因为他决定绕着北极飞行，于是，他打电话给凯特，坦率地告诉她自己所面临的危险，毕竟他要飞过西伯利亚和北极。但冒险似乎无异于休斯的春药。就在起飞前几天，休斯专程从洛杉矶飞往纽约，秘密地住进了凯特在五十二号大街的一个公寓里。他们在一起度过了一段浪漫的时光，直到两人一起赶回长岛的弗洛伊德·贝内特机场。

七月十日清晨，凯特和霍华德坐进了凯特的林肯车，离开了他们的秘密住所。当他们正在赶往机场的路上时，赫本回忆说："突然，我们听见背后响起了警笛的声音。"

她不知道她的司机查尔斯·纽西尔做了什么事。但在这个特殊的日子里，她不想让任何人认出她和休斯。赫本从后座向前倾了倾身体，对她的司机查尔斯·纽西尔说："查尔斯，镇定。让他们罚，不管罚多少钱。不能让他们发现休斯跟我们在一块。"

她的司机照着她的吩咐做了。"那些警察连一眼都没往后座看。"凯特回忆道。

他们从商务入口进入了贝内特机场。"记着给我发电报。"凯特说。

"我会的，老姐。"

天空遨游

　　凯特坐在她的林肯车里，注视着休斯瘦削的身影一步一步地走向闪亮的"群星"号，看着他驾着飞机飞向未知的命运，要么永生，要么死亡。他的鸭舌帽洒脱地斜戴在头上，脚上是一双破旧的皮鞋，在多次飞行之后，这双鞋早该退役了，但他仍然在穿着它们走在沙砾满地的路上。终于，他的身影消失在庞大的飞机棚里，在那里，他的同伴们正围在"群星"号旁边。赫本注视着休斯从她的视野里消失，然后，她告诉查尔斯·纽西尔开车送她回费尼克。

　　一回到家，凯特和家人就在收音机旁围了起来。对于凯特来说，这是她与爱人唯一的联系纽带。而此时，他正站在世界之巅，吸引着全球人的目光，就像十年前的林德伯格。在为"群星"号飞机做最后调整检测的六个小时里，休斯给凯特打过几次电话。在晚上七点钟的最后一个电话中，休斯向凯特保证："每到达一个地方，我都会联系你的。三天以后再见！"

　　在这次被她称为"他的伟大冒险"行动中，休斯把凯特变成他情感上的伙伴。他相信，这次行动的结局，将是他们在夏末举行的婚礼。

　　而对于凯特来说，她依然在犹豫不决中深受煎熬，而这源于休斯的声名渐起。正如她后来告诉加利·格兰特的那样，她怀疑他们两个为事业全心奉献而又喜欢独处的人能否生活在一起。但眼前她首先要确保霍华德能够安全返回。

"群星"号也许会在大西洋上耗尽最后一滴油，也许更糟，它会在广袤的西伯利亚荒野上弹尽粮绝，这一切要看天气状况如何。此时，航空地图上吉凶难辨，而飞行的实际距离甚至群山的高度和密度都被低估了。在休斯起飞时，百老汇后面小巷子里的那些赌徒和大西洋城赌船上的那些豪赌客都认为，休斯安全完成他的第一段飞行的几率只有百分之五十，毕竟，他要从纽芬兰直抵爱尔兰海滩，需要飞行一千八百英里的距离。

在飞机上，休斯还有四个同伴，分别是：飞行工程师埃德·伦德、无线电工程师理查德·斯托达特、少尉托马斯·瑟洛和副领航哈里·康纳。此时，他们正坐在贝内特机场的跑道边上，等待着出发的信号。终于，七点十九分，信号来了。霍华德分秒必争，立即拉上驾驶窗，挥手向人群道别。黑暗包围了他，只看到几盏橘红色的灯泡，在跑道上闪烁。最后，他驾机起飞。

凯特从广播里清楚地听到了所有的细节——引擎巨大的轰鸣声，人群中爆发出的如雷欢呼声，还有播音员描述"群星"号拔地而起时留下的阵阵烟尘。在距离跑道边仅有二十五英尺时，飞机腾空而起……差点儿撞上旁边的一根栏杆。

随着灯光的逐渐变暗，"群星"号变成了一团模糊的影子，朝着大西洋海岸飞去。然后，它就消失在人们的视野中。

看起来，飞行的第一段似乎挺容易的。飞机飞过纽芬兰，一路顺利。凌晨一点三十时，休斯遭遇到强大的逆风。他看了看康纳。也许他们最后飞不到巴黎。尽管如此，他还是借助飞机下方的一条意大利航线，给凯特发出了第一份电报："在大西洋上。一切都好。爱你。霍华德。"

黎明时分，他飞到了爱尔兰上空。透过云层上的一个小洞，他瞥见了层层波浪正拍打着岩石遍布的海岸。他给凯特又发了一封电报："爱尔兰的海滩美得让人窒息。到巴黎后打电话给你。霍华德。"

休斯与"法兰西岛"航空公司的机长俏皮地打了个赌。"我敢打赌，我们会比你先到巴黎。"在离开长岛十六小时三十六分钟之后，在三千名巴黎群众的欢呼声中，休斯驾驶的"群星"号于下午四点成功地降落在巴黎布尔歇机场，虽然"群星"号在降落过程中丢了升降齿轮的一个关键部件。

"'群星'号太完美了！"一位法国机械师讨好地说。

"一个小时之后，我们将再次起飞。"霍华德声称。但等到飞机修补好，八个小时已经过去了。其间，天空中飘起了小雨。等休斯离开法国时，时间已经很晚了。这是一个非常危险的决定：现在，他将违反希特勒的命令，直接从纳粹德国的上空飞过去，但德国空军飞行员会紧随其后盯着他的。

德国媒体认为，休斯不会穿越他们的领空的。《国际先驱论坛报》在头版头条上，登出了"希特勒对休斯的严正警告"。

当"群星"号飞过纳粹德国的领空时，希特勒的德国空军护卫机也立即进入了他们自己的领空。"停下！停下！"德国指挥官通过无线电高声叫道，与此同时，他的战机飞行中队也开始对"群星"号发起侧面包抄。休斯神情严肃，继续前飞。

差不多一个小时之后，纳粹战机还在"群星"号后面紧追不舍。副驾驶员康纳用探寻的目光看了看休斯。"我们继续前进，"休斯说，"现在是晚上。显而易见，他们什么都看不见。"他停了一下，又用他那特有的掩饰的语气加了一句："我不相信他们会朝我们射击。"

在穿越纳粹德国的过程中，沮丧的德国战机一直跟在后面，高声叫嚷着投降，还有就是大声地咒骂。

BBC通知美国说，休斯对希特勒跷起指头，不把他当一回事，并且已经抄近道安全地到达了莫斯科。

第二个消息来自苏联："你好，美国。这里是莫斯科电台，现在是凌晨四点十分，霍华德·休斯先生刚刚在此着陆。我们的人民正在对他表示热烈的欢迎，对他欢呼，呼喊着他的名字。多么美妙的一个夜晚啊！"

随着霍华德向西伯利亚的鄂木斯克继续进发，在美国，"休斯热"已经达到了白热化。哥伦比亚广播公司的评论部主任洛厄尔·托马斯为此定下了基调："整个美国都被这位英雄的年轻人迷住了，他们为他的出身富贵却没有不思进取而大加赞赏。"美国联合通讯社指出："各地出生的婴儿都纷纷被起名为霍华德……仅今天就有二十五个。"在《生活》杂志对这次飞行的报道中，作者崇拜地称颂休斯为一个"长着一张诗人脸庞的得克萨斯富有青年"。

在纽约城，成群的记者和狗仔队把凯特的房子团团围住。在几个小时的时间里，凯特和休斯的名声已经发生了戏剧般的变化。人们不再说休斯是凯特的男朋友，而说凯特是休斯的女朋友。

在世界冰冷的巅峰，休斯跟他的"群星"号已经降落在鄂木斯克，这是西伯利亚的工业重镇。人们用伏特加和鱼子酱来欢迎休斯的到来，但被礼貌地谢绝了。休斯通过翻译对人群说，他必须保持"清醒的头脑"。此外，休斯的飞机上也被塞进了十磅重的火腿奶酪三明治和很多牛奶，以代表苏联人民对他们的接风洗尘。更重要的是，苏联人民还给休斯的飞机里加进了一千五百加仑的燃料。

当飞机再次起飞时，休斯突然发现巨大的大白菜几乎毁坏了跑道，而飞机的轮子早被挂住了。"大白菜！你们相信吗？"休斯摇了摇头。"群星"号差点儿在几棵蔬菜上栽了跟头。

在接下去的十小时三十一分钟时间里，他们又飞行了两千四百五十六英里，来到了西伯利亚偏远的前哨基地雅库茨克。"我们想告诉他们，我们在找汽油。他们不懂英语，而我们不懂俄语。"埃德·伦德回忆说。在一番比划之后，飞机终于加满了油。但在西伯利亚人开始打手势之前，他们好奇地指着飞机上宣传一九三九年世界博览会的徽章。伦德大笑说："他们不明白为什么我们的时间已经是一九三九年了，而他们那里还是一九三八年。"

"群星"号继续前进。十二个小时后，他们将回到美国本土。在一万两千英尺的高空，休斯和他的同伴们看到地球上方同时挂着的太阳和月亮。"真是美得令人难以置信。依然安全。霍华德·休斯。"他给赫本发了电报。

休斯驾着飞机，穿过嵌着一抹抹紫色的淡红的天空，透过挡风玻璃，他估算着西伯利亚群峰的高度，然后命令康纳查看他们能找到的唯一的一张本地地图——一张《国家地理》杂志的插页。插页上写着，山巅海拔高度为七千英尺。

但根据仪表盘，"群星"号已经身处在七千五百英尺的高空，直接冲向前方凸凹不平的山脉上那些花岗岩。他们拉起机头，飞向了八千英尺高空，然后是一万英尺高空。但飞机的飞行高度还是不能越过山顶。最后，终于在一万两千英尺的高空，他们"才勉勉强强地飞越了群山"。休斯事后说，要是在晚上，"我们早就坠机了。"

从西伯利亚的群峰，到阿拉斯加的费尔班克斯，休斯一路逆着强风前行。驾驶舱里寒气逼人，为了避免双手被冻僵，休斯把尿撒进一个罐子，然后捧着它取暖。

在费尔班克斯停机加油时，许多人跑来为他祝福，其中就有传奇人物威利·波斯特的遗孀，她的丈夫曾经在一九三一年驾机环球飞行。在加油站里，还发生了一个小小的意外，让人哭笑不得：有人想帮忙加油，没想到拉错了舱门，结果，上千个乒乓球从机舱里一拥而出。人们纷纷拍照留念，这些乒乓球本来是休斯要求装进飞机里的，他说，万一飞机坠入海里，这些小球可以保证飞机不会坠入海底。

他们再次起飞，下一站的加油地是明尼阿波利斯。听到广播里的消息之后，凯特像风一样冲出了房间，跳进她的林肯车。她想在她纽约的别墅里等待休斯的归来。但正在翘首以盼着欢迎这位美利坚的新晋英雄的人，不止她一个。当"群星"号在长岛缓缓降落时，控制塔上的引航员警告休斯："您现在是这个城市最受爱戴的人，休斯先生。准备着被包围吧。"

此时的休斯面目憔悴，胡子已经整整四天没有刮过了，他俯视着沿着跑道如潮水般向他涌来的两万五千多人。他镇定自若地飞离了既定的降落跑道，将飞机降落在更远处的一条简易跑道上。

在官方记载里，他的着陆时间为一九三八年七月十四日下午两点二十七分。这次飞行历时三天十九小时十七分，是一次破了飞行时间纪录的飞行。他的飞行里程是一万四千八百二十四英里，超出威利·波斯特创下的单人飞行里程纪录几乎一倍!

当他被簇拥着穿过拥挤的人群时,一个身着西联国际汇款公司工作服的小个子男子不停地在他身后推他。"我替赫本小姐带了个信给您!"他叫喊道。然而,身处在人山人海的休斯最终也没能收到那张纸条和纸条上的私人祝福。事实上,据《纽约时报》报道,在一大群记者密不透风的围追之下,休斯疲惫不堪又慌乱不安,因此,在跑道上接受采访期间,他连"一句完整的话"都说不上来。

休斯和他的同伴们乘坐机场的摆渡车穿过被挤得水泄不通的纽约街头,来到了格罗弗·惠伦的豪华别墅。惠伦曾担任一九三九年纽约世界博览会主席,这次环球航行正是由他出资赞助的。在这里等候着休斯一行的,还有纽约市市长菲奥雷洛·拉瓜迪亚和曼哈顿的其他社会名流。休斯需要梳洗一下,他扫了一眼在场的那些衣冠楚楚的大人物,提出可不可以先上楼去换一件衬衫。人们在楼下耐心地等待了三十分钟,休斯还是没有出现,于是他们派惠伦亲自去请他们的英雄下楼。可是,休斯从里面把房门反锁了。

休斯找到了后门,他从那里溜到了大街上,然后,他拦了辆出租车,直奔凯特的别墅。当他看到凯特别墅四周成群的媒体时,他立即命出租车掉头,驶向他本人在德雷克宾馆订下的秘密套房,在这里,他拨通了爱人的电话,两人谈了二十分钟。撂下话筒,他一头栽倒在床上。

第二天早晨,休斯成了纽约城的主宰者。他和同伴们在一个打着彩带的游行队伍的簇拥下,从百老汇出发,举行了一场盛大的游行庆典,走在最前头的休斯像一个羞涩的男孩一样局促不安。街道两边站着一百来万人,纽约市政府周围的大街上七十五万多人围在那里。等待着休斯的,是一场又一场的演讲。当天晚上,当休斯和凯特手挽着手一起来出席惠伦在泽西海岸为他举办的正式招待会时,又引起了一场轰动。

休斯逃不出汹涌的人潮。这位备受崇拜的飞行员和他的助手们随着游行和集会的队伍,先后在华盛顿、洛杉矶和休斯敦接受着人们的祝贺。尤其是在英雄的家乡休斯敦,二十五万休斯敦人出席了欢迎会。随后,在莱斯饭店举行的宴会上，有一道名叫"霍华德·休斯冰激凌"的甜点出现在菜单中。在发言中，休斯对自己的成就轻描淡写，一带而过。站在讲台上，他从口袋里掏出了一卷揉皱了的便条，逐字照着念了起来。他咧嘴一笑，对着观众说："你们要是不相信这是我亲自写的，上台来对笔迹好了。"

七月三十日午夜，休斯回到了约克姆大道的旧宅，这里留着他对父亲老霍华德和母亲阿伦娜的记忆。他发现，青年时的朋友和熟人们正在屋子后面的走廊上等候着他。吃完西瓜、得克萨斯冰茶和安妮特姨妈亲手做的软糖蛋糕之后，他们一起祝贺这位年轻的陌生人——对他们来说，他如今已经变得陌生起来——在关上了自家楼上那间无线电房间去独闯世界之后，做出了如此大的成就。

霍华德自己感到别扭而怪异。就像他对安妮特姨妈说的那样，"自从我跟埃拉离婚以来，我还以为我的朋友们都不会理我了呢。"

当他爬上二楼，最后一次睡在自己的房间里时，安妮特姨妈在琢磨着他的下一步计划。她对《休斯敦邮报》说："我想，他会沿着这条路走下去的。"

在成为"最受美国人民爱戴的英雄"之后的第一周时间里，霍华德·休斯始终待在自己的别墅里，等待着电话的铃声响起。在忙乱中，他对堆满了书桌的贺电进行分类，偶尔挑出一两封看上几眼。但他显得烦躁不安，心不在焉。

他再一次向凯瑟琳·赫本求婚，给了她三天考虑的时间。他知道，此举会激怒他这位来自美国北方的骄傲的爱人。他对格伦·欧德科克解释说："可我必须清楚这件事的结果。"

到了第三天下午，他们起初的媒人加利·格兰特再次出现在休斯的家中。格兰特造访霍府时，休斯正跟欧德科克一起重新计划改进他们那架水陆两用飞行器，他请求休斯打电话给赫本。"你要主动点儿，老伙计。"格兰特催促道。休斯拒绝了。然后格兰特又跑到赫本那里，让她给休斯打电话。

但凯瑟琳·赫本已经做出了决定。她不会听凭霍华德摆布。"我不想嫁给霍华德。他很聪明，也很有趣。"她回忆道，"但我知道，我和霍华德已经成为朋友，却不是情人。我们的爱情泡汤了。"

休斯对此到底有多悲伤，只有他自己知道，或许这是他一生中所遇到的最大的拒绝。

"我不知道发生了什么事。"菲丽斯·布鲁克斯说，当时她跟加利·格兰特的关系仍在发展之中。"我觉得，他俩非常相配……这场爱情展现了他们各自最完美的一面。"

他又赚了

在与自己的内心做着生死较量的同时，休斯再次为自己的梦想一掷千金。在休斯和迪艾克里特的用心经营下，休斯工具公司的成功已经超出所有人的意料。公司的利润从一九三五年的六百万美元，飚升到一九三六年的九百万美元，到一九三七年时，公司利润更是取得了一千三百万美元的佳绩，这个数字在当时简直不可思议。经济预测表明，一九四一年工具公司的年收入可望达到两千两百万美元。

虽然休斯平时表面上假装对公司的经营漠不关心，并经常声称"工具公司是我父亲的纪念碑"，但在暗地里，他一直用尽一切办法来确保公司在钻头设备行业的垄断地位。（当别人说到"垄断"时，休斯开玩笑地说，除了使用休斯工具公司的钻头，你当然还有第二种选择："铲子和铁锹"。）他和迪艾克里特合作起来毫不手软，把公司的利润水平提高到老休斯做梦也想不到的高度。

即使在那些挥金如土的日子里，休斯也并非完全虚度时日。从一九二四年到一九二六年，公司利润从两百二十万美元增长到八百四十万美元。休斯和迪艾克里特还成功地简化了休斯敦生产工厂的生产流程，在一九二九年，公司的利润达到了百分之一百五十一。截至一九三〇年，公司一共新增了两百三十五种新款式和新型号的钻头。许多种钻头的诞生甚至引起了原油开采的新革命。当新的石油罢工在加州、西得克萨斯、俄克拉荷马和海外扩散开来时，休斯亲自从加州科技研究所、莱斯大学、亚利桑那州立大学和加州大学伯克利分校等著名院校请来了一流的地质学家，让他们去那些新兴的采油区实地考察，公司会根据他们对地质的考察结论，因地制宜地设计出不同用途的钻头。

这些新钻头，比如三头钻，用它来勘探得克萨斯和俄克拉荷马等地的油田，钻井时间只需普通钻头的一半。还有一种名叫"顶点"的钻头，是加州花岗岩的克星，将当地的石油产量提高了十二倍。这种钻头的长度是原来钻头的两倍，前面有突起的钢牙，能把岩石的碎片拨开，尤其是在传统钻头无能为力的地方。

一九三一年，休斯成立了一个研究室——实际上就是一个智囊团——致力于提高全世界的石油开采量。研究室一共聘请了两百位科学家，休斯建造了一栋三层大楼作为科学家们的实验室，这也是美国最大的私人石油实验室。

后来，休斯又请来了弗雷德·艾尔斯对公司那条落后的生产流水线进行彻底地改革。看上去，艾尔斯把生产工厂拆得七零八落，但产量却翻了四番，这就跟他几年前对通用汽车公司进行的改革一样成效显著。这次改革的成本是五百万美元。

休斯对公司的许多事都亲力亲为，甚至包括排挤竞争对手这样的事。休斯工具公司的一位科学家在离职之后成立了一家钻头公司与休斯工具公司竞争，他小心地对休斯工具公司的钻头基础件进行了改进，休斯立刻将此事诉诸法庭，并得到了五十万美元的赔偿金。在读了上千页的法庭陈述报告之后，休斯发现，那种"假冒"的钻头在性能上已经超过了休斯工具公司的产品。

他买了一个对方的改进版钻头，把它带回实验室进行拆解研究。他发现，对方使用了非常柔软的铅球轴承，来代替休斯工具公司使用的坚硬白齿。休斯马上在自家产品中也使用了柔软的轴承，当年这种钻头的销售额就翻了一番。

此后，随着第二次世界大战的开始，休斯工具公司的利润从一九四〇年的两千两百万美元一路攀升到一九四二年的三千三百万美元，直至一九四八年的五千五百万美元。

"休斯在休斯工具公司管理中所取得的成功一直被人低估，"休斯的律师格雷格·鲍泽回忆说，"他们总说，休斯的成就是靠运气取得的。但依个人经验来看，他孜孜不倦，勤于钻研，思维敏捷，一个晚上就能随手记下十几个创新想法。在约会时，他会冲到电话机旁，往休斯敦的公司总部打电话，一打就是几个小时；有一次，他甚至打断了电影的放映，走出放映室往休斯工具公司发电报，阐述他的新想法。"

工具公司的经济复兴来得恰逢其时。一直以来，霍华德一直梦想着能拥有一家航空公司，一九三九年，他逮到了机会。他把目标瞄准了环球航空公司，这家公司是由著名飞行员查尔斯·林德伯格一手创立的，他也是当时唯一能够与休斯一较高下的空中英雄。环球航空公司的银色邮政飞机被称作"林德伯格专机"，那实际上是林德伯格在空中打的活广告。

然而，正当环航公司把名声在外的邮政运输业务扩展到客运航线时，美国的大衰退给环航公司一记沉重的打击。休斯这才得以用一百六十万美元的价格收购了二十万股环球航空公司的股票，平均每股仅需八美元。这样，他的持股比例为整个环航公司总股份的百分之二十一。一九四〇年初之前，他陷入了收购股票的狂热中。通过向小股东和包括林德伯格本人在内的大庄家收购股票，到一九四〇年年底，休斯已经拥有了整个环球航空公司百分之七十八的股票。

截至年底，林德伯格所有的光辉已经被银色漆掩盖掉了。

由于当时的泛美航空公司以及后来的美国航空公司对空中客运市场甚至货运市场的垄断，休斯所有的顾问——尤其是迪艾克里特和内尔——都预言说休斯的这一做法会带来严重的后果。但休斯对这些预言置若罔闻，继续把大把大把的钱扔进环航公司的保险柜里去。休斯在自己屡破纪录的飞行中掌握了飞行的秘密并积累了实用的飞行知识，他要用这两个法宝为环航公司的发展制订一个总体规划。在他的想象中，环航的航班将是跨越东西海岸航线的无可争议的领导者。他发誓将在十年内实现这一奇迹。

环航公司总裁杰克·弗赖伊欢迎休斯入主董事会，并把他称为"救世主"。弗赖伊自巡回演说家时代就是一名胆大的飞行员，他愿意与休斯分享手中的权力，就像林德伯格本人描述的那样，他们"是短暂的商业飞行史上最为成功的组合"。

有些效果是立竿见影的。一九四○年，环航公司的收入翻了一番，到一九四一年，其年乘客量是二十五万六千人次，比一九三九年提高了百分之五十一。在休斯推出了第一批知名公共航线的前两年里，他创造了客运飞机横跨东西海岸直飞的纪录，还发明了一系列的技术改进，包括"动力方向盘"、更大更安全的驾驶舱以及一套先进的水压系统。

但对于环球航空公司，甚至整个航空业来说，休斯给他们带来的最好的礼物，莫过于他提出的"超级航班"的概念，也就是在十个小时内将六十名乘客从洛杉矶直接载运到纽约的舒适航班。飞机的舒适度闻所未闻，时速达到三百英里。

他找遍了航空制造业界的人士，希望能有设计师"完成这个不可能的任务"，因为"几乎所有的人都告诉我，我这想法只是浪漫的幻想。"他解释道。但是，洛克希德公司总裁罗伯特·格罗斯却承诺说，他会把这个白日梦变为现实。休斯同意跟格罗斯面谈，他如约来到了洛克希德公司总部，上穿一件半新不旧的白衬衫，下穿一条斜纹棉布裤，头上戴着他那顶标志性的软呢帽，脚穿凉鞋。进门后，他一脚甩掉了脚上的凉鞋，盘腿坐在地板上。很快，洛克希德公司的飞机蓝图被他散乱地放满了整个房间，他在上面爬来爬去。"我喜欢它们。"他最后说，"出个价吧。"

"每架四十五万美元。"格罗斯回答说，他等待着休斯的惊叫声。

"去他的，环航公司可没有那么多钱。那个该死的航空公司早就破产了。"休斯沉默了几分钟，然后高声说："见鬼，我想，我得自掏腰包了。开工吧，鲍勃，把账单寄到休斯敦的休斯工具公司去。"然后，他穿上凉鞋，一边吃着奶酪三明治，一边轻松地走了出去。

霍华德用一千八百万美元买下了四十架飞机，这是航空业内有史以来最大的一个商业订单。

虽然休斯对这笔高额的成本并不担心，但他担心这笔交易的保密性。为了确保新航线的计划不会被泄露给其他航空公司，他把那些飞机蓝图锁在一个保险柜里，需要三把钥匙才能打开，一把钥匙自己拿着，另外两把分别给了格罗斯和弗赖伊。飞机的实物模型则被放在洛杉矶市中心一家银行的地下室。所有的交流都用代码编写，三位负责人从来不透露真名。在这项发明的通信里，休斯的名字是"上帝"，格罗斯的是"使徒保罗"，而弗赖伊的则是"耶稣基督"。飞机的代号则是航空器0-49，但内部人士都知道飞机的真名——"群星"号。

"群星"号并非徒有虚名。在第一次试飞中，飞机只用了六小时五十六分钟就从洛杉矶飞到了华盛顿。《纽约时报》将其称赞为"航空业的未来雏形——一只伟大的银鸟，在太阳下熠熠生辉"。

从一九三九年起直到喷气机时代到来之前，休斯一直把大捆大捆的钞票扔到航空业，为人们带来更加舒适、更加稳定的班机，当然，尤其要有——更高的速度。

格罗斯注意到，休斯在"航空事业里表现了惊人的才华"。虽然在大学里他没有学过一节有关飞机设计的基础课程，但专家们仍然为他那完全出于直觉的设计而拍案叫绝。

洛克希德公司高级副总裁、休斯后来的飞行伙伴杰克·里尔注意到，"休斯具备了成为一名最伟大的工程师所需要的所有天赋"。作家罗伯特·斯特林曾经采访过环球航空公司的数百名员工，他发现"所有员工都不约而同地把环航公司的成功归功于一个人，那就是霍华德·休斯！他塑造了环航公司的命运，就像捏一块泥巴"。

但他也并非事事成功。

一九三九年，休斯打响了与美国军方的一场恶战，他要把休斯飞机制造公司变成即将到来的世界大战的战斗机主要供应商。他把希望寄托在 D-2 飞机上，这是一种中型轰炸机，建造材料是木料和树脂，通过一种名叫"高耐度模型"的秘密工艺，将细木条黏合成飞机的骨架模型。

到一九四〇年初，休斯已经把自己的飞行"梦之队"扩大为由设计师、工程师和科学家组成的五百人团队，他为他的团队在卡尔弗城建造了一个占地一千三百英亩的新工厂，距离米高梅电影公司只有一箭之地。他还投资了两百万美元建造飞机模型。另外的两百万美元则被用在一所现代化工厂的建造上，工厂里装有空调和湿度调节器，这让他的航空业同行们羡慕不已。

然而，军方却不假思索地拒绝了 D-2，并且把休斯的"梦之队"描述为围绕着一个富有的年轻"航空票友的业余爱好"而聚集在一起的一伙人。他们的结论是，"D-2 就是浪费时间"。

和往常一样，休斯不屈不挠，又追加了四百万美元用于改进这个木头怪物的性能。他更加醉心于建造一架完美的侦察机。但美国陆军部仍旧对他置之不理。最后，到了一九四三年八月，他才不情愿地采取迂回路线为他的战争年代收场。当他得知美国的一群高级军官正乘飞机到洛杉矶来寻找一种"可靠的侦察机"时，休斯决定举行一场好莱坞美酒加美女的狂欢把他们争取过来，为此，他从休斯工具公司的账户上支出了二十万美元。

为了组织这次观光活动，他雇来了黑道上臭名昭著的淫媒约翰尼·迈耶，这个有着"好莱坞人渣"之称的投机分子曾经为了帮查理·卓别林和埃洛尔·弗林把他们想要的妓女搞到手而恃强凌弱。休斯告诉迈耶去准备最好的香槟、鱼子酱和派对女郎，他要用这些糖衣炮弹来对付那些军官。迈耶在多赫尼大道上租了一座豪华别墅，又把它装饰一新，作为这场没有硝烟的进攻战的总部。

霍华德的目标是罗斯福总统的儿子艾略特·罗斯福上校，他也是代表团名义上的领头人。作为侦察机方面的专家，他还是一个潇洒的单身汉，在华盛顿的社交界也颇有名声。罗斯福到达洛杉矶的第一天，迈耶就成功地把一个褐色皮肤的金发美女介绍给他。她是一个叫作菲伊·爱默生的华纳兄弟公司小明星。在成为早期电视脱口秀女王之前，她曾经在好莱坞混过不少日子。在这次宴会上两人眉目传情，火花四溅，很快就在洛杉矶出双入对，而一切开销都由休斯承担。

从八月八号到八月十号，休斯在多希尼庄园内举办了三天的宴会，高级军官们和好莱坞美女们一起坐在不甚明亮的白炽灯灯光下（因为战时的限电供应仍在实施），享受着龙虾、乳鸽和威灵顿牛排等各种美食。

在客人们推杯换盏的同时，小小的舞台上则是歌舞升平。在一个老套的节目中，游泳明星朱迪·库克表演了一出别出心裁的水上芭蕾，她穿着鲜艳的泳衣，衣服闪闪发光。

然而，主人和客人们所不知道的是，一队联邦调查局的特工化装成侍者和技术人员，正混在人群中，他们详细地记下了军方代表们的一举一动。

宴会之后，客人们又来到了日落大道的莫卡波夜总会和卡拉韦夜总会，所有的花销都由休斯买单。

迈耶的任务是确保每位身着军装的上尉、上校和少校身边必须有一名女明星或模特陪舞。这些陪舞的女郎每晚可挣一百到四百美元，而挣钱的多少完全取决于她们的颜值以及——就像迈耶后来说的那样——她们的工作"是否有效"。

酒店账单和餐费收据都由休斯负责支付，这是完全违反战时对这些高级将领的有关规定的。

八月十一日早晨，收拾利落的休斯穿着他的那件夹克衫，戴着那顶软呢帽，亲自带领这群军官来到休斯飞机制造公司参观。随后，他们坐飞机来到沙漠里的干湖——哈珀湖，代表团对这架侦察机进行了仔细的考察。结束后，总统的儿子对休斯耳语道："我想，我们已经找到我们的飞机了。"

八月二十号，在休斯不情愿地答应将飞机的原材料从木头换成金属之后，美国空军正式与休斯签订了一百架侦察机的合同，合同金额为四千三百万美元。从这一刻起，正式改名为XF-11的D-2侦察机注定了要改变休斯的一生。但是，自从百万富翁休斯聘用了迈耶，他也就此与魔鬼签下了合约，此后的生活再也摆脱不掉皮条客和应声虫。他没有想到的是，如果直接带着那些军官去沙漠里参观飞机，那么他原本可以正大光明地得到这份订单。

在华盛顿，战争资源调度部的贝内特·迈耶斯少将仔细审核了所有的文件和报告，其中包括由联邦调查局记录的一份语气刻薄的调查报告。他预言性地总结道："要是这笔交易的内幕被揭开，那一定臭不可闻。"

游行过后

一九三八年，凯特·赫本的拒绝让休斯倍感苦涩、大失所望，他再一次感到了孤立无援。和比莉·德芙的无情离去一样，他开始了又一轮的报复式征服。首先，他的女人应该是所有的好莱坞女明星。

在凯特·赫本悄然离去还不到四十八小时，休斯就给金格尔·罗杰斯送去了五打黄玫瑰，她已经取代凯特成为雷电华的影坛天后。而休斯把栀子花和幽兰源源不断地送到了她的身边，花丛里永远都塞着甜蜜的小纸条，在纸条上，休斯亲昵地把金格尔称为"我的公主"。

五年前她与霍华德一时的放纵彻底改变了金格尔·罗杰斯的人生。她和弗雷德·阿斯泰尔主演的电影、她那杰出的喜剧天分以及她那微妙的性魅力把她变成了好莱坞的当红女星。与此同时，凯特·赫本却日渐失宠。二十七岁时，金格尔已经成为好莱坞身价最高的电影女星，每年的酬金高达三十万美元，这个数目是赫本年薪的三倍。

当霍华德再次进入她的生活时，她刚刚向法院申请与卢·艾尔斯离婚。卢·艾尔斯凭着反战影片《西线无战事》中的精彩表演夺得奥斯卡最佳男主角奖，并继续在基尔代尔博士的电影中扮演角色。此时，金格尔·罗杰斯正恣意地享受着重新获得的独立，所以，她对休斯不断扩张的权势和财富压根儿就不感兴趣，而她这种态度则愈发让他斗志昂扬。

休斯以一种直接针对凯特·赫本的方式，开始了张扬高调、罗曼蒂克的"旋风之旅"。他的目的地是纽约，因为凯特·赫本正居住在纽约海龟湾的别墅里。罗杰斯和她的妈妈乘坐着二十世纪有限公司的火车穿过美国本土，而休斯已经驾驶着他的水陆两用机率先到达了纽约。在哈德逊河码头，他和装饰得富丽堂皇的"南方十字"号一起等待金格尔·罗杰斯母女的到来。

在游艇朝着长岛扬帆起航之前，休斯首先为罗杰斯母女俩举办了一场盛大的送别会。专栏作家厄尔·威尔森和多萝茜·基尔加伦亲自为她们饯行，当休斯身穿时尚的黑色商务套装和穿着貂皮大衣的罗杰斯参观美国三大直升机公司之一的西科斯基直升机公司时，记者们手中的相机一直不停地咔咔拍照。

然而，休斯的内心却仍然在期盼着凯特·赫本的回头。这天下午早些时候，为了让她重返舞台担任电影《费城故事》中的贵族女主人公，休斯不惜重金，而这部菲利普·巴里的电影后来成为赫本华丽回归影坛的奠基之作。休斯买下了这部影片的控制权，然后和赫本的老朋友巴里一起精心地为他的旧情人回归影坛运筹帷幄。

尽管如此，也没妨碍休斯在同一天向罗杰斯求了婚。"可是，霍华德，我和卢还没正式离婚呢。"罗杰斯说。

"那又怎么样？"休斯回答她，"我的律师可以立马帮你从这桩婚姻中脱身。"

金格尔并没有那么急切。"我们回到洛杉矶后再谈这件事吧。"

金格尔·罗杰斯的第二次拒绝立竿见影。就在金格尔乘坐的火车还没到达洛杉矶联合火车站时，休斯就已经陷入了与贝蒂·戴维斯的新恋情之中了，她是最不可能成为休斯情人的女星了。他们相遇在泰尔维格的舞会上，一场让戴维斯心仪的宠物慈善舞会。当时，贝蒂身穿一套薄薄的粉红色紧身裙，这套衣服镶着波浪一样的蕾丝，这身装扮让她在一满屋子的众多明星中耀眼醒目，尽管当场并不乏其他大名鼎鼎的明星，比如玛丽·璧克馥、卢普·贝莱斯和瑙玛·希拉等人。

和休斯一样，贝蒂也在从一场"一生的真爱"中缓慢恢复，对方是导演威廉姆·怀勒。与休斯不同的是，贝蒂·戴维斯此时还有一个法律上的丈夫——广告人哈蒙·纳尔逊，她的青梅竹马。

贝蒂·戴维斯也是凯特·赫本的竞争对手之一。在华纳兄弟公司，戴维斯在女演员比赛中已经遥遥领先于凯特·赫本了。此外，她还是票房宠儿，因在《红衫泪痕》中的出色表演而第二次获得了奥斯卡最佳女主角奖。

和银幕上的戴维斯相比，她本人就没那么绚丽夺目了。她身形瘦小，声音尖锐，身材像一个没发育成熟的小男孩一样乏善可陈。可她却有一种让男性难以抗拒的诱惑力，特别是当她穿上那身性感的粉红色裙装的时候。

"我期待着休斯能看到我的胸部，"她回忆道，"可他的目光却直直地看着我的眼睛。说他的眼睛里有一种魔力也许有点夸张，可他的目光确实让我觉得很温暖。"

他买了"许多彩票"，然后挑选好了一系列约会的地点。在接下来的几天里，他们待在霍华德在马里布租住的豪宅里，窝在床上倾听着外面惊涛拍岸的声音。在那次短暂而诗意的约会期间，他们在一张床上睡过十次。"霍华德激发了我的母爱本能，这是别的任何男人都没有做过的。他是一个安静而腼腆的人。但当我们独自相处的时候，他却变身为一个浪漫的情人。"她接着说，"我曾经在海滩上为他烹制食物，当我们一起围坐在篝火边的时候，他会摩挲我的头发。"

在这样的"篝火之恋"之后，贝蒂·戴维斯的丈夫哈蒙·纳尔逊及时地把这场恋情扼杀在了摇篮里。"他们被他捉奸在床。"迈克尔·"米奇"·赫斯克威兹如是说，他在一九八八年帮助贝蒂完成了自传《这个和那个：贝蒂·戴维斯传》。"贝蒂形象地向我描述了纳尔逊如何与一名私家侦探将一台简陋的录音设备与房间外的一台广播车连接起来，又如何录下了休斯和贝蒂做爱时的声音。然后，纳尔逊与私家侦探一起冲进房间，把贝蒂和休斯堵在床上。"

后来，戴维斯给了纳尔逊七万五千美元的封口费，然后，她申请离婚。但那个难堪的夜晚也毁掉了她和休斯的露水情缘。

与此同时，休斯加紧了他对金格尔·罗杰斯的追求攻势。但金格尔敏感地感受到了他盛气凌人的外表下矛盾的内心。在接下来潇洒的飞行中，不管是在塔霍湖边采野花，还是在科罗纳多岛白糖般的沙滩上野餐，罗杰斯总是回避着做出任何承诺。

有天晚上，休斯驾车带着金格尔盘山而上，来到了山顶上，向下望去，好莱坞的全景尽收眼底。面向着地平线，休斯张开了双臂。"公主，我要为你买下这座山。我们会住在这里，远离尘嚣。"

"我意识到，他觉得能把我带到这远离人群的地方，然后让我变成他的笼中之鸟。"金格尔回忆道，"他希望以一种我不喜欢的方式拥有我。我不想让他在我的身边筑起一道藩篱。"

可是，罗杰斯越是回避他的求婚，休斯越是不依不饶。尽管金格尔一再反对，他执意派出了他的律师内尔·麦卡锡，在一九三八年年底干净利落地帮她离了婚。"在追求中，他表现得冷酷无情而不顾一切。"金格尔回忆道。她接受了休斯那枚硕大的翡翠订婚戒指，这是对他的说服力的褒奖。休斯还说服了金格尔的妈妈莉拉，让她做了他们的媒人。金格尔回忆说："每天早上一睁眼，我的一天就已经被妈妈和休斯安排得满满的了。她一边给我倒咖啡，一边告诉我：'今天你得坐船去圣卡塔利娜。八点半休斯会来接你。'"

最后，金格尔终于与母亲发生了冲突。"你为什么不把电话给我，让我自己告诉他去还是不去呢？"

"那可不行，"罗杰斯夫人回答说，"霍华德一直把我当成他的盟友。我不知道他自己能否对付得了你。他害怕你拒绝。"

在金格尔秘密地接受了休斯的订婚戒指之前，他已经明目张胆地在好莱坞拈花惹草了。他甚至公然把目光锁定在金格尔的两个同行的身上——奥莉薇·黛·哈佛兰和她的妹妹琼·芳登。

卢埃拉·帕森斯促成了霍华德和奥莉薇的好事，然后，她对外声称，在霍华德旋风般的追求下，奥莉薇已经接受了他的订婚戒指，而两个人的暗生情愫则发生在电影《道奇城》的拍摄地莫德斯托。这个典型的八卦专栏开始以讹传讹时，休斯派遣一架飞机到这个拍摄地接埃洛尔·弗林回洛杉矶参加一个派对。休斯殷勤地邀请奥莉薇一同乘机，但遭到了奥莉薇的婉言拒绝，仅此而已。

在完成了《道奇城》的拍摄之后，奥莉薇回到了洛杉矶。刚一到家，她就接到了休斯的电话："我在报纸上看到了你我已经订婚的消息，而且我们即将完婚。"休斯稍作停顿，然后又不自在地说："鉴于我们还没有正式见过面，我想，我们不如在共结百年之好之前，先看一看对方的样子吧。"

奥莉薇答应和休斯一起喝茶。挂上电话之后，她对妈妈说："那位世界上最有名的色狼要跟我约会呢，可他似乎并不那么危险。"

黛·哈佛兰似乎并非休斯一场风花雪月的恰当人选。奥莉薇以容貌精致、行事严谨而著名，不管是在银幕上还是生活中，她都很少出现在好莱坞的夜生活圈子。休斯改变了这一切。他们就开始出现在好莱坞的一些热门社交场合，比如，维克多·雨果的花园房间和布朗德比饭店，在这里，他们甜蜜地依偎在一个硕大的包间里。他们还经常一起飞行，休斯会指点她如何驾驶飞机。一来二去地，黛·哈佛兰便开始对休斯的终身大事有了幻想。她问休斯他们有没有结婚的可能。"五十岁之前，我没有结婚的打算。"当时与金格尔·罗杰斯已有婚约的休斯回答说，"要做的事情太多了。"

就这样，奥莉薇知道了自己的处境。可她不知道的是，休斯此时还在追求她的妹妹琼·芳登。无可否认，那个时候正是她和妹妹最好的日子。奥莉薇·黛·哈佛兰因在《乱世佳人》中扮演了温柔善良的梅兰妮而红得发紫，而琼·芳登也将加盟阿尔弗雷德·希区柯克的《蝴蝶梦》。

事实上，当黛·哈佛兰忙碌地穿梭于不同影片的拍摄景地时，霍华德却在特罗卡迪罗举行的琼和布里恩·埃亨的订婚宴会上厚颜无耻地追求着她。更为可笑的是，琼·芳登订婚宴会的主持人不是别人，正是休斯。琼·芳登怎么也没想到，休斯飞奔地牵着她的手步入舞池的时候，竟然试图劝她放弃她的未婚夫。"忘掉这场订婚！最应该和你结婚的人是我。"他在她的耳边耳语道。

"我顿时目瞪口呆。"琼·芳登后来回忆说，"他一直和奥莉薇来往密切。从来没有人欺骗过我姐姐。"

尽管遭到了琼·芳登的严词拒绝，可休斯却紧追不舍，就在芳登准备离开夜总会的那一刻，休斯硬把他的私人电话号码塞进她的手里。琼·芳登决定将计就计，"看看他到底是怎么想的"。她给他打了个电话，两个人在垂德维客餐厅见面。休斯再次向她求婚。"他看上去非常认真。"琼·芳登回忆说。

琼·芳登带着满腔怒火回到家，她把真相告诉了姐姐奥莉薇。奥莉薇·黛·哈佛兰就此拒绝再见休斯。但是，休斯对姐妹俩的脚踏两只船无异于雪上加霜，使原本就在好莱坞盛传的"姐妹不和"的谣言变得更加证据确凿。

霍华德原来的"未婚妻"金格尔·罗杰斯对休斯与好莱坞这对最知名的姐妹花的风流韵事一无所知。但她却听说了休斯与另一个女人的事，在后来多次接受有关她与霍华德这段罗曼史的采访时，金格尔·罗杰斯始终不肯向外界透露那个女人的名字。在说到她和休斯之间最后的决裂时，金格尔说："我意识到，他不可能对任何人一心一意的。"

这对情侣在一九四〇年一个下雨的下午摆开了分手的架势。当时，休斯猛踩油门行驶在洛杉矶的一条大街上，他怒火中烧，对身边那些在雨中谨慎滑行的过往车辆浑然不觉。金格尔·罗杰斯拒绝陪他一起去看牙医，甚至连他的电话都不肯接。

在之前的几个月里，出于对金格尔的嫉妒，他已经变得无理取闹，对金格尔的每个举动都不放过，还监听了她所有的电话。他一向是随心所欲。金格尔·罗杰斯的拒绝让他无法接受。

当一辆轿车突然闯进他的车道时，休斯感受到一股巨大的力量，这股力量让他的思绪回到了现实。两辆轿车迎面相撞。

休斯的脑袋撞碎了挡风玻璃。大把的碎玻璃磕划破了他的前额，休斯顿时不省人事。他被撞得非常严重，马上就被送进了特别监护室。

可是就在那天傍晚，当休斯刚从昏迷中苏醒过来的时候，就全然不顾医生的告诫，立即叫嚷着要找金格尔。"把她找来，我只需要她。"他告诉诺亚·迪艾克里特。

诺亚在金格尔·罗杰斯的贝尔埃别墅找到了她，她正在大发雷霆。就在前一天，她的老朋友、剧作家奥尔登·纳什打电话告诉她说："嗨，金格尔，我必须提醒你。你的那个未婚夫每天晚上都和一个小演员一起鬼混，他们就住在我家对面。这不关我的事，可我不想看着你这样的好女孩被霍华德·休斯这种无耻的恶棍欺骗。"

金格尔·罗杰斯驾车来到了纳什所在的街区，她看到了休斯的汽车就泊在大街上。

可是，金格尔对诺亚·迪艾克里特只字未提，她只是冷静地说，她会马上赶到休斯身边。后来，迪艾克里特才听说了这件事。在离开家之前，金格尔把休斯送给她的所有珠宝都找了出来，包括那枚祖母绿的订婚戒指，然后把它们塞进一个小盒子里。

当金格尔·罗杰斯在医院出现时，霍华德马上从床上一跃而起，就像一个性急的男孩儿。他的头上缠着纱布，眉毛上方那条缝了线的伤口显出一条深深的红道。

金格尔·罗杰斯表现得很有礼貌。她想把最后这场戏唱得漂亮点儿。"你感觉如何？"她问休斯。

"我很难受，"休斯呻吟道，"这一切都是因为你。你不陪我看牙医……我一生气，就撞上了那辆车。"

金格尔·罗杰斯抱着双臂站着，听着休斯的喋喋不休。然后，她冷静地开了口。最后，她把珠宝扔到休斯的膝盖上。走到门口之后，金格尔·罗杰斯姿势夸张地转过身，从手上摘下了戒指，向休斯的脸上掷去。"这是你的祖母绿订婚戒指……我们已经没有婚约了。"金格尔后来提到，休斯透过绷带愧疚地仰视着她，就像一个被当场戳穿了谎言的小男孩儿。

156

当迪艾克里特因为公务来到医院时，休斯正在痛哭。"诺亚，是金格尔，她抛弃了我！"

"每次碰上一个他真心喜欢的女孩子时，受伤的总是他自己，"迪艾克里特回忆说，"他就是无法做到对哪个女人专心一意。"

当时，迪艾克里特和休斯都没有想到，当金格尔·罗杰斯摔门而去的时候，她也彻底斩断了她和这位三十五岁的亿万富翁这段浪漫情缘。而休斯从此再也没有选择过和他同岁的情人。在此后的日子里，在他的生命中进进出出的新欢一个比一个年轻，一个比一个漂亮，除了为数不多的几个之外，这些新欢无不对休斯言听计从的。

"他在跟孤独进行一场殊死搏斗，"迪艾克里特后来写道，"先是凯瑟琳，然后是金格尔，她们一个个地离开了。霍华德却不明白这是为什么——他从来都不会从自己的错误里吸取教训。"

就在金格尔·罗杰斯离开之前，凯特·赫本已经住进了休斯的穆尔菲尔德庄园，她已经凭借着休斯赞助的《费城故事》再次成为百老汇最炙手可热的明星。如今，在这场复出影坛的战斗中，休斯的穆尔菲尔德庄园将是她的指挥部。

和她同时期的女影星大多已在影坛步履维艰，比如，瑙玛·希拉、琼·克劳馥、葛丽泰·嘉宝和玛丽莲·迪艾克里特。她们仍在认真地背剧本，等待着绝地反击的机会。多亏了休斯，赫本得到了这样的机会，参加了《费城故事》的拍摄。

尽管赫本之前给休斯带来过无尽的痛苦，但休斯还是巧妙地策划了老情人的这次成功复出。他向老朋友求助：米高梅无所不能的总裁、好莱坞巨头路易斯·迈耶。在休斯的一再督促下，迈耶最终同意让凯特在片中担任主演，而且还挑了两名一流的男演员为她配戏。他们都是霍华德的老朋友，加利·格兰特和詹姆斯·斯图尔特。

凯特的女仆安娜·玛德森回忆说，"出于方便"，一九四一年之前，凯瑟琳一直住在休斯的穆尔菲尔德庄园。但是，如果说休斯还期望着凯特能和他鸳梦重温的话，那么，他的期望很快就成了泡影。凯特又与斯潘塞·特雷西主演了米高梅的第二部大片《女强人》并大获成功，而斯潘塞·特雷西不久就成了她的终身伴侣。

为了忘掉与金格尔·罗杰斯分手带来的痛苦，霍华德躲进了上流社会的花花世界里。在那个时代，初进社交界的佳丽们一拨又一拨地走进冬季的乐园，包括装饰派艺术冰屋和数千朵白兰花。皇冠假日酒店的舞池被暂时挪为他用；橘子树在银色的缸里绽放，粉色的香槟从冰冷的兽形滴水嘴中涌出来。

"南方十字"号的光环已经成为这位单身汉的金字招牌，休斯沿着哈德逊河逆流而上，有时也在巴哈马的拿骚稍稍驻足，因为这里是冬季社交旺季的基地，初入社交界的少女和她们那些难对付的母亲都会聚集于此。

也许是为了忘掉凯瑟琳·赫本和金格尔·罗杰斯，霍华德与这里的两个少女上演了一段风花雪月的故事，而这两个少女是休斯生命中最脆弱、最做作的情人，这两位初入社交界的少女名叫布琳达·达芙·弗雷泽和格罗里娅·范德比尔特。她们几乎歪曲了她们的血统：就像沃尔特·迪士尼的画里画的那样。肌肤雪白，樱桃红唇，乌黑的头发像瀑布一样垂到肩头。

在社交界的新人中，她们最先成为"社交新星"。这两位蓝血美人从社交专栏里走出来，走进八卦小报和《生活》《时尚》杂志的头版，成为头版上的头条人物。

这两位少女正值妙龄，只有十七岁，当休斯出现时，她们轻而易举地被征服了。

休斯在巴哈马俱乐部拥挤的舞厅里一大群衣着华丽的女孩中发现了弗雷泽。休斯俯瞰着舞厅里的人，他系着一条白色领带，身穿黑色的晚宴服，下身却穿着一条黑色的海员裤和一双脏兮兮的网球鞋。"我看到他搜寻着舞池里的人，身上穿着……这套奇特的装束，我意识到，在这满屋子的男舞伴里，只有他才算得上真正的男人。"弗雷泽告诉《名利场》，"他是这间屋子里最有魅力的男人。"

"所有人都知道，休斯和布琳达终将发现彼此。"弗雷泽的朋友吉拉德·格萝丝贝克说，"而我们这群来自纽约的人都只能冷眼旁观，等待着一段罗曼史的开始。"

社交女王埃尔莎·麦克斯威尔夫人挽着休斯，径直把他领到弗雷泽的桌边。"亲爱的布琳达，要是你还不认识他的话，请允许我简单介绍：这位就是声名狼藉的霍华德·休斯先生。"

接下去便是一阵难熬的沉默。

麦克斯威尔夫人自圣西蒙时期就一直是休斯的好友，所以，她打破了沉默。"请布琳达跳支舞吧，霍华德。"他立即从命。

他们跳了两支舞，然后又跳到了第四支，最后，布琳达和休斯携手穿过俱乐部的大花园，一起来到了沙滩上。他们在那里彻夜畅谈，一直到天色发白。第二天早上，弗雷泽拿出了她的社交登记表，取消了她在拿骚未来十七天里的所有约会。休斯也取消了他在纽约、棕榈泉和华盛顿等地的所有约会。

休斯从仓库里取出了水陆两用飞机，驾机飞到了巴哈马，两个一见钟情的恋人在一个荒岛上野餐，他们站在温暖的海水里，手里握着装满香槟的酒杯。在"南方十字"号主卧室里，在那张铺着狼皮的大圆床上，他们第一次做爱。"仅仅在认识三天之后，他们就上床了。"格萝丝贝克回忆说，"那一切似乎是命中注定的。"

霍华德追随着她回到纽约，两人的激情又持续了十个星期，他们在游艇上和卡尔顿大饭店的宽敞套房里度过了一个又一个春宵，在卡尔顿大饭店的那些夜晚，他们的客房服务还包括熠熠的烛光和银花瓶里的黄玫瑰。

可是，在休斯最后向布琳达·达芙·弗雷泽求婚时，她却拒绝了这位"美国最值得嫁的单身汉"。"我们的性爱是神圣的，"她坦率地告诉埃尔莎·麦克斯威尔，"但是这个人深不可测，不适合婚姻。他的身上有太多的秘密和太多的事情是我所无法了解的。在最后的几天里，我甚至都无法确定和我交往的这个人到底是不是霍华德·休斯。"

弗雷泽说得很对。休斯就像一只收放自如的变色龙，当前的环境什么样，他就可以变成什么样。最后，"南方十字"号顺利返航，休斯则驾机飞往卡尔弗城。

令他自己也意想不到的是，当他在棕榈树和盛开的橘子林中闲逛时，他居然找到了一个替身，一个梦幻般的小女孩，一个被报纸头条和电台新闻狂轰滥炸的可怜女孩。她是上流社会历史上最残酷的监护权大战的牺牲品，在母亲和姨妈的资助下，身为女继承人的格罗里娅·范德比尔特与母亲格罗里娅·范德比尔特·摩根一起西行。她的母亲格罗里娅·范德比尔特·摩根是一位美貌的"财富猎手"，在一战期间，她成功地捕获了雷吉纳尔德·克雷普·范德比尔特。

休斯明白，要想靠近这位十七岁的社交圈新人，他必须先讨得她妈妈的欢心。于是，休斯在一个黄昏驱车造访了她们位于贝弗利山的住所枫叶庄园。小格罗里娅·范德比尔特本来正准备前往贝弗利山大饭店，但她还是为休斯打开了大门。"他的头上斜戴着一顶帽子，身材高挑，真的很高，肩上斜搭着一件夹克衫，整个人显得魅力十足。"范德比尔特对当时的场景依然记忆犹新。"他想不起要说些什么，而我也同样手足无措。"

霍华德果然得到了格罗里娅母亲的认可。或者说，是他的银行账户得到了格罗里娅母亲的认可。如果没有那些钻头，休斯的家谱绝不可能为他赢得进入高高在上的范德比尔特家族的机会。小格罗里娅却把他当成了白马王子和梦中情人，他与在曼哈顿她的成年礼上围绕在她身边的那些打扮时髦的男朋友完全不同。她敏锐地意识到，休斯看中的并不是她的范德比尔特家族成员身份。

在二战前夕的一个夜晚，电闪雷鸣，大雨滂沱，格罗里娅从窗口往外张望的时候，发现了驾着一辆又破又旧的雪佛兰汽车的休斯，"他驾着一辆毫不起眼的汽车"，撑着一把全新的雨伞，一个箭步冲到台阶上。他准备用这把伞为她遮风挡雨。

"我们驾车下山，开到了遥远的圣费尔南多山谷，"格罗里娅回忆说。"雨在不停地下着，雨点噼啪地敲打着车身，我们两个却都沉默着，什么话都没说。"

在被自己的家人伤害了很久之后，格罗里娅从休斯那加利·库珀的外表和硬汉气质中感到了十足的安全感，仿佛置身于一个罗曼蒂克的巢穴中。"在他的汽车里，我们感到安全极了，就像那些开着大篷车找地方安营扎寨过夜的吉卜赛人一样。"格罗里娅在她的回忆录中写道。

第一次约会时，他们在圣费尔南多山谷的运动员旅馆吃了一顿再普通不过的晚饭，休斯吃的是他的标准餐：牛排、烤土豆、青豌豆。休斯对豌豆很挑剔，他常常用一种特殊的用具——形似一把小耙子——把最大的豌豆筛选出去，因为那些大豆子让他胃口全无。

不久，休斯就把格罗里娅带进了他的梦幻世界，他带着她飞上云霄，在空中俯视圣卡塔利娜、拉斯维加斯和大峡谷。有一次，当飞机掠过圣芭芭拉岛上空弥漫的云层时，格罗里娅情不自禁地抓紧了休斯的手，后来她描述说，她对这个孤独者产生了一种难以言喻的情欲。他的皮衣发出的气息，飞机发动机的隆隆声响和他的专心致志使她内心的情欲在那一刻达到了极致。

随后飞机冲破了重重浓雾，在海滩附近降落下来。"我们沿着乱石嶙峋的沙滩漫步——一个人影也没有——实在是隐秘极了。"

然后，他们在穆尔菲尔德庄园熊熊炉火前度过了漫漫长夜。

范德比尔特和休斯两人都对他们之间的性事讳莫如深。但格罗里娅却对休斯的主卧室了如指掌。在她的日记里，她对这个房间有过简单的描述，她看到了休斯的床边挂着凯瑟琳·赫本的照片："她的眼睛中满是对他的爱意，他也爱她。这些我都了解……"

格罗里娅相信，她和休斯已经坠入了爱河。在写给她孩童时代的奶妈的信中，她写道："我遇到了世界上最了不起的男人。很久以前，您就告诉过我，说我终将遇见一个视我为珍宝的人——他就是给我这种感觉的人。"

与此同时，相貌英俊的帕特·德·奇科却向他的保护人暗中下手了，他向格罗里娅发起了爱情攻势。

在得知自己的被监护人格罗里娅与这些"普通人"发生了恋情之后，格特鲁德·范德比尔特·惠特尼把格罗里娅叫到了范德比尔特家族位于长岛的庄园。要是可以找到门当户对的人家的话，她可以做主为格罗里娅安排一个包办婚姻。

格罗里娅坐在姨妈那间挂着范德比尔特家族五十年祖先画像的起居室里，她坚持说休斯曾经向她求婚。惠特尼夫人愤怒不已："为什么不把这件事告诉我？那个男人三十五岁了，而你才十七岁。"

那天晚上，这位社交女王给身在洛杉矶的休斯打了一个电话，他们在电话里聊了很久。她在电话里说了什么，无人得知。但是，休斯悄无声息地退出了格罗里娅的生活。就像格罗里娅说的那样，"霍华德从地球上蒸发了。"

紧接着，她投向了德·奇科的怀抱，并和他结了婚。

但是，范德比尔特和休斯又联系过一次。当时的德·奇科身无分文，他逼着格罗里娅向休斯要五千美元。"五千美元对他来说，不过是毛毛雨。"

"我不能那么做。"格罗里娅回答说。而德·奇科却苦苦哀求。有一次，格罗里娅提起这件事时说："他仿佛被吓坏了似的，我觉得他很可怜。"

于是，她给休斯打了电话。"霍华德，我需要五千美元。等我二十一岁的时候，我就会还给你的。"休斯一言未发。"霍华德，霍华德。"她再三地请求。

他很有分寸地回答说："我以为，你打电话来是要说你想回到我的身边呢。"然后，他就挂了电话。

几天之后，格罗里娅收到霍华德寄过来的一个小包裹。里面是她送给他的一块银制勋章，背面刻着："格罗里娅·范德比尔特赠与霍华德·休斯，一九四一"。

从此，休斯再也没有提起过她的名字。

到西部去

在霍华德·休斯紧张忙碌的生活中，追逐女色是唯一令他痴迷的事，即使在二十世纪三十年代末成为空中英雄的那个时期。他决定要回到另一个让他终生为之疯狂的爱好中，他要回归到电影的世界。

一九三九年十二月，当休斯在特罗卡德罗出现时，他不是来物色美女的。这场活动是电影《乱世佳人》的首映庆功会。休斯来参加活动的目的是与公关专家罗素·波得威尔会面。

正是由于波得威尔成功地策划了"寻找斯嘉丽"活动，在过去的两年里，电影《乱世佳人》备受媒体和影迷们的瞩目。同样的事也发生在电影《古堡藏龙》的首映式上，故事发生地——安大略湖区曾达镇的十二名居民倾巢而出，乘飞机来参加曼哈顿举行的首映式，而这次成功的公关也是波得威尔的杰作。

为了在电影界东山再起，休斯感觉到，他必须把波得威尔这样的人才招致麾下。他不只是要拍一部电影，他要把电影做成一件轰动的大事件。

当休斯最终见到波得威尔时，他正容光焕发地跟玛丽·璧克馥和瑙玛·希拉相谈甚欢。休斯慢悠悠地晃过去，犹豫不决地站在波得威尔的身边。

波得威尔一言不发，休斯问道："我能跟您谈谈吗？"

波得威尔对这位不速之客冷冷回了一句："等一会儿。"

看到休斯有点愠怒地走开之后，瑙玛·希拉微笑着看着波得威尔。"你不知道他是谁吗？他是霍华德·休斯。"波得威尔立即回过头，穿过整个房间去寻找休斯。他在一个角落里找到了正在左右徘徊的休斯。

休斯并没有对他做自我介绍，他只说了句："我正在考虑做一部影片。你有兴趣参加吗？"

"也许吧，"波得威尔回答，"至少我乐意谈论这件事。"

"我会给你消息的。"说完话，休斯就转身离开了。

几个月以后，波得威尔正在办公室里工作，他的秘书忽然走进来告诉他："有一个男人在外面等你，他是个哑巴。"这个人是休斯派来的信使，他送来了一张纸条，上面写着："休斯先生要在明天三点见你。"

波得威尔看着纸条，在上面涂写道："下午三点？"信使摇摇头写道："上午三点。"（后来波得威尔才知道，这个信使是休斯的助手查理·盖斯特，他曾经是休斯的高尔夫球教练，也是一个能言善辩的家伙。）

第二天凌晨三点钟，当人们睡梦正酣的时候，波得威尔在休斯的穆尔菲尔德别墅起居室里一把破旧的沙发上落座。在暗淡的灯光下，他认真倾听着休斯的西部片拍摄计划。他要在演员进组之前就让电影成为影迷们的热门话题。影片的名字暂定为《好汉比尔》，它将对传奇杀手威廉姆·邦尼的英雄事迹进行一次全新的解读。这一次，影片内容会涉及性的话题。

紧接着就是寻找角色的工作，重点是要寻找一名新人来饰演片中的女主角。虽然这场选角活动无法与当年的"寻找斯嘉丽"活动相提并论，但由于休斯正是在十五年前发掘了性感明星珍·哈露的那个人，洛杉矶城的星探们自然是闻风而动。很快，休斯在洛美因大街的办公桌上就堆满了光亮炫目的时尚杂志。

在对一大沓照片仔细挑拣之后，休斯从里面抽出了一个十九岁女孩的照片，她身高五英尺七英寸，三围是三十八、二十二、三十六。"让她来试镜。"

164

休斯命令道。

这位褐眼黑发的女郎名叫厄内斯汀·简·格拉尔代·拉塞尔，也就是后来的简·拉塞尔。当休斯看到她的经纪人送来的这张照片时，她正在为一名手足病医生做兼职接待员。

当她应邀来到洛美因七〇〇〇号休斯的总部地下室试镜的那一天，休斯却不见踪影。在地下室里临时布置的大谷仓里，在一堆干草和一根干草杈旁，拉塞尔和其他来试镜的女演员们将扮演一个名叫里奥的墨西哥混血女郎，她想杀了比尔，反倒被他推倒在地上。里奥对比尔心中怀恨，因为他杀死了她的哥哥，但比尔对此并不知情。在电影的最后，比尔强奸了里奥。据说，拉塞尔还惊呼了一声："我的天！"但她站在摄像机前面时却镇静自若，虽然那是她的第一次上镜。"事实上，一切都显得很自然。"后来拉塞尔回忆道。

几天之后，她等到了好消息。她拿到了里奥这个角色，还签下了一份每周五十美元的合同。同样签订了每周五十美元的还有长着一张娃娃脸的二十三岁得克萨斯小伙杰克·布特尔，他饰演主人公比尔。然而，拉塞尔和布特尔都没有料到的是，这部影片带给他们的影响将长达十数年。

一九四〇年的春天，影片正式开拍，外景地选在离亚利桑那州弗拉格斯塔夫东部八十公里的地方。曾经担任过《疤面人》导演的霍华德·霍克斯这次仍担任导演。影片开拍两周之后，一天凌晨一点钟，罗素·波得威尔接到了休斯打来的电话。"你能过来一下吗？"休斯问。此时，他正在洛美因自己的办公室里观看从拍摄现场送过来的样片。

当波得威尔睡眼蒙眬地走进放映室时，休斯正在反反复复地观看电影胶片。等到一个场景结束，休斯回头问波得威尔："你发现什么问题了吗？"波得威尔不得不承认，他没有看出什么来。

"没有云。"休斯说。

波得威尔一言不发地坐在那里，休斯继续说："要是不做出些漂亮的云彩效果，我们大老远地跑到亚利桑干吗？……这该死的银幕看上去都是一片空白，一片空白。"

十几年前，为了等待云朵的出现来做成空战的背景，《地狱天使》的拍摄又被耽搁了几个月。现在，他又要让他们把比尔和脾气乖戾的里奥在云彩下衬托得更加优雅。第二天早上，休斯告诉霍克斯，他要云彩出现在银幕上，"即便你们不得不为此而稍等一段时间。"

也许是意料到了"云朵事件"将是未来一系列麻烦的开始，霍克斯说："你干吗不自己来干呢？"

"你觉得我能行吗？"休斯问。

"那就等你干完了再告诉你吧。"霍克斯回答。

就在霍克斯离开摄制组的当天，休斯打电话给制片经理，下令他带着二百五十名演职员立即回洛杉矶。他可不管整个电影摄制组如何坐着八节车厢回到亚利桑那。"反正得回到洛杉矶。"休斯如实地说。

"于是，火车又开回了洛杉矶，连车头都装错了方向。"罗素·波得威尔回忆说。

这只是后面一系列麻烦事的开头。

当时，绝大多数的影片摄制周期都是六到八个星期，而拍《不法之徒》则整整花了九个月的时间。

在因为云彩发生争吵之后，休斯决定在塞缪尔·高德温电影厂晴空无云的摄影棚里拍摄。事实上，休斯还有其他目的。由于这个摄影棚紧挨着休斯敦，休斯还能照顾到他那正蓬勃发展的航空事业。为了配合休斯的工作表，拍摄通常在下午进行，一直持续到第二天凌晨。

"没人会相信。"拉塞尔抱怨说。她记得，她不得不说服她的男友、洛杉矶分校的橄榄球明星鲍勃·沃特菲尔德，让他相信她每天的这段时间里确实是在拍电影。

等到"当天"的拍摄结束之后，休斯常常会同他的部下交换一下意见。影片编剧兼副导演朱尔斯·福斯曼对休斯每隔一小时打来一个电话的做法忍无可忍，他让他的用人接听休斯的电话，并告诉休斯："他手里有枪。他告诉我，要是我敢叫醒他，他就一枪杀了我。"

但让人难以忍受的不仅是时间安排。休斯要求重拍的次数太多，于是，"让我们再来一遍"就成了一句让人不胜其烦的口头禅。对于从来没有拍摄电影经验的拉塞尔和布特尔来说，这就是一次极其恐怖的考验。对于托马斯·米歇尔、谢里夫·帕特·加勒特、沃尔特·休斯敦和多克·霍利迪这样的影坛老将来说，同样让他们烦不胜烦。

"汤姆·米歇尔疯了似的又喊又叫，嘴里还不停地大骂。我想，每个人都有点不正常，包括我。但休斯照样温和友善。"拉塞尔说。她把休斯的神态描述为"近乎恳求"。

有一场休斯敦和布特尔在坟场的戏，一连拍摄了一百零四次。等到最后通过时，从来不忘台词的布特尔显然已经受惊了。

还有一场戏，反反复复一共拍了二十六次，脾气暴躁的米歇尔勃然大怒，把帽子扔到地上，又踩又踩。作为电影界的元老级人物，他曾因为出演《关山飞渡》而荣获奥斯卡奖，还在电影《乱世佳人》中饰演过斯嘉丽的父亲。而在这场戏拍了二十六遍之后，他冲出摄影棚，破口大骂道："这狗娘养的拍这种狗屁电影。"然后，米歇尔又回到摄影棚，向休斯哀求道："老天，我说，你怎么能把感情当作飞机一样地拆卸呀……我们是在努力地酝酿情绪，而你却以为这是做科学实验。"

米歇尔的话没错。休斯像一个工程师一样指手画脚，像处理每一个明确的机械问题一样处理每一个场景，甚至包括他为简·拉塞尔设计胸罩这件事。这段设计如今已经众所周知。

这一次，片场的每个人都清楚地认识到，拉塞尔的胸脯就是这部影片的明星。电影《公民凯恩》和《愤怒的葡萄》的老牌摄影师格雷格·托兰被再三要求着重渲染女主角的乳沟。休斯总是抱怨："我们对简胸部的表现还远远不够。"

在一场戏里，里奥被绑在一棵大树上，休斯发现，在她拼命要挣开的时候，她的胸部也老跟着身体的动作晃来晃去。随着身体的摇摆，她的胸部也随之晃动，她文胸的轮廓在她那件罗马尼亚式上衣下面就特别明显。"去把戏服保管员叫来。"休斯命令道。

但戏服保管员对此也无能为力，休斯要来了一支铅笔和一张硬纸板。她解释道："这只是一个非常简单的技术问题。"

"他想要的是一种流畅的感觉，好像里面没有穿内衣一样，"拉塞尔说，"和往常一样，休斯是对的。这次他又领先于他所处的时代了。"

等到拉塞尔要穿上休斯设计的文胸时，她却犹豫了。"那个东西看上去十分可笑。所以，我一把把它扔到了床后面，穿上了我自己的文胸，然后在空隙处塞上了纸巾，这样就看不见胸罩的轮廓了。"

戏服保管员大惊失色。"要是他把我们两个都炒了，该怎么办？"

"没人能看出来。"拉塞尔一边说，一边穿上了衬衫。

她走出更衣室，站到休斯面前，他一言不发地从头到脚对着她仔仔细细地打量着，仿佛一切都陷入了永恒。最后他说："好的。"

简再次被绑到了大树上，她不知道，若干年之后，休斯还会拿出铅笔和硬纸板，再一次替她设计胸罩。没有人预测到《不法之徒》最终所产生的文化影响。就像二十世纪二十年代的《地狱天使》与三十年代的《疤面人》一样，《不法之徒》将成为四十年代的里程碑。

而四十年代又是怎样的一个年代呢？随着美国最终卷入世界大战，美国本土人民的爱国热情也达到了高潮—— 一个前所未有的高潮。每一个人都积极地投身其中。小孩子省下了午餐费买了战争国债；花季少女忠贞地写信给从未谋面的战士们；老人们则忙着捡铁罐、铁片；代表了在劳动力方面取代了男性的数亿女性——"铆钉工人罗西"们勇敢地走进兵工厂；而所有体格健全的男人们都走进招兵中心。

好莱坞也勇敢而坚定地参加进来。在这一时期，涌现出一系列反映战争以及战争所产生的影响的伟大影片：《大兵乔的故事》《直捣东京》《海军的骄傲》和《硫磺岛浴血战》等，其他优秀影片更是不计其数——制片人们拍摄了大量军训生活、战争宣传和其他战争题材的影片。明星们则爬上了火车和飞机，参加为筹集军资而举行的义演。从一九四二年到一九四五年短短的三年时间里，有三千五百多名艺人在各种场合演出，演出人次达到三万五千次。鲍勃·霍普、乔·布朗、黛娜·肖和弗朗西斯·兰弗德成为战争前线的常驻演员。而在美国本土，贝蒂·戴维斯开了一家好莱坞快餐店，约翰·加菲尔德经常在这里端盘子，而琼·克劳馥、玛丽莲·迪艾克里特、奥莉薇·黛·哈佛兰和其他超级巨星与那些思乡的军人一起纵声高歌。

好莱坞还有另外一种爱国方式——"曲线爱国"。贝蒂·格拉博的华丽游戏由伦敦劳埃德保险公司以一百万美元投保，使得她成为美国大兵们把照片贴在床头的头号女星。但她的各个竞争对手都大名鼎鼎，有激情似火的丽塔·海华丝、热情四溢的维罗尼卡·雷克和风情万种的希蒂·拉玛尔。当然，还有《不法之徒》的主角简·拉塞尔。

截至一九四二年底——在影片正式发行之前——已经有"四万三千多张照片"公开发行了。其中有一张是由乔治·赫雷尔拍摄的，在这张照片中，拉塞尔斜倚着草堆，手里挥舞着一把六发式左轮手枪，胸前沟壑深露，风情无限。每个大兵都对它视如珍宝。就像休斯开玩笑的那样，"对它们两个"爱不释手。（《生活》杂志曾经取笑过拉塞尔现象，并且杂志曾经刊登过一张照片，照片里一名战士正在为拉塞尔织毛衣。）

虽然休斯并不是一个伟大的电影制作人，但他对公众的需要有一种天然的了解。尽管他富可敌国，但他的品位同一个普通的工人并无二致。在二十世纪四十年代，电影院的观众人数多到了令人匪夷所思的程度——有三分之二的美国人每周都会去看电影——休斯精准地把握着观众们的需要——他们期待着看到以前的电影里从来没有看到过的东西。那个东西就是性。休斯决心要把他们需要的东西给他们。毕竟，这是他的一份特殊产业。

忧郁王子

霍华德正带着他的管家比阿特丽丝·道勒穿过穆尔菲尔德宅邸的一个又一个房间，给所有的椅子、桌子跟沙发都披上黑色的棉布。这是一九四一年五月的一天，但这并不是春季大扫除。休斯正在有条不紊地用厚布把自己过去所有的痕迹都遮住。

当休斯把目光转向凯特一直居住的起居室时，他看到地上铺着的摩洛哥瓷砖，她曾经搬来的那些豪华的家具已经没有了踪影。他伸手拉下了百叶窗，那曾经是明亮一片的房间顿时陷入了永恒的昏暗，一转身，休斯又看见了房间里的蒂凡尼纱灯和水晶花瓶——那些都是他跟埃拉·莱斯结婚时的纪念物，他告诉道勒："把这些都包起来。我不想再看到它们。"

霍华德的身后还跟着一个锁匠，他正忙着给每道门换锁，而每把锁只有一把钥匙。

在客厅里，霍华德跟比阿特丽丝一起把一块大油布盖到了那张意大利大餐桌上，在那个一去不复返的时代，珍·哈露、拉奇·卢西亚诺和威廉姆·伦道夫·赫斯特都曾经坐在这张桌子前用餐。在楼上，比莉·德芙那间天鹅绒般的卧室早已人去屋空，只留下威尼斯镜子和维也纳水晶饰品，记录着霍华德和比莉成为好莱坞最出名的年轻情侣时去欧洲旅游的那段浪漫的日子。

在主人卧室里，他把所有的飞行勋章，不管是金质勋章，还是银质勋章，都堆在一起，跟它们堆在一起的还有纽约、洛杉矶和休斯敦市的金钥匙。"把这些也包起来。"休斯说。这些褒奖了他所有英雄业绩的见证都被包在报纸里并被毫不客气地送到了洛美因七〇〇〇号。

他用手工艺品重新装点了自己的居室：一个被折皱了的螺旋桨，浑身上下烧得漆黑，看上去让人毛骨悚然，在拍摄《地狱天使》坠机的那场戏里，这根螺旋桨差点儿要了他的命。正如他对加利·格兰特讲的那样："它会提醒我，死亡离我们只有一步之遥。"这个螺旋桨也是他直面死亡并战胜死亡的一个证据。

现在休斯的世界只剩下了卧室、卫生间和书房——里面有一个功能强大的电话系统和一套工程设备。迪艾克里特把它描述成一个"阳光照射不到的阴暗世界"。

在这个月剩下的日子里，休斯一个人待在这幢冷清的别墅里，独自沉思。他像是一个失望至极、理想破灭的王子，他的声名与那些奖章和奖杯一起已经失去了光芒。

天空中又出现了更有活力的新英雄：皇家空军队的飞行员们正在伦敦上空展开不列颠战役。休斯只能和美国人民一样，坐在收音机旁边收听着他们的枪声，而这还得益于哥伦比亚广播公司的记者爱德华·默罗从身处战争困境的英伦发回的报道。而在好莱坞日落大道上新一代的年轻富豪更多地涌现出来，比如，好莱坞男星罗伯特·斯塔克和永远穿着雪白的海军上尉服的约翰·菲茨杰拉德·肯尼迪。就连休斯最瞧不上的竞争对手洛克希德公司和道格拉斯飞机制造公司都借着即将到来的战争时机跟军队签了飞机供应合同大赚了一笔，两家公司都声称有超过五万名的雇员。

"这是休斯性格形成的时期，"迪艾克里特回忆道，"他开始感觉到，伟大这个词已经离他而去了。"

他把自己锁在黑洞洞的卧室里，一个人待了好几个星期——这也是他晚年时期隐居生活的先兆。就在这时，在这一年五月的最后一个星期一美国阵亡将士纪念日这天，一个名叫菲斯·多默格的十五岁的小姑娘走进了他的生活，把他从自怨自艾的深渊里拯救了出来。

华纳兄弟公司邀请了一大群崭露头角的年轻女星在"南方十字"号游轮做嘉宾，菲斯·多默格是最漂亮的一个。休斯立刻从人群中看到了她，他对这个披着一头乌发、有着睡眼蒙眬的黑色双眼的优雅女孩充满了好奇，而她那淡淡的羞涩正好与休斯本人的气质如出一辙。派对一结束，休斯坚持亲自驾着那辆破破烂烂的别克车送她回家，而菲斯却马上就进入了甜蜜的梦乡。

在菲斯家门前，休斯亲吻着她的脸颊，轻声地对她耳语道："很快……我们就会再见的。"多默格也完全被这个男人迷住了，虽然他已经三十六岁，只比她的爸爸小一岁。

直到八个星期之后，菲斯才接到了休斯的电话。电话里，休斯邀请她去棕榈泉参加一个周末派对。在征得父母的同意后，菲斯欣然答应了。不能免俗地，休斯在电话里跟菲斯的母亲说了一个多小时，再三向她保证他的"动机正当"。休斯带她去了广袤沙漠里的牧场，在那里向她展开了令人眩晕的追求。从那天开始，在随后动荡的五年里，尽管两个人都对对方迷恋不已，但休斯却对菲斯·多默格的个人生活和职业生涯进行铁腕般的控制。

他们在一起的最初那段日子里，充满了罗曼蒂克。他们飞到萨尔顿海边，在大海里游泳，在海滩上享用香槟与冷鸡肉。他们逛遍了棕榈泉的"百万富翁商场"，每次离开精品店时，菲斯的臂弯里总是挂满了堆成小山似的衣服盒子。"到了十月底，所有的矜持和羞涩都消失殆尽，我们变成了亲密的情人，"多默格回忆说，"当我和这个男人在一起的时候，所有的危险和不快似乎都无法靠近我了。"

十月十九号，在参加了棕榈泉球拍俱乐部的一次派对之后，霍华德带着菲斯来到了阳台上。在这里，在沙尘暴的映衬下，天上的满月变成了红色的，周围还带着奇妙的光晕。"我爱你，菲斯，"休斯说，"我要娶你。"他把一枚钻石的订婚戒指放到了她的手里。

当这个天真的女孩把这枚经过精心雕琢的祖母绿戒指戴到手指上时，休斯紧紧地抱着她。"你早就该被拥入我怀的。"然后，他又加了一句："记住，从现在开始，你属于我了，不许再看别的男人一眼。"这句话完全地表达了他对菲斯的占有欲。

一个星期一的早上，菲斯蹦蹦跳跳地来到华纳兄弟公司，左手的无名指上正戴着休斯送给她的订婚戒指。虽然菲斯只把未婚夫的名字告诉了她的演技指导老师一个人，但没过几分钟，消息就传遍了摄影棚。午餐的时候，她已经被同事们围起来了，每一个人都想看看休斯送的戒指是什么样的。

那天黄昏时分，卢埃拉·帕森斯通过她的专栏把这个消息告诉了全世界。

霍华德被媒体接二连三的电话搞得头昏脑涨，不得已，他给菲斯和她的父母打电话下达了一系列的命令，让他们拒绝所有记者的采访要求，赶紧回家收拾东西，从后门偷偷溜走。"还有，菲斯，千万别让他们给你拍照。"

第二天早上，通过各种渠道，休斯终于从杰克·华纳手中买下了菲斯为期七年的合同。当然杰克·华纳也利用媒体的大肆宣扬向休斯大敲竹杠，开口要五万美金。与此同时，休斯还从泽伯·马克思经纪公司、菲斯的经纪人亨利·威尔森手里要回了菲斯的代理合同。

"突然之间，我的职业前途和感情生活就都被他攥在手中了。"多默格回忆道，"有时，我并不害怕。我完全相信，我生命中的'忧郁王子'已经出现了。"

休斯通过对菲斯的横加控制，说服了菲斯的父母搬到了迈克卡登大街的一所小屋子里，这里离休斯的穆尔菲尔德宅邸仅一箭之地。显然，他们也接受了休斯的不少好处，据说霍华德曾给菲斯的父母买了许多贵重的礼物。

每天早晨，休斯的豪华轿车都会准时来接多默格，然后把她送到洛美因大街七〇〇〇号休斯在好莱坞的公司总部，在那里，她的老师和教练正在等着她。在洛杉矶的工业区，在休斯那座孤独而了无生气的城堡里，她将进行高中学习和演技训练。休斯还为她配备了一名司机，又请人在威尔士乡村俱乐部教她打高尔夫球，并在著名的布洛克和鲁滨逊商店里为她请了时装顾问，给她穿上了与她的年龄不相符的雅致而朴素的衣服。

就像伊丽莎白时代的宫女一样，菲斯只能定期地接受主人的召见。在许多个夜晚，休斯叫人把她带到穆尔菲尔德宅邸，在那里，她安静地与她的"恩人"听着古典音乐度过漫长的黑夜。每当休斯起身去接华盛顿来的电话时，菲斯就独自一人在房子里转来转去。

就像其他豆蔻年华的女孩子一样，多默格的心中充满了好奇。她想知道有关她的爱人的一切，包括他的生活和他的过去。十一月的一个下午，她完成了功课之后，百无聊赖地翻阅着休斯为她买的杂志，她突然开始大胆地在休斯卧室里翻箱倒柜，看那些书桌的抽屉里到底藏了什么。绝大部分抽屉都上了锁，只有休斯才能打开。但通过多次的尝试和失败之后，她终于发现了一个松动着的抽屉。当她把这个抽屉拉开时，她心里紧张极了。抽屉里，尘封着休斯过去的浪漫生活。

菲斯用颤抖的手指，翻动着明信片、名片、支票、珠宝和私人信件，这些都记载着休斯和他的女人们之间的故事，包括比莉·德芙、凯瑟琳·赫本、金格尔·罗杰斯以及其他女人。在抽屉的最里面，她发现一对精雕细琢的天使正躺在两个椭圆形的木盒中。在天使的翅膀上，还分别缠绕着两张纸条，纸上的娟秀字迹是用蓝墨水写的，正好跟天使翅膀的颜色相配。菲斯意识到，显而易见，这是休斯过去的女人写在上面的："给 C.M.。C.M. 赠。"另一张上写着："C.M. 将永远陪伴着你，等待你的回眸。"

菲斯回想起了关于休斯的种种传说和绯闻。这个 C.M. 到底是谁？

在这对天使下面，还有一张手绘的卡片，上面蓝色的天使闪烁着金属的光辉，在蓝色的迷雾中自由飞翔。底下的署名还是 C.M.。

突然之间，菲斯意识到自己就像一个入侵者，她赶紧小心翼翼地把天使翅膀上的纸条重新卷好，放回小木盒里，再把那张手绘的卡片压在底下。在她看来，一切都天衣无缝。

但是，一个星期之后，休斯把她逼到了卧室的一角，责备她"像个受雇于平克顿全国侦探事务所的侦探一样"调查他的生活。原来她把绕在天使翅膀上的纸条给弄皱了，还有，当她把卡片放回去时，不小心在上面压出了一道折痕。"你读了这些东西，是不是？"休斯追问道，菲斯紧张地点点头。"好了，那些东西是我环游世界时带在身上的，只是为了好运。"休斯勃然大怒地说。

然后他停了下来，努力想要控制住自己的情绪。最后，他解释说，前面那个 C.M. 的意思是乡村猫，而后一个 C.M. 的意思则是城市猫——"这只是许多年前我们称呼对方的外号。"但他没有解释的是，"城市猫"指的是难以企及的凯瑟琳·赫本，因为她老是待在纽约，而"乡村猫"指的是他自己，因为他总不肯离开洛杉矶郊区。

一阵大发雷霆之后，霍华德终于慢慢平静了下来。"菲斯，"他说，"只要你开口，我会把这里所有的抽屉和所有的房间都打开来让你看。说吧。"为了表示和解，他从此给多默格起了个昵称叫"小宝贝"。

几天之后休斯带着菲斯一起去菲尼克斯共度周末，而那时多默格早把她和霍华德的那次矛盾和霍华德那次反常的大发雷霆抛在了脑后。菲尼克斯此时刚刚成为一个阳光度假胜地。但他们的这次如诗如画的浪漫之旅很快就被破坏了，因为此地的一个情报贩子把风声透露给了卢埃拉·帕森斯。没几天工夫，卢埃拉就捕风捉影地编出了一个故事，并把菲斯一幅放大的写真照片放在文章里，而照片则是由华纳兄弟公司提供的。文章的标题是："她是新一任的霍华德·休斯夫人吗？"帕森斯声称，据"两人（指休斯和菲斯）身边的消息人士"说，霍华德和菲斯以及她的父母已经飞到亚利桑那，并将"举行一场秘密的婚礼"。

回到洛杉矶以后，休斯把自己关进穆尔菲尔德宅邸的房间里，闷闷不乐。他还刻意装作没看见他的未婚妻，两人在客厅里相遇时他对她竟然视而不见。整整三天时间里，他备受打击，一个人在房间里踱来踱去，嘴里喃喃自语，咒骂着"自己身边的奸细"。最后，直到十二月四日，休斯终于向他的"小宝贝"道了歉，并向她重申，他们的秘密婚约仍然有效。但他的偏执狂症仍在持续。

每当他们开车去贝弗利山庄的商店或海滩时，每过半个小时，休斯总要在路边停车，跳下车到路边的电话亭里去打电话。"我联络的这些人，你可不能在家里给他们打电话——可能会有人窃听。"休斯对迷惑不解的菲斯解释说。他的神情似乎是在等待着某个信号。

十二月七日，菲斯和休斯在外面吃完早午餐，正开车往家赶时，休斯期待已久的那个信号终于来了。菲斯看见他正在打电话，他不停地搓着手，来回地摇晃着脑袋。他跑回车里，大声叫道："菲斯，日本人轰炸了珍珠港！美国今天就要对日本宣战了！"

当发现菲斯的脸上露出了恐惧的神色时，休斯一把拉住了她的手："好了，小宝贝，别害怕！"

回到穆尔菲尔德宅邸，他生起一堆火，在办公桌前面坐下之后，他抓拿起话筒，命令他的工业帝国立即投身于这场战争，不管是生产坦克零件和枪管的工具公司，还是后来成为二战中最大的军火供应商的休斯飞机制造公司。

整整六个小时，当菲斯缩在一张长沙发上进入梦乡的时候，他却一直在与休斯敦、纽约和洛杉矶的高管们充分交流，并制订了一个总计划，将休斯各家工厂的生产线从和平期状态转入战时状态。奇怪的是，第二天，休斯又驱车来到了洛美因大街的办公室，在那里，他把自己一个人锁在剪辑室里，继续影片《不法之徒》的制作工作。事实上，这部影片已经变成了他个人的另外一场战争。

就像美国其他地方一样，穆尔菲尔德庄园也度过了一个没有一丝喜庆气氛的圣诞节。在休斯的默许下，菲斯在家里装点起了一棵小圣诞树，除此之外，什么都没有。"真是又脏又乱。"休斯抱怨道。他很不愿意地答应了多默格，在除夕夜带她到城里去。他甚至还在贝弗利山庄的一名设计师那里给菲斯订了一套崭新的晚礼服。

菲斯开始为这个即将到来的盛大的夜晚准备起来，她希望新年夜能成为她跟休斯在好莱坞的"正式亮相"，毕竟，新年是一年中最大的节日。她在蔡森饭店和莫卡波饭店里预订了座位，又把发型从三十年代的琼·克劳馥发型换成四十年代的多萝茜·拉莫尔发型。但在黑暗的大街上（那时，战时的限电供应已经生效），霍华德开车开错了方向，他们的车与灯火辉煌的贝弗利山渐行渐远，来到了好莱坞破败不堪的东区。

他们在一家意大利小餐馆前停了车，今晚他们是这家餐馆唯一的顾客。

一场争吵发生了。这场破坏了新年夜气氛的争吵是如何一步步升级的，我们不得而知。但在黎明前后，多默格失踪了。霍华德一个人回到了穆尔菲尔德庄园，一头栽倒在床上。

一个小时以后，女佣被敲门声叫醒了。菲斯的父亲正站在门前的台阶上。"我女儿正跟你们老板在一起吧，带她下来！"他大喊大叫，愤怒地挥舞着拳头。

"嘘——"女佣说，"只有休斯先生一个人在家，他还在睡觉。"

菲斯的父亲提高了嗓门："我知道她在这儿！你知道什么？休斯先生会听见我说话的！"然后他跺跺脚离开了。

但他和女佣都没有发现，在门外一百英尺处，有一辆黑色轿车正停在阴影里。车里面坐着两名联邦调查局的警探，他们正在监视休斯纷乱不安的私人生活，因为休斯一夜之间就成了全美最有权势的战争巨头。

到二月份的时候，休斯终于说服了自己，菲斯之所以对自己日益不满，主要原因不是他对感情的不忠，也不是他的自我封闭，而是在于穆尔菲尔德庄园，因为菲斯总把它描述为一座过去的博物馆，死气沉沉，恐怖阴森。这个问题休斯完全有能力解决。

十八个月前的那个月光如水的夜晚，他在"南方十字"号上与她相遇，从此，他深深地陷入了对这个小女人的依恋。她让他觉得自己青春再现，把他的孤独寂寞一扫而光。就在那个下午，休斯决意为了她，放弃穆尔菲尔德，扔掉那些家具和艺术品，最重要的是庄园里的那些用人。每当他的情人们开始不受管束时，休斯总是相信，他可以通过一些外在的东西来解决掉她们：毛皮大衣、新别墅、豪华汽车和不计其数的珠宝。

"因为他总是像收集心爱的东西一样来收集他生命中的那些女人，在他看来，只要给她们买来不计其数的礼物，她们就会高兴。"雷蒙德·弗勒医生说，他对这位亿万富翁的心理状况有过深入的剖析。

"他觉得，他把她们放在博物架上就可以了，他需要时自然会去取的。他总让人跟东西一样，像动画片那样可随时供他调用。"多默格评论说。

就这样，他希望能通过给菲斯买下这所新房子（事实上，那是一座乡间别墅），来解决他和菲斯之间所有的问题，把这个姑娘从穆尔菲尔德的监狱里"解救"出来。

一天，多默格刚坐进车里，休斯就迫不及待地告诉她，他有一个"不可思议的惊喜"正在等着她。然后，汽车离开洛杉矶平原开往贝莱尔的山区。最后，这位加州大亨终于搬到了他的王宫，这是一处布局凌乱的领地，在这里可以看到远处延绵的大海，还可以嗅到花园里千朵玫瑰的芬芳。

"菲斯是令休斯最难以自拔的爱人。"诺亚·迪艾克里特回忆说，"为了留住她，他几乎可以为她做一切。"

但事实上，她介意的是他的不忠。从他们确立关系的那一天起，休斯就从未停止过与其他女人的约会，对象都是战争时期好莱坞的尤物，有拉娜·特纳、丽塔·海华丝和艾娃·加德纳。

当他陪着他那些光彩夺目的性感女神穿梭于蔡森、佩里诺和游戏者等各大俱乐部时，多默格却总是一个人无所事事地在穆尔菲尔德庄园里漫步，或者干脆被赶到了她父母的家中。即使只有十六岁，但菲斯心中有数：霍华德还有其他的女人，成熟的女人。但每次当她拿报纸上那些关于他跟丽塔、拉娜等明星的八卦来与他对质的时候，他会声称，这完全是那些穷凶极恶的专栏作家凭空捏造的。然后他就会拿起休斯飞机制造公司的工作表，或是从诺亚·迪艾克里特手里弄来的便签，就像一个逃学太多的孩子而不能自圆其说，一味地欲盖弥彰。

每次当她的"爸爸情人"——这是菲斯对休斯的称呼——离她而去，只剩她一个人的时候，多默格就会来到威尔士乡村俱乐部的草坪上，在黑暗中漫步几个小时，就像赫本曾经的样子，而这种感觉跟"走在月球的表面一样"。一九四二年的一个夜晚，她照例出去散步，但这次她走过了乡村俱乐部所在的区域，又走过了汉考克公园的安全区域，最后穿过了好莱坞，即使在这里，所有剧院的电子广告牌和霓虹灯都光线黯淡，以免成为敌军轰炸的目标。最后，她终于回到了家里，是她父母的小屋，而不是惊慌失措的休斯和他的穆尔菲尔德庄园。休斯一阵风似的冲到菲斯父母的家里，但多默格就是不跟他说话。"给她点儿时间，"多默格夫人劝慰说，"给她几天时间吧。"

"这小女孩矛盾极了。"迪艾克里特回忆说。当时，菲斯的父亲和爷爷都在休斯的公司就职，"全家人的安全都在她一个人的肩上"。

几天之后，多默格告诉休斯，他们之间的罗曼蒂克已经一去不复返了。但休斯一向不是那种会自我反省的人，他再次把所有的问题都归咎于穆尔菲尔德庄园——而不是他的公然追逐女色。于是，他决定卖掉了这所庄园，在洛杉矶有名的社区贝莱尔的山顶租下了一处十六个房间的房产——索勃尼路六一九号。

有一天，当休斯开着车跟菲斯一起兜风时，他突然把车停在一幢精美优雅的摄政时期的法式建筑前，建筑四周是宽阔美丽的花园，菲斯吃了一惊。他告诉她，这是他们的新家。"当他带着我走进卧室时，我感动得一直在哭——这个房子太漂亮了，我最喜欢的是开向花园的落地玻璃门。"

当他们并肩坐到沙发上时，休斯握住了菲斯的手。"在这里，让我们开启新的生活。"他告诉她，又补充说，她不用再回到穆尔菲尔德庄园了。"那个时代已经结束了。"

许多年以后，多默格承认，当休斯向她做出这样的重大宣示时，她只觉得他是在做样子。不管怎样，她还是接受了和解，并且搬到了新房子里。但这并不是因为她需要物质上的拥有。"我回到了他的身边，因为我爱他。我了解他的一切，当然，有些东西我是难以接受的，但我确实真心爱他，所以我说：'我会试试看。'"

"霍华德相信他会培养出一个'完美的情人'，"迪艾克里特回忆说，"在性的方面，他们之间也很和谐……这是他无法控制的一点。但与此同时，他做不到忠贞不贰。"

当休斯匆匆跳进了二战的政治浑水里，一心成为这场战争的重要角色时，菲斯则不得不为此而守活寡。一九四二年七月二十号，他得到了第一个机会，当时他接到了一个秘密电话，是他在白宫的线人给他打过来的。

从白宫的分类备忘录上看，休斯的线人告诉他，当时的钢铁巨头亨利·凯瑟刚刚从白宫得到了一份价值几百万美元的合同。根据合同，他将受命建造一批"飞船"用于将部队和战争物资运过大西洋。纳粹潜水艇对海上运输船造成的伤亡十分惨重。但休斯特别感兴趣的是，这批"空中快车"将用木头作为建造材料，与休斯当时的 XF-11 轰炸机的设计别无二致，由休斯一手完善的"高耐度模具"看起来要被定制了。

凯瑟请霍华德进一步展开想象，他向媒介吹嘘说："我们的工程师们在图纸上设计出的飞船比科幻作家儒勒·凡尔纳的想象都要精彩许多倍。"这些更令霍华德欣喜不已，因为凯瑟什么都有，唯独没有恰当的处理办法把木头变成适合于飞机建造材料的技术。

就在凯瑟举办记者招待会的第二天清晨，他的公司总部接到了一个男人打过来的匿名电话："你们知道吗？霍华德·休斯即将解散两百位飞机工程师。你们知不知道他曾经研发过用木头建造飞机的技术？"

第二天，凯瑟拨通了休斯的电话，并约定于八月二十一日在旧金山的弗埃蒙大饭店会面，因为休斯正在那里做《不法之徒》的末期剪辑。

八月二十一日一大早，菲斯冲进了休斯所在饭店的大厅，她穿着一套酒红色的外套，戴着一串珍珠项链，外面还披着一件貂皮长大衣。休斯替她在饭店里订了一套房间，就在他的工作室的下面。

经过香氛沐浴之后，休斯这个十六岁的未婚妻换上了一袭玫红色的短裙和一件粉红色的安哥拉山羊毛衫，这件毛衫精工织就，看上去像是涂着一层粉色的光圈。

休斯正在开着的房门旁等候着她。"小宝贝，我真想你啊。站在这儿，让我看看你，就像让一个饥肠辘辘的人看着一盘美味佳肴一样。"很快，他们就紧紧搂抱着倒在了沙发上。

饭店大堂的服务员打来电话说，亨利·凯瑟跟一个穿灰色西装的代表正在上楼。他们最后又拥抱了一次，菲斯匆匆跑向电梯。但她马上又回过头来给了他一记香吻，然后笑得直不起腰。她那件粉红羊毛衫的羊毛沾在了休斯黑色的西装上，就像点缀在圣诞树上的天使的头发一样。霍华德低头一看，顿时大吃一惊："天啊！我该怎么办哪？"

"拿条湿毛巾来！"菲斯格格地笑着，冲进了电梯。

当凯瑟和他的助手走进休斯房间之后，他们首先看到的是这位影星正从休斯的房间里妖娆地走了出来——因为饭店这一侧只有这一个门。她大声笑着，用力地拉了拉毛衣的袖子。然后，她冲他们眨了眨眼。

对于休斯来说，接下来的这次会面将是他一生中最重要的一次，虽然他上面穿着黑色的西服，却没系领带，脚上还穿着一双网球鞋。他的浑身上下都是菲斯留下的痕迹。由于最近才刚刚得过肺炎，他依然感到有点头晕目眩，只能靠在沙发上。最后，原本怒气冲冲的凯瑟终于忍不住了。"坐起来，霍华德，让我们谈谈如何取得这场战争的胜利吧！"

经过一阵威逼利诱之后，休斯和凯瑟两人最终同意建造一支由五百艘水陆两用机组成的航空舰队，而休斯将负责飞机原型的设计工作。这也是有史以来人类计划制造的最大的飞机。经过一番游说之后，战时生产委员会同意拨款一千八百万美元用于这群庞然大物的制造，每架飞机有八个引擎，机翼比一个足球场还长，而整个机身比一幢三层大楼还高。

为了尽快得到美国空军的承认，霍华德不假思索地答应在一年之内就造出第一架飞机。但这位百万富翁心里很清楚，这是不可能的，可他还是签下了保证书，并把这架飞机命名为 HK-1 号（霍华德·凯瑟一号），又叫作"大力神"号。

但当世人看见它的时候，它的正式名字叫作"云杉鹅"号。

一九四三年初，迪艾克里特和格伦·欧德科克都希望多默格能成为休斯生活中的定海神针，尽管年纪尚小的菲斯还很少抛头露面。"当我过去工作时，她总是躲在楼上，"欧德科克回忆道，"在整个战争期间，我只看到过她一次。"但菲斯对休斯的影响很快将被另一个女人轰得粉碎，一个成熟得多的洋娃娃，虽然她也只有二十一岁。在一九四三年一月的一天，她投进了休斯的怀抱，此后的十多年里，她把休斯的生活搞得一团糟。

当休斯初识艾娃·加德纳时，她还只不过是又一个性感的小影星，整日被拉娜·特纳、赫蒂·拉玛尔和格里尔·加尔森等巨星压得喘不过气来。事实上，她在银幕上的表演远不如她跟米奇·鲁尼之间轰动一时的婚姻更让她有名。

艾娃出生于加州北部一个贫穷的佃农家庭，凭借姐夫给她拍的一张十米长八米宽的生活照，艾娃成功地得到了米高梅电影公司的青睐。当他把姨妹的照片往他曼哈顿的照相馆里一放，立即吸引了公众的目光。不管在银幕上，还是在生活中，加德纳都美得让人惊艳，她浑身上下透着母兽般的性感，一双迷人的眼睛透着绿色和金色的光芒，她的美艳让人惊叹。跟她关系密切的约翰·休斯敦导演称她为"性感炸药"。

休斯开始注意到艾娃，是在洛杉矶的一张报纸上。当时，休斯正在和往常一样在报纸上猎艳。在报纸上的这张照片里，她正站在她的第一个丈夫米奇·鲁尼的身边。下面的插图文字说，"米奇·鲁尼与演员艾娃·加德纳离异。"其实，这张照片并没有对她有任何吹捧之意，因为她没有化妆，而且还穿着一件鼠灰色的华达呢套装。但休斯似乎发现了什么。"这个小个子满足不了她。"他告诉迪艾克里特。

"你单凭一张照片都看得出来？"诺亚问他。

"没错。"

两天之后，休斯的助手约翰尼·迈耶敲响了加德纳的房门。"我想，你已经听说了吧，霍华德·休斯对你很感兴趣。他急着想见你呢。"而在此之前，玫瑰花早已送到了加德纳的手中。

"一开始我什么都不知道，直到迈耶来到我跟前来上下打量我，看我配不配做'休斯的女朋友'。"加德纳回忆说。

显然，她通过了检阅，因为几天之后，休斯就出现在她门前的台阶上了。"他有六英尺高，但不会重过一百五十磅。"加德纳回忆说，"他很瘦，一身古铜色的皮肤，还有一撇小胡子。他的眼睛又黑又性感。很有男人味，很有安全感，很私人化。他让我想起了我的父亲。"

对于休斯来说，从第一眼看到艾娃·加德纳的那一刻起，他就想同她结婚。这并不是因为他爱她，而是因为他相信，在他作为一个全球瞩目的企业家的形象里，她可以扮演一个完美的妻子角色。

为了使他的求婚看上去更完美（事实上，这不过是休斯向艾娃·加德纳四次求婚中的第一次），休斯去了一趟卡迪亚珠宝行，回来时抱着一个用牛皮纸包着的大盒子，里面塞满了钻石手链、红宝石耳环和猫眼石项链，还有一个小皮袋子，被里面零碎的珠宝撑得鼓鼓的。他把这些东西堆在艾娃的姐姐比特丽丝面前，任她挑选。比特丽丝仍然记得，那些珠宝"闪闪发光，透着说不出的奢华"。

有一天晚上，他给艾娃送去了一个破旧的鞋盒，盒子里装着二十五万美元现金。艾娃的反应就像她曾经演过的一个粗俗的下流女人一样。"瞧瞧，"她对她的公关戴维·汉纳说，"我可不稀罕……一点儿都不稀罕。"

但是，休斯在一九四五年送给她的生日礼物给他的罗曼蒂克加了不少分。"你想要什么？"休斯问她，"尽管说。"

艾娃事先没有任何准备，于是要了"一小碗橘子味冰激凌"，那是她儿时在加州北部时最喜欢的一种甜食。艾娃生怕自己说得不够清楚，她又添了一句："我说的不是橘子味果子露……不是那种寡淡的东西……而是橘子味冰激凌。"

休斯的帝国开始运作起来。在战争时代，冰激凌是稀罕物，最后他们在纽约的一个叫"小意大利"的冰激凌店找到了它。一架环球航空公司的客机专程将这份珍贵的甜点送到了洛杉矶，然后，它又被装在一个银桶里送到了艾娃的家中。艾娃终于被感动了。"我感动于他的费尽心思和不辞劳苦。"

从一开始，休斯就待艾娃与众不同。

曾经毫不留情地拒绝过菲斯·多默格的东西，他都毫不吝啬地献于艾娃的面前：与她在卡拉威斯和莫卡波度过一个又一个灯火辉煌的夜晚、在棕榈泉网球俱乐部共度周末、在制片人达里尔·F. 扎纳克和塞缪尔·高德温豪宅里共赴晚宴、前往墨西哥城和曼哈顿的疯狂购物和旅行。他为她在日落大道附近买下了一套豪华住宅，还为她的姐姐买来了整套的家具。休斯告诉迪艾克里特，她是"一笔浪漫的投资：我能为她做很多；她也能为我做很多"。

　　他还雇了一个名叫弗兰克·安格尔的私家侦探，而后者又为他带来了熟练的窃听高手和监视专家，这些组成了臭名昭著的"休斯的秘密警察"，直到他去世，这个机构一直存在，只是存在的形式一直在来回变化。

　　他开始窃听从绝密磁带上翻录下来的艾娃的私人电话，而且从这一秒开始，他就对此上了瘾。此后，所有与他在生命中一闪而过的女人，不管他们的邂逅多么短暂，都没能逃过他这种非法的间谍活动。在艾娃这个问题上，仅仅一个月之后，休斯的秘密组织就给他引爆了一颗重磅炸弹。

　　"侦探向他报告说，米奇经常从后窗出入于艾娃的房间，"迪艾克里特回忆说，"事实上，是电子监视系统发现了这一情况。霍华德勃然大怒，因为鲁尼骗过了霍华德雇用的三名保镖，虽然他们同艾娃几乎寸步不离。因为是休斯给艾娃买了这处住宅，因此在他心里，他是她的主人。"

　　霍华德的第一个问题是可以预见的："他们一起睡觉吗？"

　　"是的，如果你能接受我们听到的声音，我们有证据。"安格尔回答。

　　休斯直冲艾娃的家。他用自己瞒着艾娃私藏的大门钥匙打开了大门，然后轻手轻脚地爬进了艾娃的卧室。加德纳醒来后吓了一大跳，她发现休斯正站在她的身边。她能看到他脸上的怒气。

　　"我知道他想要什么。他想偷偷地爬进来，然后把我和米奇捉奸在床。我想，他甚至希望能当面与我们对质。他总是喜欢找点儿麻烦。"艾娃回忆说。

　　但加德纳保持着冷静："霍华德，为什么不下楼坐一会儿呢？让我穿件衣服，我很快就下来。"然后她穿上了一件桃色的睡衣，黑发堆在脸边，一步一步地走进客厅，脸上带着勉强的笑容。"我要让他知道，我痛恨被人监视。"

狂怒不已的休斯一把抓住了她的肩头，开始打她的耳光。"我能感觉到自己的脸肿了起来，右眼也睁不开了。我愤怒到了极点。自我出生，还从来没有被人这么打过——而这不过是因为他那该死的骄傲和嫉妒。"

休斯朝加德纳的脸上看了一眼，他的怒气顿时全都消了——他跟跟跄跄地退了两步，嘴里嘟囔着："对不起，我的小宝贝，天，真对不起……"他居然用了菲斯的昵称。

他的求饶让艾娃更加怒火中烧。"我想，'我要杀了那个狗杂种！'"她说，"我的手四处乱摸，看有没有什么东西能痛打他一顿的——什么东西都可以。"她的手摸到了一个铜钟，这是一个十八世纪的古董。她瞄准了他的脑袋，一把砸了过去。只听见"砰"的一声，铜钟划开了休斯的前额。他顿时躺倒在地上，嘴里开始语无伦次地小声嘟哝。

"他还没死，所以，我仍然决心要杀了这个狗杂种。我抢起了一把实木椅子，准备往他身上砸下去。"

正在这时，加德纳的姐姐比特丽丝从门外跑了进来。"艾娃！艾娃！快住手！"她边跑边喊。加德纳转过身，扔掉椅子，瘫倒在沙发上。

当两个保镖把休斯抬出房间扶进车里时，休斯已变得神志不清。血从他发际的一道深深的裂缝里涌出来，一直流进他的下嘴唇。他的牙齿被艾娃打掉了两颗，下巴也被打成骨折，而他的下巴骨在拍摄《地狱天使》时已经被摔碎过。

躺在医院的病床上，休斯派迪艾克里特去找菲斯，精心编造了一个谎言，说他出了车祸。

艾娃对此并不后悔。"你当不了我的主人，你这个王八蛋，"她说，"别忘了。"

这次事件让迪艾克里特和休斯的内科医生凡尔纳·梅森相信，他们的老板已经对心理剧和危险产生了依赖——不管这些是真实存在的，还是人为营造的——也不管那是坐在一架未经检测的飞机驾驶舱里眼睁睁地看着死亡的发生，还是同时跟几个性感女人谈情说爱。

"除此之外，还有什么能够解释他的行为呢？他明明知道造一架世界上最大的飞机至少需要两年的时间，却为何要承诺在十个月里就造出来呢？"迪艾克里特说，"他之所以做出这样的事情，是因为他喜欢随之而来的一系列的麻烦。"

迪艾克里特还注意到，每当事情即将进入崩溃的边缘时，休斯似乎最兴奋，就像一九四三年初经历的这件事一样。不管在事业上、感情上，还是两性关系上，休斯都已不堪重负，他眼看着自己的生活正在严重地偏离正常的轨道。

首先崩溃的是他跟多默格之间的打哑谜游戏。

一天早上，多默格来到休斯的卧室门口，却听见她的"爸爸情人"正在跟另一个女人说悄悄话："好的，小宝贝，现在你可得小心点儿。"菲斯冲进房间。

"霍华德，别告诉我那个人是工厂的欧德科克或环球航空公司的杰克·弗赖伊。别告诉我这是个业务电话，因为我敢说，你不会把另一个男人称作'小宝贝'！"她转身跑到楼下的客厅，喊叫道："我受够了，霍华德！你听见了吗？我受够了！"

她跑下楼，穿过宽敞的客厅，冲进玫瑰园，她在玫瑰丛里乱抓，发疯似的把花蕾从花丛中抓下来。最后，她终于停了下来，重重地喘着粗气。当她低下头时，她发现，玫瑰的枝条已经把自己的手刺破了。"我听见他的声音从我身后的台阶上传过来：'菲斯……菲斯……除了你以外谁都没有……我的生活里没有别人。'"

霍华德用他雪白衬衫的衣襟替她擦去手上的血迹。然后，他紧紧地拥抱着她，但他没有再叫她"小宝贝"。

同样，她再也不相信他了。"我觉得自己就像一只被钉住了的蝴蝶——美丽地震颤着，却已经完全被捕获了。"

当时她的父亲正在生病，还是霍华德公司的职员，她的祖父也一样，他们都住在休斯一手安排的战时工人之家里。除此之外，菲斯还要履行她与休斯签下的那张为期五年的电影合同。

那天下午，十七岁的小姑娘穿着华丽的衣服，坐在她那富丽堂皇的闺房里，在痛彻心扉的孤独中失声痛哭。而霍华德则又去机场了，至少他是这么说的。

为了能够从混乱的情绪中脱身，多默格跳进了一辆红色的小跑车，这也是休斯送给她的礼物，冲进了漆黑的夜色中，她那头黑色的长发在风中狂乱地飘扬着。她拼命加速，汽车开出了日落大道，穿过荒无人烟的峡谷和洛杉矶宽阔的街道，一直开到了海边。出于一种预感，她驾车掉头朝穆尔菲尔德飞奔而去。她的第六感是对的。

休斯并没有在机场。相反，此刻他正陪着光彩照人的艾娃前往椰子林俱乐部举行的弗朗西斯·兰福德演唱会开幕式。此刻，休斯正在开车送加德纳回家，但他忽然惊讶地看到，菲斯正开着跑车从远处驶来。

休斯开着休斯飞机制造公司的一辆凯迪拉克，车身线条流畅，泛着灰灰的金属亮光。一看情形不妙，休斯立即加速，驾车沿着费尔法克斯大道向农夫集市开去。但菲斯认出了他的车子，立即加大了油门，紧追不舍。

休斯感觉到，菲斯的小车正在撞他的车尾，他赶紧加大油门。

菲斯的车突然转向，赶上了他的车，两辆车的车速保持齐平。现在她得以详细地端详了一下艾娃·加德纳的脸，她那乌黑的头发盘在头上，发梢用一对钻石别针别着（这是休斯送给她的礼物）。

休斯往下一瞥，却被多默格脸上的表情吓了一跳。他驾车挤进农夫集市的停车场，慢慢停下了车。菲斯还在后面横冲直撞。

他停下了凯迪拉克，但发动机还在突突地响着。

菲斯从容地倒车，然后猛踩油门，她的车一次又一次地撞在凯迪拉克的后门上。加德纳尖声叫了起来。"可怜的艾娃在她的座位上被震得上上下下地跳。"多默格回忆道。

小跑车的前端已经被撞得面目全非，汽缸里的水蒸气飘散在空中。

三个人沉默地坐着。加德纳在小声地啜泣。休斯使劲地咬着牙。但多默格还是睁大眼睛瞪着他。最后休斯跳出了驾驶室，冲到小跑车旁边，一把抓住菲斯不停地摇着她，直到她大声哭出来。

正在此时，衣冠楚楚的航空业大亨雪尔曼·费尔柴尔德把车停了下来。他把加德纳从凯迪拉克车里拉了出来，扶她进了自己的车，然后同休斯耳语了两句，就把艾娃送回了家。

休斯和他的"小宝贝"站在黑暗里，旁边是他们已被撞得支离破碎的汽车。菲斯浑身颤抖，身心俱痛，但休斯很镇静。他一言不发，拉着菲斯的手，把她拖进了自己那辆被撞碎了的凯迪拉克上。

回到穆尔菲尔德之后，休斯许了更多的诺言。但如今菲斯对他的道歉已经非常熟悉了。他再次承诺给菲斯更多的钱（"我会安排你爸爸做些生意的"），还发誓会把她捧成一个大明星，并为她"开一个电影公司"。

菲斯迷茫了，她还小，心里还爱着休斯，就这样，她留了下来。

艾娃得到的补偿是在墨西哥城的两天疯狂购物。"他不属于我；我也不属于他。"许多年后，加德纳这样说，"不管我想要什么样的生活，他都能轻松地帮我实现。最重要的是，当我需要的时候，他做到了挥之即去。"

"被人看见自己跟霍华德·休斯在一起，是一件很风光的事，"专栏作家多萝茜·曼纳斯说，"跟别的女人比起来，艾娃是幸运的一个。"

但很快，情人们的争风吃醋对休斯来说已经是家常便饭了。

头脑风暴

在充满压力的年月里，这位孤独的百万富翁所做出的那些奇怪的举动就被许多人注意到了。他的一大群女朋友都目睹了休斯那些奇怪的举动，从荒诞离奇到赤裸裸的威胁。最终，霍华德在一次环球航空公司的试飞中被赶离了飞机驾驶室。他的精神障碍又造成了一次重大失误，并最终酿成一幕惨剧。

在祸不单行的一九四三年春天，电影《不法之徒》把休斯逼向了崩溃的边缘。他花了整整一年多的时间来对这部影片做剪辑，又用了两年时间跟审查部门交涉。在好莱坞约瑟夫·布林的带领下，在看到剧本的时候，他们就对这部电影表示了异议。一年多之后，在看到了完成的电影样本之后，勃然大怒的布林写了封信给美国电影协会的会长威尔·海斯。他在信里申诉道："纵观整个影片，几乎有一半镜头是在突出那个女孩（简·拉塞尔）的胸部，并且她胸部丰满而惹眼，没有一点遮掩，这真让人震惊。"布林还对一些台词表示质疑。最终，休斯被勒令剪掉其中的一百零八个镜头。

休斯灵机一动，计上心来。他让公关罗素·波得威尔请来哥伦比亚大学的一名数学家，让他参加了曼哈顿的一场审查会议。在参会者落座之后，他们吃惊地发现，听证室里挂满了著名女明星的大幅照片，其中当然也有简·拉塞尔的。波得威尔向大家介绍了他的特殊客人。那位数学家拿出了一把测量仪，一幅接一幅地测量了照片中女明星的乳沟深度。

最终，休斯被要求剪掉的镜头数量从一百零八个减少到了三个。但他仍然拒绝剪切。在休斯的指示下，格伦·欧德科克在洛美因大厦里建造了一个以铅制成的射线防护装置——铅房，然后把电影胶卷贮藏在这里。

但到了一九四三年初，在影片完成拍摄整整三年之后，休斯厌倦了无尽的等待。在做了微小的让步之后，休斯获得了《不法之徒》的发行批准。《不法之徒》终于重见天日。

在此之前，简·拉塞尔已经成为全美最具话题性的明星，每周都会收到将近一千一百封来信，尽管由她出演的电影一部都还没上映过。影片的全球首映日最终定在一九四三年二月五日，地点选在了旧金山的吉瑞影院。拉塞尔和男主演杰克·布特尔应邀出席每一场电影并在舞台上露面，甚至连午夜场也不例外。为了进一步宣传这部所谓的"难以阻挡的影片"，剧院外悬挂的拉塞尔巨幅海报上写着："性，尚未正常供给。"

事实上，在首映式的当天晚上，一桩现实版的性丑闻把媒体大军从《不法之徒》的首映式上吸引走了。埃洛尔·弗林强奸案在洛杉矶法庭正式开审，许多记者没有前往《不法之徒》的首映式。后来回想起来，这真是谢天谢地的事情。

从帷幕升起的那一刻起，或者说，在帷幕还没有升起时，整个首映式就已经一败涂地了。

按照原先的计划，拉塞尔和布特尔将首先上场，在台上演出一幕电影片段，作为整个首映式的开始。但当帷幕开始升起时，却突然停在了半空。"那个豪华的、贵得要死的、要命的幕布被卡住了！"拉塞尔说。当时，她无助地站在舞台的一边注视着这一幕。她和布特尔只好取消了原定的演出。等到幕布终于升起来的时候，观众们已经笑得乐不可支。电影开始了，但观众席上的笑声始终没有停下来。

电影开始放映之后，休斯悄悄地带着拉塞尔和布特尔从影院的后门溜出去，直接钻进了一辆计程车。休斯一言不发，面无表情。计程车吱吱嘎嘎地爬上了山，把他们送到了菲尔蒙德饭店。在休斯的套房里，三个人淡淡地聊了几句，然后啜了几口香槟。很显然，休斯很沮丧。

三个人都没有出席休斯事先安排好的首映式庆祝会。这是最好的选择。在庆祝会上，有一个记者说："四十年来，我看过无数场电影，但这是我看过的最糟糕的一次。"

第二天，休斯一觉醒来，发现媒体众口一词地对《不法之徒》进行抨击。

"哦，天，那些评论！"拉塞尔回忆说。

美国权威影视杂志《综艺》杂志将其称为"几乎是对所有西部片的滑稽模仿"。《旧金山时报》的德怀特·惠特尼则直言不讳："整部片子没有一处值得看的。"最残酷的评论则来自《时代》杂志，它将这部影片嘲讽为"有史以来最让人失望的影片最佳提名"，并且宣称影片里的那匹名叫里德的小马，它的演技已经赛过了所有的演员。休斯大受伤害，他甚至考虑要向法庭起诉《时代》杂志。

尽管媒体对影片有诸多抨击，但《不法之徒》确实是一部"难以阻挡的影片"。罗素·波得威尔持续不断的公关活动使得影片的名字一直出现在报纸的标题上，电影院里也一直是座无虚席。波得威尔的公关策略包括专门派人给洛杉矶警局打匿名电话，要求禁映该片；同时，他还不停地煽动妇女、父母和宗教团体的情绪。他甚至还在《旧金山时报》上植入一篇文章，历数这部"煽情的"西部片的是是非非。这篇文章引用了一名未署名的海员的话，说他看完电影后非常满意，"我又能回到船上再待上半年了"！他还引用一位妇女俱乐部代表有关"第七卷"的话。这场轰轰烈烈的公关活动最终还导致了吉瑞影院的经理被短期拘留，在听证会上，休斯的律师出示了一尊维纳斯的雕像，来证明女性形体的艺术价值。

当《不法之徒》连续八周打破票房纪录时，休斯却匪夷所思地收回了影片的发行。在以后的三年里，这部影片就静静地躺在洛美因大厦的铅房里。

在诺亚·迪艾克里特看来，休斯的脑子似乎出现了"情绪短路"，才导致了他诸如健忘症之类的奇怪行为。事实上，休斯的举动完全是一种当时未曾诊断出的精神病的症状——这种病将会随着年龄的增长而日益严重。

在那个时代，精神病还是一种讳莫如深的疾病，在休斯的圈子里，没有人预见到休斯即将面临什么样的悲剧。而曾经目睹过那些可怕的症状的人则在几十年后仍对此闭口不谈。

在乘坐豪华的"春风"号火车前往旧金山的路上，艾娃·加德纳经历过休斯的一次精神崩溃。刚上火车时，休斯显得异常安静，艾娃以为是他筋疲力尽的缘故。在此之前，他全天都在休斯飞机制造公司工作，晚上则带艾娃出去玩儿，有时甚至通宵达旦地跳舞，然后白天再接着回到工厂工作。

当他们走到火车车厢连接处的洗手间时，霍华德似乎有点狂躁。"打扮一下，到火车的酒吧间来找我。我会给你一个大大的惊喜。"这个邀请让艾娃兴奋起来。这是艾娃第一次坐头等车厢，也是她第一次去旧金山。

她吃力地从休斯送来的一大堆黄玫瑰花束中穿出去，费力地穿上一套价值不菲的黑色旅行套装，这是米高梅公司的"高级时装女皇"艾尔尼亲自为她设计的。这件套装的领子和袖口都镶着黑色貂皮，前襟缀着黑色的珠子。这套套装还包括鞋子、手套以及一双绣花的黑色长筒丝袜。"我觉得自己像个百万富婆，"她回忆道，"我把头发梳到头顶，费力地穿上了高跟鞋……那双高跟鞋的后跟又高又尖，我整整花了十分钟才走到火车的酒吧间。"

当酒吧的门"嗖——"的一声打开时，所有的目光都集中到她的身上，直到她坐进沙发里。她是酒吧间里唯一的女人。

酒吧间的尽头是一扇弧形的玻璃窗，映着远处太平洋上缓缓下沉的绯红色的落日。不久，一个服务生走到艾娃的跟前，递给她一个破旧的白纸盒，盒子上绑着一根棕色的运输绳。在所有人的注视下，艾娃打开了盒子。里面是一层又一层的皱巴巴的报纸，拿出来之后，这些报纸散落一地。

最后，在这堆垃圾的最下方，艾娃发现了一大瓶香槟，旁边的侍者立即把它打开。"我大发雷霆，"加德纳回忆说，"但香槟是法国货，很快就对我产生了神奇的魔力。喝到第三杯时，我开始对着众人微笑。"当年轻的侍者为她斟上第四杯香槟时，休斯跟跟跄跄地从双层门那里走了过来。他把头发用发油涂成了鲁道夫·瓦伦蒂诺的发型，这是二十年前最时尚的发型。

他那宽宽的肩膀和细长的双腿被塞进了一套奶油色的西装里，那是他一九二四年从莱斯大学毕业以来最引以为荣的行头。裤子的腰部打着褶裥，裤腿悬在离脚踝上方四英寸的地方。他没有系皮带，而是用一条佩斯利花纹领带把宽大的裤子系起来。脚上的一双牛津拖鞋为这套亨利·奥德里奇装束做了完美的注脚。

当休斯在加德纳身边坐下时，酒吧车厢里静寂无声。艾娃脸色通红地凑到休斯的耳朵边。"天啊，霍华德，你从行李箱里翻出来的这叫什么衣服呀？"她看出来了，休斯完全没注意到她说的话是什么意思。他噘着嘴说："这是一套极好的套装。"

这时她才明白，休斯陷入了某种精神错乱。他对自己这套奇怪的装束丝毫没有察觉到有何不妥，他对其他旅客的侧目也浑然不觉。她轻轻地握住了他的手，带着他走进了他们的包厢里。

等到两人都换了衣服之后，加德纳决定，她不能再冒险地跟这个"精神错乱的陌生人"这么亲密了。她慢慢地走出了两个包厢的隔门，把门反锁上。霍华德靠在门上。"你不用这么做，艾娃。我是个正人君子。"他轻声说。

尽管休斯已经购买了价值一百万美元的珠宝，准备在旧金山旅行的这段日子里，每天早上在她的早餐盘里送她一份额外的款待，但备受惊吓的艾娃在用了第一天的晚餐之后就要求休斯驾机送她回洛杉矶。

几个星期之后，菲斯·多默格也注意到休斯日益恶化的精神状况。有一次，他们开车穿过沙漠，赶往帕姆代尔，休斯将在那里实验一种新型的木制飞机。车开到半路时，休斯发现了路边躺着一只长耳大野兔。

休斯立即停了车，并马上跑回去看那只小动物。他跪了下来，轻轻地把手放在兔子的脖子上。然后，他悲伤地回到了车上。

"那是什么，霍华德？"菲斯问，"你没觉得它已经死了吗？"

"我不肯定，"他回答，"不过，如果它没死，我不能把它丢在路边的。"

菲斯注意到，在剩下的旅程里，休斯始终把左手放在车窗外面。

一抵达他们租住的小别墅，休斯就跑进洗手间，打开热水龙头，开始用一种强碱的外科肥皂冲洗左手，这块肥皂他一直带在身边。他缓慢而有节奏地晃动着左手，这个仪式机械地持续了一个多小时，直到他的手擦破到出血为止。然后，他躺倒在床上，把那只感染的手悬在床边。

更加危险的是，休斯在事业上也开始陷入了崩溃。第一个信号是他对飞机一贯准确的操作开始出现明显的失误。

一九四三年四月，休斯坚持亲自测试刚刚从洛克希德生产线上下线的第一架"群星"号飞机。在很大程度上，"群星"号是由休斯本人亲自设计和完善的，它很快就成为休斯环球航空公司的旗舰——或者，换句话说，就像《财富》杂志称呼的那样，它就是"休斯的航班"。

从技术层面来说，休斯指挥着这次试飞，但洛克希德的主测飞行员米罗·布彻曼和主测工程师凯利·约翰逊随时都可以对飞机进行控制。布彻曼坐进了驾驶舱，他的面前有一套和休斯一模一样的飞行控制器，在这次首航中，他也要负责监测飞机的不正常。

等到飞机升到沙漠上空时，休斯要求布彻曼回答如何可以使飞机悬在半空中。"这是每个环球航空公司的驾驶员都必须知道的。"

布彻曼轻轻地拉了一下机翼。"群星"号在空中悬了一毫秒，便又迅速恢复了正常飞速。

"见鬼，这根本不是悬浮。"休斯嘲笑道。布彻曼还没来得及制止，休斯就降低了机翼的飞行高度，而飞机此时正以每小时两百二十五英里的速度在空中飞行。巨大的机身顿时开始颤抖起来。

"这是我一生中唯一一次看到一架庞大的飞机的计速器指针显示为'零'。"约翰逊回忆道。布彻曼脸色煞白。约翰逊命令道："快点儿，霍华德，拉起机翼！"

而休斯正茫然地望着前方，显然对危险一无所知。约翰逊大叫起来："赶快拉起机翼！见鬼！升起机翼，马上！"最后，休斯顺从地在最后一秒钟将飞机拉了起来。

在接下来的起飞和降落测试中，前五次，休斯的表现一切正常。然后，这位有过两万多次起飞和着陆经验的王牌飞行员竟然任由"群星"号危险地向左边滑去，连机身也开始向左倾斜，好像有一个巨人正在拽着飞机一边的翅膀一样。"小心点儿，霍华德，"约翰逊提醒道，"稳住！"

在第六次着陆时，由于飞机过于向左倾斜，降落时与帕姆代尔控制塔相差二十码，震颤了控制塔的玻璃，塔内的起落指挥员们更是一片惊慌。"霍华德，飞机差点儿坠毁了！"约翰逊镇定地说。

然后，这位洛克希德公司的驾驶员夺过"群星"号的操纵杆，把休斯推到了后面的乘客座位席上。对于任何飞行员来说，这样的遭遇都是奇耻大辱，而对于休斯而言，这更是当头一棒，他再也没跟任何人提起这件事，他还声称自己从来没有驾驶过"群星"号。但一份秘密的备忘录还是送到了霍华德的伙伴、环球航空公司的执行总裁杰克·弗赖伊的手里。"你的老伙计这回失败了。我们不得不夺过操纵杆，可这时他仍神志不清。"

"我们差点儿就被一窝端了，"约翰逊后来说，"我们实在很幸运。"

在一个月以后的另一次飞行测试中，等待着他的却是死亡。一九四三年五月十六日，在米德湖墨蓝色的湖面上，休斯坚持要亲自指挥一架政府批准的西科斯基公司水陆两用机的试飞，他把这架飞机改造成了航空业最好的水上飞机，改造费用超过了三十万美元。之后的迹象表明，休斯当时已经处于精神崩溃的边缘，这是稍一留心就可以发现的。但在那时候，即便是休斯最亲密的朋友，像欧德科克，都只是保守地说他是"过度疲劳"。

在米德湖上空试飞的当天四点钟，霍华德在沙漠旅馆一个宫殿般的套房里醒来，他身边睡着艾娃·加德纳。休斯感到头晕目眩，但在驱车前往卡尔弗城那条肮脏的简易跑道的路上，他并没有向同车的欧德科克主动交代这一情况。等待他们的是民用航空局的两名代表，范·卢森博格和西库·克莱恩，还有休斯自己的工程师基恩·布兰弗德和理查德·菲尔特。

没有人注意到休斯的紧张情绪。他也许是当时世界上最好的飞行员。在过去的半年里，他曾驾驶着西科斯基飞机在米德湖上安全着陆四千五百八十八次，并检验由休斯飞机制造公司对该飞机所做的二十项技术改进。

反常的是，这一次休斯违反了他的惯例，从机尾到螺旋桨，一个零件不落地全都认真检查一遍。因此，他没有发现地面的机械师没有把压舱物放到机尾，而这一点对于安全着陆来说是至关重要的。"毕竟，休斯是专家。"民用航空局的卢森博格事后回忆道，"我们完全相信自己会安然无恙。"

起初，一切都非常顺利，这将是他的第四千五百八十九次水上着陆。飞机平稳地向湖面缓缓下降。沙漠的空中没有一丝风，湖面平静如镜。西科斯基飞机以一种堪称完美的速度着陆，机翼上的浮筒在它的身后留下了串串涟漪。

但是，当休斯试图对这架巨大的飞机进行制动时，机尾突然以每小时八十英里的速度栽进了湖水中。金属破裂的尖锐声音在湖面上空回荡。"然后，飞机开始上下抖动起来。"克里德·斯蒂芬森说，当时他正在附近钓鱼。"它看上去就像一只倒立的陀螺，不停地旋转，飞机的尾巴正在片片脱落，金属皮从机身上脱落下来，好像被一把刀子划开了一样。"休斯浑身无力，只有紧紧地抓着操纵杆，眼睛随着飞机的上上下下而来回转动。

然后，左螺旋桨突然折断，朝着机身反冲过来，撞在机身上时，机身盘旋着、撕裂着。它就像失控的电锯一样，劈开了理查德·菲尔特的脑袋，又把西库·克莱恩卷到了湖中，把他吞没在黑色的湖水中。

休斯、范·卢森博格和布兰弗德被困在飞机里，湖水在他们的身边翻滚着。水陆飞机不到三十秒钟就沉没了。范·卢森博格是唯一一个神志清醒的飞行员。他把昏迷的布兰弗德摇醒，命令他把已经受了致命伤的菲尔特从机舱顶上的一个洞里推出去。

休斯坐在操纵杆前，已经浑身僵硬，鲜血从他的前额不停地流了下来。范·卢森博格在翻腾的水里艰难地摸到休斯身边，解开了他身上的安全带。"休斯！"他叫着，"坚持一下！"

霍华德的身子往前一扑，倒在了控制台上，他语无伦次地呻吟着说，马上通知艾娃·加德纳。范·卢森博格一把抓住他的肩，拼命地摇。"从窗口爬出去，霍华德，不然我们都要淹死了。"

虽然背部骨折，肩膀也脱臼了，范·卢森博格还是用尽全力，将休斯从驾驶舱的侧窗里推了出去，推进了湖水里。等到布兰弗德和昏迷不醒的菲尔特钻出了飞机，范·卢森博格才从飞机里爬了出来。几秒之后，西科斯基飞机就从湖面消失得无影无踪。

救护人员把范·卢森博格、菲尔特和布兰弗德送到了医院。但休斯坚持等着湖上的巡逻艇赶来。

在试航过程中，欧德科克一直在上空密切监视，他在博尔德机场的办公室里找到了他的老板，休斯颓丧地瘫坐在椅子上，头上仍然不住地流血。一看到欧德科克，休斯的歇斯底里就发作了："这是我的错！我的错！你从空中能看到。我怎么能让这种事情发生呢？"

"天，霍华德，我们还是先送你去医院吧。"

休斯陷入了恐惧。"不，不不，"他回答说，"要是我进了医院，他们就不会让我出来了，他们会把我锁进病房里的。"

最后，欧德科克把休斯带到了博尔德丹饭店，用酒精和棉球为老板包扎了伤口。"我把他的破皮抚平，勉强盖住了那道伤口，然后用纱布把它一圈一圈缠起来。"欧德科克回忆说。

当休斯得知菲尔特正躺在医院里奄奄一息且喋喋不休地说"这是谋杀"时，他对那件血渍斑斑的白衬衫产生了兴趣。"好多血都是理查德的……"他哀怨地说，"我受不了了……我要改变……"然后他又说："带我去他家。"

十分钟之后，休斯换上了新衣服出现了—— 一条廉价的棉布裤和一件棉布衬衫，一双奇怪的蓝袜子，还有一双蓝色的网球鞋。因为神情恍惚，他买的新衣服全都小了一号。

"他买的衣服没有一件是合身的。"艾娃·加德纳回忆说，她把浑身发抖的休斯紧紧揽在怀里，"但我知道最好什么都不说；他根本不知道自己在干什么。"她试图说服休斯待在沙漠旅馆里，直到恢复自制力为止。"他当时那个失魂落魄的样子，哪里都不能去。"

但他拒绝了，还痛哭流涕地说："我得亲自去通知理查德的妻子。是我杀了他。"然后，在欧德科克的陪同下，休斯驾着另外一架飞机飞回了卡尔弗城。在飞机上，他通过无线电把这件事告诉了家中的菲斯。

"你很快就会听说飞机失事的消息的，"他告诉她，"我还好，我稍后会跟你全部说清楚的。"尽管话筒里噪音不断，菲斯还是感觉到了，休斯已经受了极大的震动。"每说完一句话，他都会停顿好长时间，这种情况告诉我，他现在正承受着巨大的压力。我从来没有听到过他说话这么糟糕。"

在前往休斯飞机制造公司的路上，多默格第一次从电台里听到了简短的新闻："一人死亡，四人受伤，其中包括百万富翁、著名电影制作人和飞行员霍华德·休斯。事故的起因是在米德湖上空试飞的一架飞机坠毁。"

当休斯从卡尔弗城的驾驶舱里跳下来时，他的样子让菲斯大吃了一惊。在菲斯看来，他的身体似乎蜷缩了起来。就像后来她所描述的那样，"他弓着腰，毫无生气，看上去比前一天衰老了十五岁。"多默格回忆当时的情形说，"当他看见我时，勉强挤出了一个微笑。"

休斯紧紧地抱着她。"那根螺旋桨是冲着我来的，菲斯。该死的人是我，不是理查德。都是我的错。"休斯不停地说，"我的错。"

当休斯还在空中赶往医院时，理查德·菲尔特已经与世长辞。他是与休斯相处七年多的同事和朋友。而民用航空局飞行员西库·克莱恩的尸体始终下落不明。考虑到这次事故的责任人是战争时期的主要军火供应商，民用航空局委员会把这次事故遮掩了过去，声称这归因于"联络效果太差和休斯的地面工作人员的失误"。而为了便利起见，飞行员的失误却从未提及。

但休斯和航空业的其他人心里都很清楚。起飞前，机长应该检查飞机的每一个齿轮，看它们是否能正常工作。就算没有压舱物，如果休斯的表现正常，他心爱的水陆两用机也完全应当在他的掌握之中。他对这架飞机的每一个轴承都了如指掌。"但他却听任飞机失控。"欧德科克遗憾地承认。

这句话的言下之意是不可轻视的：这位美国甚至世界一流的飞行员，在一次例行的着陆测试中，在一切状况均相当优良的情况下，竟然造成了两人丧生的惨剧。"这对休斯的心理是一次沉重的打击。"机长查尔斯·巴顿说，他曾经用了整整十年时间来研究休斯的航空事业。

在这次事故中，休斯的脑部受到了第七次重创，但他拒绝接受 X 光检查和医学治疗。

在追求四十年代的银幕女王简·格里尔时，休斯也表现出了情感崩溃的迹象。

有一天，当休斯在翻阅《生活》杂志欣赏着一款奇怪的美国陆军妇女军团制服时，他一眼看到了简·格里尔。他立即叫来了他的星探查理·盖斯特和约翰尼·迈耶，他命令他们"找到这个女孩，把她签下来，然后把她送到这里来，越快越好"。

格里尔从此走上了成为一战后黑色电影天后的道路，她也得以目睹休斯一步步痛苦地陷入精神崩溃。由于休斯很快就与简陷入了爱河，简看到了休斯不为其助手和超级明星情人们所不得而知的一面。

"他狂热地迷上了我，"格里尔说，"但开始时，他似乎只是要给我一个绝好的工作机会。"

在被匆匆送到洛杉矶之后，格里尔和她的妈妈就被安排进了一套公寓，她们过着被软禁般的生活，这种状况一直持续了五个月。休斯既不登门拜访，也没有打电话和她联络。"后来，有天晚上，我们走进了好莱坞。"格里尔回忆说，"我们又孤独又烦躁。"很快，简就引起了咆哮的二十年代的民谣之王鲁迪·威利的注意。"在我和鲁迪第四次约会之后，休斯终于打来了电话。"

那天晚上，简已经上了床了，这时查理·盖斯特的电话来了，他简要地说："休斯先生现在要见你。"

"可现在已经很晚了。"格里尔抗议道。

"那又怎样，"盖斯特毫不客气，"霍华德·休斯从来不管什么时间，他也不在乎。他想做什么，任何人都必须照他的想法去做。"

一辆车把她送到了一家早已荒废的电影院门口。"我看见一排又一排的座椅，整个观众席一片漆黑，只有舞台上的灯光照着第一排。灯光下，我看见一双长腿。我知道，那个人肯定是霍华德·休斯。"

她听到一个声音对她说："过来，坐在我旁边。"格里尔落座之后，休斯转过了头。

最后，格里尔看到了休斯的脸。她专注地盯着他，仔细观察着他那黑色的轮廓。休斯开口了，他带着责备的口吻说："我听说，你一直在跟鲁迪·威利约会。"

"哦，是的，"格里尔回答，"他对我和我妈妈都很好。"

休斯看上去烦躁不安："你一直没让你妈妈陪你，是吗？"

"有时吧，"格里尔回答，"他还让我在他的乐队唱歌。"

"但我告诉过你，不要见任何人，尤其不要出门。你不许再见这个人。"休斯继续说。

"我不能那么做，他对我很好。"她回答道。

霍华德更加恼怒。"我告诉你，别再见他。我命令你，不许再见他……永远都不许！"

简毫不畏惧。"我做不到，"她争辩道，"我不明白为什么要让你帮我挑选和决定我跟谁交朋友，或者说，决定我找谁当男朋友？"

"我明白了。"霍华德咕哝了一句。他伸出手，说了几个字："很高兴见到你。"格里尔坐在那里，不知道如何是好。"我说过了，晚安。"休斯说。

一连几天，休斯都对格里尔的拒不服从怒火中烧，他甚至开始在好莱坞寻找一个与简·格里尔一模一样的女孩。不过，到了最后，他还是跟她签下了七年的合同。

时间从一九四三走到了一九四四年，格里尔仍然没有得到一个电影角色，在冲动之下，她与鲁迪·威利结了婚，并起诉终止她与休斯的合同。但婚后不久，她和鲁迪就开始出现问题，休斯又回到了她的身边——这一次，休斯的追求则是完全的霍华德·休斯式攻势：洁白的栀子花，得克萨斯男人的魅力，频繁出入于夜总会。

休斯对格里尔的追求就像一个高中男生一样，他一次又一次带她到太平洋公园霓虹灯闪烁的娱乐场，这里终年云雾缭绕，圣莫尼卡码头到处都是嘉年华的热闹喧嚣。他们手牵着手，一起在欢快的音乐声里坐着旋转木马，吃着棉花糖，顺着海岸线静静地漫步。"他喜欢那些小游戏——像掷垒球或打金属鸭之类的，"简回忆说，"我们经常把大堆的丘比特娃娃带给我妈妈，我们那惊人的收藏就是从这时起步的。"和十八岁的格里尔在一起，休斯也回到了少年时代，就像"第一次经历那种天真无邪的日子"。在格里尔的帮助下，他学会了如何玩耍。一个寒冷的晚上，他们牵着手站在码头上，休斯向她坦承说，他的妈妈阿伦娜剥夺了他的童年。"她对我关心得太过分了。"休斯坦白地说，"这些东西我都是第一次玩。"他情不自禁地爱上了嘉年华里的这些游戏。在格里尔看来，当他打游戏赢得那些丘比特娃娃的时候，他的自豪感丝毫不亚于他得到了一份几百万美元的战争订单。

他们成了情人，市政厅酒店休斯公司总部的套间和日落大道的一处公寓是他们的秘密爱巢。"我毫无经验，但他温柔极了——而且非常耐心。"格里尔回忆说。虽然她并不爱休斯，但"在我们之间充满了柔情"。

尽管如此，她向他释放出了错误的信号。休斯始终坚信，既然已经同他同床共枕过，格里尔就已经变成他的财产。他不愿意让她见其他任何人。不管她干什么，他都要一清二楚。

在他们发生亲密关系后不久，格里尔就经历了休斯的一次精神崩溃。那天午夜，他们正在棕榈泉的"集集俱乐部"吃饭，突然，休斯说要去洗手间。

"霍华德，"简警告他说，"不要再给你的任何生意伙伴打电话，我可不想站在这里等着你处理生意。"跟休斯其他的女人一样，她也有过充当电话墙花的时候，他一次又一次地跑到俱乐部的电话亭打电话。

"嗯嗯。"休斯心不在焉地回答。

一个小时过去了，休斯还没有从洗手间里回来，格里尔开始跟他置气。"我想，我跟你说过，不要打任何电话。"

"我没有，"他回答，"我发誓我真的没有。"

这时，她才注意到他正冻得浑身发抖，他的衬衫和领带都湿了。她走过去摸了摸他的衣服问："霍华德，到底发生了什么事？"

霍华德抬起头，压根儿没听懂她在讲什么，他好像觉得自己穿着湿衬衫是再正常不过的事情。"我打翻了巧克力酱，我在脸盆里把领带和衬衫洗了一下。然后，我想等到衣服干了再出来。"

"可是，霍华德，你只用蘸点水，把巧克力酱抹掉就行了呀！你不用脱掉衣服放到脸盆里洗的。"从他脸上的表情来看，简知道这些话一点用处都没有。他完全没听明白。

后来，在另一家夜总会，格里尔又被休斯放了鸽子，休斯在洗手间耐心地等着其他人先出去，这样他就不会碰到洗手间门的把手了。

休斯的奇异行为使格里尔深感震惊，而她的丈夫还在一个劲地向她道歉并请求和好，这两件事促使格里尔决定同意与鲁迪·威利重归于好。但就在她回到丈夫身边的前一天，她还是决心要跟霍华德一起最后一次共度周末。

休斯不停地哀求格里尔："求你了，千万要来赴约……你得听完我说什么。"

格里尔不顾妈妈和威利的反对，同意和休斯一起待上几个小时，休斯说他们将去一个"令人惊喜的餐馆，一个非常特别的地方"。但一钻进汽车，格里尔就发现，休斯正在经历着另一场精神失常。

"我会带你去巴尔博。"他一边说，一边驾车上了克兰沙大道，这条路将从洛杉矶直通太平洋海岸。一路上，休斯目不转睛地望着前方，嘴里前言不搭后语地讲述着一个小女孩和她的布娃娃的寓言故事，最后他的告诫是，如果威利再次辜负格里尔，他不会像第一次那样再次接受她了。

休斯生气地说出这些话，还一个劲儿地咬牙切齿，这让十八岁的格里尔害怕起来。她拼命抗议道："霍华德，我认为这不是个好主意。带我回家吧！"

与她的要求恰恰相反，休斯用力踩下了油门，那辆破旧的雪佛兰汽车冲过前方的黄灯，几乎就要闯了红灯了。他把她带离了洛杉矶，穿过港城圣佩德罗，横跨运河，来到了长滩。过了桥之后，格里尔说服了休斯在一个公用电话亭前停了车，她要给妈妈和威利打个电话，他们俩都还在家里焦急地等着她。

"他们希望我两个小时之内能够回去，霍华德，可我们现在甚至连饭店的影子都还没见着。他们会报警的，我们可不想把这事变成一桩丑闻。"霍华德不情愿地让她下了车。但令她又惊又怒的是，他跟着她来到了电话亭，站在门口堵住了她的出路。

当简接通了妈妈和威利的电话时，休斯挤进了电话亭，他把电话听筒强行塞进格里尔手里，然后听她要说什么。"一切都好。"她镇定地说，"休斯正带我去一个特别的地方，所以，我们要晚一点儿才能回来。但休斯表现很好。"

"回来吧，简。现在就回来，"鲁迪说，"难道你不知道他脑子里有毛病吗？他很危险。"

"这个家伙他妈的到底在说什么？"休斯尖叫道，"谁的脑子有问题？不是我！"他一把抓过话筒，开始跟威利大吵起来，两个人都在大喊大叫。

当格里尔终于让两个男人都平静下来的时候，她和休斯继续向奥兰治县巴尔博岛上的一家奢华饭店进发。如往常一样，休斯要了牛排、冰激凌和巧克力酱，简警觉地观察着他的精神状态。看得出来，他正在尽量吃得慢一点，这样就可以把她多留在身边一会儿。几个小时过去了，简开始怀疑，要是今天还想回家的话，是不是要和休斯大动干戈一场。

为了能够尽量控制局面，格里尔说服了休斯让她离开一下，她想一个人去化妆间补妆。她知道时机对她很重要。要是她离开得太久，休斯就会跟上来，就像他对比莉·德芙和金格尔·罗杰斯做过的那样。

幸运的是，格里尔走进化妆间不久，一名中年妇女就走了进来。

格里尔赶紧塞给这位陌生人一张一美元的钞票，又把妈妈的电话号码也给了她："请替我打这个电话。请告诉他们我在哪里，我很好。但请不要回来给我找零钱，也不要在酒店里联系我。"

"你碰上麻烦了吗，亲爱的？"那位女士问道。

"不，我没事。请问，您能帮我打这个电话吗？"

然后，格里尔闷闷不乐地回到了休斯的身边，陪他吃甜点，喝咖啡。几分钟之后，她看到她的救星向她走了过来。"她走过来，我向她摇头。我意识到，她肯定已经跟我妈妈说上话了，而我妈妈那时候肯定已经歇斯底里。我心里说：'现在，你把这事搞得越来越复杂了。'"

霍华德看到那名女子正在走向自己。"她想要干什么？"他问。

格里尔迅速地想了一下："我向这位女士借了点儿上卫生间用的零钱，当时我只有一美元。现在她肯定是来还我零钱。"她从那位女士的手里接过了零钱，然后又对她轻轻摇了摇头，好像在说："谢谢，谢谢，谢谢。"

但那位女士一个劲儿地盯着休斯，休斯不禁有点起疑。他抓住了这位陌生人的手臂，直截了当地问："你到底是谁？你要干什么？"

"放开我，先生！"她回答，"我的朋友就在附近，他们正看着我呢。"

格里尔哀求地看着她，说："请你走吧。"那位女士终于转身走开了，格里尔这才松了一口气。

在确信休斯没有在意这件事之后，简一下子放松地靠在了椅背上。休斯终于觉察到她的不快。"你不开心，是吗？"他伤心地问。

"是的，霍华德，我一点都不开心！"

"好了，简，"霍华德说，"我要给你看看我给你准备的惊喜，然后，我就送你回家。"

他们又驾车上了太平洋海岸高速公路，然后来到了巴尔博半岛上的一个游乐园。这里的游乐场里完全是一些四十年代粗劣的小把戏：射击游戏、哈哈镜、鬼屋和旋转木马。他们最后一次手拉着手，在欢乐的人群中穿梭而过。

当他送她回到车上时，已经是凌晨一点钟了。他一路飙车回到了好莱坞，就像他曾经答应过她的那样。但当汽车开到她家附近时，他提出了一个特殊的请求。"你得再帮我一个忙。你得为我唱一段《蝴蝶夫人》里的咏叹调。"

一开始，简以为他在开玩笑。但他靠过来，可怜巴巴地请求她："请给我唱一支'晴朗的一天'吧！"

于是，简这位大乐队前主唱就坐在这辆破旧的雪佛兰汽车里，唱起了普契尼歌剧里最苦涩的一段咏叹调，那是关于失去的爱情和对重拾旧爱的永恒期盼。

等汽车开到她家门口时，休斯俯过身来，在她的脸颊上轻吻了一下。然后，他伸出手，非常绅士地替她打开车门。"再见。"他说。

大逃亡

一九四四年十月初，太平洋的薄雾笼罩着暗礁上的索勃尼庄园，霍华德·休斯带着菲斯走进他那装修得富丽堂皇的客厅，点燃了壁炉里的柴火。当壁炉里的木柴开始燃烧时，他拿出两个锦缎坐垫，给菲斯一个，自己留下一个。"坐到这里来，"他说，"我要请你帮个忙。"说完，他就上楼了。

菲斯·多默格听到休斯在书房里翻箱倒柜的声音。然后，他回到了客厅，怀里抱着一捆信件、贺卡和电报，好多都是一战时期留下来的。他一副紧张不安和心不在焉的样子，粗暴地把这些发黄的文件扔到她身边的地毯上，这些文件记录着他最为隐秘、不为人知的过往。

他打开壁炉的门，让菲斯靠着壁炉坐了下来，开始把一些文件递给她，让她往火炉里丢。在郑重地将每一份古老的记录丢进壁炉里之前，他都会告诉菲斯这份文件的内容，有时他还挑出来一两段读给她听，这些文字重现了他的父母、祖父母和其他亲属的话语和秘密，而他们都已不在人世很久了。

时隔多年以后，菲斯·多默格说，这些信件全都来自地狱。

最先被扔进火里的是他在撒切尔中学时写给母亲的信。在其中的一封信里，他写道："妈妈，我每天都给您写两次信——早上起床后写一封，晚上上

206

床前写一封。您不能起码给我一天写一封信吗？"阿伦娜写给儿子的信都精心地绑着红丝带，但那些娟秀清丽的笔迹却是她对儿子铁腕控制的痛苦回忆。他顺手就把它们抛进火堆中。当这些邮件被火焰吞没以后，上面那带香味的墨水留下的淡淡余香还久久地萦绕在整个房间——这种带香味的墨水在爱德华七世时代非常流行。

在这场仪式的过程中，休斯从一大堆信件里抽出了一张纸条，并拿在手里翻来覆去地摩挲着。这是他妈妈在去世前一天在医院的病床上给他的爸爸老霍华德写下的。休斯温柔地读着这张纸条，声音里充满了感情。读到一半的时候，他再也读不下去了，把纸条递给了菲斯，菲斯接着朗读了下去。

"字迹真是太美了！信写得如此甜蜜，连我都在想，他怎么会舍得把它扔进去烧掉呢？"菲斯后来回忆道。"霍华德，你应该把这封信留给你的孩子。"她劝他。

"不，"休斯说，"绝对不行。我之所以把它留下这么多年，只是因为在这封信里，我妈妈希望爸爸能够把她在工具公司的股份全部留给我，而不是别的什么亲戚。我留着它，是为了对付我的那些亲戚。"

带着些许苦涩，休斯把又一批信件扔到了火堆里。这批信件详细地记录着他为了取得休斯工具公司的控制权与他的亲戚们斗争的全部过程。在写给祖父菲里克斯·休斯的一封信里，霍华德写道："自从父亲去世以后，我感到自己被整个家族抛弃和嫌弃了。我认为，您发起的这场旨在抢夺我的财产的诉讼战，完全是一种背叛。"

在休斯收藏的这些文件中，霍华德最为珍视的是母亲阿伦娜去世前一夜写给老霍华德的那封信，他把它单独挑了出来，放在一边。可是最后，休斯还是拿起了它。

"亲爱的，留着这封信吧，"菲斯·多默格请求他，"你拥有的不只是一件私人物品——它会让你想起她是多么伟大的一位女性。"

可是休斯却紧张地说："我死之后，我怎么知道谁会拿到我的这些邮件和文件呢？谁知道它们会被扔到哪里呢？"于是，他轻轻地拿起了母亲阿伦娜的信件，把它送进了壁炉。

最后被送进壁炉的是一份皮质的文件袋，上面写着"埃拉·莱斯·休斯"。霍华德看都没看，就狠狠地把它扔进了壁炉。休斯似乎想要毁掉他与过去的联系，开始新的生活。

而菲斯所不知道的是，霍华德·休斯不仅想要逃避他的过去，就连现在的一切也是他要竭力逃避的。他那种高调而成功的生活方式所带来的责任和压力，快要把他逼疯了。

诺亚·迪艾克里特早就注意到老板精神崩溃的迹象，因为休斯的性情变得越来越捉摸不定，也越来越难以沟通了。就在休斯焚烧了他的过去的那个星期，迪艾克里特发现，即便是最平常的交谈，他也开始不停地向迪艾克里特重复着同一句话。

一天早晨，霍华德想给他的电话装个小小的扩音器。他打电话给迪艾克里特，然后开始不停地说："诺亚，我想让你了解一下扩音器的事。诺亚，你得给我装个扩音器。诺亚，我想让你了解一下扩音器的事……"

诺亚还没来得及说一个字，休斯一口气把这句话重复了无数遍。于是，迪艾克里特开始替他数数。霍华德把这句话重复了三十三遍。诺亚·迪艾克里特最后吼了起来："霍华德，你知道你在干什么吗？你一直在重复说着同一句话！"

"见鬼，诺亚，你在说什么？"休斯反问他。当诺亚·迪艾克里特试图解释时，休斯痛苦地呻吟道："噢，上帝呀，诺亚。我要完了。"

"霍华德，你只是工作太累了。"诺亚·迪艾克里特安慰他，"我想，你应该去见见凡尔纳·梅森大夫（休斯的私人医生），听听他有什么好办法……趁着你还没完全崩溃，赶紧去。"

在一九四四年秋天，当休斯情感的纸牌屋终于轰然倒塌时，诺亚·迪艾克里特、菲斯·多默格和他的好朋友格伦·欧德科克都毫不惊讶。

休斯家族的精神分析专家弗勒博士猜测，当时霍华德·休斯正在试图逃离他所经历的失败所带来的重压，在此之前，他一直过着优渥的生活。"他父亲的亡魂正在追赶着他，"弗勒这样分析，"他对'云杉鹅'号（'大力神'号）完全着了迷，而这架飞机的失败让他觉得自己的整个人生都是失败的……因为他认为自己把所有的财富都押在了这笔生意上。于是，他以常人难以忍受的方式来做这个项目。他就这样崩溃了。"

约翰·查佩尔医生曾经为内华达州深入研究过霍华德·休斯一生的精神状况，他认为，这个时期霍华德的精神陷入了崩溃状态，他说："我认为，他想在二战中扮演主要角色，但他几乎在所有生意中都折了本。""就是在二战期间，平生第一次，他经历了人生道路上的重大挫折……对于一个已经习惯了成功的人来说，这种失败是毁灭性的。"

最近，休斯面临的压力越来越大。

一九四四年，休斯的身体出过两次意外。第一次发生在"群星"号从洛杉矶到华盛顿的首次试飞时，飞机还没离开地面，休斯的举止就已经不太正常了。他推迟了飞机的起飞时间，让那些大人物在飞机上干等了半个小时，而他却趁着这会儿工夫试图说服艾娃·加德纳陪他飞完这段航程。在被拒绝之后，休斯火冒三丈地上了飞机。当他发现有位衣着入时的环球航空公司空姐经过他的身边时，马上咆哮起来："这架飞机不准出现女人——把她们扔下去！"航空公司副总裁杰克·尼古尔斯对此并不同意，休斯更加暴跳如雷。"去他妈的艾娃·加德纳！"他说，"她有什么理由不坐这架飞机——这是一场胜利。他妈的，她为什么不来？"

当满载乘客的"群星"号飞机飞越洛基山脉的上空时，休斯熄灭了两个引擎，以显示"群星"号比其他飞机先进。然后，机身剧烈地颤抖起来，尼古尔斯冲进了驾驶室。"天哪，霍华德，你把所有人都吓死了。"

休斯的脸上是一副狂躁的表情。"你以为这是个事儿吗？我正准备熄灭第三个引擎呢。我马上让他们开开眼。"

尼古尔斯哀求道："你看，霍华德，我们会坠机的……你会毁掉自己的航空公司的。"最后的这句警告总算让休斯恢复了正常。

休斯的第二次发作更加严重。当时，他正驾车冲下贝弗利大街，突然他

209

的眼前一片漆黑，他驾驶的雪佛兰径直撞到了另一辆车上，他的汽车前部被撞得粉碎，他的脑袋又一次重重地撞到了挡风玻璃板上。

休斯一副神不守舍的样子，他含混不清地让司机开车送他回穆尔菲尔德去接受治疗，而不是通知警察。然后，他跟跟跄跄地摸进家门，一下子就躺倒在进门的走廊上。

诺亚·迪艾克里特冲了过来，把满身血污的老板扶了起来。"见鬼，你是谁？你想对我干什么？"休斯说。

"是我，霍华德。"迪艾克里特回答。

霍华德·休斯一把抓住诺亚的衬衫："你放开我！"诺亚把休斯扶到了床上，马上叫来梅森医生替他包扎伤口。其间，休斯曾短暂地苏醒过一次。"别送我去医院，"他说，"一进去他们就不会放我出来了。"

但是，霍华德·休斯根本没有发疯，尽管在那个时候，他本人和所有的医生还都不知道这一点。其实，休斯反复发出的哀号"我完蛋了"，正是他真实的心理状况发出的信号。

"如今我们可以肯定，霍华德·休斯得了强迫性神经失调症。其实，在当代医学史上，霍华德·休斯也许是最著名的强迫性神经失调症患者。"杰弗里·施沃兹医生这样说。他是加州大学洛杉矶分校（UCLA）医学院的教授，也是研究强迫性神经失调症的前沿专家。杰弗里·施沃兹十年的研究关注的是霍华德·休斯四十年来根深蒂固的心理痛苦。这一次，他第一次披露了曾经让休斯的情人们、私人医生和传记作家们为之迷惑不解、悲痛欲绝的秘密。一年前，全世界的科学家们意识到，霍华德·休斯是典型的强迫性神经失调症患者。瑞典、瑞士、法国、日本和英国都对休斯的思维模式进行了深入的研究。但杰弗里·施沃兹声明，毫无疑问的是，"霍华德·休斯绝对不是疯子，他的病情也不是不能治愈"。其实，如果休斯能够找到施沃兹医生和他在加州大学洛杉矶分校的医学研究团队接受一年左右的治疗，他的病就可以永久康复。

另一份有说服力的证据来自心理学家诺亚·迪艾克里特的儿子安东

尼·迪艾克里特，他是霍华德·休斯身边最熟悉的人，他说父亲的老板霍华德·休斯——他自儿时就认识的伙伴——是一个"完全被误解的人，一个深受强迫性神经失调症之苦却无法自拔的可怜病人。如今，我们完全可以用氟苯丙胺彻底治愈这种病"。据迪艾克里特说，这种药物和辅助治疗完全可以帮休斯摆脱那种经常发作的间发性痛苦，也许就可以避免后来那一系列悲剧的发生，其中包括吸毒所带来的毁灭。

安东尼·迪艾克里特回忆道，他父亲把休斯的创伤看作他天才般智慧的另一个方面。"我父亲对霍华德桀骜不驯的一面和传奇的生活经历佩服得五体投地。"

其实，正是诺亚·迪艾克里特首先发现了休斯患有强迫性神经失调症的蛛丝马迹。

当霍华德意识到他在不停地重复着同一个句子时，他向诺亚·迪艾克里特和其他人发出的抗议就是典型的求救信号，这是深陷于强迫性神经失调症精神监狱中的囚犯们典型的求救呼叫。"霍华德清楚地知道，他把同一句话反复不停地说上几十遍。当他哭喊着说他要疯了的时候，他是有自主意识的。"安东尼·迪艾克里特说，"他一定在想：'我恨这种感觉。可我又能怎样呢？'而一个真正精神错乱的人是意识不到自己疯狂的行为的。可是，休斯清楚地知道自己在干什么，并为此感到沮丧。这种意识才是他患的这种病症最为痛苦的一面。"

"让你听过的、看到过的有关霍华德·休斯精神错乱的说法见鬼去吧。"杰弗里·施沃兹医生说。施沃兹医生在ＵＣＬＡ使用的治疗方法治愈了几十位"症状比霍华德严重得多的"强迫性神经失调症患者。在他看来，霍华德·休斯只是一个饱受大脑中生物化学物质失衡之苦反复折磨的病人，而这种失衡很可能是他的母亲阿伦娜遗传给他的。杰弗里·施沃兹解释说，强迫性神经失调症不是神经错乱也不是精神病，而是一种真正的生理疾病，就像躁狂型抑郁症和癫痫病那样，都有它的生理基础，是一种"生物化学物质不平衡引起的大脑短路"。

换言之，霍华德在电影《不法之徒》发行上的拖延，他在建造飞船这件事上的犹豫不决，以及他经历过数千次的起飞和着陆之后却突然失败等等，这些都不过是这种疾病的一种症状而已。在今天，它完全可以得到控制。

这项惊人的研究成果揭开了霍华德·休斯的怪异天才之谜，以及他最终误入歧途的原因。但是，安东尼·迪艾克里特强调说："当时，人们还认识不到这种病。人们只是以为他已经疯了。"

在米德湖坠机事件之后，强迫性神经失调症带来的可怕后果把霍华德·休斯困在了索勃尼庄园的床上——几乎对进进出出的来访者完全置之不理。当他把要吃阿司匹林药片这句话重复了十五遍之后，梅森医生坐到他的床边，坦率地告诉他的老病人："霍华德，在你不得不自杀之前，推掉所有的事务。再这样下去，你会杀了你自己的。"

奇怪的是，休斯把这句话记在了心里。在接下来的两个星期里，他把所有的工作交到了他的同事手里，尤其是他的两个朋友诺亚·迪艾克里特和欧德科克。然后，他关上了自己房间的大门——他的情人们、夜生活，包括依然在蓬勃发展的帝国事业，全都被拒之门外。

一九四四年十月中旬的一天晚上，一位美国公众人物开始了他最奇怪的一次旅行。霍华德给他的得力助手、休斯飞机制造公司的总监乔·佩特拉里和他最喜欢的一个机械师迪克·贝迪打了一个电话。"给水陆两用机加满油，"他命令道，"多带点儿衣服，为长期旅行做好准备。飞机起飞后，我再告诉你们我们准备去哪里。"

佩特拉里和贝迪都没注意到一个颇具讽刺意味的事实：休斯居然挑了这架曾经带给他深重灾难的水陆两用机来完成这次大撤退。上次米德湖坠机事件发生后，休斯拿出十多万美元，让潜水员们把这架飞机捞了出来，然后又花了四五十万美元把它修理好。

飞机起飞之后，他告诉佩特拉里和贝迪，他们的第一站是拉斯维加斯。他还加了一句："我们这次出门大概需要六个月。"说完这些后，在接下来飞越内华达山脉飞往荒无人烟的沙漠的整个航程中，他再也没有说过一句话。

当休斯驾着飞机穿越云端降落在拉斯维加斯机场时，一阵暴风雨袭击了拉斯维加斯。就像他在米德湖上的表现一样，休斯对飞机的控制又出现了异常。就在飞机将要触地的一刹那，恰好遇上一阵大风。飞机滑出了跑道，径直向机场旁边的灌木丛和沙丘冲过去。飞机以每小时八十英里的速度前后撞击着，最后掉头返回了沥青跑道，然后才停了下来。

休斯跳出机舱，查看飞机的受损情况，他难为情地发现，他把机身撞得凹了进去，还把控制飞行方向的轮子也撞坏了。他问佩特拉里："你怎么看？"

"一个月。"佩特拉里回答道，"要修好这个，我们需要一个月。"

休斯、佩特拉里和贝迪三人又换上了备用飞机，在接下来的三个月里，继续在沙漠上空飞行：拉斯维加斯—里诺—棕榈泉—拉斯维加斯。每天，他们都要举行一种特殊的仪式，不管在什么地方都不例外。每到下午三点半，不管身在何处，他们都要整理好所有的行李，然后和饭店结账。每当休斯心血来潮时，他们要么继续在这家旅馆住下去，要么离开。有一次，在拉斯维加斯的艾尔朗乔饭店，他们在连续二十二天里都举行了这样的仪式。

随着圣诞节的到来，佩特拉里和贝迪都向老板请了一个星期的假期，他们要回到洛杉矶与家人们团聚。霍华德·休斯拒绝了。"我不知道会在什么时候需要你们。"然后，他又恳求他们："再说了，你们也知道，圣诞节就是我的生日。"

佩特拉里无法忍受这一切。他一直等待着机会，当他以为休斯不在房间的时候，就从门缝里给休斯留了一张便条，说他和贝迪会在圣诞节第二天回来。他们刚刚走出拉斯维加斯，休斯就发现了纸条。他顿时勃然大怒，并马上决定阻止他们。

既然不能把他的两位手下拦下来，休斯只好驾着一辆租来的货车，向沙漠挺进，穿过圣加布里尔山谷，最后，他把车停在了贝弗利山的枫叶大街，因为车已经没油了。他拉开车门，独自消失在黑暗之中。这一天是一九四四年平安夜，他的三十九岁生日。

十二月二十六日，佩特拉里回到了拉斯维加斯，却发现休斯已经不知去向，休斯住过的那个房间内一片狼藉。佩特拉里试图找到这位百万富翁的行踪，却以失败告终。"所以，我们只能继续待在这家汽车旅馆里，等待老板的消息。"佩特拉里回忆说，"我们一等就是好几个星期。"佩特拉里认为，也许休斯又钻进哪个小影星的香闺里了。

可是，这一次佩特拉里错了，休斯已经找到了加利·格兰特，他们在一起。

加利·格兰特已经和伍尔沃兹的女继承人芭芭拉·赫顿结了婚，可是他们的婚姻却无异于一场灾难，而每隔一段时间，休斯总是会来这里，和加利夫妇一起住上一段时间。这是一部奇怪的三重奏：作为休斯的前情人，赫顿习惯了灯红酒绿的夜总会生活，每天下午一点之前，她绝对不会醒来；休斯总是喜欢在清晨办公，早晨七点到九点才是他的睡眠时间；而格兰特呢，从早上五点到天黑，他一直待在摄影棚里。"休斯安静得像教堂里的小老鼠。芭芭拉白天总在睡大觉；而当我在呼呼大睡的时候，休斯却在客厅里蹑来蹑去，拿着电话——与五角大楼、休斯工具公司以及休斯敦处理生意上的事或与他的女朋友们打情骂俏。"加利回忆道。

一九四四年一月至二月初，正当佩特拉里在美国西南部寻找老板的下落时，他却帮助老朋友加利·格兰特平安度过了他的婚姻破裂时期。对加利而言，那是一段难熬的日子，他和芭芭拉·赫顿的那场婚姻被媒体戏称为"美元与加利"。二月十一日，在失踪了五个星期之后，在拉斯维加斯的汽车旅馆里，休斯敲响了佩特拉里的房门，一辆来自洛杉矶的出租车正在楼下等着。当佩特拉里打开房门的时候，他震惊地发现，休斯比离开时更瘦了，看上去"憔悴不堪……焦虑不安……老了好几岁"。

"他表现得很平静，似乎什么都没有发生过。"佩特拉里回忆说。

在走进佩特拉里的房间之前，休斯紧张地左右环视了一番，以确信没有人跟踪。"乔，我要你下楼去那个出租车里，把车里的一个盒子拿上来。"他说，"我希望你小心点儿，用四号牛皮纸包好，用五十一号绳捆好，然后按照

214

我的指示来处理。"

佩特拉里赶紧跑下楼，钻进出租车之后，他被盒子的大小惊呆了。"盒子"有六英尺长，三英尺宽，一百五十多磅重。不过，佩特拉里还是把这个笨重的家伙弄到了他的房间。然后，他又按照休斯的吩咐，前往五金店。他在第五家五金店里找到了四号牛皮纸和五十一号绳。

第二天凌晨一点，休斯打电话给佩特拉里："马上做好随时离开的准备。"然后，他搭乘出租车穿过沙漠，奔向波尔德城内的一个小社区，他占用了环航公司的货运办公室。休斯坐在货运公司狭小的会计室里，在一台打字机前忙活起来，他的脑袋距离键盘只有几英寸。

当天，环球航空公司的值班人员切斯特·麦卡班发现，霍华德·休斯会间歇性地出现大汗淋漓和浑身发抖的症状，有时他还用苍白的手指牢牢地抓紧椅子的扶手。在十八个小时里，这位百万富翁一直在打字机前打字，他每打印完一张纸就扔掉，再换上一张新纸继续打。当麦卡班进入办公室想要给他倒杯热咖啡时，休斯马上纵身扑到打字机上，对着他大叫："你不能看这个！你不许看这个！赶快出去！"直到第二天深夜，他才终于跌跌撞撞地摸出这间办公室，但在出门之前他竟然把地上所有的纸张收起来，一把火烧了个干干净净。"不要告诉任何人我来过这儿！"他警告切斯特·麦卡班。

一回到拉斯维加斯，休斯马上就把乔·佩特拉里叫到自己的房间，他把一个马尼拉纸糊的文件袋递给了佩特拉里。他用尽浑身力气，高声命令乔·佩特拉里马上带上这个文件袋回他自己的房间，然后用四十八个小时的时间去研究里面的内容。在接下来的两个小时里，休斯向佩特拉里不停地重复着他的这个命令。

休斯在房间里走来走去，他的声音越来越大，动作也变得越来越激烈。他的情绪已经失控，不停地在椅子上跳上跳下，有一次还摔倒在床上。"记住，严格按照我说的办法读这些指示。每两个小时看一次。然后休息两个小时。再看两个小时。然后，再休息两个小时……"

到最后，霍华德·休斯拼命地摇着佩特拉里的肩膀，大声喊道："只要你还活着，这些指示就永远有效！"然后，这份指示被送了过来，同时还包括一份附言。乔·佩特拉里被告知，在拆开这个文件袋之前，一定要把手洗得干干净净。

回到房间之后，这位浑身颤抖的飞行工程师拆开了休斯花了十八个小时打印出来的文件袋。文件袋里面只有一张纸，上面写着："如果哪句话我没有重复十次以上，就不要把这句话以任何方式转达、传递或电话告知加州的任何人。"

这就是全部内容！只有四十一个字！

在剩下的两天时间里，乔·佩特拉里听从休斯的吩咐，待在酒店的房间里，然后，他回到休斯这里汇报工作，而此时的霍华德·休斯却更加狂躁不安了。他不停地向这家饭店的窗外张望，然后，他告诉乔·佩特拉里："快看外面那些想抓我的人！他们一定要抓到我。"然后，他的话锋一转。"关于我给你的那些重要指示，"休斯说，"那可都是秘密——高级机密。要是我手捧一个系着红绳、盖着印章的徽章，带着一位议员走进这个房间，并且我还命令你：'乔，别理我的话'，你就回答我，'去死吧，霍华德'。"

"好了，记住这个，永远记住。"

他又大声嚷嚷起来："假如我站在你面前，告诉你打电话给加州的某某人，把手背过去，扳着指头数一数。要是我只对你说上九遍的话，你什么都不用干。当我说到第十遍的时候，你就可以行动了。"

"顺便告诉你，"他说，"我们明天清晨就动身。"

第二天早晨五点，霍华德·休斯出现在飞机场，他身穿一件一九二五年的浣熊毛皮大衣和一条笨拙的蓝哔叽西服，胳膊和膝盖上都打着补丁。乔·佩特拉里问他的老板，他们的目的地是什么地方，他们还要交给飞行控制塔一份详细的飞行计划，霍华德·休斯一下子就发火了："我不需要写他妈的飞行计划报告。告诉他们，我们要向东飞。这就够了。"

此时正是第二次世界大战的巅峰时刻，在战火纷飞的美国领空，美国空军在监视着北美上空的每一架飞机，休斯的这种举动相当危险。可是，乔·佩特拉里只能按照休斯的吩咐行事，他小声对飞行控制塔说："这里是霍华德·休斯，他正在为美国军方执行公务。"这个理由似乎很符合逻辑：美国空军已经在休斯的飞机上画上了让人梦寐以求的军队金星，这架水陆两用机的确有高于民航飞机的飞行特权。

霍华德·休斯的"大撤退"又一次上演了。

当飞机飞过亚利桑那沙漠的上空时，休斯才告诉乔·佩特拉里他们的目的地："给我画出去路易斯安纳州什里夫波特的路线。"

"为什么要去什里夫波特？"乔·佩特拉里问。他的老板只是耸耸肩。"那一刻，他一副怅然若失的样子，"佩特拉里回忆说，"他似乎是世界上最孤独的人。"

在他们飞过得克萨斯州上空的时候，在离休斯敦仅有几公里的地方，休斯俯瞰着荒凉的南得克萨斯州，内心有种东西瞬间轰然倒塌了。他突然瘫倒在驾驶座的椅子上，眼泪沿着脸颊流了下来，然后他开始放声大哭，双手紧抱着脑袋。飞机突然穿过云层俯冲下来。乔·佩特拉里马上紧紧地拉住操纵杆，把飞机引回了正常的航道上。

可是，霍华德依然一动不动，他双手捧着脑袋，脸上一片茫然，直到飞机飞过路易斯安纳州依然没有恢复过来。

天马上就要黑了，他们终于着陆了。着陆前，他们的飞机还遇上了雷阵雨，闪电劈开漆黑的乌云从空中照射下来，飞机不得不在空中左右闪躲，而霍华德却依然对此茫然不知。乔·佩特拉里叫了一辆出租车，把他平安地送到了什里夫波特市破旧的度假饭店，休斯很快就睡着了。

在漫游癖复发期间，休斯很少在夜间外出，可是乔·佩特拉里需要出门放松一下，于是他到一家旅馆看了场电影，他以为休斯会一直睡到第二天早上。他错了。仅仅睡了不到一个小时，休斯就从床上爬了起来，穿上皱巴巴的哔叽服，头戴软呢帽，穿了双网球鞋就上了街。

在旅馆的几个街区外，休斯在一个人行道上发现有家还在营业的小店。他买了一长条面包和一夸脱牛奶。他一边喝着牛奶，一边在一家废弃的加油站旁边的停车场里闲逛。他在路边坐了下来，掏出小本子和笔，信手写下了侦察机的尾部工程结构方程式。

"这真是令人惊诧，"乔·佩特拉里回忆说，"不管他如何心烦意乱，他总能把那些复杂的方程式随时从脑海的最深处挖出来——这是天才的标志。"

在几家商铺的小摊经过的时候，刚刚下班的什里夫波特市警官马尔文·埃塞尔瞥见了休斯像个幽灵一样，弓着背坐在路上。"他衣衫褴褛，胡子拉碴，坐在那里猛灌牛奶，所以我认定他是刚从附近的战俘营逃出来的逃犯。"马尔文·埃塞尔警官马上给警察局打了个电话，梅里特警官赶了过来。两位警官开始盘问这位胡子拉碴的陌生人。"我能看看你的证件吗，先生？"梅里特问道。可是休斯只是冷冷地盯着他，面无表情。"你叫什么名字？"警官又问了一遍，可是休斯依然一言不发，自顾自地啃着面包。"先生，如果你拒绝回答我的问题，那么我只好逮捕你了。"此时，马尔文·埃塞尔警官发现休斯的眼里闪过一丝愤怒，可是除此之外，他还是没有任何反应。

尽管此时的霍华德·休斯已经是全美国排名第四的亿万富翁，可还是被不明真相的警察塞进警车，带到了警察局。直到这个时候，霍华德·休斯终于开口说话了："给度假饭店打个电话，要乔·佩特拉里接电话，他会告诉你们我到底是谁。"

"好吧，伙计，现在我要把你扔到监狱里，明天我们再处理这个问题。"

休斯慢慢抬起头，傲慢地看着警官。"我是霍华德·休斯，我就住在度假饭店。"稍作停留以后，他又补充道："我可不缺钱。"然后，他从口袋里抽出三千五百美元，顺手扔在桌子上，再次缄口不言。警察局马上就找到了休斯工具公司在当地的负责人证实他的话。最后，这位经理出现在警察局，证明眼前这位就是他从未谋面的老板，他还带来一大沓报纸作为另外的证据，上面有休斯的照片。

在返回破旧肮脏的度假饭店以后，佩特拉里注意到，这次经历对休斯几乎没什么影响，他"似乎在梦游"。（休斯后来告诉迪艾克里特，他对自己"在路易斯安纳州或其他地方"被逮捕的事一无所知。）第二天早晨，佩特拉里终于松了一口气。因为休斯飞机制造公司的飞行工程师雷·科克帕特里克和鲍勃·马丁一起，把休斯送到了佛罗里达州的奥兰多。在休斯的指示下，三个人跳上了一辆租来的汽车，驾车来到了位于奥兰多市中心的格雷汉德汽车站。而休斯全然不顾属下的反对，腋下夹着一个衬衫盒子，跳上了开往迈阿密的巴士。他悠然自得地告诉他们："我会写信给你们的。"

但接下来却是让人惊心动魄的三个月。在这三个月里，迪艾克里特、科克帕特里克，甚至包括休斯在休斯敦的亲属差不多把整个美国翻了个遍，来寻找这位离家出走的百万富翁。霍华德的姨妈安妮特·拉米斯冲着迪艾克里特大喊大叫："这是个阴谋！就算你告诉我可怜的霍华德已经死了，我也不会奇怪的。你们肯定是把他的尸体藏了起来，你们想独掌大权。"

诺亚·迪艾克里特尽力安慰她："我也找不到他，我真的需要找到他……还有一些国防工程的合同已经落下了不少工期。"

直到四月底，诺亚·迪艾克里特才得到了有关他老板下落的一个费解的线索，有位飞行员打来电话，告诉他霍华德·休斯就住在劳德代尔堡，他在海边租了一间小房子。

"那个飞行员告诉我，霍华德·休斯在海滩上生起了一堆熊熊的篝火，烧掉了他的衣服，一次烧一件，最后，他差不多就是全裸，然后他就围着篝火疯狂地踱来踱去。这样的仪式和他之前举行的那些仪式没什么两样。"诺亚·迪艾克里特回忆说，"然后，他再换上从潘尼服装店买来的新衣服，回到自己的房间。可是，就在两天之后，休斯又在午夜时分离开了劳德代尔堡。"

最后，休斯在五月七号给诺亚·迪艾克里特打了电话。"我在迈阿密，"他毫不在意地告诉诺亚，"给我四千五百美元，再给我多搞点战争配给油票，把我弄回奥兰多。明天下午一点以前，把钱和加油券寄到洛因美广场饭店。必要的时候，你可以给华盛顿打电话。他们会批准这些配给的。"

第二天，休斯就驾驶着一辆雪佛兰来到了奥兰多。车上堆满了大大小小、各种形状的纸盒子，每个纸盒里都塞满了他在迈阿密买的衣服，包括一套崭新的晚礼服和几套得体的西装，这说明他曾经在棕榈滩有过丰富多彩的夜生活。当科克帕特里克把那件漂亮的晚礼服放在所有衣服的最上面塞进机舱里时，休斯不禁开怀大笑起来，叫着："名媛！"

"给纽瓦克制订个飞行计划吧。"他轻松地说。

到了纽约之后，科克帕特里克和马丁住进了卡尔顿饭店，而休斯则搬进了广场饭店的套房，他再次在曼哈顿掀起了罗曼蒂克的风潮。六月三日，《纽约邮报》宣布了他的回归："霍华德·休斯穿着网球鞋在城里到处逛，他证明了男性时尚的魅力。如果你是霍华德·休斯，那样穿又算得了什么——反正不管你穿的是什么，你老兄总是会成为最新的时尚。"

与此同时，马丁和科克帕特里克却正在纽瓦克机场对那架水陆两用飞机进行大修，他们把一夸脱油倒在休斯那只巨大而神秘的纸盒子上。突然，他们找到了一个很好的借口，终于可以把这个神秘的盒子撕开，看看里面放了什么宝贝。

拆开盒子以后，他们发现了成摞的星期日漫画，有的卷着，有的则绑成捆。在整整四年的《红色骑士漫画》堆里，藏着各种各样的医用冲洗袋，大小不一，形状各异。

科克帕特里克朝马丁眨了眨眼。"我想，我们知道老板在曼哈顿干了什么好事了。"

仅仅过了一个星期，霍华德·休斯便容光焕发地飞回了洛杉矶，从此变成好莱坞最出名的登徒子。在那里，艾娃、丽塔、拉娜和无数别的女人都在翘首期盼着他的来电。

孤独的狼

　　"孤独的狼"是澳大利亚演员埃罗尔·弗林和导演普莱斯顿·斯特奇斯给休斯起的绰号，意指在好莱坞名人圈子里休斯的床上功夫无与伦比。在当时，这个称呼并不意味着花心或滥交，而是对男性魅力的一种赞美。

　　作为情人，休斯的地位和成功更加突出了他的出色，他是电影史上第一个以自身形象诠释了"性感偶像"内涵的制片人，他也是一个喜怒无常的阴郁王子，以胆大冒险和少年般的孤僻而散发出让女性难以抵挡的性感。霍华德二十多年的好友、专栏作家詹姆斯·培根称赞他是好莱坞"最伟大的剑客"——甚至超过了埃罗尔·弗林本人和查理·卓别林。

　　曾在二十世纪三十年代被休斯迷得神魂颠倒的好莱坞女星琼·克劳馥说："休斯精力充沛得连树都能'上'。"

　　最近几年里，休斯的性感形象已经被那些传记作家和八卦记者随心所欲地歪曲。他们把他描述成一个臭名昭著的秘密同性恋者，依据是二手资料甚至三手资料——或者是一些已经停刊的报纸。因为他晚年神秘的隐居生活，整整一代人都把休斯看作一个疾病缠身、离群索居的老头，头发蓬乱、手脚长趾。这是休斯在二十世纪七十年代隐居生活期间的形象，人们将其倒推至过去，把休斯在二十世纪四十年代中早期的形象也一并败坏了，其实，在此之前，休斯在追求异性方面一直在好莱坞独领风骚。

在有关二十世纪四十年代的洛杉矶的书籍和报纸中，休斯也一直被描述为衣冠不整、举止无礼的流浪汉，和性感一点也不搭边。事实上，休斯简洁的衣着风格、神气的软呢帽、干净的白衬衫（虽然有时也会皱巴巴的）和宽松的工作裤，赋予他一种硬朗的力量感和神秘的气质，而这些正是好莱坞那些男明星所缺乏的。

在好莱坞，服装设计师成为最高主宰者，而休斯却独树一帜，就像加利·格兰特说的那样，"他活着是为了工作"。格兰特解释说："他根本没时间去考虑外在形象，他也不需要。女人们认为，他那样就很性感。"

她们也被他性格的复杂多变而深深吸引——有时，他胆大妄为；有时，他又像一个受伤的孩子。有时，他那双棕色的眼睛里透露出桀骜不驯、愤懑狂怒的光芒；有时，又会流露出深深的哀伤。女人们都喜欢他这双眼睛。

她们还喜欢他追求她们时那种不顾一切的气概。

一九四五年九月五号清晨，休斯无视严格的战时管制措施，竟然架着飞机越过美国国界直飞英属哥伦比亚，去追求他所见过的"最迷人的女人"。凭借他极机密的军事地位和紧急军用燃料，他驾驶的飞机在温哥华机场着陆，这令机场官员们大吃一惊。这架ＤＣ－３飞机机身上印有美国陆军航空团的金属标识，这让他顺利地在机场取得了停机位，而且还有一辆豪华轿车正在飞机降落处等着他。但休斯自己也知道，这个举动的风险极大。联邦调查局也正步步紧逼地监视着他的一举一动，而战争军备处也对他紧追不舍，因为他和军方谈下的两个军用项目还未付诸实施。

然而，在这场铭心之恋的当口，其他事情全都得靠边站。这位女主人公名叫伊冯娜·德·卡洛，年方二十三岁，在做了三年小配角之后，因其在电影《莎乐美猜想》中的出色表现，正跌跌跄跄地走向星光熠熠的明星之路。在这部电影的海报上，伊冯娜正跳着莎乐美之七面纱舞，配图的文字把她说成是"世界上最美丽的女孩"。

在这次心血来潮、误入歧途的跨国行动之前的七十二个小时里，休斯坐在电影放映间里，把《莎乐美猜想》翻来覆去地看了整整五遍，他完全被这位黑美人迷住了，因为她与自己的妈妈——阿伦娜如此相像。他命令迈耶"把她找出来并马上安排好"。迈耶的回音是：一周前，伊冯娜回了家乡温哥华，"她会在九月十五日回到洛杉矶"。

"太久了，"休斯自言自语地说，"我们现在就去温哥华。"

就在休斯驾机飞向他的新欢的当天，他与其他情人——艾娃·加德纳、简·格里尔和丽塔·海华丝之间的关系并没有结束，在家里，还有菲斯·多默格在翘首以盼。休斯曾对一个记者解释他为什么喜欢追求漂亮而有名的女人：因为她们不想也不需要从他那里得到什么。

休斯喜欢的女人都有同样的外形特点：胸部丰满，肤色较深，嘴唇性感。事实上，他所有的女人都很相像（他的两任太太——埃拉·莱斯和简·皮特斯——看上去惊人的相像），许多女人的容貌几乎是他母亲的翻版。

据迪艾克里特说，休斯还对被他粗鲁地称为"湿甲板"的刚刚离异的女人有着一种诡异的兴趣，比如艾娃·加德纳。"我发现，跟刚刚离婚的女人在一起，情欲会更加炽热，更加强烈……尤其是在丈夫那里得不到满足的那些女人。"他告诉诺亚。

霍华德在二十年代初刚踏进好莱坞时，诺亚还曾怀疑他是处男，但现在的霍华德已经变身为一个殷勤贴心的性伙伴了。他对他的一个情人、小影星伊冯娜·舒伯特说，他曾经研究过性爱的秘密。"我买过许多此类的书。你知道的，包着棕色牛皮纸的那种。"他大笑着对伊冯娜说。

伊冯娜·德·卡洛逐渐发现，他在枕边私语常常是赤裸裸的技术探讨。

另一个休斯的情人回忆说，休斯喜欢对伴侣尝试各种各样的口交——尽管在开始之前他总要求对方先用灌注法把身体做好清洁。"那里总会藏着一些细菌。"

在他的一生中，他的性生活模式总是固定的：一个"住家的情人"，菲斯；一个招摇高调的"门外的情人"，像艾娃·加德纳；一个秘密的地下情人，像简·格里尔；一个"露水情人"，像丽塔·海华丝；还有一个"如火如荼的新欢"，像现在的伊冯娜·德·卡洛。"我们老板是一个疯狂的异性恋者，"休斯的私人律师马丁·库克回忆说，"他像发了疯一样想要占有各色各样的女人……没有什么能够阻止他。"

此时，休斯铤而走险地要把德·卡洛加进他的征服名单里，似乎持久不断地拥有更多的女人就能帮助他逃脱中年危机似的。伊冯娜这次回到家乡，是为了参加一个名叫"伊冯娜·德·卡洛周"的活动，这是她的家乡为了庆祝她的新近走红而举办的。她吃惊地发现，休斯竟然出现在庆祝的人群中。

在为伊冯娜举办的盛大晚宴上，休斯像一个不速之客突然出现在她的面前。"那位神秘的休斯先生走到了我们的餐桌前，他神色憔悴、面黄肌瘦、戚容满面、风尘仆仆。" 德·卡洛回忆道，"我立刻感觉到，我的母性本能从心底涌了出来。"休斯的这种"乡下男孩"式的诱惑行为中有多少哀伤和忧郁，至今无法考证。但这一招的确奏效，德·卡洛同意把第二天全天的时间都用来陪他。

"我的这位亿万富翁新朋友顺便一一拜见了我的家人——甚至我的祖母。"伊冯娜后来在她的回忆录中写道，"那天下午，他驾机带着我飞行在城市的上空。"然后，休斯带她去了一家私人高尔夫球俱乐部，在那里他教会德·卡洛打高尔夫球的基本要领。"我出奇地缺乏运动天赋，我们两个为此笑得前仰后合，这一天过得快乐极了。当我们离开球场时，我自言自语道：'是的，我喜欢他，我非常喜欢他。'"

在一个可以俯瞰温哥华全城万家灯火的饭店里吃过晚餐之后，休斯与伊冯娜在她父母家的门廊上吻别。两个人都没有注意到，温哥华城的一个记者已经悄悄地跟上了他们，他采访了侍者、售货员甚至休斯的轿车司机。第二天黎明时分，休斯已经陷入了一场公关灾难之中了。

在洛杉矶，专栏作家哈里森·卡洛尔告诉读者，休斯和伊冯娜正在温哥华"逍遥快活"。他继续刺激读者："婚礼已经指日可待了吗？"其他报纸则把这个故事又添油加醋地渲染了一番。《纽约邮报》打出了大字标题：霍华德现身温哥华向德·卡洛求爱。这些报道一石激起千层浪。

在纽约，纽瓦克机场的助理警长杰拉德·舒尔兹一大早就把休斯的两个工程师——科克帕特里克和鲍勃·马丁——从被窝里揪了出来（他们那时负责维护休斯的飞机）。"快来把你们老板的飞机弄走，不要再停在这里。"舒尔兹说，"军队已经不需要它了。"

"我们该怎样跟休斯先生解释呢？"科克帕特里克问。

"让他自己看看《纽约邮报》的新闻吧。"舒尔兹回答，"还有，伙计们，我想你们老板并没有什么重要的军事任务，对吧？"

与此同时，在华盛顿，战争供给部的官员们捷足先登，开始收回休斯个人航空队的军事优先权，之后他们又取消了休斯的燃料优先供应权。更重要的是，全国的情报机构，尤其是联邦调查局，突然加强了对霍华德·休斯私人生活的监视，并且把这位腰缠万贯的飞行员奢靡的私生活与他对军方购货款的大肆挥霍直接联系起来。

一开始，联邦调查局的总负责人埃德加·胡佛对于此事还颇为踌躇。有一件事，胡佛心里非常明白，那就是休斯在图森和休斯敦都有秘密武器工程，而这一点是战争供给部不得而知的。另外一件事是，休斯和胡佛都是狂热的爱国主义者，他们惺惺相惜，都对二战时期欧洲的共产主义威胁怀有同样的恐惧。但在战争进入尾声、间谍已经丧心病狂的日子里，他不得不屈从于军方的压力，派遣了四名特工盯紧"休斯事件"，两名派到洛杉矶，两名派到温哥华。

在英属哥伦比亚联邦警察的帮助下，休斯在温哥华的酒店电话被装上了窃听器，当休斯和伊冯娜外出吃饭时，打扮入时的一男一女两名FBI特工尾随着他们。电话窃听记录显示，休斯和德·卡洛将于九月十一日下午飞往内华达的里诺城。胡佛立即派遣另一名内华达的当地警员在他们到达后继续跟踪他们。

当这对情侣还在飞往内华达的航班上时，特工们已经把休斯在里诺河畔饭店的套间里装上了窃听器，并且还命令客房服务员"特别关注他们的起居安排”。到了里诺城之后，约翰尼·迈耶、伊冯娜和休斯三人分别以“约翰·M.莫里斯”“伊冯娜·密尔顿（她的本名）”和“斯蒂夫·梅里特”的名字在饭店登记入住。百万富翁和电影明星一起住进了三一五号房间。联邦调查局的报告说：“房间里有一张硕大的双人床。”

那天晚上七点十分，窃听者们听到了一个漫长而乏味的业务电话，电话内容是休斯的“最秘密的计划”，休斯在电话里说，他要把环球航空公司的航线扩展到“太平洋，乃至于整个世界”。这位年轻的特工把电话记录交到了华盛顿和战争供给部，但他丝毫没有意识到，这个信息对休斯的未来多么重要。

特工们最感兴趣的是客房服务员的报告，报告说：“这两个人住进了同一个房间——三一五号——千真万确。”

而德·卡洛对特工们的监视浑然不觉，她对这次内华达之行甘之若饴。“我们从温哥华向南飞行，霍华德花了好几个小时给我讲解飞行的基础知识，还让我抓着操纵杆开了十几分钟呢。”在一个地面加油站加油时，休斯跳出机舱，赶往机场运行中心往洛杉矶打了个电话。伊冯娜对此很好奇，她侧身贴近了电话亭的门。她能听见休斯低沉有力的说话声。“他又紧张又生气。”她回忆说。“这就是你最后的回答吗？”休斯对着电话另一端的人喊叫道，“你从来都没有在乎过，是不是？”他质问道，然后就生气地摔了电话。

趁着休斯还没看到自己，困惑不已的伊冯娜蹑手蹑脚地回到了机舱。她并没有向休斯打听那个神秘电话的任何内容。

洛杉矶的FBI一定能给她个详细的答案。洛杉矶西部一个公寓里的电话窃听记录显示，电话另一端的人是艾娃·加德纳，她当时就住在休斯给她租的一个公寓里。艾娃再次漫不经心地把订婚戒指退还给休斯，还说了一大堆“我不在乎你多有钱，我也不在乎你多爱我”之类的话。休斯已经第三次把戒指献给加德纳。

当休斯回到飞机上时，他“心不在焉地挤出了一丝微笑”。然后他紧紧地抓住了刚刚认识了六天的伊冯娜的双肩。“你对我是认真的吗？”他似乎急切地想要得到肯定的答复。伊冯娜没有立即回答，休斯开始拼命地摇晃她。

伊冯娜回答说："当然了……啊，是的。"霍华德一言不发。他只是点了点头，然后就拉着她，跳进了机舱。

一九四五年十月二号，FBI的六二·二六八二号报告显示，当局认为，德·卡洛已经取代艾娃·加德纳，成为休斯的第一情人，这个结论一定会让加德纳和菲斯大吃一惊的。

休斯与伊冯娜飞回洛杉矶待了五天，然后他们又突然回到了拉斯维加斯，在那里，休斯公开了他对好莱坞最当红女星的追求。他挽着德·卡洛进出赌场，还很不寻常地陪她到弗拉明戈大饭店共进晚餐，他甚至还穿上了正装。德·卡洛毕竟只是一名仅靠一个知名角色而走红的新星，面对赌城那些围着他们团团转的记者，她有点不知所措。"让他们报道吧。"休斯安慰她。

如他所言，休斯和德·卡洛恋爱事件果然再也没有出现在八卦专栏里。伊冯娜感到很奇怪，她不明白休斯到底是怎么做到的。FBI那里有她想要的答案。在内华达分局的报告中，特工们从约翰尼·迈耶在弗拉明戈饭店的包房里窃听的消息证明，迈耶给媒体记者的口袋里塞满了"价值不菲的各种口味的苏格兰威士忌"。

到十月中旬，FBI特工们在佛罗伦萨花园饭店和佩里诺饭店等好莱坞的奢华酒店里预订座位，以便于窃听休斯在餐桌上的谈话内容。在接下来的十八个月里，他们把窃听到的各种传闻源源不断地送到了FBI总部。最后，霍华德·休斯的这段私人卷宗竟多达两千多页。

幸运的是，FBI并没有在休斯的卧室里装窃听器。否则，他们就会发现，伊冯娜成了休斯在凯特·赫本之后最炽烈的恋爱对象。"在一个星期的欢爱和快乐之后，我已经深陷情网。"德·卡洛回忆道。作为情人，德·卡洛对休斯进行了深度的分析之后，把他描述为"一个精于泡妞的专家"。

这位百万富翁和这位最当红的好莱坞性感女星之间的枕边私语有着显著的医学特点。一天晚上，他们住在圆石滩边的戴尔蒙特饭店，在熊熊的炉火前，休斯花了将近一个小时的时间跟德·卡洛解释男性跟女性性高潮的区别。"伊冯娜，女性的性高潮是一种'深陷感'，是对男性的'释放感'做出的反应——男人和女人的生理机能是完全不同的。"

在圆石滩，又是一番翻云覆雨的欢爱之后，休斯哄着德·卡洛说出她过去所有的情人的名字，甚至具体到身体的各种尺寸和其他细节。他还追问她，在她早期的性经历中她和她的情人说过的只言片语，以及缠绵时通常会发出什么样的声音。"够了！"她最后说。她同样厌倦了休斯对比莉·德芙的魅力无休无止的赞美，还有十七年前他是怎样向德芙求婚的之类的话题。但在这些谈话中，他始终没有透露过德芙最后取消婚礼的原因。

一个月过去了，像休斯的其他情人一样，德·卡洛也对休斯的忠诚产生了怀疑。如果她看过 FBI 记下的电话窃听记录的话，她恐怕会更加怀疑休斯。有些电话甚至就是休斯在饭店里拥吻着她说着绵绵情话的那天晚上打的。这些记录还表明，为了替老板安排好与一批性感新星约会的时间，迈耶还常常加班加点，这些新人包括戴安娜·琳、盖尔·卢赛尔、琼·莱斯莉和弗吉尼亚·梅奥。

当一九四六年新年来临的时候，整个世界终于从战争的阴影中解放了出来，休斯也终于放弃了已无用武之地的"云杉鹅"和侦察战斗机。他向已被爱情冲昏了头的德·卡洛摊牌，承认自己不可能和她结婚。然后，他转身离开，开始对二十五岁的拉娜·特纳展开追求，她被誉为继珍·哈露之后好莱坞最耀眼的金发女郎。

果然，这场恋爱故事也是从放映室开始的。米高梅电影厂的老板艾迪·马尼克斯邀请休斯去看《邮差总按两遍铃》的样片。影片讲述的是在一家路边餐馆内发生的不正当感情和一起凶杀案。米高梅为什么要邀请休斯来看片，至今也很难猜测。也许他们期待着休斯能给女主角投资数百万美元的制作费，就像他曾经在《不法之徒》一片中让简·拉塞尔一举成名那样。

不管是出于什么原因，休斯对影片中的冰霜美人确实饶有兴致。他用了十二个星期的时间追求拉娜。而拉娜刚刚离婚这一事实只会增加他的兴趣。

休斯还用他拿下金格尔·罗杰斯的手段来接近拉娜，那就是对拉娜四十岁的母亲大献殷勤。"一开始，我还以为他对我妈妈更感兴趣，"拉娜告诉她多年来的秘书泰勒·佩罗塞特，"每次我从电影公司回家，就会发现他们坐在一块又说又笑的。"

一天晚上，她发现他们笑声震天。休斯的腰上围着一条浴巾，而特纳的妈妈则正在替他缝补裤子。"你为什么围着浴巾？"拉娜问。

"他没穿内裤。"她妈妈解释说。拉娜皱了皱眉头。

休斯只是一耸肩："我猜你不会喜欢它们。"

拉娜刚一抗议，她妈妈就反唇相讥道："别在意，拉娜。他是个男人。"

休斯和特纳特别不般配。她想要浪漫和安全感，而他只需要短暂的激情，不能拖泥带水。她是事业至上，而他只需要一个唯命是从的情人。他热情似火，而她却冷若冰霜。

不管怎样，休斯始终把特纳看作一个挑战，因为她曾傲慢地拒绝过好莱坞明星克拉克·盖博和斯潘塞·特雷西。休斯最终赢得了特纳的芳心，他带她去曼哈顿，带她去各种各样的大商店和夜总会，让这场旅行如置身仙境般妙不可言。

一九四六年四月，纽约的街头到处都是花花绿绿的美钞和战场归来的军人。在拉娜的印象中，那次特别的旅行是"难以想象的浪漫，女人们都打扮得花枝招展，男人们都身着笔挺的军装，一切都充满了魅力……这种繁华再也不会有了"。

在富丽堂皇的荷兰雪梨饭店五楼，迈耶订了五个套房：休斯一套、特纳一套、特纳的小女儿雪丽尔和她的家庭教师一套、迈耶一套、加利·格兰特一套，他刚从欧洲回来。四月二十七日，休斯和特纳在一个套房里约会，他在房间里摆满了栀子花、稀有的白兰花，还有六十朵象牙玫瑰，所有的鲜花都是特纳最喜欢的白色。

为了保护特纳这颗冉冉上升的超级巨星，休斯格外小心地躲避着记者，每次到她房间里去的时候，他都会乘坐工作人员专用的小电梯。他还采用了伪装技术。有一次，环球航空公司的退役空中小姐哈里特·亨顿来饭店吃饭，她曾是休斯私人飞机的空中小姐。那天下午，一踏进大厅的电梯，她就撞见了全副伪装的休斯。

在电梯里，她听见环航公司经理杰克·弗赖伊的夫人耳语道："天啊，你要干什么？"亨顿一转身，就看到休斯正站在电梯的角落里，身上穿着刷墙工人的白大褂，头上戴着一顶溅满了涂料的安全帽，脚上还穿着工作靴，她真是又吃惊又好笑。"他的肩上还背着个小背包，"亨顿回忆说，"看上去像是打杂的。"休斯赶紧把手指放到了嘴唇上示意道："嘘——"

一天晚上，特纳去隔壁串门，休斯给他最新的心头好、二十世纪福克斯公司的女星琳达·达内尔打了个电话。虽然他前一晚刚刚向特纳求过婚，但在电话里，他又许诺要与达内尔白头偕老。"你不知道我有多爱你，"休斯信誓旦旦地承诺，"我迫不及待地要娶你。"

当天晚上，达内尔就答应休斯立即同她的丈夫、摄影师佩弗勒·马勒提出离婚。"那样的话，我真是太高兴了，"休斯说，"我很快就会来看你的。"

十天之后，霍华德和拉娜各自赶往洛杉矶。一路上，特纳还考虑着休斯的求婚。关于她跟休斯床笫之间的事情，特纳只向泰勒·佩罗塞特透露过一句："他喜欢口交——但我很明确地告诉他，我对此不感兴趣。"

她显然对成为休斯夫人这件事兴致勃勃，连结婚的日子都定了下来。一九四六年五月的一个上午，拉娜打电话给休斯的朋友约翰尼·马斯基奥。"休斯在哪里？"她问。

"我不知道呀，"马斯基奥反问，"我应该知道他的行踪吗？"

特纳几乎控制不住自己的情绪，她怒火万丈地说："两个小时之前，我们就应该飞往拉斯维加斯——去结婚！"

"天啊，我不知道啊，"马斯基奥说，"我看看能帮你什么吧。"几十年后，他回忆起当天发生的事情，他记得，拉娜每隔半个小时就打过来一个电话，她变得越来越暴躁。最后，到了下午三点钟，她大叫起来："这是我的最后一个电话了！"

下午四点钟，睡意惺忪的休斯向马斯基奥报到，马斯基奥怒气冲冲地质问他："看在上帝的分儿上，霍华德，拉娜从早上九点开始就一直在等你的电话。我该跟她说什么？"

"什么都不要说。"休斯回答，"什么都不要说。"

与此同时，这个谣言在福克斯公司不胫而走，福克斯公司是达内尔的东家，也是一手捧红了达内尔的伯乐，而达内尔却跟她的朋友言之凿凿地说，她已经跟离群索居的百万富翁订了婚。福克斯的总裁达里尔·扎纳克也听说了这个"婚约"，他打电话给他的老朋友休斯，提醒他说："这个女孩子非常非常当真，霍华德。"他说。

休斯警觉起来，但他又不想面对达内尔。相反地，那天晚上，他约了琳达的好友、米高梅的舞星安妮·米勒吃饭，并请她转告琳达他们不可能结婚。

"他是个怪人，他会跟这些女孩求婚，却从不兑现。他言辞恳切，每个女孩都相信婚礼就在眼前。这真让人伤心。"米勒回忆说，"当我把休斯的话和休斯有一大堆女朋友的事情告诉琳达时，琳达被深深地伤害了。"

休斯又看上了另外一个黑美人、性感女星基妮·蒂尔内，她因为出演影片《劳拉》中神秘的女主角劳拉而成为一时传奇。尽管她当时刚刚与服装设计师奥雷格·卡西尼坠入爱河，但休斯置若罔闻地给蒂尔内送去栀子花装满她的房间，还把一个装满了钻石和珍珠的珠宝盒献给她。打开珠宝盒之后，他问蒂尔内："这些有你喜欢的吗？"蒂尔内虽然深深着迷于休斯的神秘，但她最终还是嫁给了更加成熟的卡西尼。

休斯告诉基妮，她"犯了一个错误"。但当他得知基妮和奥雷格的女儿智力发育迟缓时，却表现得光明磊落、正直勇敢。他派出一个杰出的儿科专家为孩子做检查，并且承担了所有的医疗费用。蒂尔内因此认为霍华德是"一个圣人"。

但卡西尼并不这么认为。在杰克·本尼举行的晚宴上，他与休斯狭路相逢。"我不允许你像对待你的其他'女朋友'那样对待我的妻子！"他说，"要是你真想娶她，我会成全你。但在我看来，你只是个骗子！"

卡西尼警告说："离我妻子远一点儿！"

男子汉卡西尼说到做到。一次，他逮住了从拉斯维加斯度假回来的霍华德和蒂尔内。他提着一根大木棒，从暗处走了出来，一棒砸在休斯的屁股上，然后把他掀翻在地。"我还是手下留情了，"卡西尼回忆说，"我完全可以杀了那个王八蛋。"霍华德马上跳进了车里，仓皇逃窜，卡西尼在后面追，蒂尔内则尖叫着跟在丈夫身后。

由于卡西尼的怀疑，休斯马上转移了目标。

基于休斯的禀性，他的人生道路最终与那个时代的性感偶像玛丽莲·梦露有了交集，这自然是不出意料的了。当休斯看到她抱着一只羊羔的照片时，玛丽莲·梦露还只是一个专为 *Titter* 和 *Laff* 等杂志拍照的封面女郎。休斯安排了一次会面。尽管最终没能与玛丽莲·梦露签约，但她利用休斯的影响力成功地成为专栏的关注对象，并以其中的一条内容吸引了休斯的老朋友本·莱昂的注意，他是《地狱天使》的主演之一，当时是二十世纪福克斯公司的摄影导演。一年后，梦露的星途启程了。至于休斯和梦露的那段情缘，只包括几次航空约会和在好莱坞的一夜春宵。梦露的戏剧教练纳塔沙·里特斯记得，一天早晨，梦露在黎明时分回到家，她精致的脸上有轻微的擦伤。她解释说："休斯先生不喜欢刮胡子。"

但这些女人全都不过是休斯用来炫耀的资本罢了，因为她们激情似火却转瞬即逝，她们只能给这个日渐衰老、疲惫不堪的风流浪子带来一时的快意，而他却一直在抱怨说，他从未遇到过一个"天然美女"。

"只要能找到一个，"他向迪艾克里特发誓，"我就会娶她为妻。"

情陷格蕾斯

多年来，霍华德·休斯那些成功的浪漫故事都与他的飞机脱不开干系。一坐进飞机机舱，他就立即变得挥洒自如，魅力十足，甚至他在陆地上都不具备的勇气十足。年轻的女影星简·皮特斯正是因为这一点而被休斯迷得如痴如醉，她将在休斯后来的人生旅途中扮演着关键的角色。但对于她来说，令她着迷的并不是休斯炉火纯青的飞机驾驶技术，而是他与死亡擦肩而过的那种气概，而某次坠机事件却被证明是两人长久关系的奇妙开端。当然，这个开端与休斯常规的游戏规则并不一致。

休斯跟凯特之间的风流韵事通常都是在他的水陆两用机上发生的。而当金格尔·罗杰斯坐着休斯驾驶的飞机，看着它几乎钻进旧金山海湾时，她感到巨大的恐惧，同时也有几分兴奋。"但我没有在休斯身上看到一丝一毫的害怕，他有无穷的力量。"

与查尔斯·林德伯格成为空中英雄之后开始追求恬静的家居生活有所不同的是，休斯不仅要成为美国最伟大的两名空中英雄之一，还要成为一个性感偶像。"我称其为天才，"迪艾克里特回忆道，"如果可能的话，他总会把一次飞行变成他与女朋友的第一次约会。"

"下了飞机，休斯会变成《化身博士》中体面绅士的海德先生；坐在驾驶舱里的休斯则会变成血腥暴力的杰基尔先生。"乔·巴特利说。他是休斯环球航空公司西区经理。

一九四五年，在追求当时已婚的好莱坞女星英格丽·褒曼时，休斯特地安排了为期三天的假日前往纽约，当时褒曼正在那里拍摄《凯旋门》。在加利·格兰特的陪伴下，两个人尽情地享受着纽约的夜生活。但当褒曼打电话给航空公司确认她预订的飞回洛杉矶的航班座位时，却被告知这个航班的机票已经售罄，而她的丈夫派特·林德斯特拉姆医生此刻却还在洛杉矶等着她。"别担心，"休斯说，"我会用环航公司的航班送你回去的。你说个时间就行。"

登机之后，褒曼惊讶地发现，飞机上的乘客只有四个人：休斯、加利·格兰特、迈耶，还有她自己。副驾驶员的座位空着，那是为她预留的。"后来我才知道，他买下了周一从纽约飞往洛杉矶航班的全部机票，"褒曼回忆说，"这确实讨人喜欢，我想，别的女人确实会因此而大受感动的。"但是，她却不是这样的女人。

休斯还有一次铺张奢靡的求爱经历。为了把金发女郎弗吉尼亚·梅奥登哄上他的机舱，休斯整整花了二十五万美元。那是在一九四六年的二月，由休斯设计的环球航空公司"群星"号班机即将起航。这次飞行名义上是向美国人展示新式飞机里的豪华设施，其实，这是一次免费旅行。但根据休斯的计划，这次星光熠熠的飞行是围绕着他和梅奥之间的浪漫故事而展开的。梅奥曾经是个广告女郎，刚刚成为塞缪尔·高德温公司的明星。

休斯的伙伴约翰尼·马斯基奥策划了这次奢华的旅行。起飞前，休斯在洛杉矶举办了一场盛大的鸡尾酒会，而到达曼哈顿之后，则是在夜店一连十天的夜夜笙歌。受邀参加旅行的名流们都是出双入对，唯有梅奥是独身一人，她被送到了一等舱里的第一个座位上。

在乘客名单上，有加利·格兰特、威廉姆·鲍威尔、维罗尼卡·雷克、鲍雷特·高达德，还有塞莱斯特·侯勒姆。所有人都同意在这里度过开心的十天。在"群星"号起飞后，飞机后部的舱门全部打开了，餐馆老板戴维·查森为明星们送上了自助餐，第一道菜是白鲟鱼子酱，最后一道菜是烤甜饼。

然而当飞经美国和加拿大交界的落基山脉上空时，飞机遇上了逆风，机身开始上下颠簸，整个飞机都在抖动。这时，窗户外面结起了白色的冰霜。休斯若无其事地从机舱走廊里走过去，向戴维·查森要了一瓶九十度伏特加。马斯基奥的妻子、歌星康斯坦司·摩尔警觉起来，她一把抓住了她丈夫的手臂："天，霍华德在喝酒吗？我们一定是遇上麻烦了。霍华德从来都不喝酒的。"

马斯基奥赶紧进入驾驶舱一探究竟，他发现，休斯正在用一块吸满了伏特加的毛巾为挡风玻璃除冰。"屡试不爽。"休斯面不改色地说。

这次狂欢之旅很快就成为报纸的头条新闻和新闻片里的头条内容。但梅奥并没有被打动，她只在驾驶舱里待了五分钟。飞机的颠簸让她难以承受，当飞机在纽约着陆时，她已经吐得快脱水了。在看了医生之后，她立即乘坐出租车赶往中央车站，然后从那里坐火车回到了洛杉矶。

"我当时病得太厉害了，根本没有意识到自己是在跟休斯约会。"梅奥后来回忆道。一回到好莱坞，她的老板塞缪尔·高德温就把她责备了一番，他说："你真是疯了，居然会跑回来。本来他会为你做得更多的。"

但不管怎么说，休斯的空中求爱术是屡试不爽的。

伊冯娜·德·卡洛曾经动容地回忆起，霍华德曾精确地计算出一次跨国飞行的时间，当飞机到达大峡谷时，天空中弥漫着粉红、深红、紫红的绚丽色彩。这幅特别的美景是他送给她的礼物，但这美景他也跟其他的女人一起分享过。

在追求琳达·达内尔的时候，他也用了同样罗曼蒂克的场景。那是从飞机上俯视云雾缭绕中的旧金山金门大桥。达内尔因在史诗般的电影《永远的琥珀》中饰演风月高手而出名，当时她刚刚二十四岁。霍华德第一次请她共进午餐时，她仍然和佩弗勒·J.马勒有婚约在身。休斯素以对爱情不专一而闻名，对此，她非常警惕。她的事业才初露头角，她已决定继续努力，并且要保证自己的名誉清白。达内尔对她的经纪人比尔·史夫林说："我真的不需要这个，但要是你跟我们一块儿去的话，我会去的。"

当休斯直接把车开往机场时，达内尔开始抗议："把我带回电影公司！"

"别紧张，"史夫林对她说，"有我在这儿呢。还有，这位先生是霍华德·休斯！难道你以为他带给你的只是一顿普普通通的午餐吗？"

达内尔笑了。"好吧，我们要去哪儿？巴黎吗？"当休斯把车停在庞大的"群星"号飞机面前时，达内尔变得目瞪口呆，而此时，飞机的螺旋桨已经在转动了。让达内尔更加惊讶的是，当她走进机舱时，里面竟然空无一人，但是她看到了冷冻在冰桶里的唐培里侬香槟。

霍华德让史夫林坐在头等舱的机位上，然后就和达内尔一起钻进了驾驶舱。他正走向一条浪漫的成功之路。飞机一抵达旧金山，达内尔就和她的飞行员手挽着手走出了机舱。

一辆漂亮的深蓝色豪华轿车正在等着他们，然后把他们送到了菲尔蒙特饭店，在这里，休斯早就订好了房间，从窗子里就能望见美丽的海湾。有一整支管弦乐队在演奏着舞曲，餐桌上摆放着香槟和自助餐，还点缀着怒放的黄色郁金香——这是达内尔的最爱。随后，又有很多次这样的约会。

但休斯没能把她骗上床。于是，他打出了最后一张王牌——向她求婚。

从一九二九年开始，休斯已经向许多个美女求过婚，以此诱惑她们跟他上床。这一招屡试不爽。"我想，他确信这一招就能把她们骗上床，"雷蒙德·弗勒医生说，"他会向她们求婚，但绝不会真正去那么做。但这个办法总是屡试不爽。"

休斯不仅用飞行来诱惑女孩子，还用它来做广告。

一九四六年的春天，一架飞机出现在帕萨德娜大街的上空。它在天空中呼啸而过，在天空中留下"不法之徒"字样的喷雾，然后就是两个巨大的圆圈，每个圆圈中间还有一个圆点。简·拉塞尔的乳房再次出现在新闻中。

在粗鲁无礼地退出旧金山三年之后，电影《不法之徒》又一次迎来了它的出头之日。但休斯这次哗众取宠的广告并没为他赢得称赞。《新闻周刊》

把他的空中广告评论为"粗俗的新高度"。在美国的其他城市里，到处都是巨大的广告牌，上面写着："拉塞尔成功的两大原因是什么？"而另外一种广告牌上写的则是："你想跟拉塞尔打一架吗？"文字的旁边还有一幅插图，一个年轻的马场牛仔正在把一个衣不蔽体的女孩往马棚里面拖。下面还有一行小字：这部电影绝对"精彩"！

电影审查机构再次勃然大怒——这次是针对影片的宣传。本来在三年前已经颁发给《不法之徒》的准映证又被收了回去，这在电影史上绝对是一次史无先例的做法。

休斯决定要摊牌，他眼都不会眨一下的。四月份，他把电影联合会告上了法庭，起诉罪名是竞业限制。与此同时，他又做了一件不可思议的事：他把电影授权给那些不需要准映证就可以放映的电影院。这种做法立竿见影。在洛杉矶，每晚开映前，都有一架小型飞机在电影院的上空做宣传，在电影放映的第一周之内，就有十万人次到场观看。《洛杉矶时报》评论说："让他们走进电影院的……是一次做解剖学研究的机会。"

《时代》杂志的宣传语是，"胸脯带来的是财源滚滚"。在亚特兰大，第一周票房收入就高达两万两千四百一十三美元，比同期上映的《乱世佳人》整整高出三千零九十一美元。在芝加哥，《不法之徒》的票房打破了东方大剧院此前的票房纪录。

随着电影在美国各州的相继放映，几乎所有地区都开始试探性地解除了对《不法之徒》的禁映，而此举又强烈地促进了票房收入的直线上升。在此期间，具有代表性的意见是巴尔的摩法官保罗·梅森的话，他坚持认为该片必须被禁映，因为拉塞尔的胸脯"像夏日天空中的一阵雷阵雨一样，一览无余"。直到四十年代末，休斯因《不法之徒》与他人的斗争才逐渐偃旗息鼓。但到那时，《不法之徒》已经创造了超过其成本十几倍的利润——它的制作成本是两百五十万美元。这惹怒了审查机构，并且一度成为三个州的新闻头条。

在英格兰，当该片在伦敦穹顶宫上映时，有家好事的媒体给观影者戴上了一种"心理检流仪"。据说这种小玩意儿能检测出观众对电影的反应。据报道，有一名长期在海上生活的水手观看这部电影时，他身上的仪器指针飞快地转个不停。

休斯的拒绝让步最终对美国的审查系统产生了巨大的影响。许多年来，从事电影研究的专家学者们都对休斯不懈的努力给予了高度的赞誉。《审查机关众生相——电影和电视审查制的历史》一书的作者默里·舒马赫说，休斯"在对待性的态度上为好莱坞带来了耳目一新的诚实态度。他让美国公众对自己一提及女人胸脯就大惊小怪的做法小小地自嘲了一番"。

但休斯坚持要推进《不法之徒》的公映，这关乎言论自由和艺术的完整性，更关乎他的自尊。简·拉塞尔曾宣称，休斯就是电影《比利小子》中美国传奇人物比利小子的灵魂伴侣，"在很大程度上，休斯的行为模式跟牛仔比利如出一辙。他事事都要占上风，每当遇到千钧一发的时候，他总是被外力推动着来渡过难关，这其中并没有他自己的错，他是无辜的。"

此时，休斯也在事业上深受挫败。对于一个发誓要在战争结束之前成为战时航空之王的人来说，他失望地看到他与政府签订的那些金额巨大的合同都化为泡影。先是战争供给部取消了九十八架 XF-11 间谍机的订单，留给休斯的是价值四百万美元的飞机雏形，而这些都还没有经过检验。

然后，华盛顿政府终止了"大力神"号飞机，也就是被称为"云杉鹅"号的巨型飞机（虽然它的材质是桦木）的合同。政府告诉休斯和亨利·凯瑟说，到了这个时候，巨型军队运载舰的建造早就失去了意义。况且，那个硕大无比的飞机并没有造好。事实上，飞机框架的建筑材料还在加州卡尔弗城的仓库里躺着呢。

在媒体发布的消息中，军方官员暗示说，"云杉鹅"号永远都飞不起来了，而作为战时使用的侦察机，休斯造的间谍机实在太复杂了。自然，这些话让休斯暴跳如雷。他决定，在年底之前，一定要让这两种飞机都飞上天。为了挽回他的声誉，他疯狂地加快两架飞机的制造进程，虽然他清楚地知道，对于航空机构来说，这两架飞机如同恐龙一样，大而无用。

经过重新谈判，休斯再次得到了一份价值一千八百万美元的 HK-1 合同，工具公司将投资七百万美元。但在此之前，这种巨型飞机得被运到海边。休斯曾考虑过用游艇把"大力神"号（"云杉鹅"号）运到海边去的方案。最后，他把这个巨大的挑战交由搬家工人来解决。

一九四六年六月，在连续五天的时间里，报纸的头条新闻都是休斯的搬运工程，这架世界上最大的飞机被拆开后，机身和机翼仍然硕大无比。这次搬运的路线长达二十六英里，起点是休斯在加州卡尔弗城的飞机制造公司，终点是洛杉矶南部的港口城市长滩的终端岛，在那里飞机将被重新装配起来。就像《先驱快报》的记者威利·福勒说的那样，整个搬运过程仿佛"是世界上最长的街区舞会"。

为了把这架总重为十六万四千磅的庞然大物运到海边，休斯花了六万美元，动用了两千多名人力和二十三个机构组织，包括公共事业公司和法律机构。沿途的所有车辆被迫绕行。桥梁和道路都做了承重能力的精密测量。园林处对道旁三千多棵树做了认真修剪，超过两千三百根公用电线被临时拆下。学校停了课，学生们到飞机搬运队伍经过的路边等待观看"大力神"号的搬运过程。

最后，当"大力神"号到达预先租下来的海滨时，被拆卸成小块的HK-1被放到了干船坞。试飞的工作正在准备中，但休斯首先要用他的另外一架飞机登上报纸头条——这架飞机给休斯带来的是一场悲剧，但也是一个浪漫故事的开始。

当时的休斯正在饱受失恋之痛。他问诺亚·迪艾克里特："为什么每个人都抛弃我？"

菲斯·多默格最终鼓足勇气离开了休斯，嫁给了花花公子特迪·斯坦福。后来，她在休斯监制的影片《仇杀》中担任了女主角，那是一部夸张的传奇剧，讲述科西嘉人对行为准则的诠释。就像休斯其他的电影一样，这部片子从开拍到上映历经曲折，光导演就换了好几个。而艾娃·加德纳则在那场激战之后把休斯赶出了自己的生活。她重新投入了离异多次的乐队大王阿尔迪·肖的怀抱，并且成了第五任肖夫人。

虽然休斯还心不在焉地跟拉娜·特纳、伊冯娜·德·卡洛和琳达·达内尔（两人后来又重归于好）保持着关系，但更多时候，他在休斯飞机制造公司的停机棚里过夜，琢磨着把那些已被弃之不用的飞机做一些技术改良。在其余时间里，他要么待在加利·格兰特家的客房里不出来，要么就是在贝莱尔别墅他曾经跟菲斯共度良宵的房间里追忆往事。但他的生活很快就出现了新的变化。

七月四日美国国庆节那天，影星詹姆斯·卡格内的兄弟、制片人比尔·卡格内说服了休斯去参加一个划船派对，参加派对的人马从卡格内家所在的纽波特岛出发，巡游到阳光灿烂的圣卡塔利娜岛。来宾们在卡格内的玻璃别墅内参观，然后走到沙滩上漫步，这时，休斯的目光被一个身穿白色泳衣、年轻貌美的黑发女郎吸引了。他的目光追随着她，而她正跟二战英雄奥迪·墨菲手牵着手走在沙滩上。奥迪·墨菲曾获得过美国国会授予的国会荣誉勋章，此时仅有二十二岁的他长相英俊，二战归来后，正打算进入电影界大展身手。

休斯靠近卡格内问道："那个女孩是谁？"

"她叫简·皮特斯，"卡格内回答，"二十世纪福克斯公司的新星。"

他还提醒休斯，现在简正在同墨菲热恋，但休斯并没有因此而兴趣大减。整个下午，他都在人群里来回转悠，希望能找着机会同皮特斯单独说句话。但墨菲显然很善妒，他每次都把休斯拦下了。

卡格内租了两艘游艇，准备向圣卡塔利娜岛进发，休斯终于找到了机会。他跟墨菲谈起了自己在战争时期的丰功伟绩，并热心地自告奋勇说，他要开飞机送一部分客人过运河。

在飞机上，他故意把奥迪安排在最后一排，跟迈耶坐在一起，而十九岁的简则坐到了驾驶舱里他旁边的座位上。休斯开着飞机为海面上航行着的轮船引路，飞机从整个壮观的帕洛斯维尔德斯半岛上飞过，以使乘客们能够看到白色的波浪冲击着海岬的巨岩。飞机在洛杉矶港的天空中划了一个大大的弧线，机身倾斜着飞过长滩，然后飞向圣卡塔利娜岛的水域。当迈耶在那里跟墨菲闲聊时，休斯则一个劲地讨好简，用好莱坞的一些掌故和"如何成为一个明星"的话题来打动她。

显然，简·皮特斯是一个表里如一的女孩——一个来自俄亥俄州的农场姑娘。她向来都是自己做衣服，也从不关心是否能够成为好莱坞的大明星。她曾到好莱坞试过一次镜，这是她被评为"俄亥俄州立大学小姐"所得到的奖励。她的这次试镜表现出色，福克斯公司的巨头达里尔·扎纳克马上与她签订了一份为期七年的合同，从试镜到签订合同，还不到一周时间。

休斯明白，他这套好莱坞的说辞打动不了简——珠宝首饰和夜总会里的风光都不是她的兴趣所在。他也指望不上自己的权势和财富能打动得了她。她对美国中西部的现实看得非常清楚。于是，他只好大肆释放他的魅力，在她和墨菲面前扮演一个父辈的角色。

七月七日星期日的早上，派对结束，游艇起航返回，霍华德提议说，他可以开飞机送皮特斯、墨菲和约翰尼·迈耶去休斯飞机公司，在那里，他将要测试XF-11间谍机。在机场上，休斯准备了美酒、鸡肉和饮料来招待他的客人，然后他跳进了驾驶舱。一个多小时之后，在身旁的飞行工程师基尼·布兰弗德协助下，休斯驾机在跑道上滑行，试验飞机的起飞与降落。

但休斯和他的工程师们都不知道飞机在五千英尺的高空，以每小时三百五十英里的速度飞行时表现如何，而这正是休斯与军方的合同中约定的规格要求。在开始高空测试之前，休斯在跑道尽头停下了飞机，一把将布兰弗德推了出去。在接下来的测试中将只有一个飞行员，所有的危险和荣耀，都将属于他一个人。就在前一天，他还为这事跟精通此道的老飞行员兼工程师乔·佩特拉里大发雷霆，休斯坚持要冒险单独测试这架构造复杂的飞机，不允许任何导航员随机。

"你这就是自杀，"佩特拉里告诉他的老板，"这架飞机很复杂，一个人根本就搞不定。"

"胡扯，"休斯说，"在跑道上测试时，我一个人就绰绰有余，在空中当然也不会有任何问题。"

现在休斯掉转了机头，朝着简·皮特斯和奥迪·墨菲站着的方向挥手道别，然后准确无误地起飞。

但不知为何，那天下午，休斯忘记了自己的高标准——这与三年前他在米德湖坠毁时犯下的致命错误简直一模一样。首先，他给XF-11加了一千二百加仑的燃料，这比部队规定的燃料多了一倍。其次，休斯的计划是连续飞行两小时，而军队的标准规定"在首次试飞时只需飞行四十五分钟"。但休斯坚持："要是必要的话，这架飞机能横跨全美。"

最后，休斯挑选了人口拥挤的洛杉矶西区作为他的试飞区。但战争供给部的合同明确规定，试飞须在帕尔马达尔附近的加利福尼亚沙漠进行。休斯只能硬着头皮干。他错误地认为，休斯飞机公司战后的发展已经受到威胁。他需要证明，XF-11能飞得更快、更高、更远，能够拍摄和监视军事目标而不会成为地上高射炮的牺牲品。

此外，由于米德湖事件的发生，作为美国最杰出的飞行员之一，他认为自己的名誉已经岌岌可危。"这关系到他的自尊，"佩特拉里说，"在他心里，他别无选择。"霍华德的心里除了成功之外，再无其他。

在进入机舱之前，他已经让自己的公关准备好了一篇长长的新闻稿，只等着试飞结束就发稿。在这篇新闻稿中，作者声称，休斯已经成功地证明，他的间谍机能够"在五千英尺的高空以每小时三百五十英里的速度持续飞行一个小时以上"。但事实并非如此。

两天之前，拉娜·特纳逼着休斯答应，他绝不会独自测试间谍机，"我有一个很坏的预感。"拉娜回忆道。而类似地，伊冯娜·德·卡洛在七月七号早上突然醒来，感觉到"有什么特别糟糕的事情要发生在休斯身上了。当然，我并不知道他今天试飞"。

然而，休斯本人却没有这些预感。这架飞机是他的宝贝——"有史以来最漂亮的一架飞机"。下午五点钟，他驾机飞向太平洋的层层碎浪，飞向依然令人炫目的七月骄阳。在维尼斯海滩和贝弗利山上空，飞机划出了一道半圆的弧线，然后绕回洛杉矶附近的卡尔弗城。

他绕着这个弧线飞了一圈又一圈，每一次都增加一点速度。当他的地面工作人员用无线电向他告知，他已经超出了军方规定的试飞时间，休斯对此置若罔闻。XF-11是世界上飞行速度最快的大型飞机，休斯为它的性能和能量而兴奋异常。因此，他无视军方的规定，继续飞行，希望在空中飞行到日落时，也就是九十分钟之后。

到了六点四十五分，飞机的右翼突然开始向下倾斜。休斯后来说，机翼好像被一个巨人的手抓住了，"怎么也挣脱不开"。休斯解开安全带，站在倾斜的驾驶舱里，透过顶上的玻璃窗向外瞧，想看看机翼和飞机的尾部是否完好无损。"我以为肯定是什么东西被扯掉了，拉扯的力量太大了。"但飞机本身完好无损。

现在休斯有两个选择。他可以直接飞回休斯飞机公司，离他现在的位置大概只有五分钟的航程；他也可以继续飞，寄希望于能够"找出问题所在并且修好它"。

"他不明白的是，他正在丢掉挽救自己和飞机的宝贵时间。"查尔斯·巴顿上尉说，他曾经研究过休斯的飞行生涯，并有多部著作。

XF-11像一个飞机模型一样打着转从空中坠下来，右翼好像灌了铅。休斯在机舱里蹲了下来，想要调整右边的引擎，他认为可能是那里出了故障。他大大提高了飞机的速度，希望巨大的牵引力能够重新把飞机升起来，一切都是徒劳。然后，他把右边的马达功率降了下来，以保持左边马达的稳定，但飞机还是一个劲儿地往下掉。

XF-11的表现让他困惑了，他能够控制飞机的方向，但不能控制它的高度。三十秒之后，他明白，飞机就要坠毁了。此时再想回到卡尔弗城已经来不及了。

他操纵着飞机，向唯一一个可以停得下这架飞机的地方飞去——洛杉矶乡村俱乐部的高尔夫草坪。他选择了第九洞附近的区域，那里处于松树和垂柳之间。这个跑道会让飞机绕过贝弗利山庄的建筑群。

但他能准确着陆吗？在华盛顿林荫大道和威尔士林荫大道之间，在大约四英里远的地方，XF-11突降四千两百英尺。正在"奇迹一英里"的最后一洞走路的人们紧张地望着飞机发出哀鸣，飞机在他们头顶八百英尺的上空呼啸而过，飞向贝弗利山庄。由于没有系安全带，下坠的强力把休斯紧紧地压在驾驶舱顶的树脂玻璃上。

休斯的正前方出现了几棵大树，这又为他点燃了一丝希望，也许飞机能飞过房顶，在高尔夫球场上降落。毫无疑问，这些树会把他和飞机都劈成粉末，但至少可以拯救地面上那些无辜的生命。

当他在倾斜的XF-11上的时候，休斯在狂乱之中竟然没发现，他的护身符——那顶被他戴在头上、代表着幸运的软呢帽，已经被风吹到了地上。飞机突然间疯狂地加速，又往下掉了两百英尺。休斯意识到，他没有一点儿时间了。

在这最后宝贵的几秒钟里，休斯斜倚着驾驶舱的顶棚，把飞机的前端瞄准了林登大街八〇〇街区，这是他不让飞机撞上住宅区的最后一丝希望了。他把脚牢牢地抵在飞机控制板上。他就要撞到地上了。

从某种意义上来说，二十多年以来，休斯一直在等待着这一刻，他和他的飞行员同行们一样，都相信死亡的方式是验证一个人勇气的最好的办法。现在他用尽全身力气抓住了操纵杆，顾不得自己的死活，驾着飞机朝陆地直冲过去。

飞机里传来一声巨响，休斯的耳朵像炸了一样。当飞机右翼和起落架撞上林登大街八〇三号房子的墙角时，休斯感觉到这是一场爆炸。当飞机斜身倒地时，他像一个布娃娃一样被轻轻地抛了起来。XF-11再次剧烈地摇晃起来。右翼不见了，剩下的残肢撕裂了八〇五号建筑的后角，飞机的残余部分被弹到空中，翻了个底朝天。

没有系安全带的休斯在飞机里跌跌撞撞，被金属和树脂玻璃的碎片划得遍体鳞伤。XF-11裂成了四块，每一块都被火苗包围着。休斯被压在机身尾部的一堆残骸下面。

他听到了一连串的爆炸声，一股浓浓的热浪向他袭来，火苗蹿上了他的飞行夹克，又蔓延到他的两肩。鲜血从他的鼻孔、耳朵和嘴巴里喷出来，他的左手沾上了汽油，也着起了火。几乎像一个超人一样，休斯使劲地用手拍打着夹克的两侧，直到手上的火苗渐渐熄灭。

休斯感到头重脚轻，一阵眩晕，他抓起飞机上的坐垫，想把脚从飞机顶棚里拔出来。但他完全动不了，左脚被死死地卡在爆炸后的残骸里了。

燃料燃烧后发出的味道让他作呕，火苗灼烧着他的肌肤，霍华德瘫倒在飞机残骸上，进入了半昏迷状态。一分钟以后，他再次苏醒，用尽全身力气，抓住已经红热的飞行舱的树脂玻璃舱顶站了起来，用手抓住烧得通红的边缘，甩掉了左脚上的靴子。他用力地吸了一口气，使劲地推了推泡沫。因为橡胶密封条已经烧化了，整个塑料泡沫突出来了。

力气很快就用完了，他耸着肩，半个身子探出了飞机的残骸。当他往下看时，他发现燃料正从油舱里涌出来，流向正在熊熊燃烧的发动机。就在这时，透过浓烟和火苗的重围，他听到了一个声音。

说话的是海军中士威廉姆·洛伊德·杜尔金。他正在废墟里跳来跳去，寻找着幸存者。"有人吗？"杜尔金喊，没人答应。"有人吗？"他再次高声大喊。

最后他听到了一连串微弱但是连续的捶击声——肯定有人在里面！他小心地接近飞机，在距离飞机两英尺时，火苗突然向他蹿过去，烧着了他的衬衫。

但杜尔金并没有后退。他托住休斯的两腋，奋力将休斯从飞机里拖出来。正在此时，一个消防队员跑了过来，两人合力将这个幸存者抬出了火海。当他们正奋力地扑打着休斯身上的火苗时，两人注意到，休斯露出了一个微笑。"把我放到草坪上。"他告诉两人。

休斯后来回忆说，当他闭上眼睛时，整个身体仿佛都飘入了极乐世界，在那里没有一点痛苦。他意识到自己快要死了，但至少不是被活活烧死的。

杜尔金中士跪在休斯身边，直到救护人员赶来，把他抬上了救护车。在救护车微弱的灯光下，休斯看起来脆弱异常。"那个人快要死了。"杜尔金心想。然后，他离开了那片废墟，此时这里已经站满了警察和围观的群众。

他并不知道他救的那个人是谁，一个小时之后他才明白过来。洛杉矶KRLA电台报告说："百万富翁、飞行员、电影制作人霍华德·休斯在一个小时前于一次试飞中不幸坠机于贝弗利山住宅区，身受重伤，无望生还。"

七月第四个周末的七点四十五分，贝弗利山急救医院的大门被飞奔而来的医护人员撞开，医生和护士们飞奔着把急救床上的霍华德·休斯推进了这里唯一的急救室。不久之前，他刚刚被专栏作家卢埃拉·帕森斯誉为"世界上最有魅力的男人之一"，但现在，休斯的全身上下从前额到膝盖共有百分之七十八的皮肤被烧伤。

他的脸上布满了血迹，烧伤的胸口上到处是巨大的水泡。医生们只扫了一眼，就断定他的肋骨、手臂和大腿上有多处骨折。

主治医生把听诊器凑到霍华德溃烂的胸前，听了几秒钟。"这个人要死了！"他对身边的医生大叫道，"他的肺里全是积液！马上把他送到古德萨马里坦医院去，他们那里有专治烧伤的医疗室！"

他们把休斯放进一个氧气帐里，准备推着他穿过整个城市，送往古德萨马里坦医院，但休斯在这时渐渐恢复了知觉，他虚弱地抬起了手。"我是霍华德·休斯，"他说，"这架飞机的飞行员。"

医生和护士都沉默了，他们凑上来，望着这位二十世纪最伟大的飞行员。一名资深医师打破了沉默，他大吼着叫道："把这个人推出去！他快死了！"

霍华德向这位医生点点头，又躺倒在了氧气帐里，此时，这是唯一能让他活命的东西了。后来他告诉格伦·欧德科克说，氧气和救护车发动机那种持续的嗡嗡声让他昏昏欲睡。但在昏迷之前，他还是询问了把他从飞机残骸里救出来的那位恩人的姓名。"好好报答他。"霍华德吐出这几个字，便陷入了昏迷。后来他回忆说，在昏迷之前，他看到了灿烂的白光。一路上，休斯都神志不清，直到医生们把他抬进古德萨马里坦的烧伤救护室，那里的医师审视着他的受伤面积，从他们的表情上就可以看出来，形势十分严峻。

看上去休斯已经命悬一线。他吸着纯净的氧气，而血压显示他已经在死亡的边缘，他的肋骨折了十根，还有他的鼻子、左膝盖和左胳膊肘，他的头骨被劈开了——这是他遍布于脸部、肩部和手部六十处伤口里最严重的一处。左肺被刺穿，完全丧失了呼吸功能；而保护两肺的骨头全都被震成了碎块。

他的躯干三度烧伤，烧伤部位从肩开始，直到腰部上方。他的烧伤需要特别治疗，四位专家竭尽全力为他修补伤口。他的左前臂和左手被严重烫伤，一位医生看过之后惊讶地说："好像他把整个左手臂都浸到滚开的油锅里，并在里面放了十五分钟似的。"

除此之外，休斯身上还有五十处轻微伤。对于休斯来说，这些轻微伤才是最重要的。他的下巴曾经在拍《地狱天使》时被撞伤过，现在再次被砸得粉碎。ＸＦ－11在倒地倾斜之后，划伤了他的脸，使得他的脸部肌肉失去了天然的弹性。他的鼻子完全被撞扁了，鼻尖向左歪，这是驾驶舱被摔在沥青地上时产生巨大冲力的结果。

在被送进医院时，休斯失血过多，在被推进手术室之后，医生给他输了十分钟血。但他的意识始终清醒。当医生们聚集在他的身边要为他做手术时，休斯抬起了头："我要等我的医生来……我知道他们正在赶来。"

"但是我们必须马上开始手术。"一位肺疾病专家说，他是被人从家里叫来抢救霍华德的。

"不，"霍华德说，"等我的私人医生来了再说。"

休斯的内科医生凡尔纳·梅森已经跟随他十年，而外科医生劳伦斯·查芬更是跟了他十五年，他们在飞机事故后两个小时内就赶到了医院。他们马上就开始了工作。

"我的情况怎么样？"霍华德问梅森。

"我不想骗你，霍华德。你可能挺不过去了。"

"你尽力吧，"他低声说，"我有心理准备。"

半小时之后，梅森从霍华德的胸腔里抽出了三千四百毫升的血水，他命令助手马上开始第二次输血。第二天凌晨四点，霍华德陷入了休克，然后又陷入深度昏迷。此时梅森、查芬和其他四名医生已经在手术台前连续工作了八个小时。

二十多名记者聚集在古德萨马里坦医院的大厅里，在那里，梅森医生宣布，休斯的健康状况已经由"严重"恶化到了"极度严重"。私下里，他告诉迪艾克里特，就霍华德受伤程度来看，他生还的机会非常渺茫。"霍华德是个得克萨斯硬汉，"迪艾克里特说，"只要有百分之一的几率，他就一定能活过来。"

凌晨五点，《洛杉矶检查报》《洛杉矶时报》《休斯敦邮报》和《休斯敦时报》的记者们已经写好了休斯的讣告。其中《休斯敦邮报》和《休斯敦时报》甚至已经排好了版，并配上了加了黑框的照片。"就像等待着一个国王的死亡一样。"《综艺日报》的记者比尔·菲德回忆说。报纸的标题如实地反映了病情的不容乐观。其中具有代表性的是《洛杉矶检查报》的新闻标题："霍华德·休斯在试飞中严重受伤：生还几率为百分之五十"。

在破晓之前，霍华德把他的一个秘书爱丽斯·本斯叫到了病床边。"我接到了约翰尼·迈耶的电话，"她回忆说，"他告诉我，休斯先生要见我，一分钟也不能耽搁。"一辆豪华轿车把本斯和迈耶送到了古德萨马里坦医院的后门。

当他们走进休斯黑暗的病房时，休斯看了一眼迈耶和护士。"请回避。"他告诉他们。

本斯回忆说："于是，我关上了门，坐在他的床边。由于氧气罩的缘故，我并不能听清他要我记下来的每一句话。于是，我靠近了他的病床，身体虚弱的休斯先生微弱地叫了一声。他告诉我：'把你的头发别好，本斯小姐，我想你可能听不大清楚。"

那天晚上休斯口述的备忘录都是有关飞机的事，包括 XF-11 坠地的原因和坠地的过程。本斯觉得，他想让自己记录下他在痛苦中说出的每一个字，"因为他相信他就快死了"。

医院的走廊里挤满了明星：拉娜·特纳一身全黑，满脸泪痕；琳达·达内尔也是一身全黑，她手里握着一串念珠；加利·格兰特悲痛欲绝，他穿上了唯一的一套黑色西装。伊冯娜·德·卡洛和艾娃·加德纳深知休斯不愿意她们公开出现，因此，她们只是分别送来了白玫瑰和红玫瑰，还有私人电报，而她们本人则静静地在家待着。

卢埃拉·帕森斯通过电波告诉她的听众，自从珍·哈露于一九三六年逝世之后，好莱坞还从来没有对一个病房的病人如此关注过。当霍华德从昏迷中苏醒过来时，又是一阵铺天盖地的头条新闻和电台广播。休斯这次醒来之后，甚至没有问他还能不能活下去，就马上把助手沃尔特·雷诺尔德叫到了身边。"告诉他们我用尽全力不让她掉下去……我想，至少在开始时，我以为我能驾着她飞回去的。"

一个小时之后，他向梅森和查芬做出了让步，但他提出了一个要求：让格伦·欧德科克住到他隔壁来，把两个房间之间的隔门打开。就这样，只要休斯的身体能动，格伦就会跑到他身边，跟他聊飞行。

休斯并没有脱离危险。医生们对休斯的并发症束手无策——烧伤、骨折和数不清的伤口——除非他们先控制好主要症状：肺部积液。七月十日天亮之前，他已经经历了两次胸腔抽水。在坠机之后，他的血压第一次恢复到了正常水平，他那已经完全崩溃的左肺又开始工作了。

凡尔纳·梅森医生感到非常乐观，他决定在古德萨马里坦医院大厅里召开第一次新闻发布会。站在闪光灯和麦克风面前，他宣布："我的病人是个不折不扣的'钢铁侠'，这种伤势会要了大部分人的命，但他现在却正在慢慢地恢复。现在他还没有脱离危险，但他有钢铁般的意志。仅仅靠这样的意志，就可以救活他。"

然后，他为媒体提供了拍照的机会。他举起了休斯那顶已被烧得没法戴了的幸运软呢帽给记者们拍照。自从飞机坠地之后，这顶帽子就不见了踪影，最后贝弗利山警察局在一个架子上找到了它，并派车专程把它送到了医院。

七月十一日，休斯已经能够坐在床上吃点饼干了。不可思议的是，他并没有让他的助手们闲着。病床上的休斯迷上了两样东西。他想解释 XF-11 坠毁的原因，于是，当他还在氧气帐里躺着时，就开始口述他对这件事的回忆。

同时，他要求见简·皮特斯一面。

当诺亚·迪艾克里特把皮特斯带到医院时，休斯已经向战争供给部做出了声明："现在我确信，飞机失事是由于右螺旋桨四个后页轮倒转造成的，它们的倒转造成了飞机倒行。告诉军方，我不希望同样的事情在其他人身上再次发生。"

一个小时之后，简·皮特斯被送进了休斯的病房，这是拉娜·特纳、琳达·达内尔和加利·格兰特都没有的殊荣。休斯躺在氧气帐里跟她说话，还用他左手的两根指头碰了碰皮特斯的手。

然而到了后半夜，他的左肺再次失灵，血压也升到了无法控制的地步，他再度陷入了"深度神经休克"。就在陷入昏迷之前，休斯问凡尔纳·梅森："我还能活下去吗？"

梅森注视着他的眼睛。"我不知道，霍华德，我不能保证。"

七月十二日，休斯又一次徘徊在死亡的边缘。晚上十点三十分，他的胸腔第三次积水，而大部分的三度烧伤仅得到了部分治疗，他的体温持续降低，达到濒临死亡的边缘。就在同一天，美国合众国际社发布了一幅照片，照片中，黑眼睛的琳达·达内尔在医院的走廊里悲伤哭泣，她的手里握着一串念珠。在《好莱坞市民新闻报》上，这张照片出现在标题下方：求见休斯横遭拒绝。

但到了第二天，休斯的病情又有了很大的起色，他的肺开始恢复正常功能，他终于摘掉了氧气罩。

医生们开始对付那些烧伤、割伤和骨折。休斯绝大部分的骨骼和神经系统都受到了不同程度的损伤，手术的疼痛几乎是难以忍受的。虽然不情愿，梅森医生和查芬医生还是给他开了吗啡，对他进行肌肉注射。休斯火冒三丈，马上靠着床坐了起来。"我不要那些东西。"他冲着梅森大叫道，"我不需要。"

梅森解释说，他们早就完成了静脉注射。"那就停下来，"霍华德说，"给我吃药丸。我能控制那种东西。"梅森医生同意了。

为了给他自己一个"同药品斗争的机会"，休斯让隔壁的欧德科克保留着所有的吗啡药瓶。欧德科克说："他会看床头的记录，然后告诉我，把医生规定的剂量减半，有时甚至减到三分之一。他竭尽全力抵制这种药物。"

尽管休斯已经做出了努力，但很快，他的强迫性神经失调症打败了他，离开了药，他就活不下去。他很快就走上了偷偷吸毒的道路。

在休斯康复的那段日子里，简·皮特斯主宰了他的思想，但这并不意味着他心里只有她一个人。当休斯还在使用呼吸机的时候，他就把约翰尼·迈耶叫到他的病房，叫他事无巨细地记录下他对每个情人的关照方式和对待方式。一个多小时之后，休斯口述完了他这个部署全面的战斗计划。迈耶的任务是保证这些女人不能闲着，迈耶要陪她们吃午餐，参加晚宴，陪她们逛夜店，每个人都要被轮流照顾。休斯甚至还记着每个女人最喜欢的餐馆名称。

"我要你给她们送花，每周都要送。"休斯这么告诉惊讶的迈耶。为了不给迈耶太大的压力，休斯把每个女郎的喜好都告诉了他。他还要迈耶给他的每个情人都送去一封精心编造的信，每封信都采用他与每个情人专用的亲密称呼。迈耶吃惊地发现，这二十个情人各有各的称呼。"记得，要按照我说的去做，别出岔子，"休斯小心地提醒他，"我不想让哪个美女看到你陪着另一个外出。不然，她们很快就会明白是怎么回事的。"

休斯最关心的还是机械。他叫来了工厂的工程师，让他们按照他的要求设计一张特殊的机动化病床，要有推杆和热水。

坠机十六天后，休斯一共输了八次血，做了一系列的烫伤治疗和植皮手术，媒体终于公布说，霍华德快要康复了。一天之后，医生们做了最后一次肺部抽液手术，清除了他肺里哪怕一点"可以忽略的液体"。

休斯已经在古德萨马里坦医院住了三十四天。在康复过程中，他每天喝好几加仑橙汁，并继续严格监控着吗啡摄入量。他还做了秘密的整容手术。

住院期间，当休斯第一次盯着镜子里的自己的时候，欧德科克就在他的旁边。一开始，休斯只是毫无表情地仔细观察着自己那张被毁坏了的脸。然后，他转向欧德科克，突然痛哭起来。"看看我，"他尖叫道，"看看我。"霍华德呜咽着说："我成了一个怪物。"

虽然医生们帮他修复了大部分伤口，但却没能抹去他唇上的伤疤和前额上几乎看不到的伤口。为了遮住唇上的痕迹，休斯留起了胡子。一顶帽子就可以挡住眼睛上方的那条疤痕。但那种年轻人皮肤的弹性是无法恢复的，他的朋友和情人们都注意到了这点差异。

在休斯出院之后不久，简·格里尔就送来了一株盆栽植物，她说："我发现，他刚从地狱走了一遭。他的两颊深陷，面目憔悴。"而在休斯失事前后不断跟他约会的女影星基妮·蒂尔内记得："他的眼睛变得突出，脸也变得紧了。那些疤痕并没有给他增添气质，而是让他看上去更加苍老。"伊冯娜·德·卡洛说，她能看到休斯脸上的每一道伤口和他眼睛四周刻着的"所有的苦痛"。"我想说点什么，但我知道我不能说。"

就在这段时间里，梅森医生开始用可待因代替吗啡给休斯止痛，这无意中激发了他缓慢但最终上瘾的药物沉迷。

当美国军方对 XF-11 坠机事件做出裁决后，休斯又遭受了沉重的心理打击。在详细研究了坠机报告并审问了二十位目击证人之后，军方审查团把这次事故原因归结为"飞行员的失误"。

他们特别指出，霍华德的错误在于"不够熟悉紧急操作规程"，并且"未能考虑紧急着陆"。更糟糕的是，连休斯的一些手下也赞同了这些说法。休斯飞机公司的空气动力学专家卡尔·巴博格认为，"霍华德当时害怕了。他完全失去了控制，如果当时切断电源的话，他就会安然无恙。"

"其实，他只是没有做例行检查。"水力学工程师戴维·格兰特回忆说。就连欧德科克也不情愿地承认："他本应该同时把两个引擎的速度都提高，这样他就能看出来飞机到底是结构问题还是电力故障。"

"当螺旋桨出现故障之后，这次事故就已经无法避免了。"调查委员会说。军方通知休斯飞机公司另外指派一名试飞员来测试 XF-11 的原机，"只要不是休斯先生就行。"此举无疑是对休斯巨大的羞辱。（最终，还是休斯再次坐进了 XF-11 驾驶舱；休斯成功地驾着一九四七年四月坠机的那辆飞机完成了第二次试飞。）

在飞机失事后的第三十五天，八月十二日，休斯终于出了院，他搬到加利·格兰特租来的别墅里静养。在漫长的恢复期，他漫无目的地从一个酒店搬到另一个酒店，从一所别墅搬到另一所别墅，但不管他到哪里，始终摆脱不掉异性对他的关注。

拉娜·特纳就是张牙舞爪地杀回休斯身边的女性中的一个，虽然时间很短暂。

在休斯搬进加利的别墅不到一个月，拉娜在一个慈善晚会上撞见小影星珍妮特·托马斯和约翰尼·迈耶在一块。"我们何不去看看霍华德在干什么呢？"特纳提议道。

"为什么不呢？"迈耶回答。

"当我们开车接近加利的房子时，"托马斯后来回忆道，"我能看到，有一个女人的身影出现在楼上的一个房间里，那是霍华德的房间。"拉娜也看到了。

特纳愤怒地看了迈耶一眼。"我这就进去！"她大声说。

迈耶还没有来得及阻止，她就跳出了汽车，一头闯进了大门。特纳一口气跑上楼，冲进休斯的房间。在房间里，简·皮特斯正站在休斯的床边。

"哦，霍华德，"拉娜说着，泪如雨下，"你怎么能这么做？你为什么这样对我？"

看到拉挪和休斯争吵起来，皮特斯走下楼梯。她看到迈耶和托马斯站在门口，皮特斯抬起头，若无其事地说："就凭这个，拉娜就能得奥斯卡奖。"

特纳终于认识到，她同这位亿万富翁的关系已经彻底无望了。"在后来的日子里，她绝口不提休斯的名字，一直到去世为止。"她的前任秘书泰勒·佩罗说。

一九四七年有段时间里，在玛丽昂·戴维斯位于圣莫尼卡的家里，休斯和美国头号性感偶像开始了一场狂热的恋情。休斯开着他那辆老雪佛兰，从房子的后门溜进去。几分钟之后，一位神秘女郎出现了，她戴着一副硕大的太阳镜和一顶漂亮的头巾，小心地从同一个门进屋。两人一起沿着这幢有六十四个房间的别墅长廊走下去，一直走进一间大卧室。这间卧室原来是为格雷塔·嘉宝留的，现在已经为休斯重新装修过了。

一走进房间，休斯就扔下他的大衣，那位神秘女郎也摘掉了她的太阳镜和头巾，如瀑的红发从她的肩头泻下来。这个人是丽塔·海华丝，作为电影《格丽塔》的女主角，她给票房带来了一片空前的繁荣。

炉火升起来了，火焰在大理石刻的壁炉里微微地跳动，香槟就放在冰桶里，霍华德和丽塔接下来就要做爱，然后一起赤身裸体地躺着。有一天，一位不速之客不请自来，赤裸的休斯试图用自己的身体挡住丽塔，他命令这位闯入者："不许看！"这是休斯和丽塔两人经历过的最秘密的恋情。休斯自圣西蒙时期以来的好友玛丽昂·戴维斯安排了这些幽会，她命令所有的仆人都不得进入该房间，还在别墅的后面修了楼梯，方便他们回避别的客人和她的家人。

丽塔不得不谨慎行事，两队侦探已经跟踪她好几个星期了，一队侦探受命于她的丈夫、制片人奥尔森·威尔士，他发誓要报复丽塔对他的不忠；而另一队侦探则受命于哥伦比亚电影公司总裁哈里·柯恩，他千方百计地收集她与公司的合同中禁止的"生活作风"问题。与此同时，休斯也有不少头疼的事，他想尽量把这桩艳情瞒过简·皮特斯。

作家唐·沃尔夫十几岁时经常造访海边的这幢房子，好几次他都撞上了这两个人。"他们深深地爱着对方。"他回忆道。然而，他们的深爱带来了一次始料不及的怀孕，最后丽塔做了流产手术。后来，在休斯的鼓励下，她登上了开往欧洲的轮船，在那里待了四个月，而一切生活都由休斯的代表照料。

休斯还爱上了伊丽莎白·泰勒，而当时的泰勒不过是一个十几岁的少女。一九四九年，休斯在贝弗利山大饭店的大厅里发现了她，他告诉助手："把我介绍给那个女孩。"后来，他聪明地找到了饭店的艺术品展览室，那是由伊丽莎白的父亲弗兰克斯经营的。休斯不仅买下了许多画，还盛情邀请泰勒和她的双亲共度周末。泰勒一家接受了邀请，但伊丽莎白并没有被休斯征服，在她的眼里，休斯只不过是一个四十五岁的男人。休斯的兴趣并没有减少，数年之后，休斯的律师格雷格·鲍泽找到了泰勒的妈妈，劝她包办下休斯和泰勒的婚事：一个是亿万富翁，一个是绝代红颜。作为承诺，休斯同意给伊丽莎白一百万美元。当伊丽莎白听说了这件事后，她哈哈大笑起来。多年以后的一九五八年，她的第三任丈夫、导演迈克尔·托德不幸逝世，悲痛欲绝的泰勒登上了环球航空公司的班机，从洛杉矶起飞，去芝加哥郊外参加丈夫的葬礼。当时她并不知道，是休斯为她安排了这个航班。三年之后，伊丽莎白终于得知了休斯的好心，她拨通了他公司的总线，留下了一个信息："在我丈夫遭遇不幸后，霍华德表现了他的风度，而我却从来没谢过他……"

随着二十世纪四十年代的流逝，简·皮特斯逐渐主宰了休斯的生活。自从凯瑟琳·赫本以来，休斯再也没找到过像她那样的灵魂伴侣。皮特斯有一次回忆道，在休斯坠机后恢复健康的那段日子里，休斯会跟她"倾诉他的感情、他的梦想和他的悲伤，一说就是几个小时"。有时，他也警告她："这绝对是秘密。不许告诉任何人。"在休斯的倾诉中，皮特斯发现，如果不是他的家庭和他的财富对他的逼迫，他会满足于成为一个飞机工程师和设计师。

简经常坐在休斯的床边，给自己做衣服，或者织毛衣。他们既是朋友，也是情人。

"我已经找到了我梦中的女孩。"休斯告诉迪艾克里特。

"那就娶了她吧。"迪艾克里特提议，"别再跟别的女人来往了。"

"我应该会娶她，"休斯回答道，"要是不娶了她，我会发疯的。可我没法这么干。"

"为什么？"迪艾克里特问。

休斯自己也找不出理由，最后他总结道："我就是不能。"

躲猫猫

一九四七年，不管在生活还是事业上，休斯一系列的功绩都来得那么迅速。休斯接连两次的失踪，都让他成为报纸的头条人物。他将与联邦政府和监视了他四年之久的联邦调查局当面对质。他还将再一次驾机试飞，而这次试飞的成功将把他以前的坠机事故远远地抛在脑后。

新年伊始，休斯就敏感地觉察到，联邦调查局正在向他步步逼近。联邦审计员坐在他的账簿旁边，为参议院调查他与联邦政府签订的有关合同做好准备。"他们像追逐猎物一样紧追着我。"休斯向加利·格兰特抱怨道。

"摆脱他们，"格兰特在伦敦向他建议道，"我会去纽约跟你碰头。"

第二天，休斯巧妙地避开了别墅的后门，从联邦调查局调查员的眼前开溜，然后驾着"群星"号来到了曼哈顿，环球航空公司的董事会和加利正在等待着他。但一阵突如其来的暴风雨使他不得不迫降在得克萨斯的阿马里洛。

一向羞于面对媒体的休斯试图躲在机场的办公室里。但是，《环球新闻报》的一个记者还是以欺骗的手段对他做了一个简短的采访。"他跟我握了手，而我却浑身上下都在发抖。"记者卡尔·布鲁姆勒承认。他注意到，休斯因为缺乏睡眠而眼窝深陷。他穿着一条皱巴巴的裤子，裤腰上"系着的好像是两根鞋带"，上身穿着一件同样起皱了的大衣，领口处大开的白衬衫也脏兮兮的。

在被问及他对婚姻的打算时，这位世界上最值得嫁的单身汉只是摇了摇头。但事实上，简·皮特斯此时已占据了他的心灵。在环航公司董事会之后，她就给他指明了下一个目的地——而这就是他在一九四七年第一次失踪的缘起。这是休斯的一次心灵之旅。而第二次失踪也近在眼前：这一次将与联邦政府脱不开干系。

一月十日，纽约的报童们逆风行走在暴风雪中，叫卖着早晨的最新消息。整个城市在睁开眼睛后知道的第一件事是，他们的八卦英雄霍华德·休斯再次陷入了生死不明的困境。《纽约每日新闻报》的宣传标题是："飞行员霍华德·休斯、加利·格兰特失踪；恐已罹难"。

他与死神英勇搏斗的事迹还历历在目，"标题党"们争相夺取霍华德·休斯那肥皂剧似的人生中这最后篇章的戏码。去年七月，他曾凤凰涅槃般从 X F－11 事故中死而复生，这一次，幸运女神难道真的不打算眷顾他了吗？而那个时代亿万女影迷的终极偶像加利·格兰特跟休斯一起失踪的事实，使得这个原本已十分轰动的新闻变得更加传奇。就在几天前，休斯和格兰特一起偷偷溜进夜总会和他们在广场饭店一掷千金的消息还是曼哈顿八卦专栏里最吸引人的内容。

这个轰动一时的故事开始得悄无声息，当时，空中交通调度员在墨西哥边境附近找不到霍华德驾驶的那架华丽的 D C－3 飞机的任何踪迹。它起飞于俄亥俄州的莱特机场。在驾机飞进"蓝色北风"冬季暴雨的雷电交加里之前，休斯一直气定神闲，他甚至还在控制塔上向送别的人们挥了挥手。当时是一月九日晚上六点十一分。休斯用无线电发送讯息说，他要直接飞到阿马里洛，那是一片狭长的陆地带，也是他常用的加油站。他们计划从那里再次起飞，穿过新墨西哥和亚利桑那州，然后返回洛杉矶。休斯和加利在机场待了大约半个小时，当时他俩都很轻松愉快。休斯甚至还特别邀请了三位空军飞行员去参观他的"空中别墅"，向他们展示了里面的沙发床、迷你酒吧以及用厚地毯布和褶皱布围起来的扶手椅。

几十分钟之后，一位印第安纳波利斯州的空中指挥员收到了一个混乱的无线电信息，他费了很大力气也没有弄明白休斯发出来的这条信息是什么意思。横扫美国中西部的狂风把休斯在慌乱之间匆忙发出来的这条信息吹得无法辨别。到第二天凌晨两点钟时，飞机和它那著名的驾驶者仍然没降落到阿马里洛。很快，第一条有关休斯失踪的新闻就被送到了美国合众新闻社。

休斯的讣告再次从各家报社的图书馆里被翻了出来，同时被翻出来的还有加利·格兰特的讣闻，此时正是格兰特事业上的鼎盛时期。而休斯在洛美因大街的总部乱作一团，但他们很快就准备好了措辞，大致意思是由于冬季暴风雨的原因，休斯的飞机不幸在某个沙漠坠毁。

事实上，此时此刻，休斯的空中别墅停泊在艾尔帕索飞机场黑暗而狭长的跑道上。两位大名鼎鼎的驾驶者坐在机舱里，悠闲地啃着三明治，喝着咖啡，对自己已成为搜索目标的事一无所知。实际上，他们这次飞行也是在做一次重要的搜寻——休斯找到了生命中的新爱。

在飞机上，休斯向他最亲密的朋友加利诉说了他对简·皮特斯日益深厚的感情，而此时，她正在墨西哥与特隆·鲍沃合演传奇历险史诗《喀斯特船长》，当时格兰特随口说了一句："我们飞过去看看吧。"

听了这句话，休斯立即驾着ＤＣ－３向西边的艾尔帕索机场飞去，他们将从那里飞往墨西哥的边境城市华雷斯城。到达艾尔帕索机场之后，休斯当晚没能完成美国海关的清关手续。"休斯不想被人发现，所以，他把飞机停在了最远的一条跑道上。"加利·格兰特回忆道。他们一直坐在飞机里，直到第二天早上拿到通行证。第二天早上，他们就飞到了墨西哥的诺加莱斯，向北就是美国亚利桑那州南部城市图森。一月十一日早上六点三十九分，他们到达了瓜达拉哈拉。

到了瓜达拉哈拉之后，格兰特和休斯住进了里弗摩饭店，他们倒头就睡，醒来时已经是七个小时之后了。在去吃早餐的路上，他们与一位美联社的记者狭路相逢，对方立即认出了他们。"嗨！"他说，"大家都以为你们俩已经死了呢！"就连一家墨西哥报纸也打出了这样的标题：加利先生和霍华德先生已死。

"听说了这个消息，我们又继续'失踪'了两天。我们推测，只要没人知道我们在哪儿，我们就能享受一段清静日子。"格兰特回忆说。

然而对于休斯来说，他在这一年接下来的日子里会带给世界更加轰动的新闻头条。

在驾机去看望简·皮特斯一周后，他就收到了第一个警告。曾跟休斯签下四千万美元飞机合同的艾略特·罗斯福从纽约给休斯打来了电话。他警告休斯，参议院向他详细询问 XF-11 和"云杉鹅"号中可能出现的"违反财务规定"的行为。由于这次参议院中共和党占多数，众议院把前总统富兰克林·罗斯福亲自参与的所有工程都作为此次调查的目标。这架间谍飞机和未完工的"大力神"号都在调查的名单中。但对于休斯来说，还有一个潜在的问题。

泛美航空公司的管理层正费尽心思地破坏休斯的环球航空公司，因为它新近开启的由北亚特兰大直飞欧洲的民用航线此前一直是由泛美航空公司独家垄断的。通过保守的缅因州参议员拉尔夫·欧文·布鲁斯特，他们想跟休斯做一笔交易。只要他放弃北亚特兰大的航线，参议院的调查可以就此停下。当然，如果休斯能够同意把初露头角的环球航空公司并入根基稳固的泛美航空公司，那就更好了。

霍华德·休斯被激怒了。在此前的七年里，为了把这个地区航线打造成全球航线，他已经投资了一千二百多万美元。对此，他马上予以回击并组织了一个纽约侦探和律师团队。他发现，参议员布鲁斯特已经提出了一个议案，这会剥夺环航公司刚刚从民用航空局那里取得的新航线。

休斯的情报表明，这个法案事实上是由泛美航空公司的律师起草的，这无疑是火上浇油，休斯决意向参议院宣战。他拒绝了布鲁斯特。霍华德怀疑，布鲁斯特只不过是泛美航空公司总裁朱安·特里普的傀儡。但他不知道的是，最近十八个月以来，联邦调查局的特工们一直在寸步不离地跟踪他。只要从

FBI"高度机密"的报告里挑出一两个片段，就能看出来这位亿万富翁将会面临什么样的指控。

一九四七年二月十二日，FBI洛杉矶分局发电报给华盛顿，说"休斯和环航公司总裁杰克·弗赖伊正与苏俄商讨在苏联设立航线的事宜"。一天之后，FBI的六二·三五四一号报告傲慢地说："休斯高金雇用交际花贿赂军方官员。"三月二日，FBI情报人员的证据表明，"休斯为取得战后欧洲航班的优先权而向艾略特·罗斯福行贿"。又过了一天，FBI洛杉矶分局指出，"艾略特接受休斯贿赂七万五千美元，应被刑事起诉"。虽然这份"绝密卷宗"中的指控纯属捏造，但这份历经两年调查写成的两千多页的卷宗连同休斯的私生活报告最终被一起交到了议会特别委员会的手中。

参议员布鲁斯特宣布，休斯将赴华盛顿听审。不久，环航公司总裁杰克·弗赖伊就极力主张谨慎行事。他警告说："在华盛顿，泛美航空公司有最庞大的、最复杂的政治机器为它运作。特里普认为你已经抢占了他的地盘。"

休斯也毫不妥协："我会跟他战斗到底。"

参议员布鲁斯特把听证会的时间确定在七月底到八月初之间，他放话说："在必要时，我就是徒手拖拽，也要把这个百万富翁拽到华盛顿来。"他后来还吹嘘说："我倒是想好好会一会这个撒谎成性的家伙。"

"看他们能不能找到我再说吧。"休斯告诉迪艾克里特。

从七月十日到八月五日，从美国的执法官开始寻找休斯到休斯主动飞往华盛顿，休斯以高超的躲藏本领对议会表达了他的嗤之以鼻。

一开始，这只是一场无伤大雅的游戏。媒体十分喜欢，美国老百姓也不例外。霍华德的行为似乎在说："在二战期间，我为国家竭尽全力。现在我却为此而遭了殃。"

美国法警署发现，休斯的身影最后消失在洛杉矶的郊区。可一直到八月一日，法院的传票还在他们手中，特别委员会主席、参议员侯姆·弗格森怒气冲冲地打电话给洛杉矶分局。"传票交到他手上了吗？没有？他妈的，为什么还没送到？"

就在这天下午，休斯召集了他最喜欢的几名记者，他宣布说："他们还没有传唤我。"然后又补充道："在我与国防部合作的生意中，他们找不到一点证据能证明我曾经贪污或行贿。他们的传唤期快结束了。但我敢保证，ＸＦ－１１是有史以来最好的摄影侦察机，而'大力神'号水上飞机在今年年底之前就能起飞。我会主动前往华盛顿。我可不想让那些联邦警察帮我挑开会的时间和地点。当然，我绝对无意蔑视议会。"

"普通美国人相信了休斯的这套说辞。"华盛顿的专栏作家杰克·安德森说，他曾经帮助休斯研究了在特别委员会面前出场的方式。"从这个意义上说，他在为美国公众代言。"

但参议员弗格森震怒了。"我们现在就从华盛顿派人过来。我们一定会把传票送到休斯手上的。"

八月二日，号称"联邦警察局头号枪手"之一的罗伯特·克拉克从华盛顿飞抵洛杉矶，并在当地召开了新闻发布会。"这次我们另外带来了四个人。"然后，他把手放在身边的一个体壮如牛的家伙肩上。"这位是乔治·罗西尼，我们的超级侦探。"

罗西尼微微一笑，说："当然，躲避传讯是美国宪法赋予休斯先生的权利，但找到他也是我们的权利。我们一定会找到他的。毕竟，黑帮教父、芝加哥王阿尔·卡彭都是在我手中落网的。"说着，罗西尼在头顶挥了挥参议院的那张传票。

然后，罗伯特跟他的四个手下在洛杉矶展开了地毯似的搜查，寻找这位神出鬼没的百万富翁。他们把著名的夜总会全都搜了个遍，日落大道、莫卡姆、仙乐斯、帕拉丁，一个都没落下。他们像一阵风似的进出于夜总会，仔细盘问每一个领班、卖香烟的姑娘甚至厨房里的人，因为他们知道，霍华德常常和厨房杂工一起用餐。

但事实上，休斯的隐形衣缝得太成功了，这些警察从未走进离他一英里以内的地方。

由于休斯租房或买房时从不使用真名，所以联邦警察局根本不知道他有多少个落脚点，包括圣费尔南多区的秘密小屋、洛杉矶市政饭店的包房、日落大道一〇〇〇号的公寓以及"永远的守候"——加利·格兰特家的客房。霍华德实在是高估了这些薪水丰厚的联邦警察，他竟然还准备了一套复杂的计划来躲避他们的追捕。从七月二十八日军方寻找他开始，到八月五日他在华盛顿出现为止，他每个晚上都在不同的地方过夜。

第一天，他跟简·皮特斯在格兰特家过夜；第二天，他们在简的家、洛杉矶西部的一座小公寓过夜；等到第三夜，当他觉得足够安全时，就搬到了圣费尔南多区的小别墅里，它的主人是休斯的保镖主管弗兰克·安格尔。

他甚至还有时间跟别的女人风花雪月。当他跟皮特斯安全地躲到圣费尔南多区之后，休斯经常以"工作忙"为借口独自消失在夜幕里。其实，他是在追求米高梅的舞星赛德·查理斯。她的住处就在安格尔家不远处的一个街角，那三个晚上，休斯的晚餐都是跟她在一起。"没人找得到他，"查理斯回忆说，"他住的那座小别墅离我家只有一个街区那么远。他会开着那辆可笑的老爷车来接我，然后我们一边吃饭，一边收听收音机里的新闻，里面说每个人都在找他。"

八月一日下午，霍华德又跟那些监视他的 B-23 飞机的联邦警察兜了个圈子。当时，他们正在吃午饭，有两个人跳进了驾驶舱并发动了飞机。其中有一个人与休斯的体型特征相符。惊讶万分的警察们赶紧扔掉手里的汉堡包，火速赶到飞机场上，但飞机已经起飞了。"超级侦探"罗西尼立刻冲上了控制塔，试图查出休斯的飞行路线。当然，他一无所获。

与此同时，在弗兰克·安格尔的别墅里，霍华德还上演了一出与皮特斯分居的大戏。他的卧室在大厅后面，而她的卧室则在大厅前面。每天晚上，在与查理斯幽会回来后，休斯总是一直等待着皮特斯上床就寝后再出现。他会蹑手蹑脚地走到她门前，轻轻地拍几下门。"今晚一切都好吗，亲爱的？"他问道，故意让安格尔太太听见他的声音。"好的，亲爱的，"他会说。"要是需要，不管什么，叫我一声就行。"

当整座别墅陷入黑暗之后，休斯再轻手轻脚地穿过大厅，走进简·皮特斯的房间里过夜，等到黎明时分再悄悄地回自己的房间。

八月四日是休斯前往华盛顿听证的前一天，这一天，他跟简双双出现在拉斯维加斯的弗拉明戈大酒店，他们故意去玩了一会儿老虎机，然后又坐在餐桌前吃了一顿美味的牛肉。在一辆拉斯维加斯警车的带领下，执行法警开着两辆警车风风火火地赶往大饭店，车灯闪耀，车轮尖叫。他们一路闯红灯，直接闯进弗拉明戈大酒店，肃清了所有的公共场所和休斯一两个小时之前租下的那个套间。最后，他们只发现了吃剩下的半块奶酪三明治和一杯巧克力奶，而这是休斯当时在套房里叫来的客房餐。但在此时，休斯已经驾着 B-23 起飞离开了。

在洛杉矶着陆后，休斯立即驱车赶往加利·格兰特的别墅，在那里，加利为休斯做了一次改头换面般的形象设计。后来的事实证明，休斯的这次形象设计相当成功，使得他之后在华盛顿的亮相相当出彩。加利带着休斯找到了贝弗利山大饭店的发型设计师，剪掉了霍华德那头乱蓬蓬的飞行员发型，因为那种发型早就过时了。设计师给休斯理了一个最新的"总裁式"发型：所有的头发都梳得一丝不乱，并用百利发蜡做了定型。格兰特那位完美得无可挑剔的裁缝为休斯剪裁了两套优雅的套装，一套是灰色双排扣套装，另一套是深蓝色条纹套装。还有黑色皮鞋、四件手工缝制的白衬衫和全套色系的领带。休斯新潮的发型和这些豪华行头为他打造了一个焕然一新的总裁形象。

八月五日下午两点三十二分，休斯坐进了 DC-3 的驾驶舱，在副驾驶厄尔·马丁的协助下，驾机横跨美国大陆，尽管此时正有一股强烈的风暴袭击美国中西部。他们穿过了暴风眼，飞机不停地颠簸，在电闪雷鸣中曲折前进。

在马丁接过了操纵杆之后，休斯醒来时发现，DC-3 的机翼正在颤抖，机身也已右倾。霍华德背靠着座位，一边在暴风和雷电声中冷静地同马丁交谈，一边监视着飞机的"穿越速度"——既不能太快，也不能太慢。最后，他们终于安全抵达华盛顿。

在住进卡尔顿饭店的套房之后，他才第一次亲眼看到了 FBI 收集并已交给他的对手、参议员布鲁斯特的秘密档案。休斯呆若木鸡。原来，特工已经秘密地跟踪了他四年！更糟糕的是，他们还跟踪他的女朋友们，窃听过他所有的电话，他住过的饭店套房也都安装了窃听器。最不可容忍的是，他们甚至厚颜无耻地检查了他睡过的床单。这件事之后，他也对自己身边的一切进行了严密的反监视。

诺亚·迪艾克里特此时正住在城市另一端的美菲尔饭店里。他穿过半个城市，来到休斯住的饭店商量对策。休斯在门口迎接他，并且把手指放在嘴边示意他不要出声。"我们不能在这里说话。"他对迪艾克里特耳语道。然后，他把诺亚领进了卫生间，打开淋浴和水盆的水龙头。"这个房间里有窃听器。我确定。"

他说得对。按照泛美航空公司的命令，一个高级监视小组在休斯和诺亚的房间都安装了窃听器。根据华盛顿特区警察局陆军少尉约瑟夫·西蒙的指示，窃听者把微型麦克风安装在通气道里，而所有电话线路都在墙里被拦截。整个窃听计划很复杂，包括租下隔壁的套房，然后从两个楼层之间的空隙爬行进来。

迪艾克里特和霍华德的律师托马斯·斯雷克在一个星期之前就住进了美菲尔饭店，因此，身在华盛顿的他们与身在洛杉矶的休斯之间的通话早已被住在隔壁房间的西蒙的手下一字不漏地记了下来。他们的一些措辞最终也出现在议会委员会的后补材料中，就连诺亚也终于认识到，"休斯并没有疯，他是对的。我们的每句话都没逃过他们的耳朵"。

为了反击，休斯不惜重金雇来了辛德勒侦探事务所的侦探，让他们在拉尔夫·布鲁斯特议员在五月花饭店的套间里安装窃听器。就这样，滑稽的一幕发生了：当休斯和迪艾克里特全神贯注地倾听布鲁斯特房间里的动静时，泛美航空公司的秘密侦探们也在全神贯注地关注着他们的一举一动。有一次，当西蒙听到霍华德和斯雷克正在谈论布鲁斯特的私生活时，他忍不住评论道："布鲁斯特这次可真要发怒了。"

辛德勒侦探事务所还为休斯和迪艾克里特完成了另一个特别重要的工作：彻底清除休斯和迪艾克里特房间里的窃听器。自此，休斯才放心地与杰克·安德森举行了一次高级战略会谈，而后者则是美国最有影响力的政治专栏作家德鲁·佩尔森的得力助手。

安德森带来了佩尔森的口信：在听证会上，休斯应该采取攻势，把布鲁斯特变成靶子。佩尔森还给休斯捎来另外一个消息："告诉休斯，布鲁斯特与泛美航空公司的关系之密切超出了所有人的想象。"

八月六日中午，到了霍华德出庭的时候，可是，他没有在约定的时间跟迪艾克里特碰面。到了十二点半，迪艾克里特心里发慌了：因为休斯要在一点钟出席听证会，而他打到卡尔顿酒店的所有电话都没有任何回音。迪艾克里特和斯雷克律师一起冲到了休斯的房间门口。他们发现，门反锁着，他们大喊大叫、用力敲门，房间里却没有任何动静。"他在睡觉呢，"迪艾克里特对斯雷克坦白说，"他已经几天几夜没有睡觉了，这一睡就得睡上二十几个小时。"

他们赶紧用备用钥匙打开房门，却发现里面还挂着门链。"去拿个衣架来。"迪艾克里特告诉斯雷克。这招确实有效。他们闯进屋里，把睡得不省人事的休斯摇醒了。

"什么时候了？"休斯睡眼惺忪地问。

"该出庭了，马上。"斯雷克回答。

下午两点四十二分，一个"焕然一新"的休斯终于出现在法庭上，这场持续了三个多星期的捉迷藏游戏终于结束了。

原本只能容纳六百人的法庭现在挤下了一千五百多人，还有四百名观众因为挤不进去而只能在庭外的走廊里旁听。当休斯在法庭上出现时，人群里爆发出一阵热烈的掌声，委员会主席荷马·菲尔格森脸色一下子变得通红，他不得不敲起了小木槌，要求保持肃静。"到场的女性观众都不约而同地为四十一岁的休斯叹息，仿佛他是一位最当红的电影明星。"《瞭望》杂志的记者斯蒂芬·怀特这样写道。

听证会的前两天里，休斯站在听证席，同参议员布鲁斯特就泛美航空公司的问题唇枪舌剑。在休斯提出泛美航空公司的问题之后，所有的焦点都从休斯身上转移到了他的对手布鲁斯特身上。休斯前后出庭四天，最后，他成功地保住了 XF-11 和"大力神"号（"云杉鹅"号）。他一字一顿地加强语气，说："要是'大力神'号飞不起来，我就永远离开美国。"他还很坦然地承认，自己的确曾盛情款待过军方要人——但当时在场的还有其他"战争大佬"。

八月十三日，参议员菲尔格森提前三周突然叫停了听证会，显而易见的是，休斯已经赢了。在弧光灯和闪光灯的簇拥下，他走出了法庭。欢呼声响彻了法庭，并传到了大厅里，休斯只能在前呼后拥的观众群中艰难地前行。

听证会几天后，在各大城市里，拥戴休斯做总统的俱乐部已经成立了一百多个，光布鲁克林一个俱乐部就有五百多名会员。

曾经有个小道消息说，出于对听证会的恐惧，美国官方已经把休斯飞机制造公司拉进了黑名单。但事实上，仅仅十天之后，休斯飞机制造公司就成为美国空军最大的电子产品供应商，而且在整个五十年代，休斯飞机厂一直牢牢地掌握着这个特权。休斯回到了洛杉矶，他以胜利者的姿态走出了DC-3。生平第一次，休斯允许新闻记者从各个角度给他拍照。

但他在华盛顿的案子并没有结束。他还需要洗脱那些指控。

一九四七年十月末，一百多名作家和记者聚集在洛杉矶巴尔的摩大饭店里，参加霍华德·休斯举办的宴会。参议院的听证会已经被他远远抛开，现在，他要在自己的地盘上，讲述自己的故事。

休斯一向慷慨大方。他为自己的公司聘请的公关公司是卡尔·贝扬公司，公关公司召集了一百一十五名各大媒体的记者和代表，休斯本人则提出了为每位来宾送上一份特殊礼品的建议：一个金制的香烟盒，配以配套的打火机。休斯还指示他的财会总监比尔·尤特利——查清"每个来宾最喜欢的酒是什么"。休斯说："我希望你们能把礼品盒分别送到每个来宾的家中。"

但媒体得到的真正的大礼是在几天之后——十一月二日寒冷的早晨，记者们被带到了长滩 E 码头的媒体棚。休斯已经承诺，他要亲自试飞"大力神"号。

当固特异小型飞船在头顶上盘旋而过时，观众们逐渐聚集在岸边。港口停泊着几百只观光的游船，船上名流显贵云集。在其中一个游艇上，休斯的好友加利·格兰特正在主持一场鸡尾酒会，而来宾之一就是简·皮特斯。

休斯还特意租下了娱乐经理人厄尔·卡罗尔的"浮华"号游艇给媒体使用。"浮华"号游艇的甲板上摆满了摄影器材。尽管休斯一再向大家强调，这次只是试滑行，正式飞行要等到明年春天，但人们愈发期望着能有什么特殊的事情发生。记者们已经开始打赌了。格兰特后来回忆说："没有人以为他真的能飞起来。"但事实上，休斯之前已经告诉过女明星玛丽昂·戴维斯，要是谁敢试飞"大力神"号，他就会奖励他一百万美元。

现在，戴着那顶大家都熟悉的软呢帽，休斯将要在波涛汹涌的海面上进行两次试飞。"大力神"号表现出色，记者们走下游艇，坐上一艘交通艇，开始撰写稿件。只有一名记者——KLAC电台的吉米·迈克纳玛拉登上飞机，他要跟休斯一起进行第三趟试飞。后来，迈克纳玛拉回忆说，他感觉到了飞机那巨大的力量，心里甚至有点紧张。那些在甲板上撰稿的记者则说，他们听到了飞机巨大的轰鸣声。

迈克纳玛拉坐在"大力神"号机舱里，手里紧紧地握着麦克风，他告诉听众："休斯先生现在已经开启了八个风门。现在我们正在以七十节的速度前进……八十节……九十节……"然后，他突然叫起来："上帝啊！我们在飞！"

这次飞行持续了不到一分钟的时间。休斯只把"大力神"号向上拉高了七十英尺，滑行距离大约一英里。但当他把飞机降落在码头上的时候，他看上去就像是一个刚刚征服了世界的英雄。在记者们的簇拥下和热烈的掌声中，他哈哈大笑，用他一贯的轻描淡写的口吻说："好了，看起来这架飞机是相当成功的。"

好莱坞绝密情报

　　一九四八年五月，好莱坞迎来了一位新的影坛大亨，霍华德·休斯买下了雷电华电影公司的控股权。这位为了简·拉塞尔的胸部与美国审查制度周旋了八年的男人，现在就要接手这个有历史感的、曾经拍摄《金刚》《育婴奇谭》和《公民凯恩》等一系列优秀电影的公司。令人啼笑皆非的是，《公民凯恩》这部电影的主人公的原型就是霍华德·休斯本人。

　　几个月以来，好莱坞就在盛传霍华德·休斯将要接手雷电华的说法，许多好莱坞的观察家都对此说法冷嘲热讽，他们的这种反应也在情理之中。毕竟，距离成功拍摄了《疤面人》和《首页》这两部影片已经二十多年了。

　　《好莱坞记者报》的记者比尔·菲德记得，一个星期天的下午，他接到了霍华德·休斯的电话，休斯要他开车去高德温电影公司的办公室，"有一个头条新闻"。可是，菲德拒绝了，他的太太正在给他做炖肉呢。"快点过来吧，我请你吃午餐。"休斯补充说。于是，比尔·菲德就驾驶着崭新的小轿车，在休斯办公室门前的楼梯外停下车，旁边是一辆破破烂烂的雪佛兰汽车。"我还以为那辆破雪佛兰是被人丢弃的呢，"比尔·菲德感慨地说，"那时我怎么也不会想到这车会是霍华德·休斯的，可是居然真的是他的。"

休斯的办公室看上去也同样破败。"几乎没什么摆设。"菲德回忆道。霍华德·休斯坐在书桌前，一字一句地把雷电华的消息给比尔·菲德讲了一遍。休斯对自己的光脚板一句都没提，比尔·菲德也没说什么。"我可以看到他双脚上有坠机留下的疤痕。我想，他是希望能早点儿愈合吧。"菲德说。

最后，在比尔·菲德的提醒下，休斯才想起自己承诺要请比尔吃午饭呢。"哦，见鬼，没错！"休斯一边说，一边抓起电话。没等多久，一个助手进来了，送来了两份盒装的午餐：鸡肉三明治、蔬菜沙拉、苹果和几小玻璃杯牛奶。"当时休斯说要请我吃午餐时，我完全没有料到他要给我吃这些东西。"菲德笑了。

在霍华德·休斯控制雷电华电影公司期间，一切都充满了变数。

"我们深受震动，又有些恐惧，因为众所周知的是，霍华德·休斯是一个爱管闲事的人。"雷电华电影公司的签约导演理查德·弗雷斯克回忆道。可是，休斯却对这家电影公司的总制片、颇有名望的剧作家和著名制片人多尔·沙利反复保证，他绝对不会插手任何拍摄。他告诉多尔·沙利："我不想插手公司的任何工作。"

就在他拿到雷电华公司控制权的次日，简·格里尔就被叫到了休斯的办公室。当时，简和雷电华的签约还没到期。她和鲁迪·威利离婚以后，已经再婚，还生了一个孩子。可是休斯依然对她一往情深。简·格里尔回忆说："他对我喋喋不休地说'你过得很不快乐'，我说'不，霍华德，我很快乐'。"而休斯却反复强调说，在"内心深处"，她并不快乐。在被简·格里尔断然拒绝之后，休斯的报复开始了。他告诉格里尔："好吧，只要这家公司还在我手里，你就别想工作。"但他却照常支付简·格里尔的薪水，只是不准她饰演任何角色。"我陷入了死胡同。"她回忆说。

雷电华公司的另一名女演员芭芭拉·贝尔·格蒂丝也没能保住自己在雷电华公司的饭碗。格蒂丝演技出众但相貌平平，休斯翻看了下她的档案之后立即下令说："辞退她！"

在向对手、参议员欧文·布鲁斯特提供周薪三百美元的演出合同时，他充分显示了他身上的幽默感。"这是普通新人两倍的薪水，但你不是业余演员，我已经领教过你的演技了。"

当他决定停下多尔·沙利最喜欢的项目、战争剧《战地》的拍摄时，这位制片人不干了。"恐怕他需要的只是一个信童，而不是一个电影制片。"后来，多尔·沙利这样写道。休斯马上声明说，他不希望沙利辞职，并邀请沙利找个时间去他家谈谈他们之间的分歧。实际上，他住的房子是加利·格兰特的别墅，但格兰特不在洛杉矶。从外观上看，这栋别墅像废弃了多年似的。

当沙利走进别墅时，他吃惊地发现，"除了一排沙发和两把椅子之外，屋子里什么家具都没有"，"哪怕一张纸、一支香烟、一朵花、一根火柴、一张画、一本杂志都没有……"当休斯从起居室旁边的房间走出来时，多尔·沙利瞥见了一个女人正在穿内衣。两个人开始讨论公司的事务，休斯只想让沙利明白，要想当他的制片人，就必须放下架子，学会服从霍华德·休斯的指挥。

休斯对房间里的那个女人只字未提。两个男人分手之前，休斯还称赞了沙利脚上的鞋，问他多少钱一双，穿上去舒服不舒服。

在霍华德·休斯经营雷电华公司期间，员工们觉得自己走进了悲惨世界。

一天清晨两点，威廉姆·弗德曼第一次被新老板召见。"有辆汽车接到我以后，又把我转到了第二辆车上，然后是第三辆车，他们的理由是没人知道他到底在哪儿。"弗德曼回忆道。最后，他被送到了休斯在洛美因大厦的办公室门口。

"当我走进房间时，他坐在一张简陋的办公桌旁，桌子上空荡荡的，只有一个棕色的口袋，里边放着他的晚饭或午饭。我还真不知道那是哪顿饭。他总是不按点吃饭。"

休斯告诉时任公司剧本执行编辑的威廉姆·弗德曼，说他要把公司的四十名员工裁掉四分之一。当弗德曼抗议时，休斯立即打断了他。"我知道你要告诉我什么，"他说，"你不就是要告诉我，某人刚得了癌症，某人最近才结了婚，还有的人刚刚生完孩子么？你想告诉我，你不能对这些人这么干。"

威廉姆·弗德曼丝毫不反驳："没错，我就是要告诉你这些。"

"不要给我说这些，比尔。我来告诉你为什么。听着点儿，比尔。一个企业是没有感情的。要是我知道了这些，是没法儿经营公司的。"他一边说着，一边把手伸向纸袋子，开始向外掏三明治。然后，他抬头看了看弗德曼，说："我要裁员百分之二十五，你做得到吗？"

"假如你非要坚持的话。"

"我当然坚持，比尔。"

尽管弗德曼很不情愿地裁掉了自己的员工，但他后来却惊奇地发现，霍华德·休斯也有慷慨仗义的一面。"也许你还不知道，私底下，他的确帮助过很多人。他做过许多很伟大的事情。可是他总是记得，他首先是一个生意人，然后才是一个普通人。"

由于休斯的情绪状态越来越糟糕，加上其他方面的压力，他变得越来越优柔寡断。当制片人无法让他摆脱犹豫不决的状态时，他们只好带着影片投奔其他公司。雷电华公司的处境每况愈下，公司的员工数量也一再缩减。从休斯接手雷电华电影公司的那个夏天起，员工人数从二千五百人缩减到了六百人。《好莱坞记者报》的一位八卦专栏作家问休斯："你真的认为，你可以像驾驶飞机一样来经营一家电影公司吗？"实际上，他对飞行的热爱的确影响了雷电华电影公司的发展。在制作韦恩－简妮特·雷的飞行史诗《喷气机飞行员》时，他还买下了另一个剧本，仅仅因为他觉得剧本的名字是《飞行员的妻子》。耳朵很不灵光的他后来沮丧地发现，他买来的是圣经戏剧《菲辛元的妻子》。

作为电影公司的总裁，休斯并不是彻头彻尾的失败者。在罗伯特·米彻姆的那桩大麻丑闻之后，霍华德·休斯给了他最有力的支持，若换作其他电影公司，他早就被抛弃了。当时，罗伯特·米彻姆是雷电华电影公司最有前途的大牌明星之一，他的周薪高达三千美元，他的演出合同由雷电华电影公司和制片人戴维斯·塞尔尼克共同拥有。在部队服役之后，他因出演《大兵乔的故事》而获奥斯卡奖提名。

一九四八年九月一日，素以桀骜不驯著称的罗伯特·米彻姆因为持有大麻而被逮捕。在那个年代，任何涉毒案件都很严重——是扼杀演员职业生涯的杀手。在洛杉矶监狱进行入狱登记时，警察照例要询问他的职业，他回答道："曾经是电影演员。"全美的民间领袖都对好莱坞的享乐之风颇有微词——有这样的男一号，他主演的全部电影都应该被禁映。但是，霍华德·休斯却坚定地支持他。

后来，罗伯特·米彻姆被判入狱六十天，休斯甚至专程前往加州的农场探望，并在那里和他一起待了四个小时，他告诉罗伯特·米彻姆："我想亲口告诉你，我们的合同仍然有效。"

米彻姆回忆说，当时，休斯问他："鲍勃，你需要什么？"他十分吃惊，但他还是坦率地说出了他的困难。他需要五万美元支付律师费，还要给家人买栋房子。"休斯满口答应，"米彻姆说，"他真的给了我五万美元，只收了百分之五的利息。"休斯还不忘叮嘱米彻姆，多吃些维生素和巧克力。

而休斯也发挥了他善于利用争议的特长，就在罗伯特·米彻姆被捕入狱不久，雷电华电影公司就及时地把由他主演的影片《拉切尔和陌生人》推向了市场。这部影片立刻走红。在罗伯特·米彻姆从农场释放出来之后，休斯马上让他投入工作，参加了电影《大盗》的拍摄。可是，要为米彻姆寻找一位配戏的女演员却成了大难题：毒品事件已经让米彻姆被电影圈彻底抛弃了。于是，休斯拨通了简·格里尔的电话。格里尔喜出望外，因为她终于可以复出演戏了。

"假如换作是别的电影公司老板，那我就真的完蛋了。"罗伯特·米彻姆承认，是休斯挽救了他的职业生涯。米彻姆并不是无条件地对休斯言听计从，（有一次，哥伦比亚公司提出想租借米彻姆一段时间，让他出演《走向永恒》，却被休斯一口回绝。）但他始终是休斯忠实的朋友和坚定的追随者。对于那些害怕和休斯打交道的制片人和演员们来说，罗伯特·米彻姆是他们和老板的非官方联络人。

演员吉米·贝克斯就曾经猜测说，生性保守的休斯委托作风大胆的罗伯特·米彻姆完成了一些他本人不便处理的工作。"由于身份原因，霍华德·休斯有时有些犹豫不决。而像个游民一般的罗伯特·米彻姆则刚好弥补了这一点，就连美女都会对他投怀送抱。我相信，以霍华德·休斯之精明，他不会没考虑到这一点。"

罗伯特·米彻姆本人则认为，他和休斯之间的这种和谐也许是出于本能的需要：听力欠佳的休斯能够和米彻姆很流畅地交流。"我天生就是个大嗓门，和霍华德说话根本不用大喊大叫，也不用提高嗓门。"

给休斯取了"幽灵"绰号的正是罗伯特·米彻姆，这个绰号指的是，虽然休斯始终牢牢地掌握着雷电华电影公司，但他从未公开在公司露面——相反，他选择在位于附近的高德温电影公司的办公室对这里的工作进行遥控指挥。但是他的存在感却无处不在，尤其是对于那些女演员来说。

雷电华电影公司独家买断了影片《范德塔》并由休斯独立制作，此后，霍华德·休斯的老情人费丝·多米尔就开始为雷电华公司拍电影。他还命令制作总监席德·罗格尔让他未来的女友、"美人"泰瑞·摩尔参加犯罪电影《游艺场》的拍摄工作。罗格尔和制片人反对让二十岁的泰瑞·摩尔扮演一名社会工作者，去感化由三十四岁的维克多·马彻扮演的悲观厌世的恶棍，她太年轻了。可是休斯只反驳了一句话："我不管这些。我就是喜欢那个女孩。"

随着休斯对雷电华的控制，雷电华电影公司因那些乳房丰满的女明星而名气日盛，尽管其中的绝大多数从来都不被电影界承认——休斯本人除外。"雷电华电影公司成了休斯的色情服务中心。"诺曼·克拉娜这样评价道，她曾经和杰瑞·沃尔德一起在雷电华的一个短命的制片公司共事。克拉娜回忆说，由于休斯觉得女演员的乳沟拍得不够漂亮，电影的拍摄常常被搁置。

"他会重新搭建布景，给女演员的乳沟抹上凡士林，然后再把电影重新拍一遍。你知道这要花多少钱吗？"

当休斯的想法发生变化时，谁都不能幸免于难。一九五一年年初的某天清晨，简·西蒙丝一觉醒来，发现自己在一夜之间已经被换了老板：休斯从英国第一男爵约瑟夫·阿瑟·兰克的手中买下了她的演艺合同。早在一九四九年她去美国参加新片《蓝蓝的盐水湖》的宣传活动时，休斯就爱上了这位黑发美女。事实上，在西蒙丝的那次美国之行中，休斯在贝弗利山大饭店举办了一场宴会为她接风洗尘。"场面真是棒极了。我结识了各色的超级影星，有英格丽·褒曼、简·方达、霍奇·卡迈克尔和伊丽莎白·泰勒。我那时还太年轻，天真无知，容易感动。"在那次宴会上她并没有见到休斯，他当了一次幕后东道主。

就在休斯买下西蒙丝的合同之前不久，她因在与劳伦斯·奥立弗合演的影片《哈姆雷特》中扮演了奥菲莉亚而名声大震，所以她的焦虑可想而知。"我被一辆车带去跟休斯见了面，我们在车里聊了好久。我觉得他这个人确实与众不同。"

而这种"与众不同"才刚刚开始。在西蒙丝主演雷电华的影片《安德洛克斯和狮子》时，休斯送给化妆部一张图，要求化妆师把西蒙丝的嘴唇化成图中的样子。"他画的是那种丰满性感的嘴唇，而我最讨厌的就是那种类型。"西蒙丝说，"我不想把自己的嘴唇画成别人的样子。"后来，在心理剧《天使的脸蛋》里，休斯又指示化妆师把她的头发做成自己想要的样子。二十一岁的西蒙丝听说以后，拿起剪刀"咔嚓咔嚓地剪掉了我的刘海。这样一来，他们只能把我的头发剪短，尽管霍华德·休斯对这种发型十分反感"。

这一切都不算激烈。在西蒙丝和时髦帅气的男演员史都华·格兰杰结婚之后，休斯时常造访他们同处于贝莱尔的悬崖上的家。"他每次都带着酒来。他喜欢迈代鸡尾酒，是他从长滩岛巨浪小镇预订的。他让他们直接送到这里。"

格兰杰记得，在一个派对上，来宾有伊丽莎白·泰勒和她的未婚夫迈克尔·怀尔丁。伊丽莎白·泰勒和简·西蒙丝都是胸部丰满的美人，"她们俩坐在睡椅上……而休斯作为身材高大的得克萨斯人，几乎是在盯着她们的衣领往下看。"格兰杰问他："霍华德，你更喜欢哪个？"休斯回答："嗯……我也说不好。"

霍华德·休斯对简·西蒙丝演艺事业的控制最终引发了合同争议，格兰杰甚至放话说要"谋杀"休斯。格兰杰曾经告诉一名BBC的记者，他打算给休斯调酒，然后让休斯和西蒙丝一起去露台玩。只要西蒙丝尖叫一声，他马上就会冲出去"捍卫她的荣誉"，在混乱中把休斯推到悬崖下。没人会对这起事故起疑，格兰杰说，"因为休斯好色成性，声名狼藉"。

然后，格兰杰叹了一口气，说："现在想想，假如那次我要是杀了他的话，现在的事情就没那么复杂了。"

而被称为"比利小子"、可怜的杰克·布特尔在雷电华电影公司的演员生涯则证明，在霍华德·休斯执掌雷电华电影公司期间，这家电影公司是多么疯狂。在整整十年的时间里，他没有出演过一部片子，最后只是在一些影片里出演了几个小配角，从此便在影坛销声匿迹了。更加讽刺的是，霍华德·霍克斯原本希望由杰克·布特尔主演《红水河》，"可是休斯却不同意。"简·拉塞尔说，"杰克彻底崩溃了。"结果，《红水河》却捧红了蒙哥马利·克里夫。

简·拉塞尔则要幸运得多。休斯同意她为别的电影公司工作，就这样，她先后与鲍勃·霍普一起出演了《苍白的脸孔》、与玛丽莲·梦露一起联袂主演了《绅士爱女郎》。和米切恩一样，简·拉塞尔也是休斯最宠爱的女演员之一。

因为她就是休斯最喜欢的那种女性：胸部丰满结实，皮肤紧致，性格泼辣，丝毫不害怕他。更重要的是，她也是一个自相矛盾的人。

作为一名心直口快的基督徒，有一次，当一位记者一再追问她的宗教信仰时，她当众斥责道："我想你应该知道，基督徒也是有乳房的。"在全美的审查机关和宗教团体纷纷对《不法之徒》公开指责的时候，拉塞尔向上帝祈祷，请求上帝帮助自己度过这种煎熬。然后，她就着手撤销她与休斯签下的演出合同。"当休斯忙于对《不法之徒》修修补补之际，他把我囚禁到旧金山九个星期。"拉塞尔回忆道。最后，拉塞尔决定不再继续盲目地等待下去。于是，她写了一份保证书给休斯，保证自己不再为别的公司拍电影，冲破了这道枷锁之后，她直奔佐治亚，在那里嫁给了她的橄榄球明星鲍勃·沃特菲尔德。

可是，在被妈妈教训了一顿之后，简·拉塞尔主动找到休斯，告诉他"如果你还需要我的话"，她会继续履行他们之间的合约。她还引用了《圣经》的经文："他发了誓，虽然自己吃亏，也不更改……行这些事的人，必永不动摇。"多年以后，当休斯和拉塞尔签下那份轰动一时的长期合约的时候，休斯又把这句经文回送给她。

银幕下的简·拉塞尔洗尽铅华，致力于善款筹集的工作。二战结束以后，拉塞尔创办了一个名叫 WAIF 的组织，帮助一些美国夫妇收养外国孩子。事实上，她和沃特菲尔德就收养了三个孩子。

尽管休斯对拉塞尔的肉体表现出显而易见的爱慕，可拉塞尔始终和他保持距离。"他不是我喜欢的那种男人，"拉塞尔说，"我喜欢的是身材高大、掌控一切的男人，而霍华德显然不是。他太贴心了。"

尽管如此，休斯还是在一九四八年下半年采取了行动。当时，拉塞尔的丈夫正好出门比赛去了。拉塞尔与霍华德·休斯、艾娃·加德纳、约翰尼·迈耶及其他朋友一起参加晚宴，在莫卡波跳舞。"我们一直玩儿到他们打烊。"拉塞尔回忆道。

然后，拉塞尔、艾娃和迈耶一起去休斯家继续喝酒。简和迈耶坐在起居室里聊天，而霍华德则和艾娃坐在家中的酒吧间大声争吵。"噢，上帝呀，你听听他们都说了什么呀，"拉塞尔说，"他们怎么可以这么说话呢？"

在两个人的谈话里，"你他妈的""那个狗娘养的""那个狗日的"这些脏话不时传出，最后，约翰尼·迈耶终于大声叫喊道："你们两个真的一定要用这些词说话吗？"

很快，天色渐亮。霍华德准备开车送艾娃·加德纳回家。简·拉塞尔想跟着去艾娃家借宿一夜。休斯反对道："你睡不着的。你俩肯定会聊上一夜的！"他劝简·拉塞尔在他家的客房里将就一夜。

简·拉塞尔很快就睡熟了，然后，迈耶溜进了她的房间，他烂醉如泥，开始对她动手动脚。简·拉塞尔大叫起来，她抓起东西就往迈耶身上扔。正在这时，休斯冲了进来。他轻声责备了迈耶，但迈耶早已醉得不省人事，根本不知道自己做了什么，于是，休斯把拉塞尔带回了自己的卧室——里面有两张大床。拉塞尔就在他对面的那张床上躺了下来。

拉塞尔第二次进入梦乡，却再一次被惊醒，她发现休斯就站在她的床边。他抱怨着说他"快要冻僵了"，还说他开车送艾娃回家时着了凉。"我可以睡你这里吗？"她伸出手，握了握他的手。它真的"像一个冰块"。"好吧，"拉塞尔说，"但不许做蠢事。"

过了一会儿，休斯就伸出手，小心地搂住了拉塞尔的腰。

"好了，就此打住吧！霍华德，马上出去！"

他恼羞成怒。"我会出去的。不过要等我想好了，我再出去。"

尽管休斯在专业方面给拉塞尔设置了重重困难，可是她的表演才能和天分的确令人佩服。

看一看《澳门》这部电影吧：在这个被誉为"东方的蒙特卡罗"的城市里，拉塞尔和米切恩共同向我们精彩演绎了一个发生在码头上的悲惨故事。但这部影片真正的明星却是拉塞尔丰满的胸部。波斯利·克罗特在《纽约时报》上这样评价她的表演："拉塞尔小姐常常穿着低胸的毛衣和长裙，然后正对着镜头俯下身。"这根本不是巧合。因为休斯曾经下令，不管在哪儿，他都希望她穿低胸的衣服，"我的意思是，只要在法律许可的范围内，领口越低越好"。在影片《澳门》的拍摄过程中，为了尽可能地突出拉塞尔的乳房，休斯绞尽了脑汁。在一份长达四页的备忘录中，从她的胸部轮廓到她的戏服可能出现的穿帮，他都事无巨细地记录了下来，他担心这件衣服穿上之后会显得像是"有好几个乳头"。因为这件衣服是用泡泡纱做的。

在另一部由拉塞尔和米切恩联袂主演的影片《他的女人》中，休斯篡改了所有的元素：从剧情、布景、台词（休斯还亲自为一个坏蛋重写了一段台词）到角色分配。影片的拍摄周期因此被拖得很长，为此，剧中的男二号文森特·普赖斯还举办一场盛大的宴会来庆祝这部电影开拍一周年。

在影片《法国游船》中，休斯出于战略考虑特意采用了三维摄影技术。在这部片中，简·拉塞尔的戏服都衣不蔽体，包括当时还很大胆的比基尼和电影广告词所承诺的："它会把你的两只眼珠子都吸引得掉出来。"而这恰恰导致了休斯和电影审查机关重燃战火。这一次，休斯再次拒绝做任何修改。影片于一九五二年十二月上映，地点是圣路易斯，仍然是没有审查机关的准许就上映了。在这部电影首映式几天之前，圣路易斯的四十七万三千名天主教徒都受到警告，如果他们出席首映式的话，会面临"因不可饶恕的大罪而受到惩罚"。

《法国游船》讲述了在开往巴黎的"自由"号游船上，一个得克萨斯百万富翁经历的浪漫奇遇。在首映前的五天里，六万张电影票就被抢了个精光。美联社记者的报道说："尽管有三名道德警察局的成员在场……整个首映式还是座无虚席。"

简·拉塞尔惹上了一个大麻烦。她本来是要参加首映式的，但当她听说休斯还没有拿到准映许可证时，她立即改变了立场，她告诉美联社的记者鲍勃·托马斯，自己并不赞同休斯的决定。拉塞尔解释说："多年来，我一直在逃避《不法之徒》的粗鄙宣传，可是这一次，我不会保持沉默。"

她还明确地说，她在《法国游船》里的戏服已经比她拿到手时保守多了。"你们应该已经看到他起初想让我穿什么衣服，不过是镶了宝石的吊带而已。我对此心烦意乱，所以，整整一个星期我都没有拍电影，跟他争论这件事。"

面对女主角的对立，休斯却丝毫不为所动。在回到拉斯维加斯之后，他谨慎地表了态："我不知道她还会说什么。"当所有的剧院在是否放映这部影片的问题上不约而同地表现出摇摆不定时，休斯才开始担心起来。最后，他只好向审查机关妥协，对影片做了几处小小的改动。"在我们的比基尼战役结束后，休斯终于答应我，以后不会让我再拍没有准映证的电影了。"简·拉塞尔说。可是就在做出这个承诺后，休斯眨了眨眼，又加了一句："要是你把这件事说出去，我会坚决否认的。"

和《法国游船》一样，拉塞尔主演的另一部影片《水底世界》也获得了媒体排山倒海般的评论，这要归功于雷电华公司的公关高手皮瑞·利伯和他的团队。利伯的助手爱德·林克回忆说："休斯对这个广告方案异常喜欢。"

拉塞尔却抱怨道："这太愚蠢了。"

为了宣传这部一九五四年的影片，雷电华公司派出了两架"群星"号飞机，把两百名记者和"电影界名人"送到佛罗里达的银泉。在这里，记者们酒足饭饱之后，便穿上游泳衣，戴上橡胶鳍和水肺。然后，他们被带到一个小湖二十五英尺深的湖底。"在那里，我们看到了水下座位和水下放映室。"爱德·林克说。随后，他们一起观看了《水底世界》，在片中拉塞尔扮演一名古巴的寻宝人。他们确实试过坚持到影片放完，但是有几名记者不停地游到水面上透气。

除了欣赏水下电影之外，记者们还得到了与明星们合影的机会，其中就包括简·拉塞尔和一些恰巧在场的小影星，比如德璧·雷诺德。这些新闻记者还因此结识一位"不知名"的金发女郎，当时她穿着比基尼走进众人的视野，她就是珍妮·曼斯菲尔德。《多样报》的记者调笑道："她究竟是如何从洛杉矶跳进机舱的，没人知道，但她却向我们证明了，她的体重和她吃的奶酪蛋糕相当般配。"

九月之歌

霍华德牵着简·皮特斯的手，绕过沙丘，在安静的午夜来到广阔无垠的沙漠中。大风在他们身边呼啸而过，棕榈泉的灯光在他们身后若隐若现。霍华德和简静静地谈论着他们的梦想和麻烦。

休斯漫无边际地谈起财富给他带来的沉重负担，他要"用它做些真正重要的事"，他在言语之间流露出些许的负罪感。而简则谈了她在成为影星的过程中围绕她生活的那些虚幻、肤浅和嫉妒。

二十四岁的她在短短的两年内就实现了休斯那些让他倍感压力的情人二十年来都做不到的事情。她已经成功地将四十三岁的休斯变成了一个浪漫主义者。

在好莱坞，很多人都感到奇怪：简到底有什么其他女孩所不具有的魅力呢？

在诺亚·迪艾克里特看来，原因很简单："她是第一个对他的地位、钱财和名气不感兴趣的人。在她看来，他就是一个普通人，一个被她爱上的普普通通的男人。好像其他人从来就不存在。"迪艾克里特又补充说："我还觉得，那次 X F-11 坠机事件后，与死亡的直面相对也让他开始重新审视自己的生活。这时，他吃惊地发现，自己的生活完全是一片空虚。"

在棕榈泉散步的时候，休斯从口袋里拿出了一枚光彩夺目的订婚戒指，他还对自己的生活做了认真的分析。"我觉得，一个人拥有这么巨额的财富，是很不道德的。"他告诉简，"当我发现命运赐予我这么巨额的财富时，我觉得太讽刺了，因为我宁愿把生命交付给工作，在工作间里发明和测试飞机。"

简试图指出他取得的成就：环球飞行、休斯飞机制造公司和政府的工作。"但他对自己非常挑剔，他不该让自己有那么多担心、责任、财产，不应该让生意占据了生活的全部。"皮特斯回忆说，"他告诉我，他的目标是过上正常人的生活，成立一个医学院，然后回到航空事业中。"

很快，休斯带着简回到了洛杉矶，专栏作家开始逼她说出婚礼日期。备受媒体追捧的卢埃拉·帕森斯有一天下午在福克斯电视台的节目中逼问她："你打算什么时候嫁给霍华德·休斯？"

简淡淡地回应说："卢埃拉，我可不是一个草率的人。我已经决定了要做一个演员，我觉得，我不可能做到既要照顾家庭，又能兼顾事业。"接着，简又说："但是，我确实认为他很不错。"

这就是卢埃拉刊登下来的一个故事。她知道，从一九四七年底开始，简和霍华德就住在一起了。霍华德为简和她的家人在威斯特伍德的凡特兰大道租了一座别墅，他还在贝弗利山保留了两间平房并在洛杉矶城里拥有两套相邻的别墅。另外，在日落大道一○○○号，他们还有一套公寓，在圣费尔南多山谷有一座隐蔽性很强的别墅，在棕榈泉租了一幢别墅，在拉斯维加斯买下一栋小别墅。

霍华德偕同简、简的女佣和他的司机从一个地方再搬到另一个地方，像一个出巡的国王，身边总随身携带着日用织品、各种衣服、带扩音器的电话和成摞的舒洁纸巾盒。"不管什么时候碰到他，他手里总是拿着舒洁纸巾。"女佣玛希·托德回忆说，"他每走过一个房间，房间里总要留下一盒舒洁纸巾。他用纸巾代替毛巾，用纸巾裹在话筒上接电话，裹在门把手上开门，甚至裹着纸巾拿报纸和杂志——他把纸巾套在手上，就像戴手套一样，这样，

281

在看杂志时，手就完全不会碰到杂志了。"

一九四八年，霍华德甚至亲自编写了一个关于如何使用纸巾的指示，那是他头一次给他的助手、女佣和厨师写这样的指示，该指示长达一千字，仔细描述了该如何在盥洗室里使用纸巾：

> 首先，从纸盒子的细缝中抽出六到八张纸巾，每次抽一张。把它们一张接一张地缠到门把手上，然后再打开盥洗室。注意，请不要关门，这样离开的时候就不用再碰到门把手了。再把同样多的纸巾缠在水龙头上，拧开水龙头调整到合适的水量。

在同一个备忘录里，有一段格外有趣的记录，里面详细地告诉助手们陪同皮特斯去高德温电影场试镜时，该如何使用纸巾：

> 在陪同简·皮特斯去拍电影时，如果必须开门才能进入电影院，请用脚，别用手。如果需要给她放椅子，请使用纸巾。

不管是在凡特兰大道的住宅、加利·格兰特的房子，还是在贝弗利山的平房，都装有与休斯的身高相匹配的厕所、浴缸以及专门定做的特大号的床。玛希·托德回忆说："他铺的床单很大，换床单时一个人根本换不下来。"另外，房间里还装有一种特制的三层厚的遮光窗帘，以保证霍华德可以随时睡得着。通常情况下，他的睡眠时间是从凌晨三点开始，一直持续到午饭后。

霍华德每周会和简一起过两三夜，其余时间里，他仍然会正常作息：从午饭后工作到晚上九点，然后在夜间去拜访一两位女士。直到多年以后，皮特斯才意识到霍华德沉溺于女色的程度，正是因为这个，他才鼓励她继续留在福克斯公司，因为福克斯公司正在把她打造成一个大明星。简教会了霍华德如何从繁忙的工作中暂时停下来，去享受生命的每一天，而他则在他那日益壮大的情人队伍里卖力地练习简教给她的课程，包括米高梅的舞蹈明星赛德·查理斯、女高音歌唱家凯瑟琳·格雷森，还有新秀泰瑞·摩尔。

可笑的是，黑发美女赛德·查理斯是由她的一个情人、歌星托尼·马丁介绍给这位百万富翁的。凭直觉，休斯感觉到，查理斯对泡咖啡馆这种事是不会感兴趣的。因此，他用简单而优雅的晚餐向她示爱，然后驾车穿越马里布或盘山来到穆尔荷兰德大道，在午夜里兜风，好莱坞的灯红酒绿被远远地抛在身后。休斯总是带上火腿奶酪三明治、冰镇牛奶、一条菱形图案的毛毯和用来驱走黑暗的蜡烛。

休斯还把查理斯带到了他最秘密的世界里——休斯飞机制造公司的实验室和设计间。多年以后，门卫还清晰地记得：休斯穿着斜纹棉布裤和白衬衫，头上戴着软呢帽，而查理斯则像是刚从米高梅的电影中走出来似的，穿着一袭黑色蕾丝长裙。他们手挽着手，在黑暗中漫步。他们甚至走进了巨大的"云杉鹅"号水上飞机，坐在足可容纳七百人的机舱里，一直畅谈到深夜。

有一天，查理斯在摄影棚里彩排时不小心摔折了腿，休斯居然比米高梅的总裁路易斯·迈耶还先打来电话。"我不知道他是怎么得到消息的，但他做到了，而且还立即提供了实际的帮助。"查理斯回忆道。

当查理斯的腿可以移动时，休斯就每天下午都来。"他会给我包扎好，把我抱到他的车里，不是他平时开的那辆车，而是一辆可以舒适地安放我那条伤腿的豪华轿车。"霍华德提出要送她一架飞机和一对祖母绿耳环，"但是我拒绝了，"她回忆说，"是我家乡阿马里洛的道德观让我做出这样的选择。"

很快，霍华德和托尼·马丁之间爆发了激烈的斗争，两个人都使出了浑身解数，马丁还向她求了婚。"某个周末，当我想见她的时候，我发现休斯已经把她带到旧金山去吃午餐了，午餐后，他们又飞到拉斯维加斯去吃晚餐，之后还观看了一场演出。"马丁在回忆录里这样写道。

一天清早，托尼发现他的公寓门下塞了一个厚厚的信封。"里面有两张往返机票，都是环球航空公司的头等舱，可以飞往世界上任何地方，"马丁说，"我相信，他一定以为我会随便找一个小萝莉，然后带她去周游世界，这样就可以让我从查理斯身边消失。"但最终赢得这场比赛的是马丁，他和查理斯的婚姻一直持续到现在。与此同时，休斯正疲于应付他承诺要娶的两个年轻女人——简·皮特斯和泰瑞·摩尔应接不暇的要求。

他与泰瑞之间的关系截然不同于他和皮特斯之间那种安静和成熟。泰瑞比简小三岁，她像个小仙子一样闯进了霍华德的世界，把这个"老头子"（泰瑞的妈妈就是这样看待他的）从他的避世习惯中拉了出来。她用少女情人般的爱和电话粥把休斯带进了二战后嬉皮士式的生活方式里。

其实早在四年前，霍华德就已经发现了摩尔。那时她才十五岁，穿着一套浴衣，出现在《瞭望》杂志。"把她带到雷电华公司来。"休斯对约翰尼·马斯基奥说，当时他是电影厂的角色分派专员，"我要在摄影棚见她。"泰瑞的母亲卢拉·蔻弗拉德对声名狼藉的休斯非常警惕，她拒绝了休斯的请求，坚持把见面地点选在光线充足、人潮汹涌的布朗赛马场。

二十世纪福克斯公司向摩尔发出了更好合作条件的邀请。但休斯也开始对她大献殷勤。"几天之后，霍华德就邀请我去拉科克俱乐部，"马斯基奥回忆说，"泰瑞也来了，于是，一段惊天动地的罗曼史很快就如火如荼地展开了。"

事实上，此后的每个周末他们都在一起度过，有时在棕榈泉，有时在奢华的"南方十字"号上。

休斯借口华盛顿有紧急事务，把简·皮特斯留在了威斯特伍德，与缝纫机和天竺葵花园为伴。由于他在洛美因大厦的电话系统庞大无比，因此，简不可能得知他的电话来自哪里。只要身在美国，他每天晚上都会打电话给简。

尽管有过几次出游和平房度假的浪漫之夜，但摩尔还是坚持要等结婚以后再跟他上床。但是休斯已经下定决心要攻破这个处女的城堡。一天晚上，他打扮一新，并向休斯飞机制造公司借了一辆漂亮的跑车。在开车去接她的时候，又给她送去了一大束鲜花。

接着，他们驱车来到了穆尔荷兰德大道的幽会地点，途经贝莱尔、贝弗利山和好莱坞。休斯把车停在贝弗利山的山顶，他站在摩尔旁边，表情夸张地对她说，"泰瑞·摩尔，在星空和月光下，我，霍华德·休斯愿意娶你为妻。"随后，他把镶有红宝石和钻石的戒指戴在了她手指上。

接下来，他们沿着盘旋的街道驶向贝弗利山旅馆，泰瑞问，"你要带我去哪儿？"

"回家，就在贝弗利山饭店，我们现在已经是合法夫妻了。"

"把车子开回去，霍华德，我们也许已经在精神上结合了，但我们还不是合法夫妻。所以，还是送我回格林谷吧。"

几周以后，一九四九年十一月，霍华德带着摩尔和她的妈妈来到了"南方十字"号上，他们一行人沿着加利福尼亚海岸航行。当游船停泊在国际公海的水域时，休斯突然拿出了一张结婚许可证，看起来十分逼真。"我们可以在这片国际海域上结婚，"休斯告诉摩尔和她的妈妈，"这样，就可以避免因为这件事的公开而影响你的职业生涯了。"

一个小时以后，两个人来到"南方十字"号的上层甲板上，苏格兰人卡尔·弗林是休斯买船时随船的船长，"我有权见证你和老板的结合。"船长弗林拖长音调说道，他以这样的方式加入了这对夫妻的"神圣婚姻"。泰瑞和她的妈妈都相信了这个谎言。

这场"婚礼"和它的合法性问题，在一九七六年霍华德去世之后的遗产争夺战中，成为最有争议的一个问题。尽管泰瑞后来得到了妥善安置，但大多数参与这场遗产纠纷的律师私下里都声称：那场婚礼纯属子虚乌有。在助手、代理人，还有其他认识休斯的女人中，很少有人相信这个仪式真的发生过——虽然几乎所有人都不否认休斯和摩尔的关系确实非同一般。

但是，对休斯的行为进行过深入研究的雷蒙德·弗勒医生在对他进行了心理剖析之后，他对这场婚礼的存在深信不疑。"但它是不合法的。"正如弗勒所说，"休斯曾经对一大群的女人许诺过婚姻，但是他的目的就是要和她们上床，在这种情况下，他就导演了一场结婚典礼来让她相信自己。"霍华德的律师詹姆斯·华兹华斯提供了进一步的证据，他提到，在有些情况下，比如在入住路边旅馆时，休斯就声称泰瑞是他的妻子。

"很显然，摩尔相信他们已经结婚了，她对在那艘游船上举行的婚礼深信不疑。"休斯遗产争夺案的律师苏珊娜·芬丝塔德说，"在摩尔看来，那确实是一个合法的婚礼。"

"婚礼"举行的当天晚上，摩尔终于跟休斯上了床。多年以后，她把他描述成一个"慷慨而温柔的情人"。有一次，摩尔告诉纽约的专栏作家厄尔·威尔森："我虽然有过很多次爱情经历，但情人并不多。霍华德是最好的，他温柔而体贴。"

泰瑞让霍华德觉得自己又变得年轻了。她每天给他送温馨的小卡片，每天给他打电话，跟他说一些孩子气的话，而且常常持续几个小时。摩尔在德国拍外景的时候，霍华德每天在洛美因的总部记录下来的两人之间的电话多达五百多条，不管是白天还是黑夜，两人随时都会打电话。

通常情况下，这些电话总是以休斯和摩尔模仿鳄鱼求爱的叫声为开始和结束的。霍华德很有耐心陪摩尔玩这些小把戏。霍华德模仿雄性鳄鱼的求偶叫声，低沉而且带有喉音，而摩尔总是以雌鳄鱼更加温柔的尖声叫唤来回应。

此后的几个月，泰瑞开始录下她和她"丈夫"之间的谈话。"我打算用这些录音来赶走简·皮特斯，"摩尔对参与财产纠纷的律师们承认，"我知道，他和简之外的许多女人都有关系，但只有简最让我困扰，其他女人不过是夜里的萤火虫，很快就会消失。"这些谈话录音在财产争夺期间被提交到休斯敦高级法庭，使人们清楚地看到了霍华德对泰瑞·摩尔的致命吸引力。这个男人总是给人一种拒人千里和乏味无趣的感觉，但这些谈话却展现了他温柔可亲的一面。

其中有一盘磁带是在摩尔嫁给西点军校的军官格林·戴维斯之后录的。休斯看起来想尽力说服她摆脱现在的婚姻，重新回到他的怀抱里。"你难道不觉得，你需要有个什么人来照顾你吗？"他抚慰她说，"你为什么不让我来做这件事呢？"

"哦，霍华德，"泰瑞回答说，"你想做这个照顾我的人？你是这个意思，对吧？"

"对。"

"哦，我爱你，你可以这么做。一旦我和格林的婚姻被宣布无效，你很快就会实现这一点的。"泰瑞回答说。显然，她说的就是她正在为结束当时已风雨飘摇的婚姻而进行的离婚大战。几分钟以后，泰瑞又噘着嘴要求休斯少忙点儿工作，多抽出些时间来陪她。"如果你不干那些工作，能发生什么事呢？"她问。

　　"怎么说呢，那就是玩忽职守，我可不能那么干。我有六万个股东。要是他们上法庭起诉我的话，我至少得在监狱里蹲五年。"

　　在一次谈话中，泰瑞请求道："喂，霍华德，我可以得到一枚订婚戒指，对吗？"

　　"不，我可不这么想……这样做多俗啊。"

　　但是，泰瑞抗议道："除了你和我，还有谁会知道呢？"

　　"那样的东西，你不可能不让别人知道的。"

　　"求你了，给我买一枚吧，我会把它放到盒子里的。"

　　霍华德显然被惹恼了，他像一个父亲说："乖乖，你难道不知道吗？订婚戒指一旦戴上，就再也不能摘下来了。"

　　随着两人关系的持续，休斯对他们之间的年龄差距越来越敏感。休斯那时四十四岁，但看起来要比实际年龄老十到十五岁。泰瑞当时二十岁，但却显得比实际年龄还小。一天晚上，他们一同参加一个好莱坞的盛大聚会，演员迈克·康诺斯来到休斯的桌旁，他握了握霍华德的手，说："我可以和您的女儿跳个舞吗？"霍华德假装没听见。"我保证，我会很快把她带回这里的。"霍华德坚决地摇摇头。整个晚上，霍华德都在盛怒之中。

　　就在泰瑞在佛罗里达拍摄《十二英里礁石下》时，一些八卦专栏作家试图编造了一段关于泰瑞和男主角罗伯特·瓦格纳的风流韵事，却搬着石头砸了自己的脚。一天晚上，休斯正和他的老朋友及生意伙伴凯尼一起听广播里卢埃拉·帕森斯的节目，当卢埃拉·帕森斯向听众们宣布，"等到影片拍完，教堂婚礼的钟声就会为泰瑞和罗伯特敲响。"几分钟以后，美联社也宣布，罗伯特和摩尔已经订婚了。

休斯转头对凯尼笑着说："瞧，他们已经把我给甩了，对吗？"

过了一会儿，泰瑞打来了电话，她向休斯再三保证，"那不过是片方胡编乱造的公关方案"。接着，她请求休斯到佛罗里达去接她。"这里风景美极了，"她说，"你会喜欢的。"

"当然不会，"休斯有点不快，他酸溜溜地说，"如果我去了那儿，大家会说，'这个有钱的老家伙又来搅和这些年轻人的好事儿了'。"但在泰瑞回来以后，这个有钱的老家伙仍一如既往地跟他的小天使约会，还常常带她去贝弗利山旅馆共度良宵。

据摩尔说，他们这段感情的结晶是，她怀孕了——后来她生下了一个女孩，但婴儿仅仅存活了十二个小时。摩尔说，这个孩子于五十年代初生于德国，当时，她与弗雷德里克·马彻和格罗里亚·格拉汉姆一同主演《杂技演员》，正在德国拍外景。不过，没有医疗记录能证实这种说法，但是休斯的医生凡尔纳·梅森之子记得，他的父亲曾在那段时间为了摩尔而到德国出诊。小凡尔纳·梅森医生说，他的父亲"为泰瑞诊治并且照顾过她……她感染很严重，几乎病死。这就是他所了解的大致情况"。

并不是所有的女人都如此轻而易举地被休斯打动的，比如米高梅的影星珍妮特·利。任凭休斯用尽所有手段，利却始终无动于衷。

利是二十世纪三十年代被发掘的电影明星，她接受了很好的公关训练，这为她赢得"电影里最精致的一张脸"的称号打下了很好的基础。她还有优美性感的身材——让休斯难以抗拒。除此以外，她还具有一种令人心动神摇的魅力。所有这些都被有效地运用到了她出演的浪漫喜剧中。

在来到好莱坞打拼之前，利已经结过两次婚，她对年长的休斯——和他的企图始终非常警惕。跟他会面时，她总是不时地提醒他，她的父亲就在外面的车里等着她。"我得时刻提醒他，爸爸就在那儿。"她回忆说。

她与休斯的初次约会是完全有悖于她的本意的，但她的经纪人理查德·英格索尔非要建议她和休斯共进午餐，"就这一次。我保证你会喜欢他的。"

288

利深表怀疑。"他的年龄和我父亲差不多,"她回忆说,"关键是,我并不觉得他有什么浪漫之处。但我同意了见面。我们原本要开车去巴尔博岛,但是走错了方向,结果跑到了库尔弗城。"

英格索尔后来解释说:"霍华德不喜欢驾车长途跋涉,他觉得开飞机更方便。"

此后,事情接踵而来,珍妮特发现,她乘坐的这架飞机最终竟然降落在大峡谷附近。她看见有一辆豪华轿车正等着他们,她意识到,这次长途跋涉是预先精心安排好的。"我猜,他一定以为把我搞得头晕目眩,我就会任由他摆布。不过,这次他们可看错人了。在意识到被人耍了之后,我非常气愤,而不是有点儿害怕。"

当飞机起飞回家时,利才如释重负。"当我远远地看见洛杉矶的灯火时,我开始放下心来。但距离地面越近,我越觉得这里不是洛杉矶。果然,我们又飞到了拉斯维加斯,竟然只是为了在这里吃顿晚饭!"利记得,当时她穿着短裤和宽松的上衣,走在赌场衣冠楚楚的人群中间显得很不合时宜——要是在巴尔博的话,这样穿着就无可挑剔了。

两人在拉斯维加斯吃了晚饭,霍华德终于把利送回了家。"我的祷告得到了回应。我们终于在加利福尼亚的库尔弗城降落了。"

但是休斯继续千方百计地诱惑她一次又一次地赴约,他总是在她参加晚宴或招待会时出现。最后,利受够了。在一次预先安排好的"偶然相见"中,她径直走到休斯面前。"你难道不能大大方方来约我吗?你总能出现在我参加的晚宴和聚会上。可是你为什么不能直接走过来,像个正常人那样邀请我呢?"

休斯怔了一下,然后平静地说:"好吧,你能和我一起吃晚饭吗?"

"不,休想!"利回答说。

她立刻为自己说话的语气感到后悔了。"在他的眼睛里,我看到了恐惧和排斥的神情,他心碎极了。"所以,珍妮特又补充了一句:"不过,我可以和爸爸妈妈一起去。"事实就是如此。"我不得不承认,他很有魅力,我的父母都被他吸引住了。"但对利来说,那个晚上什么都没有发生。

休斯仍然紧追不舍。他有一个计划，显然，他相信日久生情。他利用自己在米高梅电影公司的超强人脉，把她借到了雷电华，拍了三部片子。

第一部是《共度佳节》。这是一部相当温馨的圣诞贺岁片。在片中，她和罗伯特·米切恩演对手戏。猎物就在面前，休斯几乎喜不自胜，可一枪还没打中，就给它跑掉了——电影拍完了。第二部是《喷气机飞行员》，一个曲折复杂的故事。广告语是"一个男人惊心动魄的故事……喷气式飞机……一个难以忘怀的女人"。一九四九年该片开拍，直到一九五一年有些场景仍没有完成拍摄。由于休斯的犹豫不决，影片中飞行场景的镜头一直在修修补补。到了一九五七年《喷气机飞行员》公映的时候，喷气式飞机的场景已经过时了。在故事中，利和伟尼在片中担任主角，利扮演的苏联女飞行员飞进了美国的领空，捕获了一个冷淡的美军上校的心。

利在雷电华拍摄的最后一部影片是《两张门票》。它重新采用了米高梅经典的音乐剧形式，讲述了新手闯江湖的故事（在该片里，是一个新人来到电视台的故事）。这部影片充分表现了休斯的诡计多端。在最好的戏剧教练马奇和格沃·沙邦的指导下，利在雷电华的摄影棚里彩排了好几个月。摄影棚里没有导演和其他的演员。所以，利开始怀疑，休斯是在借拍电影的名义来接近她。她的怀疑在一次周末游艇聚会上得到了证实，聚会上，休斯突然出现了。他一直紧盯着利，但她带了一个男伴，就是她排练《两张门票》时的搭档罗伯特·希尔。

彩排还在进行，希尔也继续和利约会，终于，"休斯的一个手下"来拜访了他，警告他离开珍妮特。希尔断然拒绝了，休斯把他从片子里换掉了。"我猜，他认为我挡了他的道……那时我年轻，又固执，根本没有把他放在眼里。"希尔回忆说。

与此同时，托尼·马丁终于加盟剧组，担任利的男主角。但是，片子的拍摄进程一直拖拖拉拉，将近两年才拍摄完成，马丁对休斯抱怨说："我的影迷已经不记得我是谁了。"

《两张门票》终于在一九五一年底公映，经过了在雷电华发生的那些事情，利再也不和休斯说话了。

霍华德对顽固的珍妮特·利意乱情迷，这标志着霍华德进入了一个新的时期。漂亮女人一直都是他的弱点。可是现在，如果他想要一个女人，他会毫不犹豫地去追求。不管使用什么样的手段，不管这些手段多么低级，他都会用。而要打响这场战争，他需要有人帮忙。

秘密警察

一九四七年的一天早晨，熟睡中的艾娃·加德纳被一阵尖锐的电话铃声吵醒。时间是凌晨三点钟，来电的只可能是一个人。她拿起电话听筒，沙哑着嗓子说："你好，休斯。"

"这么说，阿尔特·肖已经离开你了。"他洋洋得意地说。加德纳从床上坐了起来。肖是在那天下午才告诉她的，而她也只打过一个电话告诉过她的姐姐芭比。

霍华德接着说："他打算什么时候和卡特琳·温莎（《永远的琥珀》的作者）那个作家结婚呢？"

"杂种！"艾娃说完，"啪——"地挂断了电话。

出于直觉，她侧身来到窗前，拉开窗帘。她猜得没错，楼下路边停着一辆汽车，前排座位上坐着一个人，后排还有一个。"霍华德会变成一个冷酷无情的人，"艾娃回忆说，"他通过自己的安全和间谍系统，在我和阿尔特分手的当天就得知了事情经过。"

不久以后，休斯把简·格里亚叫到了跟前，她当时是雷电华旗下的演员。休斯说："你有了，贝特简。"他从来不用她的艺名。

"什么？"格里亚心里一阵惊慌。

"你怀孕了。你的检验是阳性。"

格里亚深感震惊。"他比我知道得还早。"

她对此完全无能为力，霍华德还在为她与娱乐经纪人威廉姆·拉斯克的第二次婚姻而难过呢。"谁有本事能阻止他呢？"多年以后，她问。

如果说简·格里亚和艾娃·加德纳还仅仅是生气的话，那么，珍妮特·利简直就是被震撼了。"一天上午，我正在雷电华给休斯拍片，他把我叫进他的办公室，递给我一捆文件。"珍妮特匆匆地扫了一眼那厚厚的一沓文件，她惊奇地发现，上面详细记录着她两周以来每分每秒的谈话和行动。

另外一大捆档案包括了珍妮特六个月以来所有电话的缩略记录，包括食谱、利做的那些衣服的尺寸和逐字记下的八卦女孩对伊丽莎白·泰勒恋爱故事的议论。还有利和妈妈的谈话，不过仅仅逐字记录，并没有进行任何分析。

"我惊讶得一句话也说不出来。"利回忆说，"霍华德雇了侦探跟踪我。为什么要这么做呢？这一切意味着什么？我被吓坏了。在所有这些疯狂举动的背后，是不是藏着什么潜在的威胁呢？"她把这件事报告给了她的老东家米高梅电影公司，但那里的高管只是耸了耸肩，不置可否。休斯就是休斯。毕竟，他当时也在对赛德·查理斯、凯瑟琳·格雷森和伊丽莎白·泰勒进行调查。

二十世纪五十年代，霍华德继续建设他的秘密警察团，包括监听专家和资料搜集员，来监视他的朋友、敌人、雇员和他的情人们，或者能够引起他注意的漂亮女郎。五十年代是一个间谍横行的年代，不但中央情报局在这一时期达到了鼎盛，就连电影和电视也纷纷将间谍塑造成终极英雄。

霍华德对间谍策略的迷恋始于四十年代他与美国参议院的斗争，直到生命的最后一刻，他一直都是一个情报收集爱好者。他的情报员和电子监听仪源源不断地为他提供着铺天盖地的信息，但所有情报都在洛美因七〇〇〇号阴险的总部被过滤一遍。

这支私人侦探队还有一个更加具体的任务：帮助他摆脱法庭传票送达员

对他这种有地位的人没完没了的骚扰。这支非正规军存在的唯一目的，就是保护他免受来自外界的威胁，即使这意味着要雇人、要训练、要放"托儿"、要租下民宅作掩护，而且这些都花费不菲。休斯帝国迅速崛起，现在它已经遍布于全球的每一个角落，他爱简·皮特斯，虽然她绝不允许他在外面乱搞女人，但这份爱情使休斯的个人安全变成了首要问题。

因此，霍华德把他的职业保安人员和私人保镖编进了这个私人侦探队里，建立起一支强大的队伍。他聘请杰弗·乔纳德——弗兰克·安吉尔曾经的私人侦探——担任安全主管。休斯为这位退役的战斗机飞行员提供的待遇，是每年两百万美元的年薪、一个由数辆轿车和卡车组成的车队，还有购置最先进的监听设备所需要的数额可观的支出。

一九五二年，乔纳德已经控制了一支由间谍和警卫构成的私人部队，另外又增加了五十名司机，大多数都是大学生。从一九五○年到一九五四年的四年间，这所私人的"中央情报局"对一百多位女性进行了"立案侦查"，包括吉娜·劳洛勃丽吉达、苏珊·海华德、伊丽莎白·泰勒、米兹·盖诺、芭芭拉·赫顿和法国的芭蕾舞明星齐齐·让迈尔。

乔纳德还组织了一支窃听队，负责给休斯那个日益扩大的情人俱乐部的情人们所居住的住所和公寓安装窃听器，以保证休斯对他每一个情人每天的动向都了如指掌。另有一份每日小公告详细记录每一个电话的主要内容。

乔纳德最常用的工具是一台无线电监听仪，一般安装在卧室里，这样，只要休斯愿意，他随时可以得知他的女朋友什么时候上的床并计算出她们的"睡眠时间"。霍华德喜欢像父亲一样教导他的女朋友，告诉她们保证充足睡眠时间的必要性。有时候，休斯的这些女朋友会带着她们的男朋友偷偷溜进公寓和旅馆房间里，他们做爱的声音同样会传入监听器。

杰弗的一台监听器曾经接收到休斯的司机和他负责接送的休斯情人做爱时发出的喃喃之语和呻吟之声。另一台监听器则发现，一个年轻英俊的司机、前大学足球队员正在和那个长相标致的瑞典女演员阿妮塔·厄克博格睡觉。

偶尔地，人工监视也会被派上用场，辅助麦克风和电话窃听。乔纳德和他的手下会穿上电话修理工的制服，爬到电线杆子顶上，俯视公寓和住宅的内部。他们常常会发现，休斯的情人们会把她们的男朋友安排在同一个公寓里居住，或者让她们的男朋友从公寓后门或后窗进出她们的房间。

有一次，作为对其父母的关照，霍华德对当时还很年轻的伊丽莎白·泰勒进行了监视，他派了老朋友帕特·德·奇科和这位年轻的明星共进晚餐，然后一起看电影。暗地里，乔纳德则派了一个侦探爬上了她位于日落大道的公寓后面的电线杆子上。那个侦探爬上了电线杆，在上面待了九十多分钟。而在这段时间里，泰勒和德·奇科则一边喝着饮料，一边听着广播。然后，公寓突然陷入一片漆黑。

有两名侦探分别蹲守在公寓的前后门，而电线杆子上那个家伙颤抖着在上面坚持到了天亮，最后，他们向休斯报告说，德·奇科一直等到早上七点钟才离开伊丽莎白的住处。正在吃早餐的休斯接到这个报告后立即勃然大怒。"这个狗杂种！"他说，"以后我再也不会把这么重要的任务交给朋友了。"

休斯经常派乔纳德出去执行一些荒谬的任务。比如，一九五〇年，他对泰瑞·摩尔爱吃甜食的习惯十分抓狂，她尤其喜欢巧克力圣代、榛子巧克力、生奶油以及"外加三颗黑樱桃的"巧克力。休斯完全不顾及她还是一个不满二十岁的小女孩，他一五一十地记录下了她吃下的冰激凌、小甜饼和咸花生之类的其他零食。他把这些统计数据拿到摩尔面前，警告她说："这会毁掉你的身材和职业生涯的。"

冰雪聪明的艾娃·加德纳时常会利用这些密探来满足一下自己的心血来潮。一个寒冷的冬夜，她走到霍华德的侦察汽车前，用手敲了敲司机的车窗。"我想要一杯开心果冰激凌。"她说。那个侦探一言不发，立刻驾车驶进了茫茫黑夜，去满足她这个心血来潮的心愿，花了两个小时给她弄来了一盒。

当这杯冰激凌送来的时候，艾娃的公关员戴维斯·汉纳当时正好和她在一起。只见艾娃接过冰激凌，随手便扔进了冰箱，戴维斯禁不住问："艾娃，这是怎么回事儿？"

"我根本不喜欢开心果。每隔一段时间，我就这么干一次。我这样做，他们的生活才会更有意思。他们在这里就是干这种事的。"

休斯的私人警队洞若观火，一旦他的哪个情妇另结新欢，休斯便会一分钟也不差地得到消息。当他得知艾娃·加德纳已经开始和霍华德·德弗上床的时候，他决定好好借题发挥一番。几天之前，加德纳打电话给休斯，要他把两年前送给她的那辆灰色的奔驰还给她。在她嫁给阿尔特·肖的时候，她就将它还给了休斯。"它在我这里放了那么久，"休斯说，"我还以为已经归我了呢。"

"可是，它不是你的，"艾娃回答说，"我马上过来取。"

然后，艾娃"红杏出墙资料汇编"和霍华德的报复就同时降临了。在休斯飞机制造公司两名工程师的帮助下，霍华德把那辆奔驰的所有主要零件都巧妙地拧松了。

当加德纳过来取车时，他得意地注视着她，然后，霍华德·德弗驾车紧随其后，两辆车沿着蜿蜒的街道驶离了休斯的宅邸。没开过几个街区，加德纳的车子就自毁了。当奔驰汽车的金属部件沿着山坡滚滚而下的时候，艾娃和德弗同时停下车，沿着山坡去找汽车部件。

"你这个杂种！"加德纳后来在电话里大骂，"你为什么要这么做？"

"你为什么一投进霍华德·德弗的怀抱就甩了我？"霍华德说完，就"啪——"的一声挂上了电话。

一九五一年新年除夕，霍华德的老朋友小威廉姆·伦道夫·赫斯特意识到了事态的严重性。他乘飞机来到城里，邀请休斯参加在迈克·罗曼诺夫餐馆举行的一个派对。"等一会儿，"休斯说，"这部电话不安全。我过几分钟再打给你。"

大约五分钟以后，霍华德打通了电话。他压低声音说："我今晚九点钟左右和你见面。开上你自己的车，把车停在旅馆前面。我会开一辆黑色的雪佛兰过来。我会闪两下车灯。如果你看见我，就闪一下你的前大灯。我继续向前开，但你别动。"他继续说："我会绕着那个街区开一两圈，确保没人跟踪我，我再次经过的时候，你就开车跟上我。过几个街区之后，我会把车停下

296

来，你在后面等着我。我会从我的车里出来，钻进你的车里。我一进去，你就立即开车，不要让任何人看见我们。"

"发生什么事了，霍华德？"赫斯特问。休斯没听懂他的意思，又把自己的指示重复了一遍。"那是我第一次觉得，休斯的状况正在恶化，"赫斯特回忆说，"霍华德幻想到处都潜伏着危险。"

对于那些看不见的危险，他尤其感到害怕：几十亿的细菌"随时……准备发起进攻"。

"细菌就意味着死亡，诺亚！"一天晚上，他大声喊道，"我想比我的父母活得长些，他们被细菌杀死的时候，还太年轻。我可不想那么年轻就死掉。"

休斯甚至制订了一个作战计划，以确保建立一个"无菌环境"。关于这个主题，他写了一系列的操作指导，有的长达一万字，甚至更长。比如，休斯曾经写了一份备忘录，提醒助手们不要弄脏了他的生活用品，而这些生活用品被放置在贝弗利山宾馆的不同房间里。

> 以下事项对于本人极其重要：任何人不准进入我的任何房间和盥洗室，不准打开我的壁橱、抽屉、卫生间或其他任何用来存放我个人物品的地方——无论是食物、家具，还是杂志、文件、纸巾——总之，不管是什么。同样重要的是，任何人不得打开存放本人物品的任何房间、壁橱或者橱柜，哪怕只有千分之一英寸、千分之一秒。我不希望让灰尘、昆虫或任何此类东西进入。

他制订的打开桃子罐头的九步方案也同样详细，写满了整整三页，以避免细菌污染罐头。其中有这样的警告：

> 记住，身体的任何部分，包括双手在内，任何时候都不得接触罐头和盘子。如果可能的话，将头部、上半身、胳膊等与水果罐头和无菌盘子保持至少一英尺的距离。在此过程中，严禁谈话、咳嗽、清嗓子或任

何类似的嘴部动作。

在霍华德的"霍华德·休斯送服装操作手册"中，他希望能够确保别人的细菌不会"以某种方式接触到我干净的衣物上"。一个节选：

> 他希望你拿一把新刀，一把从来没用过的新刀打开一新盒舒洁纸巾，请用刀割开盒子的狭缝。
>
> 打开盒子以后，撕下标签，拿出第一张纸巾，把它撕掉，然后用左手的两个手指和右手的两个手指把盒子里的纸巾取出一张，放在一张打开的报纸上，重复该动作，直到将五十张左右的纸巾整齐地摆好。
>
> 然后，你就给一只手做好了垫板。接着再给另外一只手做一个垫板，用纸巾做两个垫板，然后用它们来处理这三个箱子。
>
> 休斯先生希望你记住，在你的头部和你接触的各种东西之间，保持四十五度角，不论是克里内克丝纸巾盒、刀子，还是克里内克丝纸垫。
>
> 在操作过程中，务必牢记，呼气时千万不要对着这些东西。

霍华德采取这些防范措施，就是为了避免那些"细菌杀手"的侵害。在他看来，这些"细菌杀手"可以通过一片纸、一个电话听筒甚至像"毒胶囊"一样围绕在每个人身边的"细菌气味"伤害他。他拒绝和很多朋友及生意伙伴谈话，因为他担心细菌可能会通过电话线传送过来。

他甚至害怕，他的那些侦探会把那些"微小的生物体"带回来。为了避免发生这样的事情，洛美因总部的所有员工，在处理那些提交到贝弗利山酒店送达他手中的备忘录和记录时，不管是打字还是整理文字，都必须戴上白色的棉布手套。这些棉布手套每天要更换两次，换下来的手套一律放到洛美因地下室的焚化炉里焚烧掉。杰弗·乔纳德在领取支票为他的"秘密警察"支付工资时，必须在指定时间等候在洛美因大厦的外面。二楼的一扇窗子会打开，"只打开很小的一个缝"。接着，就有一根深海钓鱼用的钓线从窗口放下来。"我会把报告拴在鱼钩上，他们再把线拉回到办公室里。"

由于霍华德只允许用鱼钩来"接收报告和备忘录"，那些支票就会被径直扔出窗外。"碰上哪天刮风，我就得满大街跑着去追钱。"乔纳德回忆道。

最后，监督报告和电话记录装满了洛美因总部的一个房间，而这里也被改造成了一个巨大的监听站和神经中枢，负责休斯个人和生意上的一切联系。要给休斯打电话，首先得拨OL－四－二五〇〇，这是洛美因总机的号码，就像在旅馆一样。

这个交流中心还有一个无线电控制站，负责调度车辆和司机，并把这些信息及时传送给休斯。这种调度很微妙。有时，司机们会在同一个晚上同时把休斯的五六个情人送往洛杉矶不同的餐馆。乔纳德必须保证这些女人不会在同一个地方吃饭，也不会撞见彼此。漫天的信息既私密又刺激。比如，当鲍勃·米切恩正和艾娃·加德纳出演同一部影片时，他给霍华德打电话报告说，艾娃正对他"展开攻势"。"我能跟她睡觉吗？"米切恩问。

霍华德的回答很务实。"如果你不睡，别人会把你当成同性恋。"

为了运行这个神经中枢，休斯雇了一个毕业于布林汉姆青年大学的二十七岁的年轻人，名叫弗兰克·威廉姆（比尔）·盖，他曾经担任过休斯助手内丁·亨利的秘书。他是摩门教末世圣徒教会的成员。盖同意先在那里干三个月，"看看自己是否喜欢"。二十年以后，他掌管了整个休斯帝国。

那帮"秘密警察"、那个年轻能干的摩门教徒以及休斯的其他手下，很快就发挥了重要作用，他们为休斯修好了三宫六院，看着那些女人一个个住了进去。

女孩们

一九五〇年，加州奥兰治小姐海伦·维尔的妈妈接到了洛杉矶一家经纪公司打来的电话。霍华德·休斯看到了刊登在《洛杉矶时报》上的她女儿的照片，在这张照片上，维尔穿着泳装，脸上洋溢着胜利者的微笑。他想跟她谈一谈电影合约。

"我妈妈问我想不想去，我说当然。"海伦·维尔说。当时她才十七岁，是一个双腿修长的金发女郎，曾有无数个人告诉她，她与电影明星泰瑞·摩尔长得很像。维尔补充道："我当时很天真。"

面试时间马上就确定了，维尔被要求穿上"朴素的衣服，最好是黑的，不要戴任何首饰"。到了面试的那天，她和妈妈钻进了一辆豪华轿车——那是被专门派来阿纳海姆接她去洛杉矶的。面试的第一项内容是跟经纪人见面。他们要先了解维尔的身高、三围、体重。由于她即将升高中，他们还想知道她的"未来目标"是什么。她将来愿意到好莱坞来吗？他们还问她："为了能够成为影星，你愿意付出什么？"

维尔说，"我并不清楚他们的言外之意……他们突然说：'好了，你有兴趣跟影星们一起去出席首映式什么的吗？'"

她的妈妈显然对这种提问方式极不满意。然后，她们被送到了摄影室，在那里，维尔换上了紧身的黑毛衣和短裙，一头金发披散下来。接着，她们被汽车送到了高德温电影工作室，当他们走进一间办公室时，"那里除了一张木桌子跟几张小椅子之外，一无所有，没有一点装饰用的东西。"

在那里，她们见到了四十四岁的休斯，他翻来覆去地问维尔有关"人生目标"的问题。"他很和善，长得也很好看。"维尔承认，在面试期间，自己"坐在那里，吓得一言不发"。最后，休斯告诉维尔，他认为，她可以先完成自己的高中学业，打算自己独身闯天下的时候，再跟他联系签约的事。"看上去，他不想让我妈妈陪在我的身边。"维尔回忆道。

她们即将离开之前，维尔的妈妈转身时，看到"休斯正从门口探出脑袋，注视着我们"。维尔说："我们刚一出门，我妈妈就对我说：'得了，我知道他们在耍什么把戏了！'"

"但我并不明白，我当时确实对此一无所知。"维尔笑道。

随着五十年代的到来，休斯自己也年届半百，他非常关注那些影星和"未来影星"，而不是那些"名女人"。雷电华是他的名片。在休斯的管理下，他的电影公司成了一个年轻新星的流水线——她们绝大部分都性感十足。

"那时，女人只是一种用来炫耀的资本。"演员黛娜·温特说。她后来嫁给了休斯的律师格雷格·鲍泽。时代在改变，把女人当作"玩偶"是一件时髦事。对于休斯来说，在与那么多的"名女人"有了罗曼史之后，五十年代的日子简直就像是一场恣意盛大的狂欢会，漂亮的女郎随处可见。他是众多女人的梦中情人，充满了神秘感，但简·皮特斯除外。"休斯最不愿谈及的就是女人，虽然她们的名字在好莱坞广为人知，在那些八卦专栏里，也到处都是她们的风流韵事。"这就是专栏作家雪拉·格拉汉姆的看法。

甚至连为他服务了许多年的医生凡尔纳·梅森的儿媳妇，休斯也无法控制住自己一亲芳泽的冲动。他是在一次模拟家庭的康复活动室与帕特丽夏·梅森相遇的。当时，她的丈夫小凡尔纳·梅森不在身边，休斯竟然借此机会对她说："要是你厌倦了这个小孩的话，给我打电话。"然后马上把电话号码递给了她。

"我想，他很可能是全美国最大的混蛋。"帕特丽夏回忆道。

休斯的惯用伎俩是用休斯电影制片公司的合约来引诱年轻的女孩，在此过程中，他的手下们都扮演了管理人的角色。他们的工作是：既要让那些女孩都留在休斯的身边，又要保证她们每天都按照严密的时间表去"工作"。几十个女孩参加了休斯精心编造的"造星计划"，但几乎没人能成为明星。

霍华德对某些小影星的兴趣完全是精神层面的，就像是想认一个妹妹——或者女儿——似的，因为他既没有妹妹也没有女儿。当休斯在《游行》杂志的封面上看到萨莉·布里丝的照片时，她才十五岁，是一个涉世不深的少女，长着一双漂亮的棕色眼睛和深色的皮肤。在父母的许可下，她与一家纽约戏剧公司签了约，然后搬进了好莱坞。她跟休斯的助手们住在一起，休斯给她安排了戏剧研究课程和演艺训练。"没有发生什么浪漫的事情，我们之间的相处模式就像是父女。霍华德看上去很像一个父亲。"布里丝回忆说。有时，休斯会带布里丝去吃午饭，她会把别人说的每一句话都向他重新转述一遍。"我会很小心地发音，而他会仔细看着我的嘴唇。"布里丝道。

由于布里丝对休斯那当时未曾诊断出的精神疾病一无所知，她一直认为，一定是休斯的听觉问题才导致了他日常那些奇奇怪怪的行为。"他不能很清楚地听到别人对他说了什么。我知道，他感到很沮丧。他告诉我，他经常会发生耳鸣。对于他这种必须成功不能失败的男人来说，那真是太可怕了。"

布里丝最终起了个艺名——卡拉·芭琳达。"他可能想让我的名字听起来更像是一个欧洲人。"布里丝说。她一共出演了休斯的雷电华公司的四部影片——但那是在九年的漫长等待之后，其间，她跟休斯发生了无数次激烈的争吵。"他不停地向我许诺，可是，他承诺的那些角色和电影只是一场空。有一天，他告诉我说他已经为我买下了一部电影，但我恰好知道，买下那部电影制作权的并不是他，我说：'霍华德，你在撒谎。'"

"他说：'萨莉，把一个男人叫作骗子，这可不是好品位。'"

"我说：'霍华德，撒谎的人品位更差。'"

他确实撒了谎。结果是，那些女孩发现她们中了圈套，比如吉娜·劳洛勃丽吉达。在获得了罗马小姐和意大利小姐的称号之后，休斯在一本杂志上发现了她的玉照。她当时穿着一身比基尼，这在当时还是惊世骇俗之举。

休斯的一个手下很快找到了她在罗马的经纪人。一九五〇年七月，劳洛勃丽吉达就来到了好莱坞，当时她只能说几句简单的英语。在好莱坞，休斯跟她正式签约，然后派人将她送到威尔士大道上的市政厅饭店。当时跟休斯一起工作的导演杰瑞·沃德透露说，他被告知，"在得到休斯先生的命令之前，切勿离开饭店"。而休斯时不时地在凌晨两点钟出现，陪伴劳洛勃丽吉达到饭店的夜总会去坐坐，他雇了一支管弦乐队，专门为他们两个人演奏。整个舞池里只有他们两个人。

尽管当时已婚，但劳洛勃丽吉达还是完全被休斯迷住了。"我对自己说，'这个身材高挑、肤色黝黑、潇洒帅气的美国人，我会爱上他的'。我差点儿就这样做了。"

但是，她对休斯那些过分的防范很不喜欢。休斯让杰弗·乔纳德派来了警卫，日夜在她房间门口守候以防止她走出门的时候，她的反应是，朝那些警卫扔东西，用意大利语和她那磕磕巴巴的英语对他破口大骂。在忍耐了六个星期之后，她果断地收拾起了行装，头也不回地回到了意大利，一路上对休斯还是骂不绝口。

休斯引进的外国美女还包括"英国的玛丽莲·梦露"玛拉·莱恩（她最终并没有跟他签约）和德国的尤苏拉·苔丝（她与休斯签了约）。休斯还专程派他的一个摄影师到罗马去，为年轻的索菲亚·罗兰拍照。但他并没有提出要跟她签合同，因为"他不喜欢她的鼻子"，杰弗·乔纳德回忆说。

对于休斯来说，寻找女色的过程同样令他着迷。他经常会把几十本杂志堆在一起，一本一本地翻，碰上有他喜欢的女孩的照片，就撕下来，然后他的手下就立刻出动。一九五三年五月，《生活》杂志上登出了印第安纳州立大学学生莎丽莉·康隆的照片，没过几天，雷电华公司就跟她取得了联系。先是一名摄影师专程来到了印第安纳为她拍照，然后莎丽莉和母亲受邀前往洛杉矶。在与沃尔特·凯恩见面之后，她们又飞往拉斯维加斯，在那里，康隆见到了休斯。"他的长相绝对很帅。"莎丽莉说。见面后她为休斯播放了她的演唱磁带。

在休斯的陪同下，她和妈妈一共在拉斯维加斯待了六个月。

她最后一次见到休斯时，他带她来到沙漠旅馆的停车场上看日落。然后，莎丽莉和妈妈回到了洛杉矶，她们住进了一座别墅，莎丽莉开始接受声乐培训。她接受了五年的培训，并严格遵守休斯公司的各种规定，包括不得与异性约会。在这期间，她常常跟休斯电话联系。她一直在期待着一个电影角色或演唱机会。而休斯的手下不停地告诉她，要有耐心。她永远忘不了那一天，她终于从她的声乐教练那里得知，休斯签下的像她这样的女孩数不胜数，每个女孩都在和她一样等待着机会。

休斯还对全国各地的汽车展、发型师聚会以及选美比赛特别感兴趣。他还密切关注着电影，在电影角色中物色临时演员。就像他的助手朗·基斯勒所叙述的那样，"有时，他会打电话给放映员，说：'那个坐在银幕左上角第三张桌子上的女孩有点儿意思，给我留意着点儿。'"然后，他在洛美因总部或"行动"的那些人就开始为他寻找。

休斯的摄影师——通常是杰克·克里斯蒂会被派往那个女孩儿的家乡，给她拍照。在五十年代初期，他曾经在五周内为十一个女孩拍照。休斯的助手雷蒙德·格林·布鲁尔曾说，在这些女孩中，"每五十个女孩里只有一个能得到试镜的机会。也许每一百五十个女孩里只有一个能得到专业培训"。整个流程一般是这样的：要是休斯看上了哪个女孩的照片，他会邀请她来洛杉矶，再次拍照、试镜，有时，她们会与休斯见上一面，或与休斯通个电话。然后，或许会签订合同。

随后，那些女孩会渐渐明白成为现代版的"后宫嫔妃"中的一员是一种什么感觉。

"他们有非常周密的时间表，保证不给姑娘们留下一点儿空闲时间。"朗·基斯勒说。姑娘们的时间表包括戏剧课和摄影，在得到休斯的同意后，还会特别安排影片观摩。在午餐和晚餐时间，出入都有休斯助手的陪同。

"休斯的整体设想是把她们据为己有。他不想让她们的生命中出现另一个男人。"乔纳德解释说。出于这个原因，休斯的手下被绝对禁止与这些影星往来。但是，并不是所有的人都能遵守纪律。

休斯的一名司机鲍勃·迈尔斯大与雷电华的一名签约艺人私奔了，而那位女郎正是前任美国小姐亚军维拉·拉尔斯顿，即后来我们所熟悉的著名影星维拉·迈尔斯。休斯为此勃然大怒，他规定，以后只聘用男同性恋做这些女孩的司机。这个苛刻的要求对于当时那个相对保守的年代来说，显然太不现实了。乔纳德说："在五十年代，男同性恋们还不太敢公开谈论这个话题。"

由于休斯的占有欲日渐强烈，他的助手们，甚至包括那些人数渐增的摩门教徒在内，没有一个人告发那个私奔的司机，因为他每天要为休斯接送的，是一个斯堪的纳维亚性感炸弹式的美女，这种诱惑是谁都无法抵御的。这位美女后来被发现是一个女色情狂，当这位司机在洛杉矶高速公路上行驶时，她用口交勾引他，把他吓坏了。"哦，天啊，他以为自己的车就要追尾了。"乔纳德说。

除了这些异国尤物，休斯还有一个完整的规则手册，用来规范他的助手们如何细心教导和照料他的"后宫嫔妃们"。比如说，那些女孩每天只能吃一个冰激凌。还有，当助手们在颠簸中开车时，绝不能让那些女孩受到震荡。"我们被告知，要是路面上有障碍物，立即把车速减至每小时两英里。"基斯勒说。休斯坚持让他们采取预防措施，因为他相信，这种突然的震动和重力的拉力会把女孩们的胸肌拉伤。此外，女孩们不能知道"可能有其他（像她们这样的）人跟休斯电影厂签了约"，基斯勒说。

有时，休斯还会亲自提供美容建议，比如，如何睡觉（不能动脖子，可以防止出现皱纹）以及乳房保养的注意事项。

对某些女孩，休斯还制订了针对性的方案。有时，休斯会要求她们停止刮腿毛。一个胸部丰满的十五岁少女得到的指示是"全天都要戴上胸罩"。女孩们的食谱也是因人而异，这要取决于休斯是否愿意跟她睡觉。"我们总能看出来他当时正在跟哪个女孩上床。"一个跟了休斯很多年的助手说，因为"休斯讨厌和有体味的女人睡觉。所以，他绝不会让她们食用任何猪肉制品。"

所有的姑娘都会首先被送到牙医那里。休斯家里的文件里有他的签约女郎们与牙医的预约单和治疗单。这些资料显示，对牙齿的 X 光检查是必须做的检查项目。"他希望他的女人在各个方面都是完美的。"休斯的一个手下解释说。

这些姑娘并不知道，她们处于二十四小时监视之中。有时，她们的电话也会被监听。她们的一举一动都被详细记录在一个笔记本里，由洛美因总部保管。这些笔记本还记载着休斯的各种指示。

一份典型的记录是这样的：

晚上十二点四十分

不管谁在值班，早晨七点三十分一定要给（X 小姐）打一个电话。告诉她，你是休斯先生办公室的人，我们非常想为她拍一些照片，并请她跟我们的演艺教练一起工作。告诉她我们即将拍摄一部影片，或许我们可以请她出演……要让她全天都处于我们的控制之中。不要告诉她，但我希望能在傍晚时候见到她。千万别告诉她我会见她。只用告诉她，我们会派一辆车去接她。

休斯在日落大道上有一间逃亡公寓。事实上，那是沃尔特·凯恩的公寓，就在保罗·何塞的摄影工作室楼上。何塞凭借给明星们拍摄彩照而出了名。何塞的工作室实际上成了休斯"情报组织"的非官方分部。华莱士·希维尔是当季的摄影师。"当休斯不在时，我们习惯称他为'老爹'。我们会开玩笑说：'我不知道今天老爹会把谁送到这里来。'"希维尔回忆说，他是六七十年代顶尖的彩色摄影师。

前来拍照的姑娘们会为拍照而准备好服装——霍华德不喜欢裸照。但他喜欢看女人的乳沟。他还喜欢侧身照，因为这个角度能充分表现女人的胸部轮廓。不少照片拍完就算完了，但也有一些精品被休斯和凯恩留在房间里慢慢欣赏。

乔纳德和休斯的助手们都说，有些姑娘的妈妈强势而大胆，她们能硬把自己的女儿推到休斯的大腿上。就像那个胸部丰满的十五岁少女的妈妈，她"绞尽脑汁地撮合他们"，乔纳德回忆说。当休斯在一个周末跟那个少女在棕榈泉上床之后，那个母亲抓住了他。"她尖声叫着：'你这个王八蛋！我要起诉你！'"乔纳德回忆说。但休斯答应给她钱作为补偿，有小道消息说那笔赔偿金高达一百万美元。

一九五二年冬天，身在佛罗里达的十九岁女孩菲丽斯·阿普里盖特接到了雷电华电影公司的电话。霍华德·休斯看见了她在拉斯维加斯出演滑稽剧时拍的剧照。有兴趣来参加试镜吗？休斯派了一个摄影师为她拍照。

"他们告诉我，要穿上紧身毛衣和紧身短裙，"菲丽斯回忆说，"他们又叫我转过身，拍一张侧身照。然后面对镜头站好。哦，我还被吩咐说不要化妆。把长发披散下来。我有一头黑色长发。"

休斯喜欢阿普里盖特的这些照片。她被送到了洛杉矶，在威斯特伍德庄园里住了下来。"我只是在那里坐冷板凳。我不是那种安静的人。我开始抱怨不迭。"几个星期过去了，除了拿着休斯的钱去逛商场之外，她无所事事，终于有人通知她，收拾行李去拉斯维加斯。休斯已经为她在沙漠饭店包下了套房。她再次开始了漫长的等待。

一九五三年四月，她被助手们悄悄地领进了休斯的房间。"我想打扮一下。"阿普里盖特说。她当时只穿着一条灯芯绒脚蹬裤、一件毛衣和一双白色的平底鞋，"没有化妆"。然后她就发现自己对面坐着休斯，他当时四十七岁。

那天晚上，他带着她一起出去吃晚饭。接下来的两个星期里，每天都是如此。"我们观看了城里的每场演出。他每次都有最前排的座位，不管是在沙漠饭店、雷鸟饭店，还是在前线饭店。我们四处乱逛。有时，会把同样的演出看上两遍。"

然后，休斯派人把阿普里盖特送回了洛杉矶，她开始上戏剧课，老师是佛罗伦斯·恩莱特。她还会在晚上接到休斯的电话，他总是对她的一举一动了如指掌。"我后来才认识到，饭店里的每个人可能都是间谍。"阿普里盖特说。

在饭店里住了一年之后，阿普里盖特又搬到了贝弗利山的一套公寓里。休斯负责支付房租。她仍然能收到薪水的支票，虽然她从来没有在雷电华的电影里担任过什么角色，但她仍在上那些培训课，并在休斯的安排下观看影片。在他们认识九个月之后，他们之间有了性关系。

"这是一件两情相悦的事。"菲丽斯说，她之前已经结过婚。"时机成熟了。我们都很快乐。不要相信那些阳痿之类的传言。他很棒。有时，他能连续做半个小时。"

她补充说："现在回想起来，他之所以能坚持那么久，一定是药物的缘故。他一直在服药，治疗背痛，所以他到达高潮的时间长一些。"休斯睡觉时喜欢开一盏夜灯，他在柔和的灯光下跟阿普里盖特聊起他以前的女朋友。他坦承，有好几次，为了哄女人跟他上床，他动用了一些小手段：他会假装想跟她们结婚。"在好莱坞的一座山上，有一个十字架。他会带着那些女孩去那里，漫步在月光里，然后打开一本小书，朗读道：'在上帝面前，我将娶你为妻。'这会让那些女孩感到安全，她们会跟他上床。"

"当时，婚前性行为还被看作一种罪恶。"菲丽斯回忆说。

她还看到了休斯刻意向她隐瞒的另一面：他的恻隐之心。"他为许多人支付过医药费。每当在报纸上或者好莱坞听说别人的不幸遭遇时，他就会满眼含泪。他会做出妥善安排，关照这些人。他喜欢做这种事情。"

阿普里盖特的妹妹因为一次严重摔伤而落下了终生难愈的痼疾，休斯为她提供了最好的医生和医疗设备。"我妈妈从来没有忘记过他为我们所做的一切。"菲丽斯说。

后来，阿普里盖特在一九五五年结婚，他们之间的关系也就结束了。但直到六十年代，他们之间还保持着电话联络。菲丽斯回忆说，在休斯与简·皮特斯结婚之前，还给她打了电话。"他说，'我终于要结婚了。'我笑了起来，嘲弄他说：'你说的是真的结婚呢，还是只是在十字架前说一下而已？'他也笑了，觉得很好玩，因为以前他已经演过那么多次了。我对他说：'一定要幸福。我希望你幸福。'"

乔伊丝·泰勒在她与休斯签下为期七年的合同期间从来没有真正地开心过。当时她才十五岁，虽然年纪小，但在沃尔特·温切尔的电视脱口秀节目上演唱时，她已经是一个经验丰富的夜店巡演演员了。在这个电视节目中，她穿着短裙、毛衣和短袜。节目结束时，温切尔接到了沃尔特·凯恩的电话，他说："霍华德·休斯要见乔伊丝。"她在洛杉矶见到了休斯，那是一个下午。"一切都中规中矩。"泰勒说。她发现休斯"魅力十足、温暖和蔼、亲切友好——一切都很正常"。作为雷电华电影公司的老板，他答应会给她合适的电影角色。他们的第二次见面是在一个清晨，地点是塞缪尔·高德温公司空荡荡的摄影棚。

泰勒走进摄影棚之后发现，霍华德正"站在黑暗中，旁边有一盏灯"。他伸出手，示意她坐下来。她就坐下了——然后她发现，自己就坐在灯光的正中心。休斯坐在她的对面，可她却看不见他。他伸手递给她一支钢笔。"突然间，我感到很不安。"

在合同上签完字之后，泰勒抬起头。"我看到了他的眼睛。他的眼睛又黑又吓人，好像在说：'我拥有你，你是我的。'"泰勒从摄影棚里跑了出去，只回了一次头。"霍华德·休斯不见了。"

她从此就住进了威斯特伍德庄园饭店。但她不想一个人待在这里，于是休斯请来了她的妈妈和姐妹们。最后，她的全家人都搬到了贝莱尔。泰勒不能跟别的男人约会，也不能擅自安排自己的时间表。"每天早晨醒来后，我会把自己打扮得漂漂亮亮的，头发梳得一丝不乱。然后，我就去上戏剧课。每天晚上，我要看霍华德·休斯强迫安排的那些电影。一个人看。这就是我在前六个月或九个月里的生活。"泰勒还要承受着紧张的精神崩溃。休斯送来了天堂鸟，"那是他送我的鲜花"。

让她勃然大怒的是，休斯和她的妈妈结成了联盟，她妈妈竟然鼓励她跟休斯一起出去。有一次，在女伴的陪同下，她和休斯一起去了棕榈泉和佛罗里达。在佛罗里达，她惹得休斯勃然大怒，因为她一头扎到了游泳池里。"等我浮出水面的时候，发现他正在大喊大叫。"泰勒回忆说，她的行为让休斯觉得不可思议——潜水的动作会挤坏乳房的。

泰勒从来就没有跟休斯发生过肉体关系。"我太恨他了。"她记得，有一次他碰了一下她的肩膀。"我对他叫道：'不！不要碰我！永远别碰我！'"他以后再也没有碰过她。

泰勒回忆说，有一次，休斯告诉她："我常常跟人下棋。"他解释说："下棋的时候，你会看自己能把对方控制多久。"

据精神病专家杰弗里·施沃兹和安东尼·迪艾克里的研究，霍华德对各色女性的收集其实是强迫性神经失调症的最有趣的一种表现。"他是一个收藏家。"安东尼分析道。他从父亲那里了解到，休斯对飞机、汽车、管理人才和女人都有着特殊的收藏癖好。"就像收集飞机一样，他对女人的收集出于一种强迫感。但在把她们收入囊中之后，他却不知道如何处置她们。二战刚刚结束，休斯就从海外聘请了一大批德国科学家，但却让他们无所事事地闲了好几年。对于他来说，只要他们待在那里就行了。"

至于女人——源源不断的各色女人和他那为数众多的未婚妻——施沃兹认为，休斯只不过是为了重温旧梦，重新获得母亲曾经给予他的醉人的爱。"当阿伦娜在强迫症的驱使下一遍又一遍地检查着小休斯的身体、体温和他的一举一动的时候，事实上她正无意识地与她那个漂亮的儿子发生精神性关系。霍华德对那种强烈的爱产生了依赖。因此，在他的一生中，他走马观花般地穿梭于各色的情人之间，只是为了找回他从母亲身上得到的无所不在的爱。"

研究了"霍华德的女人"的三百份证词和监视报告，雷蒙德·弗勒医生对休斯的精神进行分析后认为，与许多超级富翁毫无二致的是，休斯也是一个疯狂的女性收藏家，一旦把她们据为己有，他就用一种冷酷、精明和冷漠的态度来对待她们。弗勒说，就像利兹·泰勒对钻石，阿尔弗莱德·范德比尔特对白兰地一样，这些女人只是休斯的收藏品。她们"属于休斯"。

弗勒又补充说："我一直觉得，休斯对女孩的收集和对飞机的收集，总有一种相似的对应关系。与那些飞机一样，女孩们二十四小时都被人看守着；同样地，她们像飞机一样被他遗忘，然后日渐衰弱。"

"他会跟她们罗曼蒂克地过几天，然后就悄然退出。但女孩们却被要求一步不离地等待着'万一被再次需要'的时候。"

休斯对女孩的狂热收藏达到了可笑的地步。一九五三年春天，《隐私》杂志刊登了一篇文章，讲述休斯和他收藏的小影星们的故事，文章标题是："公众色狼第一号"。在文章中，休斯的"同事"透露说，"据最新统计"，休斯在洛杉矶已经藏有"一百六十四个女朋友"了。与此同时，这份当时最著名的丑闻杂志还推测说，休斯可能有"恋母情结"。

在杂志上市的当天，休斯的手下们就接到了命令，把所有报亭的《隐私》杂志都买下来，不管是洛杉矶、好莱坞还是周边城市。

成为大亨

在休斯敦码头附近一家名为"海湾之光"的希腊小酒吧里，霍华德·休斯在拥挤的舞池中翩然起舞。在休斯的周围，是来自遥远的异国他乡的商船船员：有穿着镶有金丝边蓝色制服的葡萄牙人，也有身着雪白海军服的英国人，还有希腊人，他们正手挽着手，站成一排，跳着电影《希腊人佐巴》中的插曲。在拥挤的狂欢者之中，霍华德鹤立鸡群，他那顶软呢帽异常醒目。

"他总是自顾自地跳舞。他从来不搭理别人。"库拉·达迪尼斯回忆道，她在丈夫哈瑞斯去世后一个人经营着这家人气很旺的夜总会。

库拉是一名土生土长的希腊人，她跟休斯并不熟识，也不知道他的声名显赫。当他第一次在酒吧坐下来时，她还以为他是一个流浪汉呢。

"他跟我说：'我饿了。能给我一点吃的吗？可我没钱。'"

她丈夫让她给那个陌生人拿点儿吃的。他要了炸虾和一瓶啤酒，他喝啤酒时非常小心——总是用一张舒洁纸巾裹着啤酒瓶。酒足饭饱之后，他问库拉："你能帮我叫一辆出租车吗？"

"这下你高兴了吧！"她对丈夫说，"他没钱买吃的，现在还要我替他叫出租车！"

陌生人大笑起来，他开始绕着库拉转起圈来。"把我口袋里的东西都掏出来吧。"他对她说。在丈夫的催促下，库拉把手伸进了他那件松松垮垮的卡其布上衣的口袋，结果掏出了一张一百美元的钞票。"拿着吧。"那个人说，他一边笑，一边慢慢踱出了大门，走进了休斯敦潮湿的夜色之中。此时，正是一九四八年年底。

在出租车驶离之后，库拉的丈夫对她说："那人是霍华德·休斯。"他解释说："他是世界上最富有的人之一。"

五十年代，休斯时不时会低调地现身"海湾之光"酒吧。他总是只身前来，独自坐在那里，看着拥挤的舞池里那些跳舞的人。他还常常漫步到博耐尔酒吧附近。博耐尔酒吧和"海湾之光"酒吧一样，从这里走上几分钟就可到达休斯工具公司。

自从一九三八年那次让他一举成名的飞行之后，休斯再也没有公开造访过他的家乡，但在之后的几十年里，他会定期秘密回到休斯敦。有时，他会在夜深人静时分乘飞机飞回家乡，跟他儿时的小伙伴们见上一面，然后就到市中心的莱斯大饭店里去休息，他用假名在这家饭店里常年订着一个套间，第二天他会悄悄赶往机场。此外，他还经常秘密造访曼哈顿、乔治顿和佛罗里达，在那里，他会与五角大楼那些战后政治掮客面对面谈生意。他通过了那些国防合同负责人对他的关键性考验，这自然归功于他那随和的风度，还有一九四七年那场参议院听证会为他带来的好名声。而"休斯先生常来华盛顿"的做法也使他得以回避"云杉鹅"号和 XF-11 间谍机的败笔。同时，借此机会，他不但维持了与国防部之间的密切合作，还进一步跟中央情报局建立起了新的联系。多年之后，他跟中央情报局的良好关系为他带来了价值七十亿美元的情报合同。

休斯相信，大多数国防合同承包商的未来要依赖于一种更新型、更有效的武器控制系统。他早就了解到，他的对手们对此不感兴趣。他明白，其中的利润相当可观。

"休斯总是领先于时代，"洛克希德公司的罗伯特·格罗斯回忆道，"他致力于军事电子技术的研发，而许多军事大承包商却往往忽略了这一点，结果是，他建成了世界上最先进、最多样的航空技术公司。在休斯之前，这么大的技术进步还只是人们做的白日梦而已。"

休斯飞机公司早期的成功项目之一是探寻发现雷达系统，该系统能够自动跟踪目标，从而给空战带来了一次新的革命。但休斯之所以能得到这一生产合同，仅仅是因为他愿意承担破产的风险来保证合同的完成。当时他那个小小的电子实验室只有一百名科学家，但却要对抗该领域的巨人——通用电器公司。休斯对自家公司的设计充满自信，凭着直觉，他愿意自掏腰包来先把实验模型造出来。如果模型成功，那么，休斯飞机公司的未来就是安全的。如果实验失败，通用电器公司将大获全胜。结果，休斯的创新成果"猎鹰"导弹大获全胜。由于它能够实现对目标的自动跟踪，"猎鹰"导弹也变成了现代战争的主要装备。

这种空对空导弹通过发射雷达脉冲来跟踪目标。"猎鹰"导弹身长六英尺，重一百一十磅，休斯用它征服了五角大楼的高级军官，为休斯飞机公司打开了财富之门。此后不到三年时间，休斯飞机公司与美国空军的订货合同就达到了八百万美元。而公司员工人数也从原先的一百人飚升到一万人，其中三千三百人拥有博士学位。他还成功地对通用电器公司、德尔实验室和协和公司发动了进攻，顺带抢走了航空业最优秀的几名工程师。

到了一九五○年朝鲜战争爆发时，休斯飞机制造公司远远领先于所有的军事电子公司。几个月之前，休斯飞机制造公司设计的F-102型飞机赢得了超音速拦截机设计大赛，随后休斯又组织了一系列的拦截机的设计开发，并为休斯飞机制造公司带来了十倍的利润收益。

到一九五三年为止，休斯飞机制造公司连续五年实现了显著的经济增长。它跟军方签署的合同总额达到了每年两亿美元，公司员工人数为一万七千多名，位于卡尔弗和亚利桑那州的图森的两家工厂每天的毛利润达到一百七十万美元——如此丰厚的利润来自于民用工业和军事工业两类企业的合同订单。霍华德的军事产品目录已经到了无所不包的程度，就连美国前总统杜鲁门都称赞他是"美国防空系统的灵魂人物"。

此外，中央情报局每周都要往休斯的保险柜里送数百万美元，因为它早已向休斯订购了价值超过二十五万美元的间谍设备，这些设备的技术之先进，以至于它至今仍是 CIA 与这位神秘亿万富翁达成的交易中不能公开的部分。中央情报局把霍华德叫作"美国航空业的幽灵"。

休斯飞机制造公司最大的优点是霍华德和为他工作的那些世界一流的科学家之间所特有的那种神秘的聚合力。休斯采用了一种自由主义的领导方式，他总是在电话的另一头对他的管理层进行遥控指挥，他的指挥常常是遍布于美国西南部各个角落的付费电话。

"他让这些科学家觉得，他们是世界上最重要的科学家，他们正在从事世界上最重要的科技项目。"诺亚·迪艾克里特回忆说。

在休斯去世后，各大报纸杂志都把他描述成一个高级的"科技票友"，跟他亲手创办的休斯飞机制造公司所取得的那些惊人的成就几乎或完全扯不上关系。"显然，这是一种可笑的观点，"休斯晚年时期的助手罗伯特·马休说，"不管从哪个角度说，休斯都是一个领军人物，他会跟贝弗利山的那些将军和政客面对面谈判。"马休曾帮助老板亲手创办了休斯飞机制造公司，他手上有不少东西，完全可以证明休斯在这些成就中的作用：几百份发黄的书面文件，每份上面都有休斯亲手写的指示。

"霍华德经常用全部身心参与那些科学细节，"一九七二年时迪艾克里特说，"他充分展现了他的聪明才智，为数百件电子产品的创新提供了灵感。他的聪明才智还表现为他成功地发现了那个时代最伟大的科学家，并说服他们为实现他的梦想而工作。他好像对这些科学家施了魔法。"

但他也没少添乱。多少年来，对此那些科学家和航空业管理者一直都予以容忍，毕竟，不菲的薪水、理想的工作环境、近乎完美的实验室和流水生产线，这些都足以让他们做出妥协。然而，一九五三年，这种相安无事的状态突然结束了，十七名著名科学家集体违抗命令，并威胁说要离职。这是对休斯那些奇怪行为的抗议。他们指责休斯连做出最基本的决定都要浪费上几个月的时间。他们还说，当他们终于找到他时，他却"东拉西扯"，对正事避而不谈。他们的这些意见最后被提交到了华盛顿的美国空军总部。

很快，反抗情绪就传染到了卡尔弗城和图森的工厂里。

由于休斯飞机厂已经是美国武器运输系统的第三大供应商，空军长官们对科学家们描述的犹豫不决的休斯有所警惕。他们开始质疑休斯对他的电子工厂的管理，显然他的管理完全不合情理。

五角大楼给FBI下达了命令，要求他们查清楚休斯出了什么问题。于是，拉斯维加斯和洛杉矶两地的FBI分局立刻行动起来，美国国内间谍史上最独特的一次侦察行动开始了——诊断美国第一富翁的精神健康状况。在FBI序号为六二·一四七六·四的报告中，这些军官报告说："休斯先生已经变成了一个报复心重、情绪失常的偏执症患者，他的心智已经严重退化，极有可能随时杀害他人，也可能随时自杀。"

一九七〇年，埃德加·胡佛又亲自向他的手下布置了第二次侦察任务，这是对休斯的精神问题更为隐秘的分析。这份分析报告并没有提交给美国空军。这份调查报告详细地指出，休斯"对可待因的依赖日渐加深，这位亿万富翁的大多数决定都是在服药的状态下做出来的"。这是第一份证明霍华德服用毒品的文件，他的第一次服药记录是一九四六年坠机事件之后医生开出的处方，他渐渐吸毒成瘾。FBI的一份编号为六四·一九九六·六的报告指出，休斯"每天至少服用六片可待因药片，尽管服药人并没有任何需要注射可待因的病理理由"。

事实上，休斯此时仍然在饱受着疼痛的折磨，尤其是骨盆和大腿骨。除此之外，始终未痊愈的神经性梅毒也给他带来了从头顶到膝盖的剧痛。"我一直不间断地为休斯先生开可待因，因为他需要。"凡尔纳·梅森医生后来解释说。

但FBI对他的强迫性神经失调症却一无所知，而他的思维障碍和抉择困难正是由此引起的。五角大楼对那个解释并不感兴趣。FBI的官员们需要科学家们立即回去工作。一九五三年，美国空军秘书哈洛德·泰尔博特来到了洛杉矶，向休斯和诺亚·迪艾克里特摊了牌。

泰尔博特对休斯大发脾气。"因为你的管理失误，毁掉了这个伟大的工程！我可不关心你的身体他妈的到底出了什么问题，我关心的是这个国家的安危。美国最重要的防御系统都有赖于休斯飞机制造公司！"然后他又加了一句，"把美国安全系统的重任托付给你这个怪人，真是一个天大的错误！"

随后，他给休斯下了最后通牒。"要么把休斯飞机制造公司卖给洛克希德公司，要么接受由我本人任命的新的管理机构。"

休斯呆坐在椅子上，两眼盯着地板。时间过去了三分钟，他还在沉默着。这一定是休斯一生中最为痛苦的时刻。既然空军都把他看作一个怪人，他完全相信，肯定还有其他人怀疑他的神志是否清醒。

最后，迪艾克里特打破了沉默："这样吧，给我们九十天时间，让我们把工厂回归正常。"泰尔博特同意了。但他说只有九十天，多一天都不行。

整整九十天，休斯解决了他的麻烦，他公开把休斯飞机制造公司捐赠给了霍华德·休斯医学研究所，这个慈善组织是他四年前创办的。休斯相信，要是他把飞机公司的控制权交给一个大型慈善组织，美国政府就不敢取消以前签署的那些合同。为了装点门面，他还引进了一个一流的管理团队来负责电子设备项目。

五角大楼做出了让步。

在洛杉矶，休斯的公关专员皮瑞·里博不失时机地向媒介宣扬霍华德·休斯的慷慨大方，说他是"一位伟大的慈善家"。里博鼓吹说："在未来的五十年里，整个医药行业都会认识到他这种慷慨所带来的好处。它将以前所未有的规模对医药研究做出贡献。"美联社和美国合众国际社把他的话传开了。就连艾森豪威尔总统也在总统办公室宣布说："霍华德·休斯为美国慈善事业创造了一个新高度。"

但事实上，这是美国有史以来最为狡猾的一个金融骗局。

要是五角大楼和美国国内税务署能有一个人看过休斯飞机制造公司跟医学研究所签署的那份印刷精美、长达三百三十页的合同的话，他就会发现，这个捐赠的价值其实只有三万六千四百六十三美元。合同第二款规定，医学研究所将以七千四百六十万美元的价格买下休斯飞机制造公司的有关资产。但由于休斯的新"慈善机构"没有什么钱，他们就只能向工具公司贷款五千六百万美元。在七千四百万美元的"标价"与五千六百万美元的贷款之间，尚有一千八百万美元的差额。而为了弥补这一差额，医学研究所不得不开出等额的期票。

除此之外，由于飞机制造公司的房产和地产仍然归休斯所有，那么在接下来的十年里，医学研究所要将借来的两千六百万美元还给休斯。

换句话说，休斯发明了一个最狡猾的避税手段，而且他还可以继续随心所欲地将休斯飞机制造公司置于自己的控制之中，因为他是该慈善组织的"唯一托管人"。

医学研究所每投资一百万美元用于医学研究，就要付给霍华德·休斯两百五十万美元。更重要的是，五角大楼把他们的探子都叫回去了。他们甚至不能再对休斯飞机制造公司的管理情况指手画脚，因为它是这个大型慈善机构的唯一支柱。

但是，休斯的灵机一动在另外的两桩生意上却完全没用。随着他的神志越来越不正常，他的电影公司、雷电华跟他最心爱的环球航空公司也随之遭了殃。

雷电华一片混乱。影片都被束之高阁，制片人都逃跑了，而大把大把的女演员拿着高薪却无所事事。休斯心里装的事情实在太多了，其中就包括他那个正在蓬勃发展的休斯飞机制造公司和环球航空公司，而他对待雷电华公司的态度，就像是对待后妻带来的拖油瓶一样，不闻不问。

一九五二年九月，他想把他持有的雷电华百分之二十五的股份卖掉。有人表示感兴趣。但最后这个买卖并没有成交，因为《华尔街日报》揭露说，那个由五人财团构成的买方与犯罪组织有联系。在买方退出交易之后，休斯收回了对雷电华的控制权。与此同时，一伙不满休斯对雷电华公司的管理的股票持有人把休斯告上了法庭。铺天盖地的头条新闻扑面而来，曾在休斯时代的雷电华公司担任过导演的演员迪克·鲍威尔开玩笑说："雷电华的合同清单里只剩下三个演员和一百二十七个律师了。"

一九五四年二月，休斯终于想出了解决雷电华公司麻烦的一个奇招：他买下了所有股东手里的股票，成为历史上单独持有一家电影公司股份的第一人，也是唯一的一个人。但他还是想把它转手出售掉。这个曾经供他玩乐的巨型玩具如今令他头疼不已。

在此之前，休斯那持续不退的爱国热情和偏执还给雷电华公司惹上了巨大的争议，有人说雷电华公司与红色威胁——共产主义有瓜葛。在共产主义浪潮高涨的年代里，好莱坞有一股很强大的反共逆流，带头的是权倾一时的赫达·霍普和金格尔·罗杰斯的妈妈莉拉·罗杰斯，她是ＦＢＩ的头头埃德加·胡佛的女友。休斯身不由己地卷入了这场战斗，并成为一名最狂热的勇士。

"他在雷电华办公室里装了窃听器，还解雇了好几个制片人，因为他认为他们是共产主义的支持者。"杰弗·乔纳德说。

当雷电华的剧作家保罗·加利克拒绝向反美活动组织委员会承认他是共产党员时，休斯立即解雇了他。他还把保罗的名字从简·拉塞尔的影片《拉斯维加斯故事》里给撤了下来。此举得到了理查德·尼克松的称赞，当时尼克松还是刚刚进入加州参议院的参议员。在国会记录里的一段陈词中，尼克松说，休斯的立场"值得每一个相信反动力量必须被清除的公民的关注和赞赏"。此时已经变得孤独多疑的休斯对共产主义的威胁恐慌至极，一九五二年四月，他还出乎意料地出现在美国退伍军人协会好莱坞站的一次会议上。

备受尊重的电影出品人威廉姆·卡米隆·蒙兹曾经导演过一部观赏性极强的恐怖片，名字叫作《至尊无上》，但休斯却把影片拆得七零八落，将这部关于希特勒的影片改编成了与细菌战和共产主义有关的剧情。"当最后看到电影时，我们简直不敢相信自己的眼睛。这部电影变得毫无意义了。"萨莉·布里丝承认说。她是这部影片的主演，只不过用的是艺名卡拉·芭琳达。

休斯还公开诋毁查理·卓别林的电影《舞台生涯》，并要求雷电华的连锁影院禁映该片，因为五年前卓别林曾拒绝在反美活动委员会前作证。而此后发生的一系列事件最终让查理·卓别林决定不再回到美国，他留在了英国。

休斯把雷电华转手的话，那么他将无法承受与他心爱的简·拉塞尔分手。在结束他对雷电华的控制之前，他刚刚跟她续签了一份长达二十年的合同，合同价值为一百万美元。拉塞尔的经纪人刘易·瓦瑟曼大吃一惊。他问她："哦，天啊！你跟他上床了吗？"在接下来的二十年里，她每周可以得到一千美元，却一部电影都没拍过。

一九五五年，雷电华公司推出了新片《辛巴达之子》，休斯在电影界的英雄地位也终于达到了顶峰。影片原定由德尔·罗伯森和文森特·普赖斯主演，但最终却变成了一百多名小影星的集体秀，据说她们中的好多人都跟休斯有染。萨莉·福里斯特在剧中扮演了一个女奴，但她实际上是四十名女飞贼之一。她回忆说，到了拍摄组之后，她发现自己的戏服变得越来越小了，"文胸最后已经小得穿不上了，他们只好用胶带把它粘到我的胸前。"她大笑着说。

就跟休斯以往拍摄的影片一样，这部电影也遭到了道德审查会的抨击，但休斯照样高调地为影片做宣传。四名年轻的姑娘打扮成波斯宫廷女仆的样子，用三周时间在全美各州做巡回宣传。

终于，休斯在一九五五年卖掉了雷电华，但此后的几年里，他的影响仍在继续。一九五六年，喜剧片《征服者》公映，与约翰·韦恩演对手戏的女主角是休斯曾经热恋的情人苏珊·海华德。而另一部影片《飞行员的妻子》也于一九五七年正式放映了——这时距离影片开拍已经整整八年。显然，影片中对于飞行生活的描述已经显得过时而可笑。

在精神压力和肉体痛苦的双重作用下，休斯开始一蹶不振，而整个休斯帝国也随之陷入崩溃，环球航空公司是首当其冲的一个。休斯把环航公司从一个小小的邮件运送公司打造成了世界上最大的国际航空公司之一，但也是他一手造成了它的衰败。"要是休斯真心爱过什么的话，那就是他的环航公司。"公司管理层的骨干罗伯特·格罗斯回忆说，"然而他的梦想开始破灭了，那真是一出悲剧。"

具有讽刺意义的是，是休斯亲自迎来了飞行的超音速时代，但也正是这个时代瓦解了休斯对环航公司的领导和控制。

一九五二年，一架崭新的喷气机在英国德哈维尔公司的流水线上诞生了。但休斯并不满意，他对它置之不理。"应该有比这些更先进的喷气式飞机。"他告诉诺亚·迪艾克里特。但作为环航公司的董事会成员之一，迪艾克里特感到很担忧。他知道，环航公司的对手，联合航空、美洲航空以及泛美航空公司已经翻遍了整个地球要寻找"这架飞机"。

一九五四年初，波音公司终于向世人展示了航空界一直在拭目以待的喷气式飞机——波音七〇七，这是一种适合长距离飞行的豪华客机，是休斯心爱的"群星"号的豪华版。道格拉斯飞机制造公司也不甘落后，随即推出了DC-8，很快这种机型就成为航空界的新宠。

但休斯依旧犹豫不决。他成天坐在贝弗利山大饭店阴暗的房间里，把弄着飞机模型，在大幅的蓝图上构思着自己理想中的空中雄鹰。他的精神性梅毒症和强迫性神经失调症已经严重地削弱了他的判断能力。"他坚持把所有的设计方案都尝试一下，并为自己的难以抉择而痛苦不已，在这种痛苦中，两年已经过去了。"迪艾克里特回忆说，"他好像已经迷失在自己的白日梦中了。"

与此同时，环航公司的主要对手争先恐后地订购了大量的DC-8，他们用此举来拥抱已然来临的喷气机时代，环航公司已经被远远地落在了后面。但休斯有点儿力不从心了。他在笔记本上记满了几何和代数方程式，他最近的兴趣是要造出自己的喷气机，然后将它们卖给自己的航空公司赚大钱。

到了一九五六年，霍华德终于从他的白日梦中醒了过来，却发现自己做了个噩梦。那时，在喷气机浪潮的冲击下，环航公司已经摇摇欲坠，休斯也意识到了这一点，但他仍顽固不化。当得知公司的高管们因为他这个老板的举棋不定而准备叛变时，他冲着迪艾克里特哭喊起来："那些幕后力量想把我的航空公司偷走！"

休斯立刻做出反应，他花了五亿美金，急不可待地订购了一百八十八架波音七〇七和三十架协和八八〇。"这是一个疯狂的举动，完全没过大脑。"迪艾克里特说。"在做出决定前，他没有跟任何人商量过。"

迪艾克里特开车到贝弗利山大饭店，去质问休斯："你上哪里去搞那四亿八千七百万美元呢？"

休斯回答说："这不是真的，我向你发誓，我没买过那么多飞机。"

"我算过了，霍华德。等着吧，我会把账单送过来的，现在就在我的办公桌上。"，

休斯大叫起来。"出去！我不管你送什么过来。可我不会买那些飞机！"

但是，当然了，休斯肯定签下了那些飞机的账单了，只是他和环航公司都没有那么多现金去支付罢了。休斯和他的公司都陷入了经济深渊。

随着心理疾病的恶化和对可待因的日益依赖，休斯的精神已经被摧垮了，为了筹集到所需的五亿美元，他整整花了两年时间。有一次，他真的绝望了，他把他的私人安全部队派到协和公司在圣迭戈的工厂，将里面还没有完工的飞机围起来。在枪口下，他们包围了工厂的工人们，阻止他们把活做完。只要飞机一天没造好，他就可以不用付钱。

一九五九年，他被迫向华尔街的国际财团求助，让他们贷给自己五亿美元来支付他在冲动之下订下的那些飞机。反过来，他们要求休斯交出环航公司百分之七十八的股票，作为非投票信托。"我已经失去了我的航空公司。"他像先知一样说。一年之后，这些控制他的股票的银行家向法院起诉，告他经营不善，要求一亿八千七百万美元的赔偿。从一九五八年到一九五九年一年期间，环航公司已经亏损了四亿三千八百万美元。

为了采取法律行动，银行家们要求休斯在法庭上宣誓。当休斯拒绝时，银行家们雇了侦探跟踪他，但这却让他跑得更快——直到他变成那个时代最负盛名的亡命之徒。

在环航公司的控制战达到白热化的时候，公司前总经理杰克·弗赖伊因为抓不到休斯而变得歇斯底里，虽然两个人曾经是很好的朋友。一天晚上，在迈阿密的一家餐馆里，弗赖伊发现休斯正坐在自己对面的那张桌子上，他心里别提有多高兴了。

弗赖伊跳了起来，来不及把餐巾从脖子上摘下来，就冲着休斯走了过去。

但休斯发现了他，他像一只疯狂的困兽一样从椅子上站了起来，拔腿就跑。"霍华德！"弗赖伊在后面喊，他追着休斯满餐厅跑，穿过厨房，一直跑到大门口，但休斯已经消失在一个小巷子里。

东躲西藏已经变为霍华德·休斯的生活方式。对于爱着他的那些女人来说，她们也必须如此。

婚礼铃蓝调

休斯的酒店套间和别墅里的奢华与里维拉乡村俱乐部含蓄而安静的美相去甚远，逃离了东部（贝莱尔）的浮华喧闹和西部的轻浮做作的豪门世家，他们在这里找到了世外桃源。在西临太平洋的小小的半岛上，这处隐秘的所在正是凯瑟琳·格雷森的家。当休斯感觉到世人正在渐渐向他逼近的时候，他马上逃到格雷森家里来寻找安慰。

格雷森与霍华德的大多数情人之间有一条鸿沟，作为米高梅电影公司的超级歌星，格雷森此时正处于事业的巅峰。她曾经主演过著名影片《演出船》和《新奥尔良颂》，而另一部影片《亲亲我，凯特》正等着她的参演。作为一名举止优雅的美女，她刻意与好莱坞保持着适当的距离，每天晚上，她都会离开摄影棚回到自己那幢都铎时代的别墅里，别墅的后院沿着山坡蜿蜒曲折地走下去，就是里维拉大海湾。

休斯曾在好莱坞露天剧场蓝色的灯光下观看过格雷森的表演，他看到的是一个长着深棕色秀发、身材曼妙的美女。他对这位丰满漂亮的女高音展开了几个月的追求，不管是格雷森参加的晚宴还是首映式，他总是及时出现，而且总是坐在格雷森的旁边。"亲爱的，他充满了如火的激情，"格雷森的朋友、米高梅的影星安妮·米勒说，"最后，心急火燎的他从她家的篱笆上翻了过去，直接走到了她的面前。"

一天晚上，格雷森从二楼的窗口望下去，发现休斯正在楼下，他在月光下踱来踱去，还不时地仰望着她的窗户。"他一走进大门，我爸爸就抓起他的来复枪走了出去，说：'狗娘养的花花公子，谁都别想靠近我女儿！'我妈妈说：'别，亲爱的，别这么干。那个男的是霍华德·休斯，想想别人会怎么议论凯瑟琳！'"格雷森回忆说。

"我爸爸第一眼就不喜欢他。他告诉我说，我已经有过两个花花公子的丈夫了，绝不能再有第三个。"

父亲告诉她："你在这儿待着，我下去看看，一切都交给我了。"几个小时之后，当格雷森下楼准备去米高梅公司上班时，她发现父亲正同休斯坐在一起，像老朋友一样在大谈机械和发明。

一天之后，格雷森告诉休斯，她对他不感兴趣。

第二天一大早，就有人把十二打玫瑰花送到了格雷森的家门口。"你知道十二打玫瑰是多少只吗？"格雷森说，"光把它们插到花瓶里就足足花了我几个小时。"

一个是年事渐长、疲惫不堪的百万富翁，另一个是好莱坞最朝气蓬勃的女高音，一种温柔而绵长的感情发展起来。很快，休斯就成了格雷森家的常客。"许多个夜晚，他就睡在客房里，"她回忆说，"对于他来说，那里是一个无人知晓的藏身地，因为我们从来不去外面招摇。而关于我们的关系从来没有人知道。"

有时，凯瑟琳在午夜醒来时，她常常看见霍华德在走廊里踱来踱去，嘴里还在喃喃自语着他与环球航空公司和休斯飞机制造公司那些麻烦事。在她眼里，他是"世界上最孤独的人"。很快，她越来越频繁地邀请他来家里做客，而她家的客房则永远为他准备着。

有时，当格雷森从米高梅回来时，她发现休斯就坐在她的闺房里，抱着她的小女儿帕蒂轻轻地摇晃着。"那时我才意识到，他其实很孤独，对于他来说，没有家庭的温暖是多么痛苦。"

格雷森出去拍外景时，休斯就会搬到客房里，一住就是好几个星期。有时他在这里处理工作上的事情，有时他会远远地隔着高尔夫球场眺望圣莫尼卡群山。"有时，我不得不打电话给他的经理比尔·盖，因为他不想离开这里。但最后，我们总会把他送回贝弗利山大饭店的。"

霍华德对格雷森的热烈追求成了米高梅公司里的一大热门话题，他的玫瑰总是定时地送到她的化妆间里去。在格雷森拍摄《演出船》期间，这场追求游戏也达到了高潮，那部音乐剧使格雷森成为一九五一年最卖座的影星之一。

当洛杉矶传出一些风言风语，说格雷森与和她同台演出的男中音、风度翩翩的霍华德·基尔萌生爱意时，休斯妒火中烧。当影片拍到格雷森和基尔举办盛大婚礼的那场戏时，休斯开着他那架隆隆作响的水陆两用机，在拍摄场地的上方低空掠过，而格雷森和基尔此时正在开始他们假扮的婚姻生活。"他满脑子想的都是这场'假结婚'会导致我和基尔假戏真做。"格雷森有点好笑地说，"你知道，那段昂贵的场景最后一点儿都没有用上……也许是霍华德把所有的胶片都给毁了。"

不过，当休斯在第二天和第三天驾着他的飞机一而再、再而三地从拍摄地上空飞过的时候，格雷森注意到，剧中的另一个演员艾娃·加德纳向她投来"刀子一样的目光"。加德纳刚刚再次拒绝了休斯的求婚，但当她看到休斯又看上了更年轻、更精致的格雷森之后，仍不免有点儿后悔。

一天下午，格雷森从电影公司回到家之后，此前一直在向她求婚的休斯递给她一个珠宝盒，盒子里面装着价值两百万美元的珠宝。"我希望你能收下，"休斯平静地说，"为了你为我所做的一切，也为了告诉你我有多爱你。"

格雷森看都没看那些珠宝一眼。"我把它们直接放进一个不起眼的食品杂货袋里，交给了我的律师，他会把它还给休斯的。我不想让任何人知道纸袋里面装的是什么，那是价值两百万美元的宝石！"

第二天清早，她就接到了休斯打来的电话。"你真残忍！"他说，"你太残忍了！那些只不过是礼物，你不该退还礼物。"

格雷森回答说："好了，我没打算接受你的求婚，我当然也不应该接受你的礼物。"休斯告诉她，他明白格雷森的言下之意。"你不用再替我操心了。"但就在当天晚上，格雷森从房间往楼下一看，又看见休斯坐在她家葱翠庭院的小凉亭里。在那里，他感到安全和满足——那是他一直以来非常期望得到的。

五十年代中期以前，格雷森家安谧宁静的避风港对于休斯绝对必要，因为对于他这个洛杉矶有史以来最臭名昭著的夜行者来说，洛杉矶的夜晚已经不像过去那么安全了。被他玩弄过的女影星的男友们和警方的传讯人员先后在藏身之处把他逮了个正着，当面质问他。他控制的那些女人、他与环球航空公司之间日益增加的麻烦以及他对雷电华电影公司的漠不关心，都已经把他变成众矢之的。现在他已经被卷进了二十多起案件纠纷，其中好几桩都是私生子的诉讼，为此，他改变了原有的生活方式和生活习惯。

以前，他每天都要睡到下午两点钟才起床，一直工作到凌晨两点钟，现在，他会睡到下午四点钟才起床，然后工作到黎明时分。他甚至放弃了他熟悉的塞缪尔·高德温电影放映室，而是转到了好莱坞西部破旧的马丁·诺塞克电影院。

现在，他还在忍受着偏头疼的折磨，脑子里经常一片混乱、头昏脑涨，这是一九四六年坠机事件留下的后遗症。因此，他再也无法像一只雄猫一样在城市里到处寻找猎物了。有一次，乔纳德的一个手下成功地跟踪了故意兜着大圈的休斯，他先到凯瑟琳家，然后来到加利·格兰特家，再转到圣盖博谷的一家汽车旅馆，与泰瑞·摩尔见面之后，又回到贝弗利山大饭店。这时已经是午饭时间，他一进房间就倒在了床上。

现在，他已经不住贝弗利山大饭店里的平房了，而是两座洞穴似的小屋，每幢屋子的窗户上都挂着密不透风的窗帘，每道门都上了三把锁。在饭店主楼的两侧，他还常年包了两个套房，作为他那些保镖和日渐壮大的摩门教徒助手的集合点。

乔纳德自己也有过一次惊险的后援经历。一九五二年五月的一个夜晚，乔纳德得到指示，要他跟着"老头子"，这是他和手下给休斯起的代号（当然不会当面这么叫他）。他开着车跟着休斯，来到了华纳兄弟影视公司旁边的一个黑漆漆的停车场。休斯等了大概半个多小时，泰瑞·摩尔的妈妈卢拉·康弗德才开车在他的身边停了下来。康弗德和休斯两人热切地谈了两个多小时，摩尔的妈妈频频点头。

　　当摩尔的妈妈开车离去之后，休斯来到了乔纳德的车边，递给他一个普普通通的马尼拉纸信封，里面装着橄榄球明星格林·戴维斯送给泰瑞的结婚戒指，两个人已经在一九五一年的二月结婚，他们的恋爱时间只有一个月。"给你，"休斯对乔纳德说，"听着，把这枚戒指直接还给戴维斯。交给他本人。"

　　休斯打算帮助泰瑞与戴维斯离婚，就像他后来对艾娃·加德纳和简·皮特斯所做的那样。摩尔这时一心盼望着马上离婚，然后让休斯娶她并举行一场教堂婚礼。但休斯知道戴维斯的脾气不怎么样。根据联邦调查局的机密情报，戴维斯在接到休斯送还的结婚戒指之后，截住了休斯，"把他狠狠地揍了一顿"。

　　体重一百九十磅的戴维斯打断了休斯在一九四六年坠机事故中受过伤的所有肋骨。他的左眼肿得像桃子一样，腮帮子也开了花。"他们把霍华德抬上了一架飞机，送往旧金山治疗，"乔纳德回忆道，"要是他在洛杉矶治疗的话，一定会有铺天盖地的报道。"

　　休斯给卢埃拉·帕森斯、赫达·霍普、美联社和美国合众新闻社的记者们分别打了电话，让他们把这桩好莱坞年度最轰动的新闻消灭在摇篮里。但小道消息还是很快就传遍了电影界，并且被列入《隐私》等众多杂志的丑闻名单。简·皮特斯在拍电影时得知了这个消息，据说她因为休斯又跟泰瑞·摩尔搅在一起而怒不可遏。

　　就在这场搏斗之后，流言飞短流长，戴维斯因此而被禁赛一个赛季。事实上，这位曾进入过橄榄球名人堂的球星自此以后就变得默默无闻。今天，戴维斯再也不愿提及这件事，而在当时，他曾说过，这是他人生中"最荣耀的一刻"。他的球迷团团围住了洛美因大厦，而休斯的手下也觉得这次休斯罪有应得。

随着休斯这种个人问题的逐渐升级，他决定逃离洛杉矶那些让他颜面尽失的地方，到拉斯维加斯去避难。几十年来，他经常会在这个城市出现。他一直很喜欢拉斯维加斯的生活方式，在这里，时间似乎已经失去了意义。在拉斯维加斯，任何人都可以通宵达旦地吃喝玩乐。而休斯，这个"终极夜猫子"，来到赌城就像回家了似的自由自在，这个城市一直到半夜以后才会渐渐苏醒过来。

"他总是在凌晨两点半出现在银拖鞋赌场——这里是名流们的地盘。"拉斯维加斯的专栏作家比尔·威拉德如是说，他曾经在这家赌场演过各种滑稽剧。演员们经常会即兴地告诉客人，某个大人物即将观看下一个节目——包括男明星亨弗莱·鲍嘉、女明星劳伦·白考尔、塔卢拉赫·班克黑德、三栖明星弗兰克·辛纳屈和他的伙伴们。"但当休斯进来时，我们从来不提。"威拉德说。

有一天晚上，休斯带着简·皮特斯和约翰·韦恩一起到城里玩。当时，韦恩正在为雷电华公司拍片，休斯说什么也不肯进沙漠旅馆。"每个人都会朝我行注目礼的。"他抱怨说。韦恩马上给他泼了盆冷水："你放屁！跟你走在一起的，一位是世界上最美丽的小姐，另一位是约翰·韦恩！他们会看你？"休斯被韦恩这么一番抢白弄得很没面子，整整几个月，他都没搭理韦恩。

三年来，休斯一直把家安在饭店里，他从这个饭店搬到那个饭店，从艾尔拉其奥到弗拉明戈，然后再到沙漠旅馆的小屋，最后他租下了沙漠旅馆的一幢拥有五个房间的小木屋，并在一九五三年重新做了装修。一队队性感艳丽的歌舞女郎和庄家给他提供通宵达旦的演出。

沙漠旅馆和弗拉明戈大饭店总会给他预留二十四小时的座位，他常常一动不动地坐在这里盯着来来往往的女孩们。每当发现喜欢的猎物之后，他就会让手下给那个女孩送去休斯——"商业巨子"的邀请函。

"他一直在物色着他的猎物。"威拉德回忆说。他是脱衣舞女郎卡拉坦的新闻代表。有一次，休斯凑过来问他："她有空吗？""什么事？"威拉德问，休斯连忙解释说，他正在拍一部关于"一千零一夜"的电影，需要很多女星。（最后，卡拉坦出演了影片《辛巴达之子》。）

在拉斯维加斯的这次逗留期间，休斯有时候会请凯瑟琳·格雷森、简·皮特斯或泰瑞·摩尔来陪他。休斯还经常用电话跟她们保持着联系。他得牢牢把握住控制权。

尽管自己在赌城荒淫无度，但休斯却常常责备这三个女人对他不忠。在与凯瑟琳·格雷森的通话中，他时常因指责对方欺骗自己而大喊大叫。"凯瑟琳和休斯之间的战火越烧越烈。"乔纳德说，他同时负责窃听霍华德和格雷森两个人的电话。

每当这位米高梅的著名女高音歌唱家去豪华饭店参加演出时，休斯总是在她身边"保护"她。一天晚上，通过偷听她的电话，休斯得知，米高梅的总经理本尼·萨奥要跟格雷森见面。"霍华德不肯相信我们只是要谈论电影公司的事。"格雷森回忆说。整个下午，他勃然大怒，却一言不发。

晚上七点钟，这时距离格雷森和本尼见面还有一个小时，休斯打电话给格雷森说，她弟弟病得很厉害，他已经准备好了飞机，随时都可以载她回洛杉矶。"我很担心——事实上是心急似火，"格雷森说。"于是，我赶紧脱下演出服，然后坐上他的车，一路飞奔去了飞机场。"

但飞机起飞之后，他并没有把飞机开往洛杉矶。他只是在拉斯维加斯的上空一圈又一圈地盘旋，休斯这才向格雷森承认，自己因为嫉妒而骗了她，他只是想把她从萨奥的手中"拯救出来"。格雷森顿时火冒三丈，在接下来的三个月里，她几乎没跟休斯说过一句话。

休斯正为他的浪漫历险而忙得焦头烂额，却丝毫没有察觉到，简·皮特斯对他已经彻底失望了。一个晴天霹雳般的消息传来了：她要跟别人结婚了！

一九五五年五月的一个清晨，卢埃拉·帕森斯拨通了休斯洛美因总部的电话，她要跟休斯谈话。但洛美因总部无法帮她联系上休斯，于是，她打电话给休斯的私人律师格雷格·鲍泽。他一直在帮休斯处理他与一些女性朋友的事务。格雷格很快就找到了休斯，半个小时之后，休斯给卢埃拉回了电话。

"简这个星期就要结婚了。"帕森斯说，"你知道吗？"休斯茫然失措。最近他忙得一塌糊涂，除了与其他女性那些浪漫的爱情，他还要处理他跟环球航空公司的纠纷，因此，皮特斯从罗马拍片归来的时候，他连正式欢迎她的时间都没有。皮特斯在罗马参加了电影《喷泉里的三枚硬币》的拍摄，影片讲述了三位美国职业女性在罗马的遭遇：她们各自向喷泉里投了一枚硬币，希望能找到自己的爱情。对于皮特斯来说，这部影片就是一部寓言。

在电影拍摄期间，她遇到了得克萨斯的石油业大王斯图亚特·克莱默三世。"他们就要结婚了。"帕森斯告诉休斯。

杰弗·乔纳德和休斯的亲信比尔·盖看到老板对皮特斯一事的反应，都惊得目瞪口呆。"他没有勃然大怒，没有对皮特斯破口大骂，也没有像往常一样陷入深深的沮丧之中。"乔纳德回忆说，他好像没有听到这个消息一样，"他把自己所有的伤痛都掩藏了起来。"

休斯没有理会皮特斯即将嫁作他人妇的消息，他用两天时间集中处理了环球航空公司的事，并且一口气撰写了将近五百页的指示、办法和主意，详述解决公司财务危机的办法，包括如何平息休斯飞机厂内一万七千名科学家、工程师和工人们的不满情绪。然后，他又开始匆忙地处理他的个人问题。

穿戴整齐之后，他开车来到了格雷森的家里，向格雷森正式求婚。他编造了一大套美妙的说辞，用来打动她和她的父母。格雷森欣然接受了他的求婚，她甚至还默许了他日夜颠倒的作息时间，这让休斯大吃一惊。他们决定在阵亡将士纪念日那天到拉斯维加斯举行婚礼。虽然所有的结婚步骤安排都只有一个初步的设想，但霍华德显然已经计划着要把所有的家当都搬到格雷森的家里来。

如果简可以跟别人结婚的话，他也能。

简已经厌倦了无休无止的等待和在休斯为她租下的那套房子里孤独寂寞地度过漫漫长夜，她很快就被洛克希德的经理、英俊的克莱默打动了，他对她表现得殷勤大度。他们将于一九五四年五月二十九号在华盛顿结婚。这场婚礼对两个人来说，都是第一次，但却不是最后一次。

当凯瑟琳·格雷森在兴致勃勃地忙着试穿为她的婚礼而准备的豪华婚纱时，休斯却把杰弗·乔纳德叫到了他在贝弗利山大饭店的房间，告诉他紧紧盯住皮特斯和克莱默这对新婚伉俪。"我想知道关于他们的一切，越多越好。如果有办法进行人身监视的话，那就去做。"他又拨通了华盛顿的电话，叫来了职业说客，让他们推荐最好的侦探，一个能够轻而易举地应对最艰巨的工作的人。

他们都不约而同地推荐了罗伯特·马休，他是一名FBI（美国联邦调查局）的退役长官，最近刚刚成立了罗伯特·马休私人侦探公司。当天晚上，休斯就同马休取得了联系，而他们之间的关系从那一晚起一直持续了十五年。"我要你替我收集所有有关斯图亚特·克莱默三世的信息，"休斯告诉马休，"至于其他方面，重点查查看他是不是在替中央情报局干活，我已经听到了一些这方面的消息。"

那时候，休斯可能还不能完全确定马休的工作能力到底如何，但他确实找对了人。马休也曾经是中央情报局中的一员。

一个星期之后，马休的报告被送到了休斯的办公桌上。事实证明，斯图亚特确实是一个蓝血贵族，财富惊人。此外，在庞大的洛克希德航空帝国里，他还跟CIA保持着一定的联系。

霍华德把所有的资料存档以备后用。他又派乔纳德去了迈阿密——克莱默和皮特斯住在那里。乔纳德把这对新婚夫妇的一举一动看了个够。当他躲在两人的居所外向屋内偷窥时，他看到克莱默和皮特斯温馨地坐在一起。他们开始亲吻和拥抱，慢慢地躺倒在地。当他们站起来时，背对着乔纳德，两人都一丝不挂。

回到洛美因之后，按照惯例，乔纳德应该把书面监视报告交给上司比尔·盖，然后再由他转交给休斯。"不行，"杰弗说，"老头子从不听从助理的建议。"

当听完乔纳德的事无巨细的汇报之后，休斯叹了一口气，说："好了，我真是该死。"

阵亡将士纪念日即将到来。霍华德这次打算遵守诺言，与格雷森结婚，他不想让八年前他跟拉娜·特纳的那一幕重演。

但格雷森特别相信精神感应。就在他们结婚的那天早晨醒来之后，格雷森突然有一种奇怪的预感。"只要一合上眼，我就能看见一个满头金发的小脑袋陷在旋涡里。一定有什么可怕的事情要在一个小孩身上发生了。我相信，那会是我的女儿。"她试图联系休斯，但始终没有找到，而此时休斯正在休斯飞机厂里，提前安排载他们去拉斯维加斯的飞机。等格雷森终于找到他时，一辆豪华轿车早就在她的家门口等候了。

"我不能结婚，霍华德。"格雷森说。然后她把那个奇怪的预感告诉了他。

"你简直疯了，"他安慰她说，"你只是太紧张了。"

格雷森不接受他的劝解。约翰尼·马斯基奥的妻子给她打来电话。"你疯了，凯瑟琳。他那么爱你，他想跟你结婚。你知道有多少女人愿意取代你跟他结婚吗？"

格雷森满眼泪水。"我不能。我就是不能。"

不到五个小时之后，格雷森发现，她的侄子蒂姆在她哥哥的游泳池里淹死了。

简·皮特斯嫁给斯图亚特·克莱默时，她并没有向他提起过有关她跟休斯之间的事情。"她从来没跟我提过。"克莱默后来说。但他直接从休斯那里听说了故事的全部，休斯打电话给他说："请过来听我说点儿事。"

"简试图摆脱休斯，但那是不可能的。"皮特斯的朋友、女演员詹妮·克雷恩说。当休斯要什么东西的时候，他简直是"无法制止的"。

克莱默很快从迈阿密飞抵洛杉矶，他马上被送往贝弗利山大饭店。有人把他带进了休斯的平房里，休斯对他直言不讳。"我还爱着你的妻子，许多年来我一直都爱着她。"四十八岁的百万富翁说。接着，他又提出了一个令克莱默更加震惊的建议："她也全心全意地爱着我。如果她确认这一点的话，你能跟她无异议离婚吗？”

克莱默后来说，他觉得自己的双腿正在瘫倒。"我用尽全身的力气才让自己没有晕过去。"

克莱默回到迈阿密之后，简向他坦白了自己曾经跟休斯的感情纠葛，但是她绝不想离婚。就像迪艾克里特说的那样，面对这样的局面，简快发疯了。"她肝肠寸断。"他说。尽管如此，她拒绝接听休斯的电话。于是，休斯就直接把电话打给克莱默，并近乎厚颜无耻地把简的悲伤作为他的挡箭牌，他对克莱默说，如果克莱默真的关心简的话，那就对她放手。

"你一定会对这个姑娘有所依恋的。"休斯告诉他。

据说克莱默当时情不自已，泪流满面，他坚持说："休斯先生，我依然深爱着这个好姑娘。"

但休斯寸步不让。"克莱默告诉我说，霍华德给了他对简的婚姻约定之类的东西。"诺亚回忆道。正是在这些承诺的保证下，简·皮特斯最终同意与克莱默离婚，嫁给休斯。但克莱默告诉皮特斯："记住，我真的爱你。如果将来他还是不肯娶你的话，我要你回到我这里来，不管发生了什么。"

克莱默后来写道："如果你的妻子要跟你离婚，最好让她找一个养得起她的男人。这是最简单的办法。"

这出奇异的戏剧还有一个更加奇异的结局：一九五九年，斯图亚特结婚了，他娶的是——泰瑞·摩尔。

在皮特斯离开克莱默之后，休斯再度把她打入了冷宫，他把她安置在洛杉矶西部的一座租来的别墅里，那里只有他的助手、司机、女佣。"我听到休斯对简解释说，他太忙了，暂时没时间考虑结婚。"迪艾克里特回忆说。

是的，休斯很忙碌。他还要跟别的女人谈情说爱。

没多久，他又开始跟格雷森约会了。但当他们的关系稳定之后，他在月光下的格雷森家出现的次数就开始减少了。

然后就是接踵而至的两桩风流韵事。它们最终成为休斯追逐女色传奇故事的伟大结局。

三十七岁的苏珊·海华德是好莱坞最抢眼的红发美人。声音沙哑、喜怒不定的她于一九三七年来到好莱坞，竞争电影《乱世佳人》中斯嘉丽·奥哈拉这个角色。当休斯把她追到手时，她已经是奥斯卡金像奖的三届提名候选人，最佳女主角的奖杯频频向她招手。（后来她因饰演《我要活下去》中的谋杀犯芭芭拉·格拉汉姆一角而荣登宝座。）当时，她正在竭力摆脱她与一名二流电影演员杰斯·巴克的婚姻，这位丈夫的职业生涯被这位知名的太太衬托得黯然无光。

　　十几年前，休斯曾经为她制作过一部电影。现在，她来者不拒。事实上，她对此是相当自信的，她甚至告诉她的老板、二十世纪福克斯公司总裁达里尔·扎纳克说："我可能会成为下一任霍华德·休斯夫人。"不过，与好莱坞其他女星一样，她丝毫没有觉察到霍华德对简·皮特斯的那种剪不断理不清的感情。

　　休斯很快就把她迷得神魂颠倒，她甚至开始把休斯介绍给她的儿子蒂姆斯和格列高里，说他是"魔术师"先生。他则把飞机交给她，任她差遣。每天早上，休斯都会为她的化妆间摆满玫瑰，还带她到贝弗利山顶的情人瞭望台，一聊就是几个小时。但海华德的美貌和她在好莱坞的地位并没有对二十九岁的简·皮特斯构成任何威胁。真正的威胁是十八岁的前选美女皇。

　　休斯第一次注意到伊冯娜·舒伯特是在一九五五年年初的一个清晨。当时，休斯同沃尔特·凯恩正在飞往拉斯维加斯的飞机上。凯恩掏出一张照片给休斯看。休斯正在驾驶飞机，他扫了一眼照片里十五岁的女学生。"很漂亮，"他说，"把她签下来。"

　　凯恩很快就找到了那个女孩，并花言巧语地对她说，要把她变成明星。凯恩还对女孩的妈妈说，要是想让孩子变成明星，只用把她交到休斯的手里。伊冯娜·舒伯特认真地听着。这个小女孩从来没听说过霍华德·休斯的名字，也不知道他为什么对自己感兴趣，因为好莱坞已经有了那么多小影星了。

　　但凯恩不愧是休斯手下最出色的星探，他的话言之凿凿、令人信服。不久，伊冯娜跟她的妈妈一起住进了休斯的后宫，并接受了他的"厚礼"：舞蹈课、戏剧训练、声乐课。

一开始，这个小女孩并没有让人看出什么与众不同的地方。但休斯命令凯恩"亲自调教"她，而不是把她交给助手照顾。每天，高德温电影放映室都会定时播放两部短片，供伊冯娜观赏。伊冯娜的身边坐着她的妈妈和凯恩，她被这一切深深地吸引住了：有人专门为她放电影！但直到后来她才知道，每天晚上，都会有一个高个子男人靠在后墙上，一夜一夜地注视着她。

然后，凯恩说服伊冯娜独自来看电影。没过多久，那个身材高挑的男人慢慢地穿过了空荡荡的放映室，坐在了她的旁边。又过了一会儿，凯恩悄悄地溜了出去，里面只剩下了伊冯娜和那个陌生人。在影片将要结束的时候，那个陌生人向伊冯娜做了个手势，意思是要跟她谈话，伊冯娜点了点头说："好啊。"

"现在我们该做的是，"他说，"你走到旁边那间办公室里去，我会去楼下的另一间。你等我的电话。"一分钟之后，伊冯娜所在的黑暗房间里的电话铃突然响了起来。打电话的是休斯。他们交谈了大概一个小时。

接连几个月过去了，他们就这样通过电话来交流。"有些夜晚，我们会在电话里聊上四五个小时，"伊冯娜回忆说，"我们就是有那种一见如故的融洽。我们无话不谈，新电影、时事新闻以及他事业上的苦恼。通过这种方法，我们不但成了朋友，并且在有了亲密关系之前，我们就已经心意相通。"他们开始玩一种有趣的猫捉老鼠游戏：由于害怕受到伊冯娜的拒绝，在放下自己的戒备之前，休斯总不停地试探伊冯娜的诚意。"他一次又一次地试探我。他希望我能向他敞开心扉。"

"你对我感觉如何？"一天清晨，休斯问伊冯娜。

"我想，我对你有一种爱。"她谨慎地回应。

"一种爱是什么意思？"休斯穷追不舍。

"嗯，当然不是恋人那一种。"她回答。

霍华德很沮丧。"像父亲，是吗？"

伊冯娜摇了摇头，说不。

"那到底是什么？"休斯反感地问，"像祖父？"

舒伯特抗议说，她根本不是那个意思。但事实是，四十九岁的休斯要做她的祖父已经足够了。他的心被深深地刺痛了。

豆蔻少女伊冯娜和百万富翁休斯花了好几个月，他们试图找到一个共同点，来支撑他们问题重重的关系，经过这么多努力之后，这个关系已经成长为萌芽期的爱情关系。"他引导着我，小心谨慎地把我带进爱情，"她回忆说，"他这时已经成为我的朋友，一个很好的朋友，在此之前，我还不知道男女间真正的爱情到底是怎么样的。"

在休斯和伊冯娜之间的肉体关系开始之初，休斯一再向她保证，要跟她结婚。休斯说，结婚根本不是问题，只是时间早晚罢了。但舒伯特的四周全是休斯的手下，她对简·皮特斯以及八卦专栏描写的休斯跟其他情人之间的种种纠葛一无所知。但霍华德并没有跟伊冯娜撒谎。"这段感情是他最重要的感情经历，"罗伯特·马休回忆说，"他那时真的疯狂地迷上了她。"

他把伊冯娜哄上床的办法与他对菲斯·多默格和简·皮特斯等小影星们用的方法如出一辙。在得到她之后，他告诉伊冯娜，他要暂时离开洛杉矶一个星期——表面上，他说是要去纽约出差。"我已经对他着了迷，当他离开的时候，我心底的失落感油然而生。"伊冯娜回忆说。

事实上，他就住在贝弗利山大饭店的平房里，离伊冯娜住的房子不过五十码的距离。他的日记显示，他先给伊冯娜打了一个电话说自己已经到纽约了，然后又说自己到了芝加哥，最后一站是丹佛，接着，告诉她自己正在赶回洛杉矶。最后，他打电话给伊冯娜说自己已经回到了休斯飞机厂，并且准备举行一个只有他们两人出席的庆祝晚宴，为他接风洗尘。

当休斯最后在舒伯特的房间里出现时，伊冯娜正在充满期待地等着他。在刚见面的三个小时里，他们聊起了电影、休斯在生意上的麻烦以及舒伯特演唱事业的计划。午夜时分，霍华德关掉了灯光，开始跟伊冯娜做爱，尽管那时她才只有十几岁。许多年后，伊冯娜回忆说："关于婚前性行为，我有很强的宗教信仰。要是他不答应跟我结婚的话，我是绝不会跟他上床的。"

霍华德让伊冯娜搬到了冷水峡谷一处大房子里，这里一片乡间风光，悬崖边上的别墅星罗棋布，而悬崖底下就是圣费尔南多山谷。他还为她在贝弗利山大饭店租了一套长期包房，房间在饭店的一侧，从窗口看下去正好能看到他住的平房。

霍华德被伊冯娜迷得神魂颠倒，而他们两人的浪漫故事又正好是在简·皮特斯的眼皮底下发生的，因此，乔纳德和盖派了四个手下对她日夜监视。此外，伊冯娜的别墅和饭店包间里都装了窃听器，她所有的电话也都被录了音。

乔纳德的手下还在他住的房间跟伊冯娜的屋子中间隔的那道墙上打了一个洞，而这个窥视孔也成了他们看戏的绝佳位置。有时候几个保镖会轮流在那里偷窥乔纳德说的"近乎完美的做爱过程"。

"在所有女孩子里，我是唯一一个真心爱着霍华德的人，"伊冯娜回忆说，"他也知道这一点。"正是因为她对休斯全心全意的爱，使得"休斯所有的助手都鄙视她"。

简·皮特斯同样也看不起她。当她发现休斯为了把舒伯特培养成为一个歌坛新星，而不惜花费了二十五万美元，他甚至带着舒伯特去了范库弗峰和巴哈马群岛，而她却被孤零零地扔在一边时，她决意采取行动除掉这个女孩儿。这件事花了她四年的时间。

与此同时，休斯的三位伴侣——皮特斯、舒伯特和海华德同时参加了一九五六年的新年除夕聚会，而这场聚会后来翻起的情海醋波完全可以拍成马科斯兄弟的喜剧电影。杰弗·乔纳德是在十一月初听说这个"新年嬉戏"活动的，一天，比尔·盖将杰弗叫到了他的办公室中，他表情严肃、忧心忡忡。

"老头子决定在新年午夜设宴招待三位女士，以此迎接新年，但绝不能让任何一个知道其他人的存在。"盖说。而这个让休斯踌躇满志的晚宴计划要在贝弗利山大饭店实施。

为了编排这个疯狂的剧本，休斯整整花了三个星期——这三个星期正是他同环球航空公司之间的麻烦达到高潮的时期。

也许这只是为了将注意力转移开，也是对无忧无虑的三十年代的一次重温。或许，休斯只是想把这次晚宴当成自己作为二十世纪最出名的风流浪子的盛大收场。不管初衷是什么，休斯精心推敲宴会的每一个步骤，就像拿破仑筹划一场战斗一样。作为这次行动的总指挥，乔纳德指挥着他的十几名手下分布在饭店的每一个角落，把控全局。

简·皮特斯被安排在饭店的主餐厅，这里为她准备了名贵的法国香槟酒唐培里侬香槟王和一打洁白的栀子花。苏珊·海华德将被安排到饭店的马球休息厅"最有威望、最中间的餐桌"上，这张餐桌是名流贵胄们身份和财富的象征。在她到达时，会有人给她送上一大束玫瑰，还有一个卡迪亚的祖母绿手镯。伊冯娜则将在饭店种满热带花卉的花园一座平房里迎接新年的到来，那里也经过了精心的装点。

夜幕降临，休斯郑重地穿上了无尾晚礼服，来到了饭店的主饭厅里，坐在了简·皮特斯的身边。但在点完饮料并礼节性地亲吻了简之后，休斯突然被休斯工具公司打过来的一个"紧急电话"叫走了。"简，你继续喝鸡尾酒吧，我会尽快回来的。"

在那天晚上美女云集的房间里，简无疑是最出众的一个，她穿着一件镶着亮片的长裙，一头乌黑的头发高高耸立着。她满心期望着，以为休斯会跟自己商定婚礼的时间。

而此时，休斯正大步走进马球休息厅，在海华德对面的椅子里坐下来。海华德今晚穿着一件著名设计师伊迪丝·赫德设计的蛋糕裙，裙子上点缀着数千颗圆珠，脖子上是一条貂皮围脖。这一次，仍然是先来一阵寒暄，然后，刚刚点完香槟，又是一个电话把休斯叫走了，只留下海华德坐在空荡荡的房间里。

从酒店到伊冯娜的平房，他几乎是一路跑步赶来的。餐桌上所有的食物都是休斯的私人厨师亲自准备的：牛肉条、荷兰辣酱油焗芦笋和已经过季的覆盆子。这些都是装在纯银的火盆里运过来的。"他像旋风一样冲了进来，没一会儿又冲了出去，但我并没觉察到有什么不对劲。"伊冯娜说，因为"他总是有数不清的生意要谈，工作起来也是没日没夜的。"

当皮特斯和海华德为这个夜晚而痛苦难捱时，年轻的伊冯娜却为自己的灰姑娘角色而倍感得意。她甚至为晚餐穿上了一件带锦缎的薄绸裙，那是米高梅的著名设计师迈克尔·伍尔夫亲自为她做的。在休斯到来之前，花商已经在房间里摆满了黄玫瑰，桌上放着两瓶名贵的冰镇法国唐培里侬香槟酒，而豪华的烛台上，节日的蜡烛点亮了整个房间。

与此同时，杰弗的手下也都穿着无尾晚礼服，手提望远镜和对讲机，穿梭在饭店的各个角落。

在不短的一段时间里，休斯这出可笑的游戏似乎就要取得成功了。他想尽办法，完美地周旋在三个女人之间。可是，当第二个"紧急电话"可疑地打来时，苏珊·海华德再次眼睁睁地看着休斯离开。"他的举止有些不正常，让我不禁生疑，"第二天海华德同专栏作家威尔森吐露说，"毕竟，能有多少人除夕还在坚持工作呢？"

于是，海华德抓起了她的貂皮大衣，悄悄跟在他后面。在简的餐桌前，她抓住了休斯。

"天，这到底是怎么回事？"海华德质问休斯。然后，她补充道："你好，简。你是二号情人，对吧？好吧，那我就是一号情人了。"然后，怒气冲冲的皮特斯和海华德把休斯晾在那里，一前一后走出了饭店的大门。

时至今日，伊冯娜仍然把这个夜晚看作"无比浪漫"的。当时，她对皮特斯和海华德一无所知，当午夜的钟声敲响的时候，休斯亲吻了她。当她知道那晚发生的事情后，她认为，休斯安排这个三人游戏只是为了证明他完全能够应付自如。"他是为他的手下演的这场戏。他想向他们证明，他能够同时得到三个女人，而他们不能。他喜欢在他们面前炫耀自己，那只是他的大男子主义在作怪。"

枪口下的婚礼

一九五七年一月六日下午，在回到自己位于里维埃拉乡村俱乐部的府邸时，凯瑟琳·格雷森发现霍华德·休斯正坐在书房里一把古老的摇椅上，轻轻地抱着她的女儿前后晃动着。休斯神情安静，全神贯注地看着孩子。

表面的平静是骗人的。孩子刚一入睡，休斯就开始要求凯瑟琳马上嫁给他，如果可能，最好是在二十四小时之内。而此时的凯瑟琳·格里森刚刚结束了摄影棚里的工作，从一场大型音乐会巡演的彩排现场回来，精疲力竭的她对他敷衍了几句。"现在不行，霍华德。"她身心疲惫地回答说。

"不行，"休斯喊叫道，"必须是现在。"然后，他大喊起来："凯瑟琳，我有个非常非常好的理由，让你现在就嫁给我！"

在格雷森终于同意嫁给热情炽烈的休斯并接受了他第三次送给她的订婚戒指之后，在接连三天的时间里，他们还在为这件事争执。但是，她拒绝取消她那颇负盛誉的音乐会巡回演出，因为这个演出就在三天之后，在纽约。

凯瑟琳不明白休斯为什么这么急于结婚。休斯的手下对此也茫然不解。他们匆忙穿梭于各大酒店预订座位，为一个"秘密仪式"做好安排。一九五六年的大部分时间里，休斯被四个女人弄得焦头烂额：凯瑟琳·格雷森、福克斯公司的明星苏珊·海华德、小影星伊冯娜·舒伯特和简·皮特斯。尽管这四位都分别接受过霍华德·休斯那模棱两可的求婚，可是没有人知道还有没有别的女人也受到过同样的请求。

霍华德·休斯的疯狂举动仍在继续，凯瑟琳决定对他置之不理。"你看，霍华德，"格雷森冷静地说，"明天我就要去纽约演出了。我们可以等我回来后再讨论这件事。"

他猛然转向她。"必须现在就办！"他一边说，一边大步穿过房间，甩了她几个耳光——重重地给了她几个耳光。

格雷森吓傻了。"以前，他从来没流露出一丝的暴力倾向，"她回忆说。"我原地不动地站了整整一分钟，竭力控制着我的怒火，其实我的脾气比他还坏。"出于本能，她抄起了一个小板凳，高过头顶，准备砸向他。可是，她恢复了理智，马上放下了板凳。

回忆起当时的一幕，凯瑟琳·格雷森坦承："那时我很困惑。为什么那么心急？我只是觉得他已经疯了。"

直到几十年之后，凯瑟琳·格雷森接到的一个电话才让她把休斯那天晚上的歇斯底里和这个电话的内容联系起来。休斯在洛美因总部的几个助手给她一个"绝密忠告"，希望她能转告休斯。"他们让我告诉他，诺亚·迪艾克里特正在计划谋杀他。"她回忆说。可是，她没有把这个信息告诉任何人。

休斯的歇斯底里和他日渐憔悴的面容一样，让凯瑟琳·格雷森感到深深的悲哀，她开始意识到，自己和休斯这段长达八年的关系应该结束了。"我不能容忍任何暴力行为，"她回忆说，"哪怕他是霍华德·休斯，也不能例外。"

就这样，当天晚上，她就整理好自己的行李箱，叫来了她的司机，头也不回地走出了都铎大厦的前门。霍华德·休斯弓腰瘫倒在那把摇椅上——孤独地坐在黑暗的卧室里。他没有抬眼看她。"等我回来的时候，我希望你已经不在这里了。"她告诉他。

从此，她再也没有见过他。

在安全地回到纽约汉斯菲尔大街的套房之后，凯瑟琳·格雷森打电话给休斯的洛美因总部。"等我回家的时候，我希望霍华德·休斯已经离开了我家。"

"有什么口信要留给他吗？"休斯的一个助手问她。

"没有，"格雷森回答道，"只用让他知道，那里不欢迎他了。"

困惑不解的凯瑟琳·格雷森大失所望，但她继续完成了巡回演出。她并不知道的是，在他那庞大的商业帝国内，霍华德·休斯已经陷入一场颠覆与反颠覆的斗争，而所有的斗争都是围绕着他的神志展开的。她毫不知情的是，休斯相信，婚姻是让他不被送进疯人院的唯一挡箭牌。

助手们给他灌输的那些流言加上人为造成的疑神疑鬼，休斯相信，诺亚·迪艾克里特正密谋杀掉他，然后他会夺走自己那价值五十亿美元的商业帝国。其实，休斯的本能并没出错，只是他瞄错了目标。

就在几个星期之前，霍华德·休斯的两位医生要求到诺亚·迪艾克里特的家里，和他进行一次"紧急会谈"。这两位医生分别是凡尔纳·梅森和休斯医药研究中心一位姓名不详的专家，诺亚·迪艾克里特勉强不情愿地答应了。

他们带来了一摞测试结果和一份承诺书，希望诺亚·迪艾克里特签字。"他们解释说，休斯的梅毒还未彻底治愈。"诺亚·迪艾克里特的遗孀玛丽·迪艾克里特回忆道。她解释说，事实上，休斯的梅毒已经从性病转变为神经性梅毒，病毒正在侵蚀他的大脑、脊椎和中枢神经系统。这两位医生进一步解释道，多年以来，休斯一直深受"局部麻痹症"和"运动性共济失调症"之苦，在他们看来，霍华德·休斯应该被送进精神病院。

这些从未公开披露过的诊断结果解释了在一九五七年和一九五八年间沉重打击了休斯的那场精神崩溃发生的原因。瑞典医学家帕安德鲁·马赫迪一直战斗在梅毒治疗的第一线，根据他的研究，"当病人进入五十岁以后，普通的梅毒将造成全身麻痹性痴呆（又叫痴呆瘫痪症）和运动性共济失调"。诺亚·迪艾克里特拿到这些诊断报告时，休斯已经五十一岁了。"不幸的是，梅毒病人的大脑损伤是不可逆转的。"马赫迪说。

加州大学洛杉矶分校的杰弗里·施沃兹博士指出，在那个年代，有百分之三十的病人所感染的普通梅毒都会恶化为神经性梅毒。"显然，水银疗法收效甚微。"

全身麻痹性痴呆和运动性共济失调的主要症状包括神志失常，精神无法集中，缺乏判断力，记忆力受损，自以为是，伴有明显的卫生习惯丧失和懒于打扮等行为。在未来的几十年里，这些症状都将陆续出现在休斯身上。

当时，诺亚·迪艾克里特却对这两位医生的说法持有异议，他不认为他的老板已经精神失常，他怒气冲冲地送走了两位医生。私下里，他不得不承认，这些诊断结果也在他的意料之中。十几年来，他和梅森医生一直共同保守着一个秘密。一九四六年坠机事件之后，当休斯还躺在医院的病床上与死神殊死搏斗的时候，他的梅毒就已经复发，并开始入侵他的中枢神经系统了。由于他身受重伤，加上又服用了大量药物，医生们根本无法针对这次梅毒发作进行任何治疗。十几年来，梅毒反复攻击着他的大脑和脊髓。

诺亚·迪艾克里特与霍华德·休斯的私人秘书内丁·亨利以及《时代》杂志、《生活》杂志记者的唐·威廉姆森一起秘密探讨过这个话题。可是他们这次谈话内容仅被存放在休斯的背景文件中，从未出现在任何印刷文件中。唐·威廉姆森的继子、作家唐·伍尔夫回忆说："医生曾经给休斯服用了大量的盘尼西林和别的药物，而休斯的身体已经产生了抗药性，所以，这些医生确实对休斯的梅毒束手无策。"

雷蒙德·库克曾经代表安德鲁·科斯法律公司帮助休斯处理过房产事务，他在一封秘密信件中说，诺亚·迪艾克里特曾经告诉过他，有两个人曾经接近他，讨论把休斯关进精神病院的事，而其中一个就是梅森医生。休斯因为担心助手和律师会把自己关进疯人院，他在好莱坞律师格雷格·鲍泽的帮助下，研究了加州有关精神病患者的成文法令，并成功地找出了一个法律条文的漏洞，该条款规定：病人是否需要进入精神病医院接受治疗，完全由他（她）的配偶决定。

这就是休斯如此疯狂地向凯瑟琳·格雷森求婚的真正原因。在遭到凯瑟琳·格雷森的拒绝之后，他又马上向简·皮特斯求婚，她曾经陪他一起走过漫长的十二年。就在他精心准备第二次婚礼时，休斯小心翼翼地问简·皮特斯："简，你不会杀我的，对不对？"

"怎么可能？"她愤然地回答了他的问题，"我当然不会杀你。"

"他不是不爱简·皮特斯，"诺亚·迪艾克里特说，"说真的，我认为，和凯瑟琳·赫本分手之后，他心中的最爱就是简·皮特斯。可是他就是对婚姻十二分地抗拒，仅此而已。"格伦·欧德科克也深有同感。在一段电视采访中，欧德科克和简·拉塞尔的兄弟吉米·拉塞尔一起议论过这件事，他说："休斯对被关进精神病院充满恐惧。所以，这加快了他举办婚礼的速度。这是毋庸置疑的。"

对简·皮特斯来说，这份幸福是五味杂陈的。经过多年的耐心等待，她终于如愿成为霍华德·休斯夫人。可是，她却不能像别的新娘那样举行婚礼。没有曳地的婚纱，没有好莱坞的豪华酒会，也不会在报纸上刊登婚讯：这场婚礼会"高度机密"地举行。诺亚·迪艾克里特没有得到任何消息，休斯的长期私人秘书内丁·亨利对此也一无所知。霍华德·休斯的另一位律师詹姆斯·阿迪托受托操办了这场婚事——在他的帮助下，这对夫妇才得以用假名在内华达州结了婚。

律师马丁·库克和他的助理乔治·弗兰肯被霍华德·休斯的这一举动惊呆了。休斯用贝弗利山的一个公用电话通知他们，准备好猎鸭套装，等他的电话。"这次是绝密行动。"他说，"待在家里，不要打电话，我会和你们联系。"

一九五七年一月十二日凌晨四点，电话铃响了。他在三个电话亭里分别给詹姆斯·阿迪托、马丁·库克和乔治·弗兰肯打了电话。"穿上猎鸭套装，四十五分钟后在洛杉矶机场见。别刮胡子，记住了，你们是猎鸭人。"

刚到机场，马丁·库克吃惊地发现，环球航空公司最大的一架客机——崭新的"群星"号，正静静地停在跑道上，等着他们登机，载着他们飞向一个未知的目的地。马丁·库克记得很清楚："不管目的地是哪个地方，仅仅四名猎人，其中有一个还是帅气逼人的影坛新秀，却乘坐着一架可以承载一百二十人的商务机。不管这行人走到哪儿，肯定会引起轰动。"

飞机起飞后，休斯才告诉他们，他们将飞往内华达州的托诺帕，一个差不多被遗弃了的小村庄。村子的四周乱石嶙峋，灌木丛生。二十世纪初，不计其数的矿工聚居于此，从乱石丛中挖出来数百万计的银子。一九五一年，这里又被选为核爆炸的试验基地。

飞机降落在一条小跑道上，这里是一个军用机场。当这架飞机庞大的身躯降落在狭小的光秃秃的沙地上时，跑道显得愈发逼仄。而机场的四周除了仙人掌和山艾树，只有一片荒芜。

由于机场没有舷梯，所以这架飞机的乘客只能从绳梯上爬下来。经过巧妙伪装的霍华德·休斯身穿迷彩服，头戴贝雷帽；詹姆斯·阿迪托律师是唯一有过猎鸭经验的人，他今天却穿着钓鱼时的裤子，头上戴着旧草帽，上身披着猎鸭的厚夹克。马丁·库克和乔治·弗兰肯则穿得很简单。"天还没亮他就打来电话，要我们来卡尔弗城完成一项特殊的任务。"马丁·库克回忆说，他是休斯的二十五名律师之一。"他命令我们打扮成打猎的样子。所以，我就穿了牛仔裤、旧绒衬衫和一件破旧的夹克，我真的已经尽力而为了。"

简·皮特斯小心翼翼地顺着绳梯爬了下来，她身穿晚礼服，脚踩高跟鞋。她同意做出一些让步，比如，用假名结婚，但她有自己的底线。她告诉休斯，她不会乔装打扮地出现在自己的婚礼上——当然更不能打扮成猎鸭人那样。

一行人在一个名叫米兹帕的小旅馆里落了脚。这家小旅馆就坐落在小镇的主街上，已经有人订好了房间，证婚法官正在此恭候。这次简单的婚礼由沃尔特·博乐主持："G.A.约翰逊"（休斯）先生娶"玛丽安·埃文斯"（皮特斯）小姐为妻，在双方好友的注视下，他把一颗红宝石戒指戴在她的手指上。库克记得，霍华德·休斯拥抱了简·皮特斯，"一脸骄傲"。

新郎和新娘并没在托诺帕度过新婚之夜。他们返回机场，坐上"群星"号，飞回了洛杉矶。返程中，霍华德·休斯像一个热恋中的高中生那样。他紧紧拉着简·皮特斯的手，两人的脑袋凑在一起，甜蜜地说着悄悄话。

回到洛杉矶之后，新婚夫妇来到了简·皮特斯的家。在进门之前，休斯做出了一个出乎意料的举动。"他和每个人都握手告别，打破了他长久以来绝不跟任何人发生肢体接触的禁忌。"马丁·库克回忆道。

然后，新婚夫妇便穿过草坪，走进家门，开启了新的大门。

三天之后，在纽约，环球航空公司的宣传总监沃尔特·马克就登门拜访了凯瑟琳·格雷森在汉普什尔别墅的家。他表情庄重地解释说："现在的流言蜚语满天乱飞，说霍华德·休斯已经和简·皮特斯结了婚。"

"可是霍华德让我转告您：这些报道全都是假的，不管您读到什么或听到什么。他依然爱着您。"然后，他走出了格雷森家的大门。

凯瑟琳·格雷森再也没有霍华德·休斯的任何消息。即使在三月份的时候，休斯本人的代表告诉卢埃拉·帕森斯，说简·皮特斯现在是名副其实的霍华德·休斯夫人。

霍华德·休斯留给凯瑟琳·格雷森的，只有"那些温馨而浪漫的回忆"。

事实证明，休斯的伪装收到了良好的效果。尽管好莱坞到处都流传着有关这场婚姻的种种流言，但是各大报纸对这件事的公开报道却是在八个星期以后。《洛杉矶明镜新闻报》于三月十六日首先发布了这个消息。该报声称："二十五年以来好莱坞最值得嫁的单身汉霍华德·休斯，已经和简·皮特斯小姐秘密结婚。"但是，记者错把婚礼时间当成了三月十二日，而且地点也被错误地写成"航行在迈阿密海滩附近的休斯的游艇"上。

两天之后，赫斯特集团的专栏作家弗罗拉比·穆尔写道："三天前，百万富翁霍华德·休斯和碧眼美女演员简·皮特斯秘密成婚。"但穆尔还提到，他们的结婚地点"尚未得知"。她补充道："我碰巧得知，他们在一辆车里完成了他们的婚礼誓言，当时这辆车就停在圣莫尼卡山顶上的'情人小路'，从这里可以俯视山下好莱坞的点点灯光。"

由于记者们无缘得见霍华德·休斯和简·皮特斯的结婚证，许多好莱坞人士不愿意相信这是一桩合法的婚姻。流言背后的事实是，结婚不久，霍华德·休斯和简·皮特斯就开始分居。在此之前，他们在棕榈泉附近的一个与世隔绝的农场度过了一个简短的蜜月，因为休斯在那个农场的周围布置了一队警卫人员，命令他们像军队执勤一样，二十四小时不间断地在农场周围巡逻。

这对新婚夫妇几乎寸步不离他们的别墅，窗户上的百叶窗一直都低垂着，黑色的西班牙百叶窗从未打开过。这些警卫人员只见过新婚夫妻一次。那天是星期六，天色微亮，休斯和简·皮特斯手拉着手在散步，他们互相依偎着，抬头望着天上的月亮。

在这段短暂的田园生活期间，休斯仍然是一惊一乍、神经兮兮的。他对诺亚·迪艾克里特对自己的背叛深信不疑，而且他已经把环球航空公司的传票送达员引到他的藏身之地了。有一次，有辆吉普车轰鸣着从灌木丛里蹿出来，想要穿过篱笆，休斯马上断定这背后的指使是诺亚·迪艾克里特。尽管警卫人员一边"对天鸣枪"一边紧追不舍地赶走了入侵者，休斯还是带着简·皮特斯马上逃离了他们的爱巢。"这里已经不再安全了。"休斯说。

回到贝弗利山大饭店一周之后，休斯收到了"诺亚·迪艾克里特谋反的证据"。休斯的一个律师雷蒙德·库克告诉他的老板，诺亚·迪艾克里特已经承认，他确实和梅森医生碰过面，他们讨论过夺取休斯帝国的问题。

其实，霍华德·休斯早就不再信任诺亚·迪艾克里特这个长期以来的助手了，如今对他更加鄙视了。有一天，就在凌晨两点钟的时候，他命令诺亚·迪艾克里特马上来拉斯维加斯，他在几个小时里反复向诺亚盘问休斯集团的财务状况。他用粉笔在地上画了两道线，强令诺亚·迪艾克里特站在这两道线之间。一道强光照着迪艾克里特的脸，他根本无法看清老板，而老板此时正坐在办公桌后面的黑影里。

一九五七年五月十二日，霍华德又在凌晨两点打电话给诺亚·迪艾克里特。他疾言厉色地说："马上来休斯敦，尽一切可能把利润搞上去。"

诺亚回答说，他可以去，但是他有一个条件。"给我一张资本收益保证，你签名后在八个小时之内给我送来。"

霍华德·休斯尖叫起来："诺亚，你在拿枪指着我的脑袋呢！你的要求会被满足的，放心吧！"

"这些年来，我一直在相信你的承诺，霍华德。现在这一切结束了。"诺亚·迪艾克里特告诉他。

"没人可以拿枪指着我的脑袋！"休斯喊道。

"忘了这一切吧，"诺亚·迪艾克里特对他说，"从这一刻开始，我们之间的友谊结束了。别再给我打电话。有事就找我的律师。"

突然，休斯叫了起来："诺亚，没有你，我活不下去！"

"这是我最后一次听霍华德·休斯对我说话。"诺亚·迪艾克里特回忆道，"三十二年来，我第一次听到休斯这样称赞我。"

迪艾克里特的妻子玛丽也在电话里听到了她丈夫在电话这头说的所有的话——还有诺亚·迪艾克里特狠狠摔下话筒的声音，就这样，二十世纪最成功的一对商业伙伴从此分道扬镳。玛丽并不感到奇怪。"我认为，有些事情是迟早都要发生的，因为威廉姆·比尔·盖和别的助手联合起来算计休斯。而诺亚挡了他们的财路，他不想让这些人利用休斯牟利。"她接着说，"没过多久，那些司机突然变身为高管、副总裁等等。"

和休斯的其他情人一样，伊冯娜·舒伯特也看到了休斯结婚的消息。

一天晚上，当霍华德·休斯来到贝弗利山大饭店探望的时候，伊冯娜·舒伯特把一大摞报纸举到他的眼前。"这是怎么回事？"她问。

"虚假报道。"休斯回答说，"你知道媒体是怎么回事。我的确和简·皮特斯还在来往，谁都不能马上就和一个人一刀两断。你必须让他们失望。"然后，他又向舒伯特承诺说，"只要时机一成熟"，他就会和她结婚。

"他根本不像在骗人。"伊冯娜回忆道，"假如我相信了他已经结婚的消息，我早就离开他了。"

由于伊冯娜·舒伯特的年轻无知，休斯一直非常谨慎，采用体外射精的办法。休斯对此深信不疑，而在当时，医生们认为这种方法收效甚微，在十七岁的那一年，舒伯特发现自己怀孕了——休斯被吓坏了。他知道自己就是这个孩子的父亲，两年来，他的手下一直在准确无误地记录着舒伯特的每次月经时间。在安排伊冯娜去做非法流产手术之前，休斯犹豫了一下，因为伊冯娜已经怀孕三个月了。休斯和伊冯娜都知道，手术可能引起严重的并发症。

"他在一位医生的办公室里安排好了一切，"伊冯娜·舒伯特回忆道，"诺曼·克莱恩做好了安排，出于法律方面的考虑，他甚至没有和我同乘一辆车。我想，我们好像还在中途换了一次车，以摆脱任何可能的跟踪。"

幸运的是，这次的流产手术很成功。可是伊冯娜·舒伯特的天真无知已经开始动摇了。不久之后，她做了一场噩梦，她害怕得无法控制，只好拼命地敲打着休斯房间的房门，而此时休斯正在房间里召开商业会议。当他过来查看究竟的时候，他发现伊冯娜已经歇斯底里了，她绝望地靠在扶手上，身上只穿着休斯的一件白衬衫。"刚开始他很恼火，可是他马上就让我恢复了冷静。"

伊冯娜·舒伯特的住处一直由休斯决定，她先后被安置在贝弗利山大饭店、贝弗利希尔顿大饭店和冷水峡谷大饭店的一座大别墅里。她经常因为休斯的要求而大为恼火。

四年里，她每天要看的电影都是由休斯安排具体的时间。比如说，一九五八年一个星期二的晚上，霍华德·休斯安排她看了四部影片：《小马车夫》《审判》《窈窕淑女》和《此情不渝》。

就在霍华德·休斯送她去纽约录制唱片时（他决定要把她培养成"流行音乐女皇"），他告诉助手，不准让伊冯娜·舒伯特去中央公园。"不管用什么办法，就是不准她去中央公园。我不允许有人当她的面提及这个地名，任何时候都不准开车送她去公园，就是在看得见公园的地方吃饭也不行。"

当霍华德·休斯开始着手处理环球航空公司的金融风暴时，他对伊冯娜·舒伯特的迷恋就得屈居二线了。由于他蓄意把这个花季少女和她的同龄人之间隔离开来，所以他要努力安抚好她。有天晚上，当休斯出现在伊冯娜·舒伯特的门前时，他手里牵着一条小小的法国狮子狗。"亲爱的，这只小狗是给你买的。也许这正是你想要的。它叫凯沙，"霍华德·休斯骄傲地说，"我亲自为你挑选的。"可是，当伊冯娜·舒伯特在自己的床上给凯沙留下位置时，休斯马上喊道："绝对不行！"

他解释说："凯沙必须有自己的房间。它还需要一张属于自己的床，绝对不能和你睡一起。"

"他只是出于嫉妒。"伊冯娜·舒伯特说，"他不能容忍那只小狗和我一起睡觉。"于是，凯沙被休斯安排到一个独立的套房里，它的套房和伊冯娜·舒伯特的房间隔了三个房间。小狗凯沙的套房每天的租金是四十五美元（而伊冯娜的房间每天的租金是十八美元），里面有一个带水槽的小酒吧，一个咖啡角，从这个房间还能鸟瞰贝弗利山的风景。

与此同时，伊冯娜·舒伯特逐渐意识到，自己这些年来其实一直住在霍华德·休斯为她打造的镀金牢狱里。开始时，她试图甩掉那些日日夜夜紧盯着她的保镖，他们甚至连她的电话都在监听。别墅里的形势变得越来越严峻，到了最后，保镖头目乔纳德只得命令他的手下爬上电线杆和电话杆，从空中查看她在卧室里的一举一动。

一九五九年，伊冯娜·舒伯特邂逅了一位名叫约翰尼·兰德的年轻人。他年轻帅气，充满活力，他们之间开始进行电话联系，而他们的所有通话记录都被毫无保留地录音并送到霍华德·休斯手中。没过多久，为了和约翰尼·兰德幽会，伊冯娜·舒伯特发明了一系列的失踪游戏。

约翰尼·兰德坚信，伊冯娜·舒伯特是霍华德·休斯的囚犯，她应该从休斯的符咒中被解放出来。而伊冯娜·舒伯特却被休斯的助手告知，约翰尼·兰德有前科。最后，约翰尼·兰德终于说服伊冯娜，让她和自己见最后一面。当两人一起驾车外出时，霍华德·休斯的侦探开着汽车呼啸着紧随其后，但伊冯娜·舒伯特和约翰尼·兰德最终在拥挤的高速公路上甩掉了他们。"一路上，我们换了三辆车。"伊冯娜·舒伯特回忆说。

当天晚些时候，伊冯娜·舒伯特跟着约翰尼·兰德一起去了射击场，因为约翰尼·兰德要试一下他刚买来的防身手枪。当他试图校正这把手枪的准星时，手枪突然走火。一颗子弹穿透了约翰尼·兰德的脑袋，他当场毙命。

伊冯娜·舒伯特当场就晕了过去，很快就被送进医院。"这场悲剧使我清醒地认识到，我和霍华德·休斯在一起的生活多么空洞可怕。"伊冯娜·舒伯特说，她立即回到了父母的身边。

　　与此同时，霍华德·休斯也得知了约翰尼·兰德毙命的消息。他确信，是马休在兰德的手枪上做了手脚。"鲍勃，我当然知道你很棒，可是我却不知道你居然那么棒。告诉我，警方有没有可能追查到你——和我们的头上？"

　　马休安慰了他。"这件事纯属意外，霍华德。是那个家伙自己给了自己一枪。"可是，霍华德·休斯却坚信，是马休利用他与洛杉矶警察局的交情，把约翰尼·兰德的死亡原因宣称为一场意外事故。"他认为我是一名超级硬汉，一个带枪且胆大包天、为所欲为的FBI。"马休暗自揣测道。

　　为了避免警方怀疑此事牵扯到休斯，马休要求警方的科学实验室对约翰尼使用的那把枪做了严格的测试。测试结果表明：这场人命案的确是场意外。"当时，执法部门流传着一种说法，是霍华德·休斯下令干掉了约翰尼·兰德，因为他竟然跟这位小美女玩儿暧昧。"马休回忆说。

　　而这场意外的发生却使得比尔·盖借机指示他的助手们，把舒伯特这个安插在他们身边的钉子马上拔掉。

　　次日清晨五点钟，洛美因总部的电话总机就接到了这个指示："把伊冯娜·舒伯特拉到陌生人名单上。要是她再打电话过来，我们不认得她的声音，也不知道她的名字——但是不能粗鲁——就像对待每天打来电话的数百个陌生人那样对待她就行。"

　　伊冯娜·舒伯特承认，自己和那些助手之间不存在失落的爱。"从一开始，他们就讨厌我，因为他们对我没有任何控制权。我会直接跟霍华德联系，而他们却毫不知情。他们也知道，当他们偷懒或者蒙骗他的时候，我会告诉霍华德。霍华德对我言听计从。"

　　在伊冯娜·舒伯特眼里，他们就是一群绝望的小玩偶。"这几年来，他们都得根据休斯的命令而不断地变换岗位。"

　　"我是这群走狗最可怕的梦魇，因为我是霍华德·休斯身边最亲密的人，而他们的目标是一个不留地除掉霍华德·休斯身边的所有朋友。在约翰尼·兰德事件发生之后，把我从霍华德·休斯身边除掉已经易如反掌了。多年来，他们一直在霍华德的心里种下猜疑的种子。"

他们胜利了。伤痕累累、幡然醒悟的伊冯娜·舒伯特终于离开了霍华德·休斯，也告别了五年来与世隔绝的生活方式。"我不再奢望得到他的消息，他不是我想象中的那个男人。"伊冯娜·舒伯特回忆说。

就在伊冯娜·舒伯特离开几个星期之后，霍华德·休斯就开始给她打电话了。她拒绝接听他打过来的所有电话，但她最后还是同意在一九六〇年初和他再见一面，"仅仅是为了说声再见，没有别的想法"。

在贝弗利山大饭店的四号平房里，她见到了霍华德·休斯。他仰面躺在床上，脸上还带着自鸣得意的表情。除了一件蓝衬衫，他什么都没穿。"他连招呼都没跟我打，劈头就是一句：'既然约翰尼·兰德已经饮弹身亡，我们应该前嫌尽释了。'"舒伯特回忆说。

休斯漫不经心地谈起了约翰尼·兰德的死亡一事。"他语气平淡地谈起这件事，好像这件事情只是个笑话。"

"你怎么能这么残酷？！"伊冯娜·舒伯特尖叫起来。

而休斯毫无征兆地从床上一跃而起，冲着伊冯娜·舒伯特的脸就是一个耳光，和当年凯瑟琳·格雷森拒绝他的求婚时的反应如出一辙。就在他打了第二巴掌之后，伊冯娜·舒伯特试图反击，可是休斯却蹿到了更衣室里，从里边锁上了门。

伊冯娜·舒伯特悲伤地走出酒店，走出了这个被休斯主宰了五年的生活。五年来，他像一个朋友、一位情人，更像她精神上的父亲。

一切都结束了。这一切也宣告了霍华德·休斯一个时期的终结。伊冯娜·舒伯特是他的浪漫生活中最后一位恋人，而这一切始于默片时代。"从此，他再也没有从失去伊冯娜·舒伯特的打击中恢复过来，"马休说，"那些浪漫故事曾经给他的生活带来不少传奇般的色彩。现在，他退回到黑暗之中，投入到毒品的怀抱。"他也走进了好莱坞有史以来最令人叹为观止的一场婚姻。

和简·皮特斯结婚后，霍华德·休斯回到了他在贝弗利山大饭店的平房里（贝弗利山饭店四号），而简·皮特斯则住在她自己的平房里（贝弗利山饭店九号)。

贝弗利山大饭店是世界上最高档的酒店之一。在霍华德和简·皮特斯入住的四年里,玛丽莲·梦露、伊丽莎白·泰勒、伊朗皇后、伊夫斯·蒙泰和他的妻子、西蒙·西格诺里、伊莎·墨尔曼,还有温莎公爵和公爵夫人都是这家饭店的常客。可是这一切对霍华德·休斯和休斯夫人几乎毫无意义。

简·皮特斯留下了这家酒店的所有家具,又搬来了一台缝纫机和一个模特,这样她就可以继续给自己做衣服了。她还给自己烫了头发。让霍华德·休斯感到恼火的是,她经常抽烟。走廊和阳台上都被她摆满了鲜花,其中的绝大多数都被她种在废弃的旧咖啡罐子里。

霍华德·休斯一共在这里租了五间平房,正好占据了这家饭店的整个皇家花园。剩余的房间由他的十个守卫和手下居住,他们的职责是满足这位性格孤僻的亿万富翁的所有要求。

休斯对最微不足道的细节都迷恋不已,他严格控制着他和夫人的日常饮食。他对饮食的执着开始于几十年前,在他的幼年时期,他就常常坐在厨房里,关注着妈妈把锅碗瓢盆、肉食和蔬菜认真地擦洗刷净、煮水消毒。成年之后的霍华德·休斯总是担心会有成群结队的细菌通过那些清洗不干净的食物钻进他的肚子,侵蚀他的身体。

假如霍华德·休斯不是生活在当前这个时代,而是生活在文艺复兴时期的话,他肯定会找来专业的试吃员的。相反,他花了几个星期的时间,发明出几种检验食物的方法,以保证这些食物严格按照具体的标准进行清洗和烹煮。霍华德的强迫性神经失调症经过充分的发展,变成了他对食物的特殊迷恋。突然之间,他关心起一瓶罐头打开后多长时间内不会有细菌侵入,烤牛排切多厚才算合适,蔬菜要炖成什么样的形状,在一盘"无菌"曲奇中放多少块巧克力才合适,以及在烹煮他最喜欢的早餐麦片粥时,煮锅应该处于什么状态。

当休斯写下千奇百怪的指导手册时,就连他亲自精挑细选的环球航空公司的经理人都动摇了。看一看一九六〇年的这条"洗刷罐头类食物的正确方法"，就可对此窥见一斑：

> 负责人首先应该打开浴缸的阀门，操作时不要戴手套。他应该调好水温，水温要适中，不热不冷。然后，拿起一把刷子，用一两块专门准备的肥皂，擦洗罐头瓶，擦洗范围从罐头瓶顶部以下二英寸的地方开始。第一步，把罐头瓶浸湿，去掉商标，反复刷洗罐头瓶的圆柱部分，把上面所有的灰尘、商标残迹等一切可能传染细菌的东西全部清除干净。在这个过程中，始终要用手握紧罐头瓶，然后，用同样的方法清洗瓶子的底部，一定要保证用刷子的硬毛把罐底圆周所有的凹凸处全部清理干净。最后，把瓶底和瓶身上的香皂冲洗干净。

当霍华德·休斯令人给自己做特制的炖牛肉时，蔬菜必须切成半英尺见方的小块，"每个角都要以四十五度角切掉"。他还在电视机上放了一把滑动标尺，用来随时测量那些形状可疑的豌豆和胡萝卜的尺寸是否合乎他的要求。

在一盘巧克力曲奇中，每十二块巧克力要配一定数量的曲奇。休斯只用拿手掂一下，就可以估算出其中的巧克力含量。不管是太多还是太少，整盘曲奇就会被送回糕点师傅手中。他还发明了一种更好的办法，可以把巧克力块放进面团里面，保证巧克力"不会被烤焦"。

"这是强迫性神经失调症的典型症状，"杰弗里·施沃兹医生说，"他是被动地完成这些行为的。人们通常认为这些行为是洁癖，其实，这些都是强迫性神经失调症的轻微症状。"

尽管简和霍华德相距不过五十码，可是大多数时候，他们的日常交流要借助于留言本和电话进行。所有的电话、讯息和菜单都要在贝弗利山大饭店的七号房间进行中转。入住期间，霍华德·休斯的那些手下打印出的报告、菜单、日志和讯息长达十万多页，这些东西可以很好地诠释这对夫妇之间的关系。霍华德·休斯对这家饭店的客房服务也提出了严格要求，他们提供的所有服务全部由休斯的手下完成，而不是饭店的服务员。

霍华德·休斯还为他的妻子简·皮特斯的早餐制订了以下标准：

她所有的食物都不能用炸锅或烤架制作。可以给她吃一些华夫饼干，但是这些饼干必须是在华夫架上烘烤出来的。不能让她食用法国吐司、煎鸡蛋、烤薄饼、麦饼、白脱麦饼等等这类煎炸或者烧烤类的食物，因为做这些食物用的炸锅或者铁架都炸过香肠或火腿。即便他们保证说那些炸锅和铁架不曾炸过火腿和香肠，我也不会相信，所以也没必要再问他们了。

事实上，皮特斯的所有饮食都被记录在一个带有索引的监督报告里，然后提交给霍华德·休斯。比如：

一九五七年六月十九日　星期三

记录　08:52　简·皮特斯要了一杯咖啡、两杯牛奶，还有10A纸。

记录　10:18　简·皮特斯为十九号平房房间的三位要了早餐：班尼迪蛋、两份大杯橙汁、四袋冰镇牛奶、两份甜卷、两大壶咖啡、三瓶波兰水，其中一瓶为冰镇水。

霍华德对简·皮特斯的一举一动都了如指掌。下面的信息是从洛美因总机转给休斯的：

一九五八年三月二十日　星期四

05:05　你收到她的消息了吗？没有先生。

05:50　你收到她的消息了吗？没有先生。

06:45　你收到她的消息了吗？没有先生。

06:58　你收到她的消息了吗？没有先生。你肯定吗？肯定！

07:50　告诉休斯先生，我大概十五分钟之后准备好。

356

08:10　你收到她的消息了吗？是的，先生。（消息传达）很好。

这些记录证明了简的生活有多么的沉闷无聊，而要和丈夫通个电话，要经过多么烦琐的手续。

一九六〇年五月三日　星期二

10:25　休斯先生有消息吗？（从今天早上我上班开始到现在，还没有）告诉他，我现在已经起床了。

15:00　再问他一次。

16:30　通知霍华德·罗博德·休斯。

17:50　霍华德·罗博德·休斯睡得太久了。我要过去叫醒他。（约翰尼警告每一个保镖，要他们阻止她的行动，不要让她进入六号房间）

消息（18:30，给每个助手）要三块牛排、一份烤土豆、一份牛排汉堡包、一份奶油菠菜、九颗豌豆、每份浓豌豆汤里加一份奶油、一份西红柿切片、八杯牛奶、三份奶酪。

21:45　我想跟霍华德·罗博德·休斯说话，我一会儿就要睡觉了。

03:10　告诉休斯先生我生病了，我不再等他的电话了，我要睡一会儿。等他打过来电话时，把这个消息转告他！

07:00　霍华德·罗博德·休斯得到消息。

这对夫妻按照这种奇怪的方式一起生活了十一个月之后，霍华德·休斯再一次玩起了失踪的把戏。与以往不同的是，这一次，他的不少手下都知道他去了何处。

避难所

　　一九五七年十一月的一个夜晚，霍华德精心地打扮了一番。他在屋子里翻箱倒柜，找出了一件最新的白衬衫，然后又穿上了一条华达呢裤，从鞋盒里拿出了一双崭新的棕色接头皮鞋。然后，他又在自己的平房里转悠了十来分钟寻找那本二十年前的通讯录。他一头扎进了旧报纸堆里，把那些陈年报纸扔得满天飞，最后终于在一堆巧克力糖下面找到了通讯录。他拿起本子，又抓起了巧克力，从平房里飞奔而出，跑进了贝弗利山大饭店后面的一条小巷里。在那里，他的助手朗·奇思勒已经打开了雪佛兰汽车的发动机，车门开着。霍华德跳进了车里。"快，"他说，"快去那儿。"

　　他们一边驱车行驶在贝弗利山空旷的大街上，休斯一边不停地扭头往后看，以确保没人跟踪。当汽车在诺塞克电影公司的后门停下来之后，休斯才稍稍镇静。"总算到了。"他长舒了一口气。

　　他们走进那座阴暗的大厦，这里曾经记载着默片时代的辉煌，霍华德径直走进放映室，那是一间封闭的小屋子，大概只有一个工作间那么大。虽然墙面上的油漆早已脱落，地板也向银幕那边倾斜着，但在休斯的眼里，这里就是他最安全的避风港。

放映室正中间，放着他的白色皮椅，旁边靠着一个电视架。霍华德坐进了椅子，把口袋里的糖果分成七份。他盯着糖果看了一会，又重新拣了起来，分成了十份。"堆得太高了。"他跟奇思勒解释，然后命令道："开始放映吧。"

　　灯光暗下来了。荧幕上放映的是一九四一年的斗牛冒险故事《碧血黄沙》，由泰罗·鲍沃尔和休斯过去的两个情人——琳达·达内尔和丽塔·海华丝主演。但休斯并没有流露出任何情绪，他的眼睛空洞地盯着银幕，手指有节奏地在椅子的扶手上敲打着。一直到电影结束，他都面无表情。

　　放映机开始放映另一部影片，接下去是第三部，最后，银幕上终于一片空白，休斯的助手约翰尼·福尔摩斯问他的老板是不是要回去。休斯低头看着他的手，轻声说："我不走，我要一直待在这里。顺便提一句，我想让你明天早上再过来，早一点儿，给我带一盒巧克力，三袋盒装的匀浆奶，还有六盒不开封的面巾纸。记住，不要把其他的盒子和面巾纸混在一块儿，我要用面巾纸来拿食物或瓶子。盒子都不要打开。"

　　休斯就在放映室里过了一夜。

　　第二天一大早，他的助手发现他还坐在那张椅子上，正在吃早餐：六块巧克力，半磅的得克萨斯烤薄饼。凡是被别的东西碰过的薄饼都被休斯毫不客气地拒绝了。"休斯先生，你再要点什么吗？"朗·奇思勒问。霍华德仍然直视着前方。

　　奇思勒又追问了一句："您要点什么吗？您有什么吩咐吗？"

　　霍华德在原地转了一下他的椅子。"只要我还在这里，就不要跟我说话，除非我问你，或向你征求看法。每天早上和晚上，给我带一袋对半切开的薄饼来，还有十块巧克力，一夸脱牛奶。送东西来的时候别跟我说话，走过来站在我身边就行。我想让约翰尼（福尔摩斯）把所有的片子都给我带过来。"

　　他看着福尔摩斯的眼睛接着说："当我竖起我的左手大拇指的时候，你就走过来，站在我跟前。然后你用手卷这个袋子的边，让它呈四十五度角放在我面前。这时，我会拿五层的面巾纸，一张一张地抽出来。在此过程中，我不想出现任何偏差。如果我正在看电影……你就静静地站在我的椅子后面等着。"

接下来是更多的规矩。"当我问你一个问题，你只用回答'是'或者'不是'，不要说别的，只用点头或摇头就行。有时我会问你一些复杂的问题。如果是这样的话，我会把我的话用十四号蜡笔写在一张黄色的便签纸上。等我写完之后，你不要说话，只用把你的答案写在黄色便签纸上就行，瞧，就在那边放着。"他说着，指了指十英尺之外的剧院座椅。

"这是我说给你的最后一句话。"休斯说，然后他把双手合起来枕在脑后。他说到做到。接下去是令人恐惧的五个月，在这五个月里，休斯仍在与精神病做斗争。由于没有得到及时的诊断和治疗，休斯的强迫性神经失调症已经变成精神病了。

多次大脑受损的并发症只会加剧他的恐惧，并令他的行为变得更加怪异。在英国一项对强迫性失调症的突破性的权威研究中，包括乔瑟夫·迈克基恩、匹特·迈克高芬和保罗·罗宾逊在内的三位医学家一致证明，强迫性失调症患者在大脑脑壳受到重创之后，往往会越来越深地陷入精神性疾病之中。

杰弗里·施沃兹医生说，休斯实际上是当时医学蒙昧的牺牲品——不仅是对强迫性神经失调症的无知，而且对休斯大脑受创的并发症缺乏认识。"他们把他当作疯子，并相信历次事故把他推到了精神崩溃的边缘。那时强迫性神经失调症还没有被诊断出来。休斯真的没希望了。"

在诺塞克度过了一个星期之后，休斯开始使用放映室里的电话与洛美因总部联系。随着电影的放映，休斯身边唯一的一盏灯也会打开，他每天要打一百个电话，打给他的律师、工具公司的经理们、伊冯娜·舒伯特，还有威廉姆·盖。在诺亚离去之后，盖开始主掌洛美因总部的一切事务。

但休斯并没有跟简·皮特斯联系。当休斯的助手们拿着账目平衡预算表和法律文书在他的储藏室里不停地进进出出时，简呆呆地坐在那里，思忖着丈夫到底身在何处。但她并没有寻根究底。

休斯夫人和休斯的手下之间一直有一道鸿沟，休斯结婚时，他的一些手下失去了手里的一部分权力。为了报复，他们把简排除在信息网络之外。

从住在诺塞克的第十天早上开始，休斯把他的面巾纸盒摆成各种各样的形状：有时他把它们摆成高高的纸塔，让自己的手腕放上去。有时，他又把它们一个个都放平了，一连八九个小时地摆弄这些纸盒。根据他的心情好坏，这些盒子有时被干干净净地放在那里，有时像士兵一样排列成队，有时又散落在白色皮椅脚下的地板上。一连好多天，他弓着腰摆弄这些盒子，嘴里还哼唱着三十年代的歌曲，而那时正是他的鼎盛时期。

助手们匆匆忙忙地跑出去执行休斯的最新指示，回来后却发现，休斯正在对着墙角撒尿。第一次发现这种情况时，奇思勒被吓了一大跳。休斯与奇思勒特别投缘，他拿起蜡笔，在纸上写道："卫生间在大厅里。你知道，我不能碰门把手。"

奇思勒赶紧写道："下次要再有这种事，叫我一声。"霍华德点点头。后来他发现自己可以开门，只要在手上包上二十五层面巾纸就行了。

六周之后，霍华德向奇思勒示意，让他跟着自己去洗手间，并要他站在门口，而霍华德则在马桶上坐了整整二十六个小时。在另外一次上洗手间期间，休斯突然像发了疯一样，抓起一大把手纸往大厅里扔，直到把六卷手纸都扔光了才停下来。然后，他趴在地板上，用了整整五个小时擦洗卫生间里的每一块瓷砖，跟一个熟练的老妈子一样把水管都擦洗得干干净净。

到三月初的时候，休斯已经在诺塞克待了两个多月了，他的衣服上沾满了灰尘，领子、袖子都裂了好几个大口子，浑身上下都散发着难闻的尿骚味。白衬衫早就变成了"灰衬衫"，上面又是污垢又是汗渍，还沾满了巧克力。他吃巧克力时口水经常会流得全身都是，连椅子也跟着沾了不少光。

到第三个月的时候，休斯脱掉了身上所有的衣服。他光着身子过了几个月。

除了电话机，屋子里到处污秽不堪，因为电话是他跟外界和正常人保持联系的唯一方式。每天早上，他都会拿起面巾纸，把话筒擦了一遍又一遍，直到地上的面巾纸像踩脏了的白雪一样飘落一地。在他精神状态好的时候，擦电话需要一个小时；而精神状态不佳的话，需要四个小时。

由于守卫们经常在附近，每十到十二个小时就换一次班，他们免不了要上洗手间。但休斯在便签纸上歪歪扭扭地写出他的规定，让他们用他扔掉的牛奶盒小便，"用完之后请把它们放到外面。"他写道。

休斯失踪三个月之后，简开始警惕起来，这也是可以理解的。霍华德已经写信告诉她自己病了，正在一个医药中心接受治疗。于是，皮特斯开始给医药中心打电话，到处找他。她询问了洛美因总部的每一个工作人员。休斯的老部下内丁·亨利告诉霍华德，皮特斯需要他的安慰。休斯给她发去了一个模棱两可的消息，说他得了一种"尚未确诊"的病。如果她来看望自己的话，很可能就会被感染。

在他留给简的上千条消息里，其中有一条信息可以明确地说明，他的智力已经衰退。

一九五八年十月九日 星期三
晚上八点二十分

亲爱的，我刚刚到了一个——要是这是中国人去的地方的话，我可不知道在哪儿。我想，用别的办法也可以取得一样或者是更好的疗效——比如让你的妻子把一大本厚书使劲砸在你脑袋上。也许是樟脑把它给搞坏了，也许这就是他们为什么把它放在里面的原因——那些老家伙可不会再喜欢它了。我知道现在一定已经很晚了，我试着站起来，可我的腿晃荡得厉害。劳埃德说现在才晚上七点半，可我觉得自己已经在外面待了一个星期了。不管怎么说，既然时候还早，我肯定能在规定时间内完成我的航行的。我会尽量保持清醒，等待你的回信。我希望你能给我写一封快报——包括你现在感觉怎么样，你觉得那场表演怎么样。在接到你的回信之后，我会顺其自然地再多待一会儿，等我感觉好些时，我会打电话给你的。显然，我这次得的不是感冒，但我最近的麻烦确实是同一个系统引起的。我向你表达我的爱意，请让我知道你是否一切都安好，以及你是否给雷尼送了花。再一次爱你，霍华德。

在诺塞克的五个月中，休斯的手下们觉得他正在清点自己的思想，看它是否还能正常运转，就像是检测一架飞机一样。很快，他就意识到，自己的思考能力已经停止了。

"如果你能够给自己安排一个安全的避难所，你会那么做的。"雷蒙德·弗勒医生说，"我想，那就是他所做的。渐渐地，当世界让他感到越来越痛苦的时候，他就给自己造了一个安全的避难所，来度过余生。"而他的赤身裸体同样是精神病的一种症状。"我确实认为，在有些时候，他的思维确实比较混乱，仅仅是穿上衣服这件事，就远远超出他的思维能力。"此外，弗勒还注意到，休斯是拒绝社会规范和细节的典型性病人。在他心神不安的精神状态下，休斯完全忽视了穿衣服这一基本的社会规范。

他最重要的疾病是强迫性神经失调症，他的大脑多次受伤又加剧了这个疾病的症状。自从一九二九年以来，休斯的脑部一共受伤十四次。"随着大脑受伤次数的增加，患者就像喝醉了酒一样，不能像以前一样正常工作。"弗勒医生说。"他的智力并没有降低，他只是失去了正常思维的能力。这就是休斯所面临的关键问题。"

一九五八年春天，休斯让他的助手给他带来了一些新衣服。他在诺塞克的水池里洗了个澡，自己换上了干净衣服，然后要助手把他送回贝弗利山大饭店。尽管他跟简打了一次电话，但在接下去的几个月里，他还是没有跟她见面。

回到贝弗利山大饭店四号之后，休斯叫人把窗户全都用涂料盖上，这样阳光就不会照进他的世界了。他再次脱掉了身上的衣服，坐到了皮椅上，正式开创了他所谓的"无菌地带"。每当助手们进来时，他有时会拿张面巾纸遮住自己的生殖器，有时仍然全身赤裸。任何人都不准走到离他四英尺以内的区域。在他此后的生命里，休斯一直待在他的"无菌地带"里。从此以后，不管他住在哪里，他的生活模式一直都没有改变。阳光被挡在了窗外，大多数衣服都被他扔出了门；电视机、电影和电话机是他生活里仅存的闯入者。

他变成了电话里一具看不见肉体、只听见声音的人，他变成了《绿野仙踪》里的奥兹巫师。

清醒的面具

这是一九六○年圣诞前夜，但对于守在贝弗利山酒店花园门口的三个人来说，这个时间并没有什么特别的意义。他们穿着深蓝色的制服，背靠着灌木丛，眼睛紧紧地盯着一辆泊在门口小路上的旅行车。车里，一个男人猫腰坐在后座上。

这时，法国影星西蒙·西格诺里正好从这里经过，她被自己眼前的景象迷住了，于是她绕着酒店又转了一圈，想看看那根从房子里伸出来、穿过草丛钻进旅行车窗里的那个大黑长管子到底是从哪个房间里拉出来的。"我沿着管子往平房那个方向走，看到一个人站在那里，他很友善，但却被我的好奇心逗乐了。"

"'他们正在给那辆车灌冷冻气，'他告诉我，'只够用一个晚上。'"西格诺里点点头。她用不着再问车里的人是谁了。有关霍华德·休斯的传说是她决定继续住在这家酒店的原因。几周以来，她一直想看那个孤僻的怪人一眼。很不幸，车里的灯光太暗，只照出一个影子，隐约还能看出那人的轮廓，又高又瘦，正怒气冲冲地在一个黄色的小本子上写着什么。

"当时大概是凌晨三点钟，"西格诺里后来回忆道，"他很清醒，全神贯注地在写着什么。"

也许西格诺里并不知情，但她确实目睹了霍华德·休斯的第一次重生。他强迫自己走下了病床，走出了可待因的迷雾，来进行他一生中最后一次出击。当时五十五岁的休斯在几个不同的战场上都面临着艰难的战斗。在走出了自我封闭的困境之后，他因吸毒而变得日益虚弱，在这几个月里，他眼看着自己和简的婚姻一步步走向崩溃。简就像是一个被关在塔楼里的公主，现在她终于开始反抗了。她对休斯提出，要么，他们像正常的夫妻那样一起生活；要么，就结束这场婚姻。为了挽救这段婚姻，休斯重振信心，他甚至坐着飞机在加州到处寻找合适的房子。

在征得简的同意之后，休斯在圣迭戈县的高档社区圣达菲牧场挑了一所牧场风格的别墅。别墅建在一座山顶上。他们将在圣诞节那天搬进去，结婚三年以来，这还是头一次他们在同一个屋檐下生活。

寻欢作乐的日子已经离他而去，甚至女人也提不起他的兴趣了。

这源于他最近经历过的一次心动，但到最后这次心动却变成了一出闹剧。事情的开端是这样的：那天休斯正观看在加州长滩举行的世界小姐选美大赛。休斯被比利时小姐深深地吸引住了，虽然他也喜欢法国小姐、瑞士小姐、美国小姐，至少有十二三个。休斯给沃尔特·凯恩打了电话，而凯恩又找到了杰弗·乔纳德。他们的老板想要那些美女选手。

乔纳德以为随着伊冯娜·舒伯特的离开，他再也不用干这种盯梢跟踪的活儿了呢，他再次召集了自己的手下，马上就给他们分派好了任务。参加这次行动的还有鲍勃·马休。一开始，他们先跟踪那些小姐。然后，打着电影公司的招牌，他们试图让她们在合同上签字。其中六七个人已经搬到了他们安排的房子里。然而，不到一个星期，这些年轻的小姐就对这种密不透风的监视系统感到越来越不安，她们纷纷离去。最后只剩下一个人——比利时小姐卡洛琳·莱切尔芙。

与此同时，莱切尔芙的妈妈开始越来越担心。卡洛琳没有按原定的时间回到家。于是，莱切尔芙夫人分别报告了比利时大使馆和联邦调查局。卡洛琳对此并不知情，但她写给妈妈的信始终没有寄出去。在这个过程中，她接受了休斯的演员培训：拍照、上课、试镜。但她就是不肯签约，尽管每天都有人不停地在她眼前拿着那份合同晃来晃去。她偶尔会接到一个男人的电话，她认为那人就是休斯，因为那人对她的一举一动都了如指掌。他向卡洛琳承诺，只要她"学会了英语"，他就会安排跟她会面，但这次承诺中的见面始终没有发生。

六个月之后，比利时小姐逃跑了。但在此之前，她向《隐私》杂志透露了她演艺生涯的有关情况——在她的讲述中，她是一个囚犯，度过了一段噩梦般的生活，而"牢头"就是休斯。

同时，另一个新晋影星也受困于休斯的秘密协议。

当休斯费尽心思地试图挽留住简的同时，他还勇敢无畏地在另一个战场上奋力斗争。连续在法庭上实现三次逆转之后，他以为自己已经有望重新夺回对环球航空公司的控制权，而在过去的几个月里，几家银行联起手来抢走了他的控制权。

这个由他一手栽培成为全球航空业的巨人的公司控告他管理不善，并要求得到四十八亿三千五美元的赔偿。休斯手里仍持有公司百分之七十八的股票，他的律师切斯特·戴维斯认为，环航公司一案完全可以翻盘，只要休斯本人亲自出席法庭即可。

休斯的医生正让他服用一种叫利他灵的烈性药物，它能直接刺激中枢神经系统，主要应用于多动症的儿童。而对于休斯来说，此药的效果跟兴奋剂安非他明差不多。这时，他不仅以破纪录的速度找到了新的房子，而且还在圣诞节的早晨驶过空无一人的大街开车带太太回到了家。他不时地制订并修改着战略，在那些便签本上涂涂画画，他的这些表现让他的手下兴奋不已。简也为他的新生而欢天喜地，现在她已经是"美国最富有的太太"了。但在《星期六晚报》新闻标题和八卦专栏里，简·皮特斯其实是在守活寡，她的位置已经被毒品取代了。

当助手们把皮特斯送上开往加州海岸的旅游车时，坐在驾驶座上的休斯也显得兴奋不已，整整四年了，他第一次住进了自己的家。他的别墅下群山绵延，滨海加的夫海滩美不胜收。简和霍华德搬到了开阔的主卧室里，共享两张拼在一起的超级大床。休斯甚至还允许太太拉开窗帘，房间里顿时充满了阳光。

在利他灵的药效下，休斯在床上撑了几天，他借机好好地盘算出了把他心爱的航空公司夺回来的方案。然而在曼哈顿法庭制度下，休斯接连输了几个回合的法庭辩论，他不禁消沉起来，并再次陷进可待因的泥沼而无法自拔。

他再次筑起了樊笼。窗户被紧紧地关了起来，房间里一片漆黑。但简打响了一场战斗。乔纳德记得，一天晚上，简像旋风一样冲进了休斯的房间，打开窗子，让外面的海风吹进来。"不！不！"休斯叫起来，"关上窗户！马上！你不知道这有多危险吗？传染病毒会从空气里进来的！"

"他的嗓音里充满了恐惧，"乔纳德注意到，"老板又开始堕落了。"这次他比原来堕落得更深。

他对病毒的畏惧与日俱增，他不允许用人打扫他的卧室。"那可不行，"他告诉简，"那简直就是傻透了。"

灰尘球开始在休斯的床边聚集，地板上撒满了食物的碎屑。简看不过去了。她冲进了休斯的房间，手里挥舞着一根吸尘器管。她对霍华德强调："我只带进了管子，我会把吸尘器留在大厅里的。"因为房间里漆黑一片，因此简打扫卫生的时候，约翰尼·福尔摩斯就拿着一个手电筒，趴在地上，上上下下、里里外外地照。休斯还不许简靠近电视。"别碰电视！"休斯喊道，"我要动那些旋钮的……我可不想让它们沾上什么病毒。"

由于休斯经常通宵工作，因此他的那些助手只好二十四小时等候他的命令，随叫随到，跪在休斯的床头做记录。对于她床边的动静，简表现了出奇的宽容。但她实在讨厌霍华德摆弄他脚趾甲的声音，他拒绝剪掉那些长长的东西。最后，简每天晚上都在休斯的脚趾缝里塞上面巾纸，这样她总算能睡上个安稳觉了。

正是住在拉其奥圣菲的那段日子里，休斯的脾气变得越来越坏，最后到了难以控制的地步。但就休斯刚刚搬进新房的一系列记录来看，其中有些细节还是颇为有趣的。当简的小猫内弗里特走失了之后，休斯下令，让他的整个帝国都动员起来，去寻找那只猫咪。一天之后，猫咪仍然逍遥法外，却诞生了以下一段记录：

> 这可不是在热带丛林，也不是在大沼泽地，更不是在人口密集的纽约城里。这个地区人烟稀少，因此查询这里所有的人或者把这里所有的人召集起来，接受查询找出事实，不让任何人因为害怕被起诉之类的事情而把事实掩盖起来，这根本就不是问题。精于搜索的人通过恰如其分的分析早就该把猫给找到了，这只小动物应该让一队精于该动物习性的人来寻找，我只知道一件事：要是动物园在该地区丢失了一只名贵动物的话，那么将会有二十五或者三十个人到处搜索，他们都熟悉该种动物的习性并且现在他们早就该找到它了。

两天之后，简的猫咪在屋子的后门出现了，它叫着要进来。（作为这次离家出走的结果，几个月后，她生下了三只小猫。）

一个小时之后，备忘录里提及了另外一只失踪的小猫—— 一只缺了一块耳朵的小公猫，简曾经对它很好。"妈的，我可管不了那么多，就算你把全美国最好的捕兽夹给我运到这里来也行，"休斯写道，"找到那只猫，要不然你们都被炒鱿鱼！"乔纳德的手下们花了足足两天工夫才发现那只猫在哪儿。但那时简并不认为自己能够收留它。因此按照休斯的指示，那只小公猫被送到了昂贵的"猫咪旅馆"，在那里它有了一套自己的房间，还有电视。为了不使它感到寂寞，乔纳德的一个手下被指派了一项特殊任务——每个月都给猫咪写一封信。

在霍华德搬到拉其奥圣菲五个月之后，他开始大量摄入利他灵，试图连续三四天不睡觉，为了环航公司的问题而埋头工作。他的脑袋里很快就出现了幻象。"瞧！瞧！"他会尖叫起来，"看我手臂上爬上了什么……捉住它们！

捉住它们！"他的医生们认为，是利他灵在他的手臂上产生了上下蠕动的错觉。一天晚上，他开始拔自己前臂上的汗毛，疯狂地抓着自己的皮肤，直到手臂上出现了道道红印，这使他更加愤怒，但一旦停止服用利他灵，休斯就又开始神志不清。

一九六一年十一月一日，厨房里的水管突然爆炸，造成了相当大的破坏。房主叫来了一大队水管工，但休斯却连声说："不，不，他们不能进来，别让他们进来。"他最后决定，与其让修房的给感染，不如放弃这幢房子。因此，在一九六一年感恩节的早晨，休斯、简和其他助手一股脑地把东西装进了车里，开回了洛杉矶，他们在贝莱尔重新租了一栋房子。

简·皮特斯静静地坐在汽车的后座上，车子沿着绿茵遍野的山坡行驶。树木郁郁葱葱，其中绝大部分是棕榈树，还有茉莉跟九重葛，这些都是几十年前就种下的。她跟休斯的别墅就藏在里面。房子紧紧地贴着圣莫尼卡山，好像嵌在石壁中一样。汽车在电子门前停了下来，门缓缓打开了。简的梦幻之屋终于慢慢地出现在她的面前，休斯十一年前对她许下的诺言终于兑现了。

那是一幢具有法国古典风格的乡间别墅，石制的阳台，玫瑰花园，还有微微泛着青色的游泳池——当然这是必不可少的。但简的反应看上去有点奇怪，似乎心中仍存有疑虑。曾经有那么多的诺言，到头来都变成了泡影，令人心碎。就在几个月之前，她才刚刚知道，她所钟爱的拉其奥圣菲的别墅并不像休斯说的那样，是专门为她买下来的。当休斯牵着她的手，走到门前时，休斯宣布："这是你的房子，你现在有一个属于你自己的家了。"那时的他显得如此崇高。但一天下午，当一名检察官来到他们的房间里时，谎言顿时被戳穿了。一开始简还以为检察官发现了她有一堆非法的化学肥料，但休斯走过去，付了当月的利息——原来房子是房主租给休斯的。

后来简也承认当时她感到自己被出卖了。"我什么都开始怀疑了。"她并没有因为贝莱尔的房子而恢复对休斯的信任。尽管格雷格·鲍泽和罗伯特·马休再三求情，休斯还是拒绝支付房主索要的五十万美元的标价。相反，他以每年五万美元的价格租下了这栋别墅，一连租了九年，这跟买价相比只差了那么一点点。

很快，贝莱尔成了霍华德的另一个避难所。

在休斯夫妇到达的几个月前，杰弗·乔纳德已经安排他的手下对房子和其他地面建筑进行了全面监管。"为了让它保持无菌状态，你知道的。"乔纳德记得。根据乔纳德的记忆，简先被送到了房子里。当天晚上，一辆雪佛兰停在了黑漆漆的别墅前面。司机下了车，扛着一大堆纸巾盒子，先进了门。当时乔纳德正躲在灌木丛里监视。透过窗子，他看见司机正一边走，一边用纸擦每一个裸露的表面，以决定是否"适当的消毒"。

靠近房子，杰弗从雪佛兰的车窗里偷窥进去，在后座下的地板上，躺着这个世界上最富有的人，身上盖着一条毯子。霍华德在那里躲了大概有三个小时之久。最后，等司机回来报告一切都已经弄干净了以后，霍华德才站起身，穿着睡袍，缓步走进了这所贝莱尔最漂亮的别墅。

在休斯的指示下，整个房子事实上被分割成了两大阵营：简住在南边，而他自己住在北边，很显然，休斯一心要把自己锁起来。他的房间很小，只有六十平方英尺大小，里面有一张床，一把破破烂烂的椅子，一张小桌子，还有一台电视机。门口有站岗的岗亭，连门都是双重的——他想把所有的人都锁在外面——包括简。

但简开始反抗，她每天都去拜访她的丈夫，有时候甚至长达二十分钟。她的电话也同样受到了限制，休斯的监察记录显示，只有在休斯的助手把她登记到休斯的预约表时，她才可能跟休斯打上一次电话。很快，好莱坞内部的知情人士开始叫她"贝莱尔一〇〇一号囚犯"。

起初的一年里，休斯试着至少每天见简二十分钟，时间安排在他吃晚饭之前，这也是他一天吃的唯一一顿饭。通常休斯会在床上一直待到下午三点钟左右，因此简经常在那时到他房里去，尤其是在他有生意上的电话或者他在吃药时。休斯服药的方法很隐蔽，二十年后，简·皮特斯严正声明，她对她丈夫的毒品上瘾一无所知，甚至连一点怀疑都没有。

很快，贝莱尔别墅中的所有矛盾归结到了三点：第一，霍华德要竭力躲避他对简的婚姻责任；第二，休斯只有通过战斗才能保证自己的日常用药；与此同时，他还面临着环球航空公司对他的起诉。

在法庭上，休斯拒不认输，从而引发了一系列的诉讼、反诉讼和禁令，其范围牵涉到十五个独立公司、五十六位律师（休斯方面以切斯特·戴维斯和格雷格·鲍泽为核心）、十一个州的司法系统以及高达两千五百万美元的诉讼费用，也正是这场战斗引发了人们对整日里闭门不出的休斯的"研究"。

这场持久战是从一九六一年的二月十一日开始的。正式宣告开火的是一位马里兰的法庭监守，他站起身，问了三声："霍华德·休斯是否到庭？"霍华德是本案中的众矢之的。环球航空公司的法人代表、马里兰高级法庭和三家财务机构都竞相把传票送到这位"幻影般的百万富翁"的手中。其中环航公司还发出了"通缉令"，不管是谁，只要能找到休斯，公司就给他五万美元。环球航空还派出了一名著名大学毕业的年轻律师弗里德利克·弗斯去洛杉矶处理该事件，随同他前往的还有前联邦调查局的警员阿尔弗雷德·雷克。休斯的隐居生活让他们迷惑不解。弗斯和他在环航公司的老板怎么也想不通，像休斯这样英俊潇洒的亿万富翁，又正值事业的高峰期，居然不肯离开自己那间黑洞洞的小屋。然而他们确实不是罗伯特·马休的对手。在那个时候，商业间谍活动日益猖獗，而马休私人侦探所是间谍队伍中最为狡猾强劲的一支。

在这场"传票之战"中，纽约派过来的人马显然处于下风，因为马休和乔纳德发现了一个假饵，一个霍华德·休斯的替身，而且他们的战略又极为成功。杰弗是在舒沃德药店发现的这个傀儡，当时他正坐在柜台上。他是好莱坞的失业演员之一，正在到处闲逛，寻找机会，希望有人能慧眼识珠，发现自己。乔纳德介绍了自己的身份，然后听那个演员诉说自己的苦衷。他没有固定的工作，但他很有用，因为他看上去长得像休斯。

"那个家伙，布鲁克斯·朗德尔，远远地看过去简直跟休斯长得一模一样。"乔纳德记得。

杰弗给布鲁克斯穿上了皱巴巴的睡衣——那几乎已经成了休斯的标

371

志——然后带他到洛美因总部去接受"演技培训"。乔纳德和马休教他学他们老板走路和说话的样子，甚至带他出去参加一系列精心准备的"休斯表演热身"。多亏了媒介的疏漏，许多人目睹了霍华德在霍恩湖岸边出现，在肮脏的提朱娜大街行走，在赌城拉斯维加斯一掷千金，还在旧金山坐缆车。在旧金山时，休斯的狂热拥趸、专栏作家赫本·亥因瞥见了这个替身，并为他写了一篇文章，《新闻周刊》也信以为真，同样上当的还有洛杉矶的ＫＴＬＡ电视台和内华达的报社。

追捕者们的战线从东部一直拉到西南部，但他们没有发现自己跟踪的不过是一个复制品。布鲁克斯从一个城市转战到另一个城市，而他的追踪者们看上去总是只差了那么一小步。沮丧的环航公司有一次甚至考虑要试探一下"休斯到底是不是还活着"。

现在休斯就待在他自己的卧室里，这是他认为世界上最舒服的地方，布鲁克斯来得正是时候，现在的霍华德正在可待因的压力下逐渐崩溃，他的毒瘾越来越大。

很难说清到底是从什么时候开始的，但休斯的医生和监护人员们确实发现他对可待因的渴求并不是真正的上瘾，而是一种强迫症，然而当他们明白过来的时候，休斯已经把自己锁在房间里了。他们很快又发现，休斯完全是被迫服用可待因和其他毒品的，他甚至排好了服药时间表，一天三次，每次服用都准时准点，一秒钟不差，与此类似的是，连药量都是严格控制一成不变的，液体药剂通常以百分之一盎司为单位计算。

他还对他的药柜着了迷。就像他坚持他的身边必须放有一定数量的黄页纸，他的储藏室里必须有一定数量的波兰水一样。要是他药柜里的纯可待因药片和可注射可待因剂缺了一分一毫，休斯就会陷入极度的恐慌。

就像杰弗里·施沃兹医生说的那样，这些例子正证明了休斯并不是真正的药物上瘾，而是一种强迫性的控制。约翰·查佩尔医生也同意这种说法："休斯服用这些药物并不是为了得到'快感'。"在休斯遗产分配的听证会期间，查佩尔医生曾经为内华达州政府详细地研究过霍华德的用药记录。

"一九四六年的后遗症经常给他带来无法忍受的疼痛，而他服用可待因的结果只是使自己的疼痛变得可以忍受，让他觉得自己还像个正常人。"查佩尔医生总结道。

在休斯死后，全国药物管理会对他的药物服用做了详尽调查，翻看了他十年来的"药物服用数据记录"——这些都是由他的医生和助手保管的。在长达三百五十五页的官方报告中，调查者认为，休斯的医生和助手们系统性地增加休斯的可待因摄入量，直到他完全被他们所奴役。他们利用休斯的恐惧心理，建议其增加鸦片药剂的服用量，却又不保证其连续的药物供给，使他陷入经常性的恐慌。

在他生命的最后六年中，他的可待因摄入量高到足以致死的地步。仅一九六九年一年，休斯就服用了将近两千三百个剂量单位的可待因——跟一个医生开给一个长期虚弱疼痛症患者的剂量差不多。

到一九七五年时，医生们给休斯开出了五千五百个剂量单位的药物，平均每天大概服用四百八十一毫克，而致命的癌症患者每日服用量也不超过两百四十毫克。其中在短短九个月中，西洛杉矶的药剂师洛克斯贝里就以休斯助手们的名义开出了一千张药方，这样做的目的只不过是为了避免外界对休斯产生怀疑。在霍华德死前一年，威尔博医生和他的助手给休斯灌进了八千二百个剂量单位的可待因，而事实的情况是，当时休斯已经昏迷不醒。与此同时，休斯还在注射并服用其他药物。

药物管理会的报告还显示，休斯的手下们知道休斯并不是一个真正意义上的服毒上瘾者，当药剂发生变化时他也不会面临生命危险。事实上，每当休斯的助手们希望休斯能够按照他们的意志去办事时，他们就把可待因的供应减少。这种手段屡试不爽。"他们想让他炒了我的鱿鱼，并把我从洛杉矶赶出去。因此他们就停止对他供药。"罗伯特·马休回忆说，"等到他签约聘用了取代我的代理人之后，他们就把大量的可待因送到他的面前。"

暴风雨中的孤儿

　　盖尔·甘莲站在洛美因大街古堡的外面，仰望着那根从二楼窗口慢慢放下来的绳子。"对不起，这样行不通！"她对楼上在窗口附近来回走动着的一名助理大声嚷着，"我这儿有个巧克力蛋糕！"但没有任何动静。过了一会儿，另一根绳子放了下来，垂在她面前。

　　在盖尔看来，用绳子把蛋糕吊上去，太不可思议了，她大声喊："伙计们，我觉得这样行不通！"

　　难以置信的事情发生了。从上面传来一个声音，让她去房子的后面，"你会看见一扇门。"那个声音告诉她。盖尔手捧着蛋糕，冲到了房子的后面，屏住呼吸站在那里。

　　她听到了房子里开锁的声音。门开了一道缝，一双眼睛露出来了。然后是一双手——伸向盖尔手中的盘子。

　　"求您了，让我看一眼行吗？"盖尔哀求道。那个人犹豫了一下。然后洛美因大厦的门又打开了一点，盖尔——她是和休斯签约的最后一位影星——走上前去。她挤进门，眼前出现的是一条长廊，两边都是房间。有些房间里空荡荡的，空无一物，而有个房间里却放着一架钢琴。

"好了，就这样吧。"那个助理说着，赶紧把她带出了门。

在一九六一年，谁要是能走进洛美因大厦看一眼，那就是莫大的成功。但甘莲还有别的能耐。一九六二年，这位名不见经传的二十二岁的小影星厌倦了休斯公司的那些从不兑现的诺言，毅然走上了法庭，状告大名鼎鼎的富豪休斯，理由是他没有按照合同的承诺给她安排工作。这场著名的官司使人们对休斯的小影星制造工厂有了初步的了解，通过这件事情人们开始更多地了解休斯那神秘的内心世界。很久以来休斯的举止越来越怪异，他已经被媒体戏称为"幻影"。

甘莲最初是在一九五八年与休斯的代表签的约，她参加了一系列的培训活动——上课、看牙医、被休斯的手下带出去吃饭。在这期间她接到过一个男人打来的电话，对方自称是休斯，但她自始至终都没有亲眼看到过他。

她以为自己早晚会亲眼见到休斯，每当她遵照助理的指示一个人去佩里诺餐馆吃饭时，按照指示，她必须穿上一条特殊的红裙子。盖尔对面的三张桌子永远都空着。"我总是在想，也许有一天他会走进来，在我对面坐下。"盖尔记得，很多人说她与年轻时的伊丽莎白·泰勒一模一样。但最终也没有人走进来，也没有人在她身边坐下来。佩里诺的侍者们把这位每天晚上来报到的年轻小姐叫作"红裙少女"。

最后，盖尔接到了休斯电影制片厂发来的庭外调解书。但她对自己在休斯手下的这段经历始终困惑不解，有人告诉她，说休斯正打算再次回归影坛。

甘莲有所不知的是，此时的休斯已经没有任何能力再去追逐那样的梦想了。或者说，他的生命现在已经不是完全属于他自己的了。

现在休斯的手下们已经在休斯的身边筑起了一道高高的人墙，它像洛美因大厦的钢筋混凝土一样坚不可摧而又令人生畏。当诺亚·迪艾克里特离开休斯之后，内丁·亨利和比尔·盖两人一道篡夺了休斯帝国更多的权力，内丁·亨利从四十年代开始就是休斯的私人秘书，而比尔·盖是休斯最信任的摩门教徒，受雇于一九四七年。最后，内丁·亨利和比尔·盖两人都参与了休斯帝国内的政变。比尔·盖还帮助休斯建立了所谓的摩门党。

据休斯的一个摩门教助手说，休斯对摩门教徒的偏爱是从一个电话开始的。那是在一个新年夜，休斯给洛美因总部打了个电话，他怀疑所有人都出去参加圣诞狂欢了，但一个年轻人接了他的电话。为什么圣诞晚上还在工作呢？而且还那么清醒？那个年轻人回答说，他是一名摩门教徒——摩门教徒既不抽烟，也不喝酒。休斯自己是一个禁酒主义者，而且极其讨厌别人抽烟，他不由对这个年轻人的美德大加赞赏。

从五十年代到七十年代休斯去世之前的这段时间，他最重要的助手包括洛伊·克劳馥、霍华德·埃克斯里、乔治·弗兰肯、盖·格林、约翰尼·福尔摩斯、里瓦尔·比别·米勒、詹姆斯·理查德，还有柴克·沃尔德龙。在这些人里，只有约翰尼·福尔摩斯不是摩门教徒（他也是唯一的烟民）。在一九四九年加入休斯电影制片厂之前，他是一名销售员，在制片厂，他的工作是司机，并担任着小影星们的监护人的角色。

休斯的许多手下在加盟休斯帝国之前都干过不同的行业。比如说，詹姆斯·理查德，他曾经是一家汽车电影院的经理，还做过伐木工和锯木厂老板。而里瓦尔·比别·米勒在大学毕业之后，只是一个数控铣床机操作员。盖·格林毕业于犹他州立大学，是一个"来自农场的小伙子"，后来是通过堂兄的介绍来休斯公司应聘的。后来，他成为比尔·盖最得力的助手。

他们中的许多人一开始通常干的都是司机或保镖。针对休斯对食物和细菌日益奇怪的癖好，他的一些助理百般迎合。在他们跟休斯签订的合同中，任何人不得谈论自己和雇主的关系，因为休斯本人坚持要做到保密。但颇具讽刺意味的是，最终被这条禁令束缚住的是他自己的健康，因为他的助手们逐渐发展自己的势力。

休斯的这些摩门教徒对权势充满渴望，他们早在休斯的诺塞克事件之后就开始筹划着要对付简·皮特斯。因为简是唯一的一个既不会受他们的摆布又无权拒绝靠近休斯的人，她是阻止他们完全控制世界上最富有的人的最大的绊脚石。他们最终的成功超出了他们自己的预期。一九六一年的贝莱尔庄园被分成两大阵营，简·皮特斯自己在一边，而霍华德和他的助手们则一起站在另一边。

媒体对休斯帝国内部的戏剧一无所知，他们关心的是一些从外部拍摄的照片。直升机盘旋在山顶别墅的上空，希望能拍到简在晒日光浴或在花园里干活的照片。有些新闻杂志的记者甚至为此就在街头露营。霍华德·休斯成了一个巨大的谜，艺术家们开始以他的生活为蓝本搞艺术创作。哈洛德·罗宾斯一九六一年出版的畅销书《投机倒把》描写了一个与休斯颇为相像的富商巨贾，他对女人有着无穷无尽的欲望。电影题材自然也少不了这样的桥段，乔治·贝巴德就扮演了一个休斯式的大亨：一个电影界的巨头，同时也是飞机制造商。

也正是在贝莱尔居住的这一段时间，简开始意识到，她的婚姻已经真正的无可救药了。

一九六六年七月十日，休斯内心和身边那扇密封已久的城堡突然打开了。霍华德摆脱了他的抑郁，戒掉了可待因，他甚至拒绝接受助手递给他的可待因，甩掉了抑郁的重重枷锁。

他很快把简唤回到他的生活里，在那间洒满阳光但却生硬地隔开了两人的起居室里，他承诺说，他会去找另外一所房子，不是那种阴森恐怖的城堡，而是东部的一座别墅，再也不会有那些摩门教徒挡在他俩中间了。她以前已经听过这样的承诺。

休斯向她透露了自己的计划。首先，休斯说，在法院还没有从他的环航公司里抢走那些税之前，他得先逃出加利福尼亚。于是，他去了波士顿，去寻找他们的梦中家园。"不，"简说，"我们一起去—— 一起去找。"

休斯向她发誓，要她相信他。他一定会找到这样的地方，然后他就会马上把她接过去。

这种僵持不下的局面持续了好几天，最终，他们原本已经缓和的关系又开始紧张起来。就像杰弗·乔纳德说的那样，简给休斯下了最后通牒：要么，他们就搬到一起住，最好搬到农场；要么，就此别过。

"他告诉简，他要去波士顿的一家医院进行治疗，他会安排人去寻找农

377

场，跟他的律师切斯特·戴维斯住的那种农场那样。"

但皮特斯根本不相信他。

七月十五日早晨，休斯通知罗伯特·马休为他安排乘车事宜：他将于七月十七日晚上坐火车离开加州。马休必须为他安排两辆最好的私人轿车。"一辆给您和简，另一辆给其他人，是吗？"马休问。"休斯夫人不来。"休斯冷冰冰地回答。

大约是在十七号中午的时候，助手们开始把霍华德的行李箱和文件柜搬出他的房间。皮特斯在走过花园时注意到，她的丈夫还搬出了他那把破烂陈旧的躺椅、空气清洁器、放映设备和电话扩音装置。他的言下之意很明显：他不会再回到贝莱尔一〇〇一号了。

夜幕降临了，霍华德把他那些成箱的衣服和他的幸运帽收拾到一起，然后站在别墅外等待着他的助手们。

简听见汽车的发动机响起来，然后开进了车道。从窗口望出去，她看到她的丈夫抱着那几件可怜兮兮的行李等待着助手们的到来。然后，她在地上画了一条线。如果他能转过身来跟她说声再见，她就会走进起居室，那是他们感情的真空地带。

半个小时过去了，约翰尼·福尔摩斯和休斯的其他助手把行李装上了车。最后，休斯一头钻进了汽车后座，他甚至没有回头再看一眼。汽车缓缓开下山，开出了别墅的大门。

现在，贝莱尔庄园里只剩下休斯夫人自己，她等待着丈夫的电话或消息，哪怕是一声告别。

当丈夫的最后一个手下离开了别墅之后，简的心里充满了悲伤。霍华德对她感情上的残忍和人格上的背叛深深地刺痛了她的心。当她独自徘徊在空荡荡的山顶别墅里，当她试图理清自己跟霍华德这二十年来的情感迷局，她问自己：霍华德对她的爱难道只是一场精心筹划、毫无感情的游戏？

很多年来，霍华德对她始终像对待一个精致漂亮的芭比娃娃，而她美丽而伤感的出现只是对他的生命的装饰，她要永远耐心地等待着他"需要她"

的那一刻。十年之后，简拿到了 UCLA 的文学学士学位，这使得她能够实现自己计划很久的愿望：回到俄亥俄，当一名老师。

简最后终于与休斯给她留下的这次感情浩劫达成了和解。"我最后终于明白，他是一个社交恐惧症患者，他完全无法理解别人的需要。"简回忆说，"我相信，这是对这个和我共同生活了二十年的男人最恰如其分的界定。"

"他很容易受到别人的操纵，尽管他同时也是一个充满魅力的男人。从某种程度上说，他很容易让人动情……而且很有说服力，这是一个谜，我想。但我只能说，我对他的信任已经消失殆尽。"

《瞭望》杂志的主编莱斯丽·米德利曾对休斯有过近距离的观察，当时，外界正因为休斯和艾娃·加德纳的重归于好而闹得沸沸扬扬，而休斯则竭力安抚简·皮特斯受伤的心。当时，他住在拉斯维加斯的弗拉明戈大饭店的一个小房间里，凌晨时分，他给皮特斯打电话。"仅仅听到他在电话里的声音，我就意识到……他是如此的富有魅力，"米德利回忆道，"他的声音里充满了真挚、关怀和爱意，谁能拒绝呢？有时他会发怒，但同时他也令人无法抗拒，只要他愿意。"

这列轨道电车原来是为老威廉姆·伦道夫·赫斯特建造的，当休斯到达车站的时候，这辆车早已跟火车车厢挂好了，一队由五人组成的贝莱尔巡逻队向他点头致意。其他登车的旅客看到守卫人员手里的枪支，其中还包括一支轻机枪，心里顿时警觉起来。

十点二十分，"洛杉矶快车"驶出了火车站，载着休斯离开了加利福尼亚，离开了他生活了四十年的第二故乡，那里留下了他最辉煌的胜利，也有他最心酸的潦倒。火车一路向东，霍华德把他的手下赶出了他的豪华包厢，然后自己坐下来，拿起了钢笔和他常用的黄色便签。

他的心头充满了负罪感。一想到可怜的简被一个人孤零零地扔在阴暗无光、空无一物的贝莱尔别墅，他的心都要碎了。他在纸上发疯了似的涂写着，试图找出适当的话语，去安慰那个他深深爱过的女人。二十年前，当他第一次遇到她的时候，他就爱上了她，那个时候，他的世界简单得多，而那时的他还那么英俊潇洒，风度翩翩。

在他那歪歪斜斜的笔迹下，他写道："亲爱的简，最初，我没有过一丁点要离开的想法。在我离开之前，你总是拉着一张脸。我问你为什么，你说因为我又要像上次那样溜跑了。"

毫无疑问，休斯说的是两天以前他对简许下的诺言：他会找到一所房子作为两个人的静养地，他们的"电话婚姻"也会就此结束。皮特斯提醒他，在搬到贝莱尔庄园之前，他也许过这样的诺言；他承诺说，他们会住在一栋房子里，而那些如影随形的助手会消失得无影无踪。

在偷偷溜出贝莱尔之后，他坦承："是我违背了我们的合约。"他继续说："在最后的时刻，我无法面对再次回到电话婚姻的那种状态，因此我拖延着（没去寻找房子）。你让我知道，我们曾经的那种亲密和信任已经被破坏殆尽了。"

"整件事的关键在于，如果你跟我一起来，那么我们将别无选择。因为从那时起，我们就属于我们所在的那个城市。但如果我一个人先去的话，我们两人可以四处看看，描述一下我们各自看到的东西，这个地方有什么东西，如何获得这些东西。等对方到了之后再做决定。"

休斯担心，他也许已经永远地失去了简，因此他提到，在之前的一次谈话中，他答应和简一起去寻找他们的梦中家园，他们将会买下一所"玫瑰满地的闺房"。没有那些无处不在的助手，没有永远紧闭的大门，也没有遥控式的电话记录。

"我必须离开，"他悲伤地写道，"我已经告诉了每一个人，我们要离开，因此我不想食言。但我也不想让你担心。"他最后署上了自己的名字："爱你。霍华德。"

然后，他决定加上附言："我亲爱的太太。"然后，他又用红墨水在上面重重地画了一个叉。

"亲爱的，"他继续写道，"我会按照你希望的那样去做。我别无选择。我很明显地感觉到，你不想让我继续这么做。但如果我现在停下来的话，我觉得，这可能也不是你所希望看到的。所以，我将再次离开。"接着，他用大写的字母写道："我希望这是我们回头的开始。"最后，在信纸的底部，他也涂了一行字给自己，当然他并不想让他的助手把这个也送出去。"给你一个惊喜"，他写道，用的也是大写字母。

火车在圣伯纳尔迪诺站停了下来，霍华德给太太派去了一个信使。他还口述了一个更简短的告别道歉书。

然而，这两个原本要在波士顿写好并发出的电报，并没有被送到简·皮特斯的手中。休斯的那些摩门教徒不愿意让老板的婚姻破镜重圆，因为他们一直在推波助澜地毁掉这场婚姻。不仅如此，这次被刻意毁掉的联系让霍华德失去了他在这世界上仅剩的一段亲情。现在的霍华德已经真正是孑然一人了。

在休斯敦的休斯财产公审案中，休斯的助手约翰尼·福尔摩斯说，他记得他记录下了休斯那段短短的口信。"我记不清他具体的措辞，大致上是说他很爱她，还说他会回到她的身边；还有，他期待着他们重聚的那一天。"但同样在这个证人席上，简·皮特斯否认收到过类似的消息。

两天之后，当豪华列车开进波士顿时，全世界的媒体都想尽办法证明，车上那位神秘的乘客就是霍华德·休斯。

七月二十三日星期六，《洛杉矶先驱检查报》在头版上登出了霍华德的照片，底下配的标题是："猜猜看游戏：霍华德·休斯？"这篇报道描述了这个"被严密封锁的旅程"和火车在芝加哥转车开往纽约中心铁路局时的"守卫重重"。"在横跨全国的旅行中，这位神秘的客人所需要的食物都写在一张纸上，食物被放在两节特殊车厢的门口。"记者写道。火车到达波士顿之后，一个满脸胡须的男人出现了，他穿着一件大衣，里面穿的是一件长袍，他迅速地走出了火车站，飞快地钻进了在车厢外等候多时的豪华轿车里。

就在同一天，《波士顿环球报》宣布，一位神秘的客人已经下榻里兹·克莱顿大酒店。"这个人可能就是霍华德·休斯。令整个事件显得越发神秘的是，罗伯特·马休也出现在这家酒店，他现在是休斯的得力助手。"

这个亿万富翁包下了里兹·克莱顿大酒店的五层，并派守卫人员封锁了电梯和紧急出口。美国东部的媒体纷纷编造出各种各样的故事：有的说他患了一种奇怪的疾病，有的说他的私人军团"正在饭店里巡行"。

五个月之后，简·皮特斯·休斯来到了这里，《波士顿环球报》却报告说，她的丈夫已经危在旦夕了。但事实上，皮特斯不过是想再给休斯一个机会，以挽救他们的婚姻。

躲在门后面的助手们都听见他们在里面说话的声音越来越大，随之而来的是一连串的承诺。那天晚上，休斯亲口告诉马休说，"比尔·盖和他的手下毁掉了我的婚姻"。

在简·皮特斯在这里的第三周，也是最后一周里，霍华德对她承诺说要在纽约的西切斯特买一幢公寓，还要买"一艘大游艇"去东海岸巡游。"就像我们一直以来梦寐以求的那样。"他告诉太太。

"他编造了一个美丽的童话故事，听起来生动真实，令人向往。"杰弗·乔纳德回忆说。所有人都注意到了，简的情绪发生了翻天覆地的变化。但这最终只是一场残忍无情的闹剧，因为"老大"，就像休斯的助手叫他的那样，早已在谋划着进军拉斯维加斯了。

三个月以后，休斯把马休传到他的床边，宣布他想要搬到拉斯维加斯，他要成为新的赌城大亨。他终于想好了怎么花掉从环航公司意外得到的这笔五千万美元的横财。他还宣称，他将成为"赌城最大的钻石王老五"。他告诉马休，他会换掉那些保镖。他辞退了比尔·盖，让马休来补他的缺。"洛美因的那帮混蛋已经毁掉了我的生活。我要让这帮好莱坞的混蛋滚蛋。"

能够成为休斯的最高副官，马休高兴得几乎要跳起来了。多年来他一直认为这帮摩门党就是一群见利忘义的小人，他们一心只想控制休斯和他那笔巨大的财产。他欣然接受了这个任命。

接下去就是一场内战，战争的双方是罗伯特·马休和威廉姆·盖，威廉姆·盖在控制着洛美因总部。而休斯只是一个人质，他的生命和健康最终完全取决于这场内战的结果。

马休租下了沙漠旅馆顶楼的房间，派了两节豪华车厢把休斯拉到拉斯维加斯。但火车在犹他州的奥登抛了锚。虽然修复它只需要四个小时，霍华德还是从床上坐起了身。"我们有麻烦了，鲍勃。"霍华德说，"我们要在黎明之前到达拉斯维加斯，现在看起来不行了，我不能也不愿意一下车就被围观。"

马休烧毁了电报线，他到处寻找火车头，希望能在黎明之前把他们的车拖到拉斯维加斯。他最后在盐湖城附近找到了一辆，然后以一万七千美元的价格把它调到了抛锚地点。

终于，当休斯到达拉斯维加斯的时候，天色还是一片漆黑。他躺在担架上被抬下了火车，身上仍然穿着那件蓝色的睡衣。车子把他送到了沙漠旅馆，时间是一九六六年的十一月二十七日凌晨四点十五分。

汽车在旅馆的后门停了下来。工作人员把霍华德放在货梯里迅速地送到九层的房间里，那里所有的窗户已经被封得严严实实，窗户上还挂着密不透光的窗帘。八楼的两个房间则成了庞大的休斯帝国新的神经中枢。

休斯和马休宣布，他们有意在一个月之后将沙漠旅馆买下来，目前正在与对方的老板谈判。它将成为休斯的"沙漠帝国"的基础。

虽然马休建议休斯将他已经到了拉斯维加斯的消息告诉简，但休斯对他的话置若罔闻。"她会跟着我到这里来的，"他自信地预测，"我知道她并不在乎我们到底住在哪儿，她只在乎我们是不是住在一起。"

在贝莱尔庄园，一群电视新闻记者把简的别墅团团围住，正是从他们那里休斯夫人才知道了丈夫的下落。"当她发现他去了拉斯维加斯的时候，她勃然大怒。"乔纳德回忆道。这时，他的手下仍然在监视贝莱尔别墅。

门口的两个守卫听见了屋子里传来一阵枪响。接下来，就是令人毛骨悚然的寂静。他们相信，休斯夫人很可能已经自杀了，因此杰弗拨通了洛美因总部的电话。

当简接听了床头电话时，他们方才放心了。"她对霍华德把家搬到赌城愤怒异常，她开始喝酒，然后开枪射向了价值十五万美元的铜天花板。"乔纳德回忆道。

这个消息传到沙漠旅馆，休斯的心中再次充满了对简的歉疚之情，他马上派马休去做了一次疯狂的大采购。"去把这里最好的两栋别墅找到，立即买下来，"他交代马休说，"你知道休斯夫人喜欢哪种风格的别墅，最好是传统型的，还要有足够多的房间让用人和随从住。"然后休斯又开始埋头于他那笔买下拉斯维加斯的生意——他还要彻头彻尾地改造它。

他发誓要关掉那些春宵一夜值千金的应召女郎的大本营，这里的常客是那些衣着花里胡哨的流氓，他们常常自称是"来自底特律的男孩"。他想象中的拉斯维加斯应该是另一种样子，赌博和夜生活只是这个城市生活的基础，它还要拥有豪华饭店、五星级餐厅，还有绚丽多彩的儿童乐园。就像休斯给马休的备忘录里写的那样："当我想起拉斯维加斯的时候，我想到的应该是身穿燕尾服的衣着得体的绅士，身穿皮大衣、珠光宝气的女士，出入都是豪华轿车。"但休斯的对手非常危险，他们背靠芝加哥的恶势力，由山姆·吉安卡娜带头，并且暗中得到运输公司老板吉姆·霍法的支持。

"霍华德的计划听起来有些冒险，"记者詹姆斯·费伦回忆道，"在他之前，没有人能够完全拥有这个集度假地和赌场于一体的城市，而霍华德竟然想把整个赌城都买下来。"

他有这个实力。在一本记录中，他透露，自己的整个帝国"价值超过二十亿美元"。

关于这一点，休斯很敏感。一九六六年，当他得知一份小报把他称为"一个偏执狂患者和神经错乱的百万富翁"时，他怒气冲冲地说："去他的，我是亿万富翁！"

从一九六六到一九六八年的两年间，休斯建起了有史以来最了不起的拉斯维加斯。他在这个城市里的投资很快就使他成为赌城历史上最大的个人投资者。他在赌城的豪购开始于一九六七年三月三十一号以一千三百二十五万美元的价格买下的沙漠旅馆。四个月后，他花了两千三百万美元买下了沙滩饭店。然后是卡斯塔威（三百三十万美元，一九六七年十月二十六日）、前线饭店（两千三百万美元，一九六七年十二月二十八日）和银滩酒店

（五十四万美元，一九六八年四月三十日）。银滩酒店就坐落在沙漠旅馆的对面，当休斯买下它时，有传言说他正打算把赌场房顶上的那个旋转的巨型高跟拖鞋的标志拆掉——这里夜间常常一片通红——惹得休斯总是睡不着觉。但休斯买下它之后，那双鞋仍旧在房顶旋转着。

休斯的豪购仍在继续。他与星辰饭店的那笔生意虽然没能成交，但后来他买下了路标酒店（一千七百三十万美元）和里诺的哈洛俱乐部（一千零五十万美元）。

他还买下了拉斯维加斯的KLAS电视台，这家哥伦比亚广播公司的附属机构花了他三百六十万美元——他总是向他的助手们抱怨电视台在凌晨时段的停播政策。休斯希望电视台能播映通宵电影。此外，他还希望自己喜欢的那些影片也能在电视上播映。在买下KLAS电视台之后，通宵电影成了KLAS电视台的固定节目。

休斯的拉斯维加斯收购计划还包括两幢豪华住宅，他希望这两幢别墅能把简吸引到沙漠来陪他。一所是里德尔别墅，地处高端社区，美国喜剧演员巴迪·哈克特、美国流行歌坛女子组合麦圭尔姊妹中的费丽斯·麦圭尔（她也是犯罪组织头目萨姆·詹卡纳的情妇）等名人都居住于此。而再往城外走，在如诗如画的红岩峡谷，有一座五百一十八公顷的克鲁伯农场，它原来的主人是德国军火巨头阿尔弗莱德·克鲁伯的妻子维拉·克鲁伯。这两处房产花费了休斯一百万美元，但简·皮特斯从来没有踏足过任何一处。

与此同时，休斯继续吞并着其他地产和生意。在短短一年的时间里，他就为他的新目标投资了六千五百万美元。休斯买下的饭店总共大概有两千个房间，这差不多是赌城客房总量的百分之二十。在这个充斥着各色赌徒的城市里，休斯是最大的玩家。

作为内华达州当地最大的房产所有者，休斯让他的代表与美国原子能委员会主席林登·约翰逊多次接触，表达了他对内华达地下核试验的关注。媒体继续质疑，他的恐惧不过是出于经济上的利益——或者只是因为他个人的莫名恐惧。现在回想起来，不管休斯的出发点是什么，他的担忧并非毫无根据。他又走在了他的同时代人的前面。

与此同时，他的怪癖却在日益升级。尤其是在用餐时间。曾经在一段时间里，他习惯了照着斯文森电台的美食系列用餐，火鸡套餐是他的最爱。但休斯不喜欢把白肉和红肉混在一起吃，他更喜欢用酥皮桃子馅饼做伴餐，而不是苹果馅的。他叫来了一个助手，通知他跟斯文森电台联系。"叫他们把酥皮桃子馅饼换成火鸡大餐，然后把那些红肉全部拿掉。"但就在这个过分的要求得到满足之前，休斯很快发现了他的新爱：雅宝快餐连锁店的炖牛肉三明治。厌倦了三明治之后，他又喜欢上了薄如蝉翼的牛肉片，跟土豆和豌豆一起吃。豌豆都是用他的特别容器特别处理过的，因为休斯觉得太大的豌豆根本就不能入口。

至于餐后甜点，休斯喜欢蛋糕和冰激凌——但并不是随便哪种蛋糕或冰激凌。在沙漠旅馆里，饭店的主厨被要求把休斯吃的巧克力蛋糕切成标准的正方形；休斯有时会先用尺子量一下，以确保蛋糕切得符合标准。要是有一块蛋糕不合他的要求，蛋糕就会被退回去。

对于沙漠旅馆的厨房来说，休斯对巴罗连锁店的香蕉榛子冰激凌的偏爱几乎酿成了一场灾难。有一次，休斯听说自己最喜欢的这款冰激凌断货了。于是，按照他的指示，饭店特别做了一次采购。采购的结果是，饭店的冰箱里立马塞满了整整三百五十加仑的香蕉榛子冰激凌。当休斯的兴趣转向另外一种新风味——法国香草时，饭店只好坚持不懈地推销他们的库存。事实上，当赌城的观光客中了头奖时，饭店会出乎意料地给他们特别奖励——几品脱的香蕉榛子冰激凌。饭店用了整整一年的时间，才把休斯的那些冰激凌推销完。

如果说，休斯是拉斯维加斯最引人注目的新闻人物的话，那么，事实上，自从他到达拉斯维加斯以来，还从来没有人在公开场合看到过他。一个庞大的财团突然开始质问，他们提出了一个重要问题——霍华德到底是不是还活着？休斯来到这个城市已经一年多了，政府官员保罗·拉克索尔特成为人们攻击的对象，因为正是他同意霍华德缺席赌博控制委员会的。

"如果休斯根本就不在这里怎么办？如果他已经被一个家伙冒名顶替了怎么办？"保罗·拉克索尔特问，"你能想象这种全国性的丑闻会导致什么样的严重后果吗？"

保罗·拉克索尔特求助于胡佛，让他命令ＦＢＩ帮助调查此事。"为了使内华达的公众相信霍华德·休斯还活着，也为了确保要求注册的人还活着，我们必须为此付出努力。"

在长达十天的调查之后，ＦＢＩ竟然通知内华达说，"他们不能保证霍华德·休斯还活着，或者说，他们不能保证住在沙漠旅馆九楼的那个人就是霍华德·休斯"。胡佛建议拉克索尔特"找个办法亲自跟休斯说上话"，然后亲自做出判断。这个要求由罗伯特·马休传达给了休斯，这立刻让沙漠旅馆的那些助手不安起来。因为休斯绝不能见任何人。

"事实上，要是他们真的见到我的话，我以后所有的请求都会被拒绝的。"休斯警告说。就这样，在马休的协调下，双方被安排了一场电话会议。

在会谈前的四十八小时内，助手们减少了休斯对可待因和安定片的服用量，又替他精心准备了一份发言稿，然后把休斯和保罗·拉克索尔特的通话时间定在一九六八年一月五日。多亏了那份准备充分的发言稿和休斯从容不迫的风度，拉克索尔特"暂时"相信了跟他说话的人就是休斯。

但由于休斯打电话时使用了电话扩音设备，因此屋子里充满了奇怪的回声，这一点又使电话那头的保罗·拉克索尔特州长心烦意乱起来。"这是一次奇怪的对话，声音听起来很怪异，平静中充满了不安。"保罗·拉克索尔特回忆说。他决定尽快安排一次面对面的会谈。

但休斯此时已经完全不可能亲自出席这场会谈。因为他在毒品中越陷越深。

一九六七年三月的第一周里，霍华德注射了三针可待因，还服用了三片"蓝色炸药"——这是他的助手们对十毫克安定片的称呼——然后，他邀请简·皮特斯来跟他一起共度周末，"讨论购买别墅"的事。皮特斯的心中仍存有一丝和休斯复合的希望，她在两天之后飞到了拉斯维加斯。但这时的休斯已经连从床上起来去跟她见一次面都做不到了。

"他时而神志清醒，时而意识模糊，完全不能控制住自己，这对他来说一定可怕极了。"雷蒙德·弗勒医生说，"他留下的几千份手稿也正说明了休斯当时的真实情况。开头的几十页完全是胡言乱语，然后接下去的二十多页却都是对公司的指示，清晰而理智，但再后来的内容说明他又陷入了意志混乱、语无伦次的状态。"

简在她的套间里耐心地等候了四天，几乎要在摩门教徒们送来的记录和报告中憋死了。最后，她愤怒而失望地回到了贝莱尔别墅。由于休斯始终对简隐瞒着他的一切，简只觉得她的丈夫离她越来越远，她完全接触不到。她对休斯对毒品严重上瘾的事一无所知。她同样也不知道，同时服用安培灵和可待因会给休斯带来什么样的伤害。许多年以后，她回忆说，她只看见过休斯服用一种药物，那就是安培灵，"一种类似于止痛剂的阿司匹林"。

为了缓解简在贝莱尔别墅里孤身生活的孤独，身在拉斯维加斯的休斯在此期间一共给简打了一百一十四次电话，电话大多是在下午，那时候休斯正处于半清醒状态。

三年之后的一九七〇年，简·皮特斯·休斯宣布离婚。

休斯试图劝她回心转意，向她滔滔不绝地描绘克鲁伯农场的宏伟壮观。但简说，除非他自己先搬进去，以此证明他正在回归到一种"正常的生活方式"，否则的话她绝不搬到那里去住。

休斯向简恳求说，他不能先搬进去，但他保证"你搬进去一个月之后"，他就会搬进来。

简还是看出了休斯的弦外之音。拉斯维加斯只不过是另外一场"电话婚姻"，休斯将继续留在沙漠旅馆里，而她自己则将被困在远离城市的野外。

于是，她正式起诉离婚。她的要求很简单：她要自由，还有每年七万美元的赡养费。休斯大为震惊，他答应给她几百万美元。但简坚持自己的要求。

尽管离婚手续已经在办理中，休斯仍然拒绝放弃最后一丝希望，每个星期他都给她打两三个电话，写两三封信。他甚至租下了贝莱尔街对面的房子，派手下住到那里去，每星期给他送两次与简有关的最新汇报。当简开始跟二十世纪福克斯公司的制片人斯坦·侯约会时，休斯及时收到了有关这桩爱情的详细报告。"我们该怎么阻止它？"他冲着比尔·盖大喊，"她还住在我的房子里呢！"但一切都已经不能挽回。简最终与斯坦·侯共结良缘。

被监禁的人

随着马休在整个集团的地位日益重要，很早之前，休斯的手下就意识到，唯一能够使休斯同马休疏远的办法，就是听任休斯的偏执症继续恶化，而要想保证这一点，最保险的办法就是给他提供更多的安定片和可待因。通过对霍华德药物最高和最低摄入量的追踪，尤其是对药物效力变化的观察，休斯的私人侦探们同美国禁毒署的官员们证实了酒店九层的这位老人受到了怎样的"恶意摆布"。

有一次休斯的发疯是由沙漠旅馆的复活节找彩蛋游戏引起的。这次活动吸引了整个社区的居民、社会精英和媒体的广泛参与。这也为记者们提供了当季最好的拍照机会。

然而霍华德却指示马休，让他将这次"危险的聚会""立即取消或改换他地"举行。马休虽然有着极强的执行能力和政治手腕，却对休斯的这个指示拒不执行。"对于沙漠旅馆来说，这次盛会可谓有百利而无一害，"马休写道，"取消这次活动，将是一次严重的失误。"

在服用了五倍于正常摄入量的可待因之后，休斯恳求马休："求求你，鲍勃，大清早的，别跟我吵架，我很清楚，对于你来说，这个找彩蛋游戏根本就不算什么，只不过是这里的有些人逼着你这么干罢了。"

但鲍勃也向休斯请求道，他可以什么都不管，但要考虑一下孩子们。

在又注射了两支可待因之后，休斯体内的药物含量差不多已经达到二十毫克，他越来越怒不可遏。休斯开始一遍又一遍地整理着那些黄色便签。

为了大家共同的好处，当休斯低声咕哝着说"到处都是敌人，处处跟我作对，没人站在我这边"时，他的助手们立即表示支持。据备忘录显示，休斯当时曾宣称，"在拉斯维加斯，确实有一部分人喜欢这个活动，但有一伙人要故意败坏我的名声，"然后他又补充说，"这伙人无所不为。"在休斯日渐恍惚的意识里，"无所不为"的意思是，那不过是一场"小孩子们的把戏"。

还有更多的例子证明当时的休斯已经完全与世隔绝。有一次，他让马休去佛罗里达海岸附近举办一场水上派对，以此庆祝即将到来的"阿波罗十三号"发射，并彰显休斯飞机制造公司对这项使命的贡献——月球观察仪，它把信息从月球表面送回地球。受邀来到这艘一百五十英尺的游艇的VIP来宾中，有美国副总统斯皮洛·阿格纽、电视新闻播音员沃尔特·克隆凯特，还有航空员和他们的太太。马休一直忙到凌晨两点钟，才回到了酒店房间。尽管如此，休斯还是想在电话里听一听整个宴会的全过程。"给我说一说，从头讲起……"休斯急切地说。

当马休一五一十地报告时，休斯时不时地插上两句："要是我在现场该多好啊！"在将近三个小时的电话之后，马休放下电话对太太说："亲爱的，我刚刚同世界上最可怜的人通了电话。"

一九七〇年，马休与摩门教徒之间的苦战终于残酷地结束了。具有讽刺意味的是，结束马休厄运的，正是休斯与CIA的密切合作。当马休还是一名FBI成员时，他就同CIA有过合作。由于休斯生性喜爱间谍活动，又是CIA最大的间谍设备供应商，CIA当局相信，霍华德就是他们绝密行动的绝佳负责人：打捞苏联在太平洋西北部的潜艇，代号"詹妮弗计划"。CIA希望能找到潜艇上的核武器、攻击目标以及密码等数据，但谁能够为休斯提供最好的入场券呢？

CIA 和 FBI 之间的备忘录显示，从一开始，他们就否决了马休。一份报告指出，他"太危险，对于过去的行动又知之甚多"。因此，他们选择了摩门教徒集团的头目比尔·盖。

霍华德对这份新合同高兴得发狂：他的梦想之一就是成为美国间谍组织的重要部分。在他看来，在这个问题上，马休做不到的事，盖全都做到了。

休斯同意将为 CIA 建造一个巨型的远洋航行设备，表面上，它的作用是进行"海底矿藏的开发"。设备的名字叫作"格罗马"，最终造价为二亿五千万美元。

一九七〇年十一月十三日，这位亿万富翁从他的病床上爬了起来，他的工具公司和 CIA 之间正式签订了合同。休斯委派他的财务顾问雷蒙德·霍利迪向 CIA 保证说："他百分之百地愿意为间谍站作掩护——这将成为一个高级机密。"

对于马休来说，CIA 对他的拒绝简直就是侮辱；而对于威廉姆·盖而言，这完全是意外之喜。当有人第一次提到马休时，CIA 的主管威廉姆·科尔比马上拒绝了："他太危险了。"他告诉参加该计划的 CIA 成员——该计划的公开名称是"休斯－格罗马探测器"。

休斯的助手雷蒙德·霍利迪把科尔比对马休的看法简要地告诉了休斯，休斯对马休的信心也产生了动摇。

休斯还责备马休把一个"美女加美酒的周末狂欢会"给活生生地搞砸了。那个晚会是霍华德为议员爱德华·肯尼迪特地举办的。这位议员先生此次来到拉斯维加斯，是来做政治演讲的，他要得到"他想要的一切东西——包括最漂亮的女郎"。马休不折不扣执行了这个命令，他找来了当地最漂亮的金发美女。当她结束了沙漠旅馆的歌舞表演，从楼梯上走下来时，在场的人个个都屏住了呼吸。

不走运的是，一位小报记者紧紧地跟在肯尼迪的身后，他穿过灯红酒绿的夜总会，一心想把议员先生逮个正着。第二天一早，"肯尼迪和丰满的金发女郎"的八卦就出现在一家英国小报的头版头条上，很快，这个八卦消息飘过了大西洋，又出现在《纽约邮报》的显著位置。

"马休一手毁掉了一场政治行动。"休斯在给比尔·盖的信中写道。从他跟ＣＩＡ签约的那天起，休斯就不再接听马休打过来的电话。现在所有的信息都必须通过他的那些摩门党助手过滤之后才能送到他的手中，而很多信息都到不了休斯这里。

马休拒绝接受休斯对他的沉默，他给老板寄去了一封言辞激烈的通知信。在信中，他向这个他为之辛勤工作了十四年却从未谋面的老板发起了挑战："有时我想，该是时候了，你该从九楼的房间里走出来了，或者更简单一点儿吧，直接坐电梯下来，来直接与这个世界正面相对。到那时，对于那些一直以你的名义来面对世界的人，你或许会有些同情。你对他们的依赖，让他们一天又一天地在孤独中入眠。"

一九七〇年十一月二十五日——感恩节前夜，休斯和他的助手们突然失踪了。九楼的电话没有人接听。盖拉了一条新的电话线，直通洛美因总部。

为了等到休斯的消息，马休等了将近一个星期，终于，这位前任ＦＢＩ长官走上了九楼，这里的一切让他诧异不已。所有的桌子和警卫岗亭都不翼而飞——五天前，一个搬家公司已经把它们都搬走了。房门都没有上锁，床上一片凌乱。但最大的变化是休斯的套房，这里已是人去屋空。那张病床、那沓黄色备忘录、那个装满了药物的保险箱，还有那些堆得小山似的电影胶带，全都消失得无影无踪。

"噢，天啊，"马休想，"老头子跑了。这里发生了什么事？他是怎么从这个饭店里逃走的？"

在过去的七天里，休斯的套房没有接到过任何电话，而他没有要求酒店提供任何服务，更没有人员出入这里。马休只能推断：休斯已经被威廉姆·盖那帮家伙给绑架了。

马休向《拉斯维加斯太阳报》的主编汉克·格林斯庞报告了休斯失踪的消息。同时接到消息的还有ＦＢＩ拉斯维加斯办公室和内华达州州长保罗·拉克索尔特。但按照ＦＢＩ局长埃德加·胡佛的建议和指示，警察局和媒体还是暂时把"绑架"的消息给压了下来，"在得到更多的证据之前"，暂时按兵不动。

FBI拉斯维加斯办公室发起了一场全国范围的大搜查，寻找这位失踪的亿万富翁，搜寻的重点集中于休斯过去经常光顾的地方——好莱坞、棕榈泉和佛罗里达。十二月五日，FBI拉斯维加斯办公室报告说："我们得到消息，《拉斯维加斯太阳报》主编汉克·格林斯庞认为，霍华德·休斯已被诱拐并被运送出境——可能是为了夺取休斯帝国的控制权。该报打算在十二月六日公布该消息。"

格林斯庞说到做到。十二月六日的《太阳报》以头版头条登出了爆炸性新闻："霍华德·休斯失踪！手下心腹难脱干系"。在格林斯庞的专栏里，他暗示说，这位亿万富翁被注射了毒品并被绑架，甚至可能已经死亡。这一消息顿时传遍了全球，各大媒体的报道铺天盖地。但一名记者最后联系到了休斯本人，此时他已经被安顿在巴哈马群岛的一家豪华饭店里。

此后不久的十二月八日，马休就被剥夺了所有权力。霍华德给拉克索尔特州长打了电话，而后者又通知了联邦调查局。FBI的一份报告写道："昨夜，州长拉克索尔特与休斯通过话，他向我处保证，休斯已经被妥当地安置在巴哈马，他已经授权，将休斯集团在内华达的所有生意转交给比尔·盖处理。"

休斯告诉州长，他是在感恩节的前夜离开的沙漠旅馆。当时，他无法从床上起身，是被绑在担架上并由身强力壮的助手抬出去的。

直到今天，罗伯特·马休还是相信，自从离开沙漠旅馆的那晚开始，霍华德把自己的生命交给了比尔·盖和他的同伙，因为他的每个举动都是他身边的那些助手亲手记录下来的。

但仍然有一些阴谋论的理论家坚持说，休斯在去世之前再也没有离开过内华达。作家玛尔耶·德·劳拉就是其中的一个，她在休斯的拉斯维加斯电视台任职，她认为休斯是被意图掌握他的帝国的那拨人谋杀的。

在休斯和他的手下搬出沙漠旅馆三天之后，德·劳拉给她的老朋友简·拉塞尔打了一个电话。"我觉得休斯处境危险。"玛尔耶警告说。而简·拉塞尔也已经从休斯的助手内丁·亨利那里听说了许多关于休斯手下做的那些"可怕"的事情，于是她马上拿起电话，给简·皮特斯打了个电话。

听到休斯失踪的消息，皮特斯本人也深感震惊。如果休斯真的离开了拉斯维加斯的话，那么他确实不必特地通知他的前妻。通过她在休斯帝国里的关系网，皮特斯最终确定，她的前夫很安全。"她告诉我说，他很好，大家不必担心。"拉塞尔说。

但德·劳拉还是半信半疑，她依然相信，那些助手只不过是再次对皮特斯撒了一个谎，就像他们十几年来一直做的那样。她还相信，休斯早在一九七〇年时就被谋杀了，而后来的那个休斯只不过是一个被精心训练过的替身。这么说的人不止她一个。休斯以前的熟人也都相信休斯已经被谋杀。而华盛顿的专栏作家杰克·安德森曾一度怀疑，"休斯"是一个演员也是他的一个老朋友假扮的。

在巴哈马群岛这家以纵览加勒比海美景而著称的酒店里，这个终日不见阳光的套房是休斯的又一个洞穴和一个私人鸦片馆，这里有源源不断的毒品和电影任他享用。房间的进出口都有腰圆膀粗的保镖们层层守卫，还有守卫带着两条狼狗在房顶上走来走去。

《华尔街日报》记者迈克尔·德罗西尼曾经接触过一万多份休斯晚年的档案，他指出："休斯不再是他自己的囚犯。在马休离去之后，他那些摩门教手下已经把他紧紧地抓在了手中，并决定让他继续迷迷糊糊地躺在床上。"

经过六年的潜心研究，德罗西尼于一九八五年出版了《公民休斯》一书。在书中，他指出："我们所认识的那个休斯现在已经完全跟这个世界隔离开了，与他的商业帝国有千里之遥。摩门教徒们控制了他所有的交流途径。休斯仍在口述备忘录，照例问成大堆的问题，但他只能得到他的手下想让他知道的信息。"

休斯的一个助手乔治·弗兰肯回忆说："他们对休斯的对外联系控制得越来越严格……据我的观察，许多发给休斯和他发出的信息都在他的助手们手里。"

霍华德从此开始了一成不变的生活，他仿佛跌跌撞撞地走进了世界上最昂贵的养老院。睡觉，吃饭，服药，看电影。助手们对洛克·哈德逊的《大北极》中的每一句台词都已经耳熟能详，影片讲述的是冷战时期一个美国潜水艇艇长在北极的经历。（"如果我们看过一遍，就得接着再看一百遍！"一个助手抱怨说。）休斯的每一个生活细节都会被不厌其烦地记录进日志里，最后这个日志的页数多达十万页。

下面是休斯典型的一天生活：

星期日

06:55　睡觉

11:55　睡醒，如厕

11:35　坐起，放映《无可救药》（一直放至最后五分钟，计三盘）

13:30　十克可待因

13:50　如厕

14:10　坐起，继续放映《杀手》

15:30　进餐。只有鸡肉

16:20　结束放映《无可救药》，继续放映《请勿打扰》

18:45　卫生间

19:00　坐起

19:45　放映《枪手之死》

20:25　如厕

21:00　继续放映《杀手》

21:35　鸡肉、甜食，结束《杀手》放映

23:25　如厕

23:50　上床，换绷带，失眠。

休斯偶尔会从迷糊状态中清醒过来。一九七一年十二月七日，麦格劳－希

尔出版公司开始大张旗鼓地宣传说即将推出《霍华德·休斯回忆录——向克劳弗·欧文讲述真实的生活故事》一书。

　　当时欧文在文坛上已经略有小成，他声称，在过去的两年里，他用了大量时间对休斯做了详尽的采访。他还有霍华德的亲笔手迹来证明确有此事。三十多年来，休斯一直把自己的生活牢牢控制着，严禁外传。在他的第一次环球飞行之后，戴尔出版公司曾经印发了一本关于休斯的传记杂志，休斯立即全部买下十七万五千份杂志，并在休斯飞机制造公司全部烧毁。最近几年里，他还雇用了昂贵的律师团用金钱销毁了至少七本有关他的传记，其中还有不少是名家之作。休斯最常用的方法是，跟作家们签约，只允许他们写经他"授权"的故事，然后就无限期地拖延着这些交易。

　　他还让他的手下把报纸和杂志记者们编造的故事全都毁掉。詹姆斯·费伦花了二十年时间撰写有关休斯的文章，在《周六晚邮报》和《纽约时报》等媒体发表。休斯送给他一辆新车，并给他和他的家庭提供了环球航行公司的终身免费服务券，只要他撤掉一篇文章。费伦并没有理睬。受到相同待遇的还有弗农·斯科特，休斯答应给他"钱，或者任何其他什么东西，只要你说得出来"。当时，他刚为《妇女家庭》杂志撰写了一篇文章，讲述休斯和皮特斯之间让人好奇的婚姻。（斯科特最后还是以莱昂斯的笔名发表了他那篇文章。）

　　休斯工具公司和休斯飞机制造公司的发言人都声称，欧文写的授权传记完全是伪作。连休斯最好的朋友加利·格兰特也插手了这件事，他告诉记者："霍华德不可能参与这种荒唐的计划，连远程联系的方式都不可能。他是一个不喜张扬的人。"

　　但麦格劳－希尔出版公司和克劳弗·欧文并没有退却。令威廉姆·盖和律师切斯特·戴维斯目瞪口呆的是，整个出版界都拒绝接受他们的反对声明。该声明书是在巴哈马群岛的酒店里起草的，然后被亲自送达麦格劳－希尔出版公司和《生活》杂志社——后者正准备连载这本书。

　　"我们将不得不让休斯出面。"切斯特最后告诉盖，"举办一个记者招待会什么的。"

休斯一口回绝了。"我不上电视，我不想让任何人看见我现在的样子。"

最后双方都退了一步。在避世十五年之后，霍华德·休斯终于答应与媒介"见面"了——一场电话招待会。虽然休斯的手下们很紧张，但他们还是相信，休斯那非凡的记忆力将最后帮助他渡过难关。

一九七二年一月七日，七名记者——其中的六个都是休斯的旧交——来到了好莱坞附近的喜来登环球大饭店，进行了一场持续了两小时四十分钟的马拉松式采访会，他们的采访对象，霍华德·休斯正坐在三千英里外的巴哈马跟他们说话。

霍华德否定了欧文的说法："我不认识他。我从来没见过他，直到几天前我才刚刚听说这个名字。"

但媒体记者们对欧文并不感兴趣，他们需要证实跟自己通话的确实是霍华德·休斯本人。美国国家广播公司（NBC）的罗伊·尼尔扮演了会议主持人的角色，他问了一箩筐的问题。

"我们的第一个问题是，您现在是在哪里跟我们说话呢，先生？"

"天堂岛，"霍华德回答，"但更多的人知道的名字叫拿骚。"他的声音清晰而有力。

"他的声音没错，那是世界上最著名的声音，因为他建立了无数的不朽功绩。"好莱坞专栏作家詹姆斯·培根说。他直接告诉休斯："我听过您的声音无数次，您一开口我就知道，您就是霍华德·休斯。"其他记者也表示同意。

在通话中，虽然休斯经历了几次失忆——特别是在提及他过去的熟人的名字时——但一谈到飞行，尤其是洛克希德的"群星"号和"云杉鹅"号时，他一点儿都不含糊其辞。当问到他现在的容貌以及他的身体状况时，他也都据实以告。

当时在广大媒体和大众的印象中，休斯怪异的形象已经深入人心——他还经常被刻画成卡通片的主角。"要是我的脚趾甲有八英尺长的话，我根本走不了路。要是我的手指甲有八英尺长的话，我连自己的名字都写不了了。"休斯强调说。当被问及身体状况如何时，休斯狡猾地回答："呵，你觉得一个六十六岁的老头儿的身体能怎么样呢？我能说的是，我当然不能指望自己还能在 UCLA 的操场跑道上破纪录。但我的健康状况至今尚可，老实说，也许比我应该得到的还要好得多。"

同时他也承认，尽管拥有无与伦比的财富，但他的生活还缺少一样最重要的元素。休斯坦白说："我不太快乐。"

休斯的记者招待会登上了报纸的头版头条。起初，欧文和麦格劳－希尔公司还声称记者招待会是假的，但欧文精心布置的那个骗局已经没人相信了。不到一个月，欧文就承认，他编造了这个时代的文坛骗局。《时代》杂志授予他"年度大骗子"的称号。后来他蹲进了监狱。

在记者招待会的第二天，休斯从床上坐了起来，他对助手梅尔·斯图尔特说："我不知道我还能再过几个夏天，可我不想再继续在这个黑洞洞的饭店房间里，坐在苏丹式躺椅上老去。"

尽管如此，对于他身边的小集团，休斯还是一无所知，他攒了整整一盒子的游艇图片，一张一张地拿给斯图尔特看。"你知道，梅尔，"他说，"现在要去迈阿密挑选一艘船可正是时候。我最喜欢的两艘游艇还在欧洲，谁知道呢？我也许会去地中海过夏天呢。"

对于这些无心的对话，助手们的反应简直就是歇斯底里。他们开始到处搜寻，想查出到底是谁把那些图片送到休斯手里的。两个助手把斯图尔特叫了出去，然后站到了霍华德的面前。"瞧，休斯先生，"其中的一个人说，"罗伯特·马休早就打算绑架你了——就在这个饭店里。一旦到了游艇上，您就是坐以待毙。连我们都保护不了你。"

就像斯图尔特记得的那样，这些"恐怖的想法"立即把休斯逼回了床上，他被注入的可待因和安定片剂量达到了正常处方标准的四十倍。"不要煽动他。"一个手下警告斯图尔特。

从那天开始，休斯所有的邮件都遭到了拦截和审查。"他们例行公事地将他们不希望让他看见的材料全都挑出来。"斯图尔特说。

在他的记者招待会上，休斯还谈到了要回到拉斯维加斯，收回对酒店和赌场的控制权。但事实上，休斯即将开始一次神奇的大逃亡，因为在得知休斯的行踪之后，拿骚市政府认为休斯的出现将给本地带来负面影响，进而阻碍旅游业的发展。他们发现，休斯的居住证已经过期，于是当地警察立即出动，要把他赶走。

得到市政府内线的消息之后，休斯的手下把他绑到了担架上，从酒店的消防安全门偷偷将他运出了巴哈马群岛，他和助手们坐着私人游艇"西格纳斯"号逃离了巴哈马。休斯还穿着睡袍。

休斯一行人心里很清楚，巴哈马当局就紧跟在他们的屁股后面，休斯的手下逼迫船长把游艇开进加勒比风暴的暴风眼，小船在二十英尺高的大浪上颠簸不定。助手们给休斯注射了足量的安定片和茶苯海明度过这二十二小时的航船时间，休斯不断地喃喃自语："我不明白，我们到底要去哪儿？"

船长罗伯·雷汉克走进头等舱，想把船上的家具都给绑牢，这时，他瞥见了休斯。后来他告诉记者说，那个曾经英俊潇洒的霍华德·休斯现在只是个干巴巴的老头子。他看起来比实际年龄要苍老三十岁。头发齐肩长，又脏又乱，皮肤像风干的羊皮。当游艇颠簸时，床单从休斯光着的身上滑了下来。他可怜巴巴地望着雷汉克，而罗伯只能转过头。"他身上只剩下皮包骨头，手指甲长得都卷了起来。"他告诉记者，"他已经几个月没洗澡了。"

船长对休斯的口头描述很快就通过各大媒介传遍了全世界。随后，报纸杂志上开始出现了休斯的漫画像。公众再次相信，霍华德就是一个肮脏不堪、毒品缠身的老头儿。但所有的人，包括休斯的助手和他的合伙人，都不知道他曾经得过梅毒，并且神经系统也早已受到了病毒的伤害。因此也没有人把他那些肮脏的生活习惯与行动共济失调症联系起来。

那个曾经风流倜傥的花花公子现在只是一个肮脏恶心的流浪者，这种说法一直延续到了今天。

在被"西格纳斯"号送到佛罗里达的基比基凯斯湾之后，休斯跟他的助手一起登上了一架租来的飞机。他们的目的地：尼加拉瓜首都马那瓜的中美饭店。这次历时二十五天的访问的高潮是休斯与尼加拉瓜总统阿纳斯塔西诺和美国驻尼大使特纳·谢尔顿的见面。第二天，这次会晤的消息成为当地报纸的头条新闻。

这次休斯的形象可谓面目一新——他剪了短发，胡子被修剪成短尖形状。他甚至还洗了澡（脚趾甲也被修剪整齐）。在这次历史性会晤的四十八小时以前，休斯的助手梅尔·斯图尔特才为他做了这次洗漱。后来，尼加拉瓜总统回忆说，除了要戴助听器之外，休斯的身体状况一切正常。他说，休斯告诉他，他很遗憾自己与世隔绝那么长的时间，"二十三年以来，除了我身边的人之外，我没接触过其他人。"

休斯一行从尼加拉瓜出发，来到了北美洲的温哥华。在这里，休斯突然表现出格外的独立。当他的豪华轿车开到海滩饭店门口的时候，休斯从汽车里起了身，一个人走进了饭店的大厅。"等等！休斯先生，等等！"戈登·马古利斯一边喊一边匆匆忙忙地打开了老板的折叠轮椅。

"噢，放心吧，"休斯回答，"别费心了，我走着进去就行了。"他走进了酒店前门，在酒店豪华的大厅里巡视了一圈。这真让马古利斯惊诧不已。"嗨，这里真不错！"一位老年女士走到休斯跟前，一把挽住了他的胳膊，然后笑着问："你身体怎么样？"

马古利斯又吃了一惊。"照平常的情况，这样的遭遇会让休斯手足无措。但他只是微微一笑。"这时一名高级助理出现在马古利斯的背后。"让他坐到轮椅里，带他上楼。现在就去。"

上楼之后，霍华德又从轮椅里站起身，在他的豪华套间里踱起了步。他走近窗户，窗外风景如画，温哥华的天际碧空如洗，他把脸贴在玻璃上，出神地看着一架水上飞机掠过水面。休斯朝着窗户做了一个手势："戈登，我们不用把这些窗子封起来了，我想把这个房间布置成起居室。"

"我觉得这个主意甚好。"马古利斯答道。但另一个高级助理立即对这个建议表示反对，他说服休斯，直升机很容易就能靠近这个房间，它们可以随时飞过这里，从窗外对着房间里面拍照，还可能把光通过窗户玻璃反射进来。

于是，他们把休斯扶到了卧室——然后把这套房间的所有窗户都封了起来。在把他弄上床之前，他们把五片十毫克的安定片塞进了他的手心，"他们想让他一直待在床上，这样他们就能控制他了。"马古利斯回忆说。

一九七二年八月，休斯再次被秘密地带回到尼加拉瓜的中美饭店。现在他的助手们对这位备受病痛折磨的亿万富翁实行了铁腕控制，并巧妙地骗过他卖掉了休斯工具公司，而这是他那巨额财富的基石。他们聚在他的床边，对他说，为了"支付即将到期的环航公司的罚金，必须卖掉"休斯工具公司。对此，休斯只是心碎地表达了他的不情愿。但他的手下们心里很清楚，他们所说的都不是真的，律师切斯特·戴维斯对法院的"改判决定"已经十拿九稳。

在一场里程碑式的权力游戏中，一个三人集团联合起来，在股市上以每股三十美元的价格将休斯工具公司售出，这三人分别是：休斯的纽约顾问委员会主管戴维斯、休斯工具公司主席雷蒙德·霍利迪代以及威廉姆·盖。股票经纪公司的高级主管们对此心存疑虑，他们要求出示代理证明书。

一开始，休斯愤怒地拒绝签字——但他的助手们很快就"纠正"了他这一时的不利。八月底时，他们将休斯服用的药量提高到一天注射四次可待因和十二片"蓝色大药丸"——这是休斯对十毫克装安定片的戏称——这样的用药量是医生推荐用药的二十倍。在那令人愉悦的迷雾笼罩下，他字迹潦草地签下了自己的名字。这件事被休斯的朋友杰克·里尔称为"二十世纪的财务强奸案"。

在华盛顿特区，美国证券交易委员会要求对休斯进行一次现场面谈，"以证明休斯先生健在且思维清晰"。股票公司方面派出了高级股票经纪人朱丽斯·瑟德尔玛取得休斯本人对这次出售的"口头授权"。休斯的助手们立即给休斯注射了大量药物，然后让梅尔·斯图尔特给休斯修剪了头发、胡子和手指甲，让他能够得体地接见"外界的人"。他们把赌注押在休斯能够以"出众的绅士相"出席十一月二十四日的历史性会面。

为了吓唬"清醒的休斯"把公司卖掉，助手们告诉休斯，休斯工具公司不能在同一年里既用来偿还环航公司罚金又用来出售，而环航公司的罚金将在一九七三年初到期。在助手们的鼓动下，休斯颤抖着确认了交易协议书。但休斯虚弱地驳斥说："现在把公司卖掉，时间不合适。"当他被告知父亲的公司将以三十美元一股的价格公开出售时，休斯喃喃地说："这个价格有点儿低，不是吗？"但没人理他。

休斯和里尔都说对了。挂牌不到一个小时，休斯工具公司的股票就被抢了个精光，共卖了一亿四千万美元。但五个月之后，工具公司的股票飚升到每股九十美元，总价值达到五亿美元。休斯净亏三亿六千万美元。

但盖、戴维斯和霍利迪代都从中捞足了油水。霍利迪代成了如今已经独立的休斯工具公司的总裁，这笔交易给他带来了几十万的优先认股权；盖控制了苏玛公司，这是休斯帝国的剩余资产所组成的新公司；而戴维斯从中捞到了货真价实的法律咨询费。通过抛售休斯工具公司，他们有效地摧毁了休斯对他的商业帝国最后的一点控制。

在股票出售二十七天之后，美国高级法院对环航公司一案做了改判，这完全在戴维斯的预料之中，这时，事实已经水落石出了：根本就没有必要出售工具公司。而霍华德直到当年的十二月二十一日才得知苏玛公司的存在，有人把一份公司文件交到了他的手里要他亲笔签署。"这个苏玛是什么东西？"他问，"这个词你们是怎么念的？"几天之后，他命令他的助手给公司更名。"叫它霍华德·罗博德·休斯联合公司。"但没人理他的这个指示。

如果不是一九七二年十二月二十三日发生了一场毁灭性的大地震，休斯很可能就这样一直在中美洲待下去，然后一步步地走向死亡。这天中午十二点三十分，地震袭击了马那瓜，方圆六百英里的城市顿时夷为平地，六千余人死于非命，引发了上万起火灾事故，火势大得根本无法控制。

震耳欲聋的爆炸声响起时，休斯正靠在苏丹式躺椅上观看电影《金手指》。整个摩天大楼都摇晃起来，仿佛被飓风袭击。一盏落地灯重重地砸在了休斯的身上，一个音箱也从墙上掉了下来，在空中飞过的时候擦伤了他的前额。整个饭店陷入了一片黑暗之中。

"别慌，"休斯镇定地对他的助手说，"只不过是地震。要是能躲过第一震波，就不会有问题了。"正说着，饭店大楼开始震颤起来，那是马那瓜地下的第十三次余震。"不过是余震罢了，孩子们。"休斯安慰说。但对于休斯身边的詹姆斯·理查德来说，他老板的话并没有发生什么功效。他在房间里跌来撞去，好像是一只身不由己的布娃娃。

最后，理查德终于找到了轮椅，他想把霍华德送出安全门，但霍华德却一动不动。"别担心，我待在房间里很安全，比到街上要安全得多。"但他的助手看到，整个饭店都已经被红色的火焰包围了，于是他赶忙大声呼救。在另外两个助手的帮助下，他们给霍华德穿好衣服，绑上担架，然后抬着他，一步步地从九楼的楼梯上挪下去。

他们跌跌撞撞地来到大街上，可眼前就是人间地狱。滚滚的黑烟从马那瓜市中心升起来，把几千栋建筑的身影都裹在里面。此时，霍华德只穿了一条棉质内裤，身上裹着一床羊毛毯，助手们把他扶进了一辆奔驰豪华轿车的后座。当汽车轻捷地驶向山顶郊区的安全地带时，霍华德的眼睛一直盯着正前方。

他们的目的地是总统别墅，但当看到废墟里升起的灰尘笼罩了汽车的时候，休斯开始恐慌起来。"带我回去！"他指着窗外的灰尘，尖声叫着，"带我回酒店！这些灰尘会杀死你们的！灰尘里充满了细菌！请带我回去！"

"不行，我们不能那么做，老板，"理查德回答，"那里已经被震垮了。"

为了使休斯安静下来，助手们在没有灰尘的山脚下行驶了三个小时，才最终与他们顽固不化的老板达成了协议。他们带着休斯来到了总统的夏日行宫，那是一幢西班牙风格的别墅，坐落在远处的一座山头上，鸟瞰着整个城市。

然而当他们到达这个隐蔽的地方时，休斯却拒绝进入总统的别墅。相反，他爬进了总统的豪华轿车，在车里看着城市在烈火中燃烧，直到天明。早上七点钟的时候，休斯的飞机飞离了尼加拉瓜——这也是唯一一架得到允许出境的私人飞机。

休斯的飞机冲进了黑烟弥漫的马那瓜上空，跟迈阿密的军方组织取得了第一次联系。此时马那瓜市内仍然是火光冲天。在得知霍华德·休斯就在飞机上之后，联邦空军要求驾驶员在劳德代尔堡停机"接受美国海关的例行检查"。这个指示是美国财政部直接发出的，因为财政部已经跟随休斯几个月了，他们希望休斯能回到美国，并能多待一段时间，以让美国国税局做好账目核查工作，这是对他逃税行为调查的一个部分。

当休斯的飞机于圣诞前夜清晨两点十五分着陆时，美国财政部的特工立即包围了飞机，并引导它降落在一个停机棚里，海关官员正在里面等候着休斯的到来。休斯的助手柴克·沃尔德龙走出机舱，去跟美国国税局佛罗里达州的最高长官雷杰斯特接洽并希望能转移一下话题。

雷杰斯特向前跨了一步说："我们想跟霍华德·罗博德·休斯谈一谈。"他递给沃尔德龙一张联邦授权书，授权书允许雷杰斯特和他全副武装的手下暂时扣下休斯，直到他们满意为止。

沃尔德龙走进了机舱，雷杰斯特已经听到了机舱里愤怒的声音，紧接着是一连串低声下气的请求："不，不，我不能。他们不能这样对我。告诉他们，打电话给美国总统。告诉他们去找纽约的切斯特·戴维斯。"

在这场长达三个小时的僵持中，休斯自己的侦探一直守卫在飞机周围，他们的手指就放在手枪皮套上。但财政部的特工们也决不示弱。

在曼哈顿，切斯特·戴维斯动用了他在白宫的关系，国税局的特工被要求放手。"这真是一场有趣的权力游戏。"华盛顿的专栏作家杰克·安德森回忆说，"只有休斯这个名字的威力和他跟尼克松和福特当局的良好关系，才能叫美国国税局和美国司法局让步。"联邦特工被叫走了。

但以面对美国国税局都丝毫不让步而闻名全美的雷杰斯特愤怒了，他坚持要休斯让步。"我们至少要利用这一机会来求证一下霍华德·休斯是否还活着。"他告诉华盛顿。"好的，"华盛顿方面反馈说，"同意你这么做。"

就这样，在早上三点十分的时候，一队美国海关特工登上了飞机。他们手中的手电筒照见了一个形销骨立的人，他的身上裹着一条肮脏的毛毯。在手电筒的照射下，这个头戴黑帽的人脖子上还系着一条围巾，他的脸几乎完全被遮住了。他骨瘦如柴，头发又长又脏，胡子垂到了胸前。"他看上去像个九十岁的老人，浑身上下都是土。"一个官员在他的报告中写道。

"你是霍华德·罗博德·休斯吗？"海关官员问道。"嗯。"休斯口齿不清地回答，同时把毯子往上拉了拉，遮住了鼻子。美国国税局的官方报告里把休斯描述成一个"羸弱、肮脏、蓬头垢面——似乎无人照顾"的人。报告总结说："这个人连自己的名字都说不出来。"

从这场羞辱中脱身之后，休斯坐回到机舱的地板上，然后径直飞往伦敦，寻找自己的避难所。

在住进了伦敦的花园酒店之后，他让助手买来了最新的飞行杂志，从英国裁缝那里定做了新衣服，还派助手戈登·马古利斯弄来了一顶跟原来那顶旧帽子一模一样的新帽子。他的助手们立即警觉起来，在他下榻的饭店和好莱坞的洛美因总部之间，电话不断。

不久之后，内华达州州长迈克·欧卡拉汉遇到了休斯，在他看来，休斯"警觉、机敏、热情、威严。"欧卡拉汉还补充说，"毫无疑问，在我看来，是他不停地对手下指手画脚。每当他不同意他们的意见时，就会提高嗓门。"

为了改变自己的现状，休斯还在他的随行人员里增补了一名办事雷厉风行的新主管。这位新主管的名字叫杰克·里尔，是一个退役的战斗机驾驶员，还曾在美国航空航天制造商洛克希德飞机制造公司任职。他立即搬进了休斯楼下的那个房间。每天下午，里尔都同他的老板关门密谈，其他助手无法干涉。自从一九七一年以来，里尔就开始为休斯工作，他是这位亿万富翁亲自聘请的。正如《费城调查者报》的詹姆斯·斯蒂尔所说的那样："里尔并不是休斯的助手，他是休斯点名找来的。他在伦敦的出现惹恼了盖和其他的助手，因为他完全不受洛美因的控制。他们只能想尽办法来孤立里尔，只有当休斯点名要见他的时候，他们才让里尔到休斯的房间里面去。"

"帮我把杰克叫过来"已经成了休斯的口头禅。盖派了一名高级助理来警告里尔："你在鼓动他重新站起来。他要是能躺在床上接受治疗的话，我们的工作会容易一些。"但里尔对他们丝毫不加理睬，他直接把这话报告给了休斯。

一九七三年五月十二日，霍华德从床上跳了起来，说他要重新驾机飞行。"杰克已经把一切都安排好了。"《帝国》一书的作者唐纳德·巴利特和詹姆斯·斯蒂尔写道，"（休斯的）手下们都呆住了。要是休斯真的再去冒险的话，洛美因大厦就会失去对他的控制了。"一群助手再次走进了里尔的房间。"滚回你的老家去！"其中的一个人吼道，"你把他给弄'活'了！"

里尔依旧我行我素。霍华德的飞行员驾驶证在十三年前就已经注销了，现在，里尔暗中帮忙，给休斯安排了"试飞"的机会。这是一架崭新的"驯鹰者－西德利"七四八，体形巨大，是一架双引擎涡轮飞机。托尼·布莱克曼是该机型的主测试员，他同意担任休斯的副机长。但在休斯"清醒"之前，那架涡轮飞机在跑道上已经闲置了两个星期。

五月十二号的早晨，休斯看上去显得精力充沛、满心欢喜，他自己走出了饭店的大厅，全身上下穿戴一新，手上还抓着他新买的幸运软呢帽。布莱克曼听说过不少有关霍华德的传闻，但他惊奇地发现，他在伦敦郊区的军用停机场见到的休斯神志清醒，动作熟练，似乎跟毒品丝毫沾不上边。而休斯的助手们和洛美因的领导集团也趁机宣布说，休斯在英国期间，没有服用过任何药物。他们这样做大概是为了遮掩霍华德的上瘾程度。

坐进驾驶舱里之后，霍华德就脱掉了他的浅蓝色衬衫，拉开拉链并脱掉了裤子，连内裤都脱了下来。现在他身上已是一丝不挂，除了脸上挂着微笑，还有那顶帽子潇洒地戴在他的头上，他坐进了驾驶座，打开引擎，冲上了跑道。

从五月初到七月底，霍华德完成了四次飞行，其中一次还横跨了英吉利海峡，飞到了比利时的奥斯坦德。在最后一次飞行之后，里尔注意到，"霍华德完全能控制飞机。这是我跟他一起四年来他状态最好的一天"。

但这毕竟不过是一个短短的插曲。八月十九日，休斯摔倒在饭店的卫生间里。英国的外科医生在他左边的屁股上扎了一针。很快，各种药品又派上了用场，包括大量的可待因。虽然这次事故的原因无法得知，但休斯终于又回到了那张破破烂烂的病床上，从一个饭店搬到另一个饭店，从此再也没有起来过。

就像加利·格兰特对伦敦《泰晤士报》的记者说的，休斯的"精神和灵魂已经死亡了"。

只有那张残缺不全的皮囊还残留着。

霍华德门

一天早上，身在伦敦的霍华德被一篇小报新闻的头条标题吓得目瞪口呆。伦敦《镜报》公然声称："霍华德·休斯为'水门事件'提供资金支持。"

"水门事件是什么？这事跟我又有什么关系？"身边的助手含糊其辞地说出了几种可能，休斯很不满意。勃然大怒的休斯给自己在纽约的律师切斯特·戴维斯匆匆写了一封信："我跟这件乱七八糟的事到底有什么关系？"在随后的电话里，休斯要求对方解释他怎么可能会危及他最喜欢的总统。直到几周之后，戴维斯才做了答复。

对于一位已经无法自由行动的亿万富翁来说，要把一个在位的美国总统拉下台，这将是多么反常和偏执的举动啊！这一切是如此的难以置信和错综复杂，但尼克松对霍华德·休斯的根深蒂固的恐惧和霍华德·休斯的强迫性神经失调症的加重在其中起了决定性的作用。这也与休斯的医生和助手们从一九六八年开始向休斯的体内注射大量的毒品有着直接联系，因为这一年也是"水门事件"开始酝酿的时间。

一九六八年年初，霍华德·休斯拿出了四十万美金来资助总统竞选。这笔资金的用途分为两个部分：一部分用来资助内华达州的州长候选人，包括当时的州长保罗·拉克索尔特；另一部分用来资助总统候选人，包括休伯特·汉弗莱、林登·约翰逊（在这次资助之前，他还没有决定放弃下一任期的竞选）和理查德·尼克松。在休斯看来，这笔针对总统竞选人的捐赠绝对具有完美意义。

"你知道，我希望迪克·尼克松能赢得最后的胜利。"他对马休解释说，"可是我要保证我的赌注绝对安全。"即便这样，理查德·尼克松还是把这笔意外之财收入囊中，两年里，他得到了二十多万美元。

最重要的一笔资助是一只装满了现金的手提箱。霍华德·休斯派人秘密地把这个箱子送给了尼克松的副手。这是一笔指定了用途的政治行贿基金，从未被申报为赞助竞选资金。尼克松有权随意使用这笔资金。后来的调查表明，尼克松总统把这笔钱全部用于他在加州圣克莱门特房产的扩建上。而尼克松的助手理查德·唐纳则是休斯和白宫的中间人。

这笔价值十万美金的秘密捐赠最终改变了美国的历史进程，霍华德·休斯也因此卷入了这桩美国总统竞选史上最大的丑闻之中。他对拉里·奥布里恩的雇用也是如此。

霍华德·休斯的第一步行动开始于一九六八年七月沙漠旅馆的顶层套间里，此时距西尔汉·西尔汉刺杀总统候选人罗伯特·肯尼迪还不到一个小时。"肯尼迪本来还是有希望继任美国总统的。"霍华德一边观看电视里的实况报道，一边心中暗想。正是出于对这种可能性的恐惧，休斯才聘请了拉里·奥布里恩。拉里·奥布里恩是民主党候选人罗伯特·肯尼迪和赫伯特·汉姆弗雷的前战略家和竞选助理，他的职责是帮助霍华德·休斯在华盛顿特区四处游说。

在给马休的一份指示中，休斯写道："几十年来，肯尼迪那伙人一直都是我的心头大患。我们必须把识时务的候选人送进白宫。"这份指示无法准确表明休斯的立场。但可以肯定的是，拉里·奥布里恩通过他在华盛顿特区的奥布里恩联合咨询公司为休斯做了大量工作。他每周可获得一万五千美元的顾问费，受命随时听候休斯的调遣。

当时，理查德·尼克松还在竞选总统，在五天前与中央情报局的一次接触中，他得知了霍华德与奥布里恩联手的事。"霍华德·休斯想干什么？"那个不知名的告密者问，"他这样做会影响到你的竞选结果。"

罗伯特·马休是休斯和拉里·奥布里恩的联络人，他说民主党主席可以指导休斯帝国顺利通过那些迷宫一样的税务法规和联邦反托拉斯规章。"但尼克松却吓得要命，他以为拉里·奥布里恩暗中掌握了不计其数的信息。"

马休补充说："尼克松甚至不愿意给休斯打电话。其实，只要他给我打一个电话，那个围绕着基金的不信任事件马上就能摆平。他的手下和我一直有业务往来。可惜，美国的历史和总统执政的历史就这样被永远地改变了。"

理查德·尼克松变得疑神疑鬼起来。当年，一手策划了他输给约翰·肯尼迪的家伙，现在正在为美国强权阶层最难以捉摸又最难以驾驭的人物卖命。更加令尼克松如坐针毡的是，他已经意识到，由于他的哥哥唐纳德·尼克松未能偿还休斯贷给他的二十万五千美元，他才在一九六〇年的那次总统大选中一败涂地。

理查德哥哥的这笔贷款发生在一九五六年，当时，唐纳德·尼克松正在经营着一家陷入财务困境的连锁快餐店，他的主营业务是"尼克松汉堡包"。于是，尼克松的母亲出面向休斯借了那笔款，她从一名律师手里分两次拿到了这笔钱。无独有偶，这笔贷款发生之后没几个月，霍华德·休斯就被美国国内税务署给予了减税优惠，优惠额度高达几百万美元。理查德·尼克松正是当时的美国副总统。

这笔贷款于一九六〇年公之于众——当时，理查德·尼克松正在参加总统竞选。但一向小心谨慎的理查德·尼克松拒绝回答与他哥哥那笔贷款有关的一切问题。就在大选前几天，理查德·尼克松来到旧金山的唐人街拉选票。令他没有想到的是，民主党的牛头马面迪克·塔克已经暗中布置好了一切，只不过他们用的是中文。

理查德·尼克松亲切地站在写着中文汉字的巨大横幅前摆好各种造型让摄影师们任意拍照的时候，他对横幅上的汉字一无所知：休斯的贷款是怎么回事？当天晚些时候，当他和华人社团的领导人来到午餐会时，理查德·尼克松亲自向人群致辞答谢，回应他的却是群众一阵阵的哄堂大笑。原因是：在午餐会发出去的每一个幸运饼里，都夹着一张纸条，上面写着一句话：问问他休斯贷款的事。

休斯的这笔贷款导致了尼克松的大败——不仅仅是一九六〇年的总统竞选，还有一九六二年加州州长的竞选。在《噩梦：尼克松政府幕后录》一书中，作者安东尼·卢卡斯写道："从此以后，理查德·尼克松对哥哥唐纳德·尼克松和霍华德·休斯集团之间的关系变得异常敏感。"

通过一些天才般的策划，拉里·奥布里恩利用霍华德·休斯借给唐纳德·尼克松的那笔贷款，把理查德·尼克松污蔑为一个"不能信任的人"。

一九六八年年底，当时理查德·尼克松已经当选总统但还没有上任，而拉里·奥布里恩还在为休斯工作，霍华德·休斯把十万美元的现金——一笔政治贿赂基金——通过理查德·尼克松的百万富翁朋友、比斯坎湾岛的银行家查尔斯·"比比"·雷博佐转交给了尼克松。亿万富翁霍华德·休斯对这笔钱未报任何期望，而理查德·尼克松也不曾把这笔钱当作竞选赞助金而上报。在收到了霍华德源源不断地送来的巨额现金之后，理查德·尼克松对拉里·奥布里恩的恐惧逐渐消散了。

一九七一年一月，拉里·奥布里恩突然卷土重来，他发誓要把乔治·麦戈文推到白宫新主人的宝座上，他率先发起了反对越战的浪潮，把理查德·尼克松密室里那些"见不得人的把戏"拿出来大做文章。理查德·尼克松被吓坏了，他认为，拉里·奥布里恩对那笔"政治贿赂基金"了如指掌，而他已经把这笔资金拿出一部分来翻新和扩建位于基比斯坎的尼克松冬季别墅了。

一九七一年一月十四日，当休斯还是巴哈马群岛的囚徒时，尼克松重新坐回了美国空军一号的交椅上，他向得力助手霍尔德曼发出指示："时机已经成熟，该和拉里·奥布里恩算笔账了。"

私下里，尼克松又补充了一句话："我们必须处理掉奥布里恩。"

"一九六〇年，拉里·奥布里恩曾经打败了他。这一次，恐惧再次笼罩了他的心头，"在《公民休斯》一书中，迈克尔·德罗斯尼写道，"如今，理查德·尼克松要报仇了。"

霍尔德曼后来说："只要提起霍华德·休斯和总统对自己手中权力的估计，理查德·尼克松瞬间就精神崩溃了。"

后来，理查德·尼克松收到了一份要求总统亲自拆阅的有关休斯的绝密文件，这份文件由总统助理约翰·厄尔利克曼亲自送到了总统先生的手中，看到这些文件，理查德·尼克松内心恐惧到了极点。埃德加·胡佛亲口告诉那些白宫助理："很多人都认为，霍华德·休斯是一个不择手段的人，极度地喜怒无常，残酷无情，无所不能。"

"这一次，拉里·奥布里恩已经无处可逃。"重返华盛顿一天之后，理查德·尼克松在写给霍尔德曼的信上这样说。当天下午的晚些时候，尼克松又告诉霍尔德曼，他认为霍华德·休斯是"这个世界上最强大的人"。

尽管如此，理查德·尼克松轻松地赢得了总统大选，拉里·奥布里恩和乔治·麦戈文不约而同地对尼克松总统和霍华德·休斯之间的秘密交易保持了沉默。可是就在一个月之后，另外一个人却站了出来，打破了这种沉默。

当麦格劳－希尔公司宣布即将出版克劳弗·欧文的新书时，尼克松总统和霍华德·休斯都深感震惊。尼克松总统利用CIA的情报，拿到了一份克劳弗·欧文手中的材料的缩略报告，还有一张没有签名的纸条，纸条上写着："对于总统而言，这部欧文－休斯的书具有毁灭性的力量。"在选举一个月之后，克劳弗·欧文本人公开宣称："为了摆平环球航空公司的那个案子，霍华德·休斯送给理查德·尼克松总统四十万美元。"在场的记者们顿时都倒吸了一口凉气。其实，在那个时候，，美联邦上诉法院已经推翻了不利于休斯的一审判决，重新证明霍华德·休斯是无罪的。

霍华德·休斯在巴哈马举行的"电话记者招待会"并未扫除尼克松总统心中的恐惧。霍华德·休斯矢口否认了向尼克松总统行贿一事，他用不容置疑的语气否认了这一指控。"我从来没有通过雷博佐给尼克松总统送过一分

413

钱。"他坚称。他又补充说，他从未与总统那位神秘的百万富翁好友做过"任何交易"。

"但是，至于尼克松先生，"休斯言辞激烈地说，"在他入主白宫之后，我就没打算打扰他，我也没想过要联系他。"

在看完休斯记者招待会的记录后，尼克松告诉霍尔德曼，他根本就无法信任休斯。事实上，休斯可能还留有杀手锏。

一九七二年一月三十一日，又有一本书再度为这件事推波助澜。这是一部真实的回忆录，霍尔德曼在他的日记中如此记录：

> 首席检察官今天讨论了霍华德·休斯的问题。他从合众国纽约律师事务所拿到一份报告，内容包括诺亚·迪艾克里特的回忆录中的有关章节，这些记录表明：在一九六〇年的大选结束后，霍华德·休斯曾经资助或者说赠送给理查德·尼克松总统十九万五千美元，他认为这笔资金对总统竞选来说有点儿姗姗来迟。米歇尔认为，我们已经了解了这件事的背景。

然而，拉里·奥布里恩和民主党却对此保持沉默。

理查德·尼克松显然不能任由事态就这样扩展下去——他再三告诫自己的助理："必须把拉里·奥布里恩处理掉。"终于，三月三十日，在美国首席检察官约翰·米歇尔的授意下，一队秘密特工（自称"管道工"）潜入了拉里·奥布里恩在水门大厦的办公室。他们的任务是寻找有关尼克松总统的档案资料，窃听奥布里恩的电话，并找出"他和霍华德·休斯之间的财务数据"。这次行动由戈登·里迪和霍华德·亨特指挥，但最终并没有成功。

尽管这些"管道工"没费多大劲就进入了民主党总部，可是他们却没能把监听设备启动，因而也未能窃听到任何信息，而且他们还把关于霍华德·休斯档案的事给忘了。六月十七日早晨，这群粗心的特工再次潜回大厦完成了剩下的工作。在这次任务中，尼克松总统的高级助理雅伯·马格鲁德命令他们："把拉里·奥布里恩那里与尼克松总统有关的所有文件都拍下来。"

可是他们却再也没有机会了。一名警卫发现有人非法闯入了大厦。当这群特工刚刚撬开拉里·奥布里恩的文件箱、拉开标号为"从F到H"的抽屉时，警察们突然破门而入。

尽管尼克松总统对此尚不知情，霍华德·休斯也早就被他的手下控制了，就像尼克松总统正处于"宫廷警卫"的监视下一样。但其实，只需要一通电话，这位自由世界的领袖和这位美国最富有的亿万富翁是完全可以阻止随之而来的那些灾难的。可是当时的情况却刚好相反。接下来长达六个月的时间里，尼克松总统和他的手下忙作一团，费尽心思地要把真相掩盖起来。假如理查德·尼克松与他安插在CIA或FBI内部的高级线人沟通一下的话，他可能早就发现真相了。正如一九七二年FBI的一份记录中记载的那样，"霍华德·休斯已经不再直接管理他那些公司的任何业务了，尤其是他在拉斯维加斯的生意"。

一九七二年六月二十日，理查德·尼克松把霍尔德曼叫到了总统办公室，跟他商议如何解决"水门事件"的有关问题，当然也包括霍华德·休斯的那笔贷款。

如果算上一九五六年唐纳德·尼克松的欠款和那笔没有申报过的十五万美元资助金，理查德·尼克松从霍华德·休斯手中拿到的好处费已高达五十万美元。在和霍尔德曼讨论完"霍华德问题"以后，理查德·尼克松认为，在"管道工"队伍里有一个薄弱环节，那就是总统特别顾问查理·克尔森。"我很担心克尔森，"尼克松告诉霍尔德曼，"克尔森可以谈论总统，假如他崩溃……你知道的，为了让拉里·奥布里恩在休斯的贷款问题上保持沉默，我已经盯了他好几个月了。"

这段对话本应该与被人抹掉的十八分半钟的录音一样著名的。抹掉这段对话的不是别人，正是尼克松总统的秘书罗斯玛丽·伍德。这一举动成为把理查德·尼克松赶下总统宝座的最后一根稻草。

霍华德·休斯与"水门事件"的重大关联并未终结于总统办公室。这件事还波及了"水门事件"的新闻界。后来，霍华德·休斯在华盛顿有了新的代理人，此人名叫罗伯特·班尼特，以前曾任CIA的官员。让人啼笑皆非的是，正是他取代了拉里·奥布里恩。很多人都认为，他就是那个"深喉"①，他向鲍勃·伍德沃德和卡尔·波恩斯坦透露了"水门事件"所有细节，而这两位记者正是根据他的讲述内容，才发表了那部历史性的政治秘闻录《总统护卫》，最后还改编成剧本。尽管鲍勃·班尼特在当时迫于压力一再否认这件事，可是他最终还是向他在CIA的上级马丁·路卡斯基承认，的确是自己"把这件事的经过告诉了鲍勃·伍德沃德和其他人"。

这次泄密让尼克松总统相信，鲍勃·班尼特就是"水门事件"的"深喉"，他是这么告诉霍尔德曼的。他还说，"是霍华德·休斯和CIA相互勾结，才把我拉下台来的"。当霍华德·休斯从切斯特·戴维斯手中拿到这次事件的报告时，他也禁不住瞠目结舌。

这份报告显得十分温和，显然是信息量不足：

在"水门事件"中，我们大体上涉及如下几个方面：

一、E.霍华德·亨特被指控为"水门事件"的主犯。他听命于鲍勃·班尼特（此人现任华盛顿代表）。此外，鲍勃·班尼特通过查理·克尔森和白官保持着密切的联系，而查理·克尔森则涉嫌为"水门事件"掩盖真相。

二、鲍勃·班尼特、拉尔夫·怀特（受雇于我公司，主司安全保卫事宜）和鲍勃·亨特涉嫌计划盗窃格拉斯本的保险箱。尽管这个计划最终不曾实施，但是调查人员已经发现了这个计划和"水门事件"的政治动机有关。

三、公司对查尔斯·雷博佐的资助行为……被指控为企图左右政府

① DEEP THROAT，指在"水门事件"中为记者提供重要资料的人。1972年美国《华盛顿邮报》记者鲍勃·伍德沃德和卡尔·波恩斯坦根据线人信息，揭露"水门事件"的细节。这两名记者拒绝透露线人身份，时任《华盛顿邮报》主编以"深喉"作为线人的代称。

的决策，包括对司法部门主管人员的贿赂和调动。

四、公司向拉里·奥布里恩和他的雇员支付的工资被认作是"水门事件"的导火索，白官对此很感兴趣，因为在他们看来，这可能是让拉里·奥布里恩和民主党难堪的有效办法之一。

五、那笔被推定为由马休经手的巨额政治资助金只是整个"水门事件"调查过程中的一部分，其用途是满足改革的需要。

据罗伯特·马休说，这件丑闻完全是可以避免的。"拉里·奥布里恩对政治贿赂资金的事情根本就一无所知。"

一九七二年，霍华德再次资助理查德·尼克松总统十五万美元，在此之前，霍华德·休斯的手下只向尼克松的助手提出了一个请求：能否请总统先生在圣诞前夜给休斯先生打个电话并"祝他生日快乐"呢？

可是，那个电话始终没有打过来。

阳光下的罪恶

阿卡普尔科，墨西哥，一九七六年三月三十日。

下午四点，霍华德终于喝完了八盎司牛奶。喝下这些牛奶花了他八个小时，其间他还服用了一百五十毫克的液体安定片，注射了一剂乳白色的可待因溶液。

喝到最后一口时，他差点儿被呛到，盛牛奶的玻璃杯从他的手中摔到了地板上。他瘦得可怕——体重只有九十磅，几乎是皮包骨头。当他呆呆地望着镶满亮晶晶的云母片和华丽的黄铜饰片的天花板时，眼神空洞茫然。

这是一个晴朗有风的日子，云彩在信风的吹动下四处飘荡，把海水映成了深蓝色，海浪泛起了层层白沫，"就像镶嵌在蓝色天鹅绒布上的蕾丝一样。"休斯的助手乔治·弗兰肯回忆道。

这一切一定会让休斯想起在圣卡塔利娜岛上的那些日子。在那里，在同样湛蓝的海水中，他曾经和凯瑟琳·赫本一起游泳，也曾和比莉·德芙驾着游艇兜风，他还和金格尔·罗杰斯、艾娃·加德纳和伊冯娜·德·卡洛在这里度过一个个快乐的日子。

但外面的世界、那些快乐的时光、那些浮华往事都已经离他而去，他已经是个老人。

他那庞大的商业帝国每小时能为他盈利七万五千美元；他拥有拉斯维加斯最豪华的赌场；他制造的人造卫星环绕着地球向印度和澳大利亚源源不断地发送电视电波；他认识世界上众多国家的领导人；他曾经追求过和睡过世界上最漂亮的女人。但现在，霍华德·休斯的世界被禁锢在这个黑暗的套房中。他的生命即将结束。

在六名助手和两位医生的陪同下，休斯离开了巴哈马，并在二月二十一日的黎明前抵达阿卡普尔科王子大饭店。它的外形像金字塔。他们还随身携带了两张外科病床、两个电动轮椅和可以放满一个房间的医疗器械。

休斯的房间在二十层，从宽敞的房间向下望去，这位富有的老人本来可以看到酒店高尔夫球场上葱郁的棕榈树和种满栀子花的草坪。但是夹合板和卡纸板连同漆黑的窗帘一起挡住了窗户。隔音板进一步使他与世隔绝，把外面的一切有生命的声音都隔在了他的套房外。

裂开的褥疮因没有得到适当的护理让他如芒在背，床单成了他唯一的衣服。在一个有点变形、斜放着的床头柜上，散乱摆放着他留下的仅有的生命迹象——可待因、小碗里装着的安定片、药瓶里的利眠宁，还有一大堆散乱的皮下注射器和针头。

黄昏时分，鸦片开始在他的血液里缓缓流动，在药物的作用下，他似睡非睡地躺在那里，谈起了他过去的生活。当助手和医生们进出房间时，他们都尽量轻手轻脚，偶尔也会停下来听他低声诉说他的过去。对他们来说，这是历史性的一天。霍华德·休斯很少谈及他的私人生活，而此刻他却喋喋不休，似乎想让自己解脱，又好像要减轻自己的罪恶。

他说到了他的两次婚姻，还有那两个被他冷酷无情地晾在一边的女人。他给第二任妻子简·皮特斯留了一句话："告诉她，我永远爱着她……我一直爱着她。"对他最宠爱的手下乔治·弗兰肯，他讲起了他的母亲阿伦娜，一个"人间天使"，还有他的父亲老霍华德·罗博德·休斯，他是"世界上最精明的商人之一"。

又吞下了一杯镇静剂之后，他抓起了自己的老朋友航空工业家杰克·里尔的手，讲起了他成为二十世纪风流债最多的男士那段光阴。"杰克，你得帮帮我。我死了以后，那些传记作家肯定会一拥而上，我不想让他们对那些姑娘和电影胡编乱造。"老人补充说，"我只想让后人记住我做的一件事，那就是我对航空事业的贡献。"

几分钟以后，老人眼里含着泪水，回忆起二十世纪初他在家乡休斯敦度过的一个圣诞节。他的母亲在圣诞树上挂满了红色蜡烛。圣诞树前面放着一辆崭新的红色自行车。"我是多么怀念那个圣诞节啊。我是那么爱她。"

随后，正如他的助手们多年来所看到的那样，他开心地睡着了。

到了四月一日这天，休斯的回忆戛然停止，在被助手和大夫注射了几乎致命剂量的可待因之后，他再次陷入了昏迷。第二天凌晨三点钟，休斯突然从半昏迷状态中清醒了过来，他示意弗兰肯走到跟前。

他还有一个遗憾。"乔治，我想，我本来应该像其他人一样生活的，我并不像表面上那样对女人充满兴趣。我也不像某些人所说的那样，是个机器人。我只是喜欢把我的时间花在科学研究上。"

之后，他又躺到那张病床上，十年来，这张床成为他的"家"，从这家酒店的房间里搬到那家酒店的房间，从这家黑乎乎的顶楼豪华公寓搬到另一家，但不管在哪里，他的世界永远都是黑暗的。

"但你的一生多么丰富多彩啊。"弗兰肯握住他的手安慰说。休斯悲伤地摇了摇头，"如果你也像我一样一生都不停地奔波于世界各地的话，我敢打赌，不出一个星期，你就不干了。"

接着，可待因再次让他昏昏欲睡。七十年来，这个老人一直与睡眠和自满做着不懈的抗争，现在，只有药物能够给他最后一点点的睡眠和满足了。

四月五日早上六点，维克多·蒙特马约尔医生走进阿卡普尔科王子大饭店，他挤过大厅里等候着入住酒店的度假人群，拉住了一个穿制服的接待员。

他举起医药箱。"快点儿，你能带我到霍华德·休斯的套房吗？我是蒙特马约尔医生。"接待员举起一个手指，立刻有一个侍者跑了过来。

"这是二十层的钥匙，"接待员对侍者说，"他们正在等他。"

站在快捷电梯里，蒙特马约尔医生急促地喘着粗气。他不知道自己为何如此紧张不安，是因为自己刚从海滩跑上来呢，还是因为要为全世界最具名望、最富有的人治病而紧张。

他看过休斯在王子饭店的账单——一天两千美元。谁没听说过这一点呢？他对休斯的隐居生活和他庞大的私人军队的传闻耳熟能详。谁没听说过呢？但是直到半个小时以前他才得到消息：霍华德·休斯已经病危了。

在电话里，那个助手对他说："请您尽快赶到这里。时间不多了。"

在二十楼，电梯门打开了，一个身材壮实、表情严肃的保镖站在那里。

"你走吧。"他告诉侍者，"这边来，医生。"他对蒙特马约尔说。

在保镖的带领下，医生穿过重重的警卫，又穿过满面愁容的人群，最后来到了主套房的门前。保镖在门上敲了三下，然后打开门，指了指角落里的一张床。随后，保镖便退了出去，关上了门，整个房间陷入了一片黑暗，让人心神不安。

两个衣着考究的人走过来和他握了握手。"我们想让您看一下休斯先生，"其中一个人说，"他昏迷了很久了。"

杰克·里尔做了自我介绍，然后把蒙特马约尔引到霍华德的床前，他的脸上带着深深的忧虑。

在阿卡普尔科最高级的饭店的最昂贵的房间里，尽管拥有丰富的行医经验，蒙特马约尔在这个昏暗的房间里看到的景象还是超出了他的想象。

在所有的富丽堂皇的摆设之中的，是一个命悬一线、虚弱不堪的老人，虽然他只有七十岁，但看上去就像八十多岁。他全身赤裸，身上只盖了一条单薄的床单。药物注射的针孔布满了他那双骨瘦如柴的胳膊。他的肚子因为营养不良而浮肿，两颊深陷，布满皱纹，整个身体就像一具骷髅。

医生俯下身，跪在霍华德的床边，掏出听诊器，轻轻地贴近他的心脏。他的手指碰到了老人的皮肤，就像羊皮纸一样。"他昏迷多久了？"蒙特马约尔医生问身边的两个人。

"三天了。"其中一个人回答。

"三天了？都已经三天了，你们还没给他做静脉注射？他快死了！"

"我们不太相信墨西哥的静脉注射。"其中一人说。

蒙特马约尔医生不再询问，只是镇静地继续他的检查。"这个人患有脱水、肾衰、营养不良和严重休克。"他说，"我再问一遍，你们为什么不把他送医院？"

那个年长的助手答道："休斯先生不愿意去医院，即便是在美国……他也会极力反对的。"

"胡说！他还能反对什么？他现在已经不省人事了。"

"听着，我们愿意做任何事情，任何事，只要能救他。"另一个助手说，"为什么他会病成这样？"

"疏于照顾，"蒙特马约尔说，"完全是疏于照顾和缺乏治疗造成的。你们得把这个人送医院，现在就去！"

当他走出来的时候，一个助手小声对蒙特马约尔医生说："那可待因呢？那个会不会让他致死？"

"什么可待因？"蒙特马约尔问。

"他每天都要的。"

"是注射吗？"医生问。

那个助手点点头。"有时也吃药丸。"

杰克·里尔走过来对蒙特马约尔医生表示感谢。"你瞧，"里尔说，"我刚下飞机，但我想让你知道，我们要尽快让他上飞机。"

蒙特马约尔既烦躁又担心，他担心这种疏漏在墨西哥法律中可能会构成谋杀罪。在这一天里，他对他所目睹的一切感到万分惊讶："这就是美国最富有的人——病入膏肓、营养不良、没人照料，就像是一个街头流浪汉一样。"

杰克·里尔也有同感。两天前，他曾打电话给休斯的首席私人医生威尔布·泰恩，让他尽快从犹他州的洛干赶回来。"趁现在还不算太晚。"里尔解释说，"我不想越俎代庖，威尔布，可你的病人快死了！"

"好了，真讨厌，你就是在管闲事。你为什么不管管你自己的事？！"

"威尔布，你得过来。"里尔再三恳求说。

"我在巴哈马有个派对，派对结束后我会过来的。"泰恩漫不经心地说。

泰恩医生终于坐着他的专机抵达了阿卡普尔科，在这里，又出现了更多的延误。驾驶飞机的罗杰·萨顿说，他们降落时大概是早上六点，他们被告知要在此等待马上就到的"生病的休斯先生和他的随从人员"。

对后来发生的事情，有几种不同的说法。杰克·里尔坚持说，泰恩并没有马上来看休斯。相反，他把宝贵的时间花在了销毁文件上——他甚至还开出了一个新处方，并马上让人按方抓了药。接着，里尔说，泰恩给休斯多次注射了那种药物。（但泰恩后来并没有因为对休斯用药不当而受到起诉。）助手们则匆匆忙忙地检修着飞机和相应的医疗设备。

在饭店保安人员的护卫下，休斯躺在担架上，身上盖着黄床单，从员工电梯上被护送出来。输液吊瓶在他的胳臂上晃荡，塑料氧气罩盖在他的脸上。形容枯槁的休斯躺在担架上被抬上一辆救护车，随后咆哮着朝机场奔去。泰恩医生、劳伦斯·查芬医生（一九四六年坠机事故之后，他一直负责照料休斯），还有助手约翰尼·福尔摩斯与休斯一起登上了飞机。

上午十一点刚过，专机从阿卡普尔科直飞休斯敦。城市卫理公会医院已经做好了一切准备，等待着为即将到来的神秘病人实施抢救。

但到了下午一点二十七分，泰恩医生报告说，他已经听不到心跳了。查芬医生清楚地记得，当时飞机刚刚跨过墨西哥湾进入得克萨斯的领空。再有二十分钟，他们就能到达休斯的家乡了。

泰恩劝飞行员萨顿不必开那么快了。"他已经走了。"

然而，关于休斯的确切死亡时间，存在着截然不同的报告。尽管广泛被接受和法律上认可的一点是，霍华德是在得克萨斯的领空上逝世的，但墨西哥司法部官员却说，"休斯去世的时间不晚于上午十点，或许更早"。

"他在阿卡普尔科时就已经没气了。这一点毫无疑问的。"约翰·查佩尔医生说。他是一个精神病学家，研究了休斯死亡报告的所有版本。休斯敦的一个记者看到了霍华德的尸体，并证实了墨西哥司法部和查佩尔医生的说法。

"我觉得，当时他至少是快死了，或者压根儿就已经死了。"飞行员罗杰·萨顿回忆说。

飞机在休斯敦降落后，休斯被抬了出来，一只胳臂搭在了萨顿身上，罗杰记得"那只胳膊冰凉"。

在休斯被运回休斯敦的老家后不久，在墨西哥城的一次媒体发布会上，蒙特马约尔医生得出这样的结论："霍华德·休斯死于一种叫作疏于照顾的疾病。"

接手这个案子的是得克萨斯州的司法部总检察长里克·哈里森。他说："我很肯定地认为，他最后受到了虐待，并最终因无任何救治而死。在一个人还没有死之前，世上没有任何理由允许他受到如此对待。在墨西哥，他人生那最后的六周里，他完全没有得到一点救治，一直在病床上等死。"

在休斯敦，他的这次出现与前二十年他回到家乡时所得到的对待没有任何区别：没人能够肯定那就是霍华德·休斯。

尽管家人反对，休斯的指纹还是被做了采样，然后送交了ＦＢＩ。一个美国海关人员要对尸体进行鉴定。（而泰恩医生提供了休斯出生证明的复印件。）休斯的尸体被救护车运到了美以美医院的停尸房，在那里接受了两个小时的"私人尸检"，那是当时一般的得克萨斯家庭的选择。

尸检结果表明，这个曾经重一百五十磅的男人去世后的体重仅有九十三磅，他那六英尺三英寸的身高也缩了两英寸。但验尸报告的内容并没有完全公布。关于死者的死因，结论是慢性肾病——肾功能衰竭。而有关休斯身体状况的一些更惊人的报告直到很久以后才被公之于众。

验尸官乔瑟夫医生说，他对休斯"大脑细胞的退化程度"感到非常吃惊。三期梅毒和十四次交通事故，包括撞车事故和坠机事故，都在他的身体上留下了痕迹。

一辆车型优美的黑色凯迪拉克灵车载着霍华德·罗博德·休斯的遗体开

往乔·刘易斯殡仪馆。他那萎缩了的尸体立即被送到了防腐处理间进行防腐处理，只用了三瓶十六盎司的防腐剂。

休斯的表弟威尔·莱斯·拉米斯为他挑选了灵柩。他是休斯的安妮特姨妈的儿子，休斯跟他只见过一面，当时拉米斯还是个小孩子。另外一个亲属给休斯带来一套蓝色的西装。

殡仪馆的电话总机响个不停。"绝大多数电话来自报社，还有一些好奇的人。"葬礼主持诺尔曼·刘易斯解释说。事实上，除了简·皮特斯，休斯生前的熟人一个都没打电话询问过葬礼的事。

虽然亲属们雇了一个警察坐在休斯遗体停放的特等停尸房外，但似乎完全没有必要。根本就没有人来拜访。

四月七日，霍华德·休斯被葬在历史悠久的格林伍德家族墓地。它位于绿荫葱茏的休斯敦市中心，六十五英亩大的墓园里长满了布满苔藓的橡树。

在安妮特·拉米斯姨妈和她的儿子威尔的带领下，霍华德家族健在的亲属们都没有把这个消息透露出去。但媒体驻守在殡仪馆外面，当休斯的灵车驶往墓地时，媒体队伍紧紧地跟在灵车后面。

出席葬礼的人寥寥无几，大部分是休斯的表亲，但他们很少或从来没有跟休斯联系过。墓地负责人奥特斯·杰弗卡特事后回忆说："我以为他会有许多朋友，但那天的情形完全出乎我的意料。"

在十分钟的追思仪式中，基督教大教堂主持牧师罗伯特·吉普森神父朗读了《约翰福音》第十四章中的一句话："因为我们没带什么到这个世界上来，也不能带什么离去。"随后，休斯的银铜合金、一千磅重的灵柩被放进了墓穴，摄影师和电视台摄像蜂拥而来，手中的相机咔嚓咔嚓响个不停。

挖墓的人只用了二十分钟就用土盖上了休斯的灵柩。然后，是来自未留姓名的人送来的红玫瑰和一个五英尺高的花篮，花篮呈飞机形状，是用五百朵白色大丽花做成的。这个花篮是南加利福尼亚的一个健康俱乐部送来的，上面还束着一根红白蓝三色缎带，缎带上面写着恺撒的名言："他来过，他看见，他征服。"

在此后的几周里，鲜花仍然被源源不断地送过来，装点着霍华德安息的地方。

这些鲜花全部来自简·皮特斯。

尾声：遗产之争

在霍华德·休斯下葬之前，外界就纷纷猜测说他没有留下遗嘱。成群结队的律师和休斯的那些手下开始疯狂搜寻着休斯的遗嘱，几乎把庞大的休斯帝国给翻了个底朝天，而各路侦探也在东西海岸间疲于奔命。当这一切成为徒劳之后，休斯家族甚至请来了一个名叫彼得·胡尔克斯的巫师，他仔细地查看了灵界的情况，然后抚摸着从洛美因七〇〇〇号找来的休斯的一件衬衫和一双鞋子。

"什么都没有，我什么都没有找着。"胡尔克斯说，"休斯先生从来没穿过这些衣服。"

他的质疑没错：这两件衣服是从一个地下室壁橱里一堆休斯从未碰过的衣服里挑出来的。胡尔克斯巫师不情愿地鞠躬告退，因为休斯家人根本找不到一件休斯穿过的衣服。（霍华德的整盒睡衣已经在墨西哥的阿卡普尔科被烧了个精光。）

休斯敦的一名联邦法官宣布说，这位全美第二大亿万富翁（当时仅次于保罗·盖迪）生前没有留下任何合法的遗嘱。九十多名律师把这个信息当作了一个信号——这将是美国历史上耗时最长、代价最高的遗产争夺战。这场官司将同时在四个州的法庭展开：得克萨斯、内华达、加利福尼亚和特拉华。判决的结果将确定休斯的合法继承人和他的合法居所——那个他称之为家的地方。

这两个问题都是疑云密布。

休斯敦的系谱专家玛丽·史密斯·费是休斯家族的有偿顾问，受聘期为一九七七年至一九八一年，她把休斯那盘根错节的家谱细细梳理了一番。最终，她"认证"了二十二位合法继承人，大多数是休斯父系的堂兄堂姐和母系的表兄表姐——母系的这些继承人都是威尔·拉米斯和他的妈妈安妮特·加诺·拉米斯的亲人。这些团结起来的继承人在四个州的法庭同时上诉，要求取得休斯的遗产继承权。

当律师军团还在寻找休斯的遗产时，一份字迹潦草的"霍华德·罗博德·休斯的最终遗嘱和誓约"神秘出现在盐湖城的摩门教堂总部。

这份奇特的文件是亲手书写在三张黄色的法律便签上的（这是休斯的标志），一共二百六十一字，其中夹杂着拼写错误（不是休斯的标志），里面声称要将休斯的主要财产遗赠给霍华德·休斯医学研究所、埃拉·莱斯·休斯（她现在是詹姆斯·温斯顿夫人）和简·皮特斯（她现在是斯坦·霍夫夫人）。全部财产的十六分之一——有几百万美元——则送给犹他州加油站的经营者墨尔文·杜马。

很快，杜马的身份就被公开了，他讲述了一个听起来不可思议但又有几分可信的故事，他曾与这个幻影似的亿万富翁发生过一次小小的冲突。据他所言，一九六八年，他曾在内华达一条空寂无人的路上载过休斯一程，一直把他送到了拉斯维加斯。在这里，休斯借了二十五美分，然后他在沙滩饭店后面下了车，这家饭店是他名下的产业。

虽然这份所谓的"摩门遗嘱"很快就被证明是伪造的，但这个故事本身却变成了作家詹姆斯·费伦口中所说的"另一个充满传奇色彩的休斯式的民间故事"。

摩门遗嘱幕后的阴谋者并没有被起诉。墨尔文·杜马的故事却成为美国文典的一部分。由于杜马很符合一个民间英雄的形象，他的故事在一九八〇年被好莱坞搬上了银幕，影片名叫《墨尔文与霍华德》，加森·罗伯特扮演霍华德·休斯。杜马本人甚至还出演了一个配角。

直到今天，仍然有很多人相信墨尔文讲述的那个天真的故事。但真正的故事却要阴险得多。那些离休斯最近的人——包括简·皮特斯——都坚持说休斯曾经留下过遗嘱。但人们始终没有发现过任何法律文件。

曾经用了六年时间甄别休斯真正亲属的休斯敦律师事务所职员苏珊娜·芬丝塔德把她的调查结果编成了一部名为《继承人不明》的书。她相信休斯留下过遗嘱，"但它最终被隐瞒、销毁或借机弄丢了"。她又补充说："（休斯）这个人对于立遗嘱这件事情十分上心，对自己财富的最终下落也格外关心。我的意思是说，从十几岁开始，他就开始立遗嘱了。"

"金钱是堕落之源，也是遮盖真相的迷雾。"

金钱引发了这场遗产争夺战、真相之争以及最终的有关休斯生死之争。

尽管威尔·拉米斯和他的妈妈试图掩盖，但尸检结果最终还是被公之于众。尸检证明，休斯患有慢性肾病，并伴有三期梅毒的症状。X光检测还显示休斯那枯皱萎缩、布满针头的手臂里有折断的皮下注射器。

起初法医们还没有找到休斯的死因。他们都同意墨西哥医生维克多·蒙特马约尔的说法，认为"这个人本来不会死"。"事实上，休斯是饥饿致死的。"休斯敦的病理学家杰克·蒂图斯医生说。他曾经疯狂地翻遍了有关休斯的毒物学报告和发病报告，试图找到一个清晰的答案。营养不良是显而易见的。当威尔·拉米斯被叫去辨认死者时，他的脸一下子变得煞白："这就是霍华德·休斯？"

躺在验尸台上的那个男人面容憔悴，已经没了人形，他的膝盖和肘关节上脆弱的皮肤已经被撕裂。牙齿悬在牙床上；前额还有一个丑陋的新伤口，原先在那里的肿瘤已经化脓；他的背上有褥疮；大腿和手臂上满是针孔。

参与了尸体解剖的三位医生私下里跟记者说，霍华德·休斯本来不会死，因为他的心、肺、肝甚至肾脏功能并没有因为疾病和疏于照顾而受到重创。

尽管如此，蒂图斯医生还是在"可能性"死因一栏填上了"肾脏衰竭"。

在得知诊断结果之后，最后一位为休斯治疗的医生、墨西哥的维克多·蒙特马约尔说："胡扯！他的肾功能很弱，一直没少给他带来麻烦，但绝不会夺去他的生命。要是他被及时送到阿卡普尔科的话，我应该已经把他救活了。"

事实上，休斯死于"在他心跳停止前六至八个小时内对他进行的"大剂量的可待因药剂注射。一点四毫克的可待因就足以致命，而休斯的血管里有"超过一点九毫克"的镇静剂。但这一点在开始时并不明显。首先，休斯的助手们巧妙地误导了调查者对休斯上瘾程度的了解。另外，休斯敦的卫理公会医院的毒物学报告"误报"了休斯尸体中的可待因含量。四年之后，蒂图斯医生在法庭上作证说："他血管里的可待因含量比我原先估计的高出了一千倍……这有着天渊之别。"

尽管所有的书面证据都与事实相反，但休斯就是死于这次致命的可待因注射。此前休斯已经昏迷了二十六小时，因此这剂可待因根本没有任何治疗价值。加州大学洛杉矶分校毒物学专家福斯特·坦南特受休斯家族委托对休斯的毒品滥用做了为期十八个月的详尽调查。就像他说的那样，"有人在他昏迷时给他注射了致命剂量的止痛剂……这显然毫无必要，而几乎肯定是足以致命的。"坦南特和蒂图斯估计，最后那支注射剂的药效相当于四十五至五十粒纯可待因。

约翰·查佩尔医生受内华达州委托对休斯进行了"精神解剖"，他注意到，"休斯先生体内的可待因含量超过了以往所有因服用该种药物而致死的案例。他是这项医学的最高纪录保持者。"

这番话的言外之意是，休斯的助手或他的私人医生，杀死了休斯——也许是意外，也许是蓄意谋杀。得克萨斯总检察长里克·哈里森做了一个出版计划，题目是《有人敢称之为谋杀》。而副检察长伯特·布鲁门也同意这一说法，他告诉联邦调查员说，至少该指控那些助手犯有杀人罪。

通过对休斯晚年生活二十多年的研究，很有可能是他的助手策划了这最后的可卡因注射，他们要堵上休斯的嘴巴，因为他是他们虐待和疏忽罪的唯一见证人。当他们意识到不得不把这位虚弱不堪的指控者送往医院的时候，他们唯一的办法就是杀人灭口。

"在我看来，很显然，他周围的人正眼巴巴地等着他死掉。"蒙特马约尔医生说，"他的情况很危急，这确实不假，但他的心脏健康良好，肺部清晰无杂音。如果我是他身边的助手或医生，我早就要请律师了。"

墨西哥政府也同意这一说法。就在那家死亡航班飞向得克萨斯的荒野后不久，阿卡普尔科政府就举行了一个高层会议，墨西哥第一副检察长亚历山大·格茨·马内罗博士担任会议主席，同时他还通过长途电话与墨西哥司法局保持着联系。一份临时刑事起诉书已经起草完毕，指控一系列当事人"绑架并谋杀了"休斯。

但休斯家族、得克萨斯州政府和美国政府立即介入了此事。

威尔·拉米斯的抱怨和得克萨斯当局把食品和药物管理委员会也拉进了这场战争。一九七八年三月，一名拉斯维加斯联邦大法官重新对诺尔曼·克莱恩医生和休斯的亲信约翰尼·福尔摩斯做出了控告。他们被指控为非法为休斯提供毒品二十年。对此，他们"没有辩驳"，并获得了缓刑。他们出庭指认了比尔·盖的姐夫威尔布·泰恩，说他是休斯去世前两年里的主要毒品供给者。这位摩门教医生最终在犹他州受审并被宣判无罪。泰恩后来成为苏玛公司一起诉讼案的被告，他与比尔·盖、切斯特·戴维斯、内丁·亨利和盖·格林以及受聘照看休斯的助手与看护人员一起，被指控为合谋侵吞五千万美元。最终，这场官司以庭外和解而告终。

根据食品和药物管理委员会的指导方针，可待因的最大服用量每日不得超过四百七十一毫克。但在休斯最后的五年里，他每天的可待因服用量是一千一百七十一毫克，再加上七片安定片和三粒利眠宁，有时还服用希康纳。在四年期间，泰恩医生共开出了五千五百张处方，而休斯的医生顾问诺尔曼·克莱恩医生则为他开了一千零六张可待因和安定片的处方。绝大多数的处方都是以休斯助手的名义开出来的。

威尔·拉米斯和其他继承人一起指控，休斯是在高剂量毒品的控制下才签署了那些订单、支票和委托书——那些委托书使得休斯的助手们得以在比尔·盖的领导下控制了休斯帝国，并从此不再受"老家伙"的任何干扰。

在霍华德过世后的五年里，他的首席助手、律师切斯特·戴维斯和他最喜欢的秘书纳戴恩·亨里（自一九四三年起担任休斯的秘书）声称，在源源不断的毒品供给网中，自己只不过是"不情愿的参与者"。亨里甚至还告诉纪录片制片人詹姆斯·卢赛尔，她对于她老板可待因上瘾的程度"完全不知情"。她还对她的朋友简·拉塞尔说，威廉姆·盖和其他助手一直不让她靠近休斯。

在这个故事里，真正的恶棍确实面目难辨，但一向不乏错误的判断。

简深信，亨里对这场"毒品大战"确实一无所知。她还将亨里晚年的健康问题——中风和瘫痪归因于休斯家族发起的诉讼对她的牵连。但其他人的证词则将亨里列入休斯生命最后几年里幕后操纵者的行列。

在休斯去世前一年，洛美因总部召开了一次"麻醉药峰会"，休斯的高级助手们精心制订了一个总体规划，让休斯对毒品产生依赖并对他们言听计从。但多年来一直为休斯提供药物的诺尔曼·克莱恩医生拒绝再为他们开"不必要的处方"。

在威尔布·泰恩医生的帮助下，每隔八个星期，就有一大批的鸦片制剂和安定片送到休斯下榻的饭店房间里。泰恩医生从纽约的制药厂直接订购药物，然后用书包送到休斯那里。例如，在休斯去世六个星期之前，助手们还收到了一次订货，里面有九千五百个剂量的可待因注射剂，一千片十毫克的安定片和五百片希康纳。

"那些摩门教徒决心要把他们的老板绑在床上，让他完全昏迷。"《华尔街日报》记者迈克尔·卓西宁说，他把休斯描述为一个"被单独监禁的囚犯"。

休斯家族的顾问弗雷德里克·迈耶医生和福斯特·田耐特医生声称："通过为休斯提供大量的可待因和安定片，泰恩医生从中获利三十万美元。"

拉米斯在他的起诉书里说，他的叔叔"被迫"同意雇用守卫人员（员工薪水由此提高至每年十万美元），因为医生威胁说要对霍华德切断可待因的供给。

当霍华德还在他的私人鸦片馆里飘飘欲仙时，他的手下已经给他们自己开出了一千万美元的工资、奖金和外快，其中还包括在佛罗里达的度假村、私人喷气式飞机队、配有专职司机的豪华轿车以及在圣费尔南多山谷一幢崭新的摩天大楼里奢华的新公司总部。

拉米斯进一步指控说，通过这种奇特的"盛宴和饥荒式的"毒品控制手段，盖作为洛美因总部的长期助手，完全控制了休斯的公司，并把休斯的副手罗伯特·马休排挤出局。

"戴维斯和盖以休斯不能胜任和吸毒上瘾的名义，完全控制了休斯。"他继续指控说。

药物管理委员会对此事的深入调查也得出了同样的结论。

在一九六六年到一九七六年期间，在未得到霍华德本人允许的情况下，休斯集团对休斯庞大的商业帝国进行了一次大洗劫。在二十世纪六十年代后期，洛美因总部采用了一种"口头同意"的工作制度。在涉及数百万美元的大数额支出以及巨额"采购订单"时，不需要老板的签字，他的助手们只需获得老板的"口头同意"。他们将向休斯描述交易的情况，并表面上得到他的批准。最后，是他们，而不是休斯在订单上签字。

钞票从这个庞大帝国的每个毛孔里滚滚地流出。

从一九七〇年开始到休斯去世，三位苏玛公司的执政者每天支出三十六万七千五百七十九美元，用于来历不明的收购、不明智的投资和完全无效的经营。就在同一年，苏玛公司以每天十三万七千美元的速度总共损失了一亿多美元。与此同时，十亿美元的现金、政府有价证券和储蓄存单从休斯的银行户头上莫名消失。

休斯去世五天前，在被注入了能产生快感剂量的可待因和安定片之后，休斯的助手拟定了两份代理合同让他签字。第一份合同允许他们可以全权打开霍华德的保险柜，其中有一个保险箱有一整套钻石；而第二份合同则允许

433

他的其他助手在他的私人账户上开支票。

拉米斯还在起诉状中指出，盖出手镇压了杰克·里尔正在如火如荼地进行的宫廷政变。按照另外几个助手的说法，霍华德通知他们，他要把苏玛公司分成东西两个分部。东部公司将交给里尔管理，这样的话，盖的势力范围就减小了一半。

一直负责照顾霍华德饮食起居的乔治·弗兰科姆回忆说："我们都有点儿心惊肉跳，因为有一场宫廷政变正在上演，是有关公司的控制权的……最后的权力游戏正在上演。局势变得异常可怕，就连医生们都被吓坏了。"

虽然药物管理委员会和休斯家族都不愿意把休斯的死称作"谋杀"，但为休斯工作了三十二年的沃尔特·凯恩对此却毫不遮掩。他现在是前线饭店、沙滩饭店和沙漠旅馆的娱乐总监，在拉斯维加斯的一次新闻发布会上，他愤怒地告诉记者："霍华德·休斯是被谋杀的，他身边的那些人已经谋划好多年了。"

休斯的一位长期合作人也指控说，那些摩门教徒企图让他帮忙为休斯购买毒品。"他们想让我从中联系，然后把药送到墨西哥，但我告诉他们，'我可不想跟毒品沾上边。'"

霍华德·休斯的遗产终于在十四年后得到了妥善的分配。起初，休斯的指定继承人只有二十二名。但到了一九九〇年，休斯留下的遗产已经有超过一百个人有权分配。虽然简·皮特斯一再强调，休斯一直希望能把他的钱捐给医学研究院——这一诉求也得到了众多助手及和休斯合作过的人的支持——但霍华德·休斯医学研究所并没有从休斯的遗嘱中得到丝毫的好处。

得克萨斯被认定为休斯的法定永久住处，得到了五千万美元的遗产税。律师们在这场官司中大捞了一笔，整场官司的律师费超过一千万美元。

在过世之后，这个真正意义上的二十世纪的全才——霍华德·休斯，变成了一千份银行账本上的一系列条目，他的遗产被掩盖在美元符号之下。就像华盛顿的专栏作家杰克·安德森痛心疾首地说的那样："我认识和崇拜的那个偶像现在已经消失在一片贪婪的迷雾中。"

他的声誉也被一连串的形容词玷污——尤其是"怪异的"和"疯狂的"。但有一点是毋庸置疑的：再也找不出第二个像他那样的人了。他的遗产留在空中，留在拉斯维加斯和电影银幕上。对于休斯来说，天空是为了让他去征服的；沙漠也不再是一片荒芜，而是他的前线阵地；而那些电影审查规则是他的斗争对象，而不是让他恐惧的铁律。

他还给世人留下了一份令人惊叹的医学遗产。虽然他起初不过是精明地用它来逃税，但霍华德·休斯医学研究所——一九八五年出售休斯飞机制造公司的所得全部捐赠给了这个组织[①]——已经成为全美最大的私人赞助的生物医药研究机构。（现在，研究所的在职科学家和员工共两百八十人，一九九五年的研究经费为三亿六千六百万美元。）这个数字与休斯特别相称，因为在二十五岁那年，休斯就立下了遗嘱，要将他的主要财产用于医学研究。这又是一种讽刺，因为休斯自己却不由自主地陷入了精神堕落和身体衰退。

最重要的是：霍华德·休斯是一个自相矛盾的人。

---

① Howard Hughes Medical Institute，1953 年年底由霍华德·休斯创立。在休斯去世后，1984 年特拉华法院任命一批特许委托人接管研究所。他们于 1985 年将研究所唯一的资产休斯飞机制造公司出售，创立了一个更为灵活的基金，以便更好地支持生物医学研究。同时，这批委托人也再次强调了霍华德·休斯医学研究所作为医学研究组织的地位，拒绝将其变成一个私人基金会。

霍华德·休斯飞行大事记

1920 年　十四岁，乘坐柯蒂斯飞船进行了人生的第一次飞行。

1927 年 10 月　开始拍摄一战飞行史诗《地狱天使》；耗资五十万美元购买了四十多架战斗机和侦察机，组建世界上最大的私人飞行队。

1928 年 1 月 7 日　获得飞行驾驶执照。

1930 年 1 月 30 日　在好莱坞举行《地狱天使》首映式；飞行场景的拍摄无人能敌。

1932 年春　在加州格林谷成立休斯飞机制造公司。

1932 年 9 月　用"查尔斯·霍华德"的假名在美国航空公司找了行李工的工作；几周后被任命为飞机副驾驶员。

1934 年 1 月 4 日　驾驶一架经过改进的波音飞机在迈阿密获得飞行一等奖。

1934 年　研发并测试了第一个伸缩式起落架，采用无铆钉设计，简化了未来的飞机设计。

1935 年 9 月 13 日　在加州圣安娜，驾驶"银色子弹头"创下了飞机着陆速度的新纪录——每小时三百五十二点四六英里；该飞机由休斯飞机制造公司制造，是当时世界上最快的飞机。（最后飞机以每小时一百英里的速度在一块甜菜地上迫降）。

1935 年　　在一系列玩命般的飞行中横穿内华达州山脉，并证明高空飞行有利于飞行速度的大幅提高，从而开创了商业飞行的新纪元。

1936 年 1 月 14 日　　在九小时二十七分钟内自洛杉矶飞抵纽瓦克，创下了横贯大陆飞行的新纪录。"我做的全部工作就是坐在那里。完成工作的是飞机引擎。"他解释说。

1936 年　　设计并完善了飞机供氧系统，提高了飞行员高空飞行的安全度。

1937 年 1 月 19 日　　完成了世界上最伟大的远程高速飞行，创下了从洛杉矶到新泽西纽瓦克的最新飞行纪录——七小时二十八分钟。

1937 年 3 月 3 日　　作为一九三六年世界杰出飞行员，赢得了久负盛名的哈蒙国际勋章，富兰克林·罗斯福总统亲自在白宫举行仪式为其颁奖。休斯是继查尔斯·林德伯格和威利·波斯特之后，第三个获此殊荣的美国飞行员。

1938 年 7 月 10 日—14 日　　用三天十九小时十七分钟的时间完成了全球航行。同行有四名助手，主机为洛克希德公司设计的十四号双引擎运输机。休斯此举创下了新纪录，成为全美家喻户晓的空中英雄。

1939 年　　完善了现代飞机的无线电接收和发射装置。

1941 年—1943 年　　为五十毫米口径的机关枪革命性地设计了装弹槽，使其发射速度提高了一倍。

1946 年 7 月 7 日　　由休斯驾驶的 XF-11 在贝弗利山坠毁，飞行员几近丧生，该飞机原是为图像侦察专门设计。后来，休斯对飞机螺旋桨进行了重新设计。

1946 年—1949 年　　作为环球航空公司的主要持股人，他为公司设计了从美国直飞欧洲和南太平洋的第一个低成本航线。

1947 年 4 月 5 日　　重新坐上 XF-11，成功地进行了第二次试飞。

1947 年 11 月 2 日　　出人意料地成功试飞了"大力神"号，即 HK-1，更广为人知的名字是"云杉鹅"号，证明了评论界对他的批评是错误的。试飞地点在加州长滩，尽管飞行不超过六十秒，但休斯已经再次成为空中英雄，并继续保持了他"最著名的飞行员"的形象。

二十世纪四十年代　　把休斯电子公司建成为美国空军和海军的最大武器供应系统。

1941 年—1956 年　　休斯飞机制造公司从一个四人车间发展成拥有八万多名员工的巨型武器生产厂，下属休斯电子公司和休斯直升机公司（公司培养了三千三百名博士。）

1949 年　　研发出"全天候拦截机"，这是一个配备了组合雷达系统和计算机组的电子武器控制系统，能够在白天和黑夜以及所有气候条件下自动发现并摧毁敌机。

1950 年—1956 年　　发明并生产了"空对空导弹"，能通过无故障的雷达脉冲校验系统自动查找并锁定目标，从而快速有效地制敌于死地。该导弹被认为是自雷达问世以来对北美防御体系的最重要贡献。

1950 年—1956 年　　发明并大规模生产了 F-102 拦截机的导航控制系统——该机型是二十世纪五六十年代美国防空战略系统的中坚力量。

1959 年—1964 年　　革命性地提高了美国战时直升机的性能，并与政府签下了四亿四千万美元的合同。生产 TH55A 型直升机——战地机动直升机的先驱。

二十世纪六十年代　　无人卫星模型的先驱和制造者，事实上为今天的卫星时代铺好了道路。

1973 年 12 月 14 日　　进入俄亥俄州戴顿的飞行名人堂。当地官员希望此时已隐居的休斯能够出席并亲自接受该荣誉，但休斯最终只派了艾德·伦德作为代表，他是和休斯一起进行一九三八年环球航行的四名助手中唯一在世的一位。

霍华德·休斯电影目录

除非有特殊说明，以下影片均由休斯担任制片人：

《了不起的霍根》（1926）由老霍华德·休斯的老朋友拉尔夫·格雷夫斯执导并主演。该片讲述了一个树荫下的流浪汉的故事，因故事内容不佳而未能公映。

《大家都在演戏》（1926）一部由无声电影时代最伟大的导演马歇尔·尼兰创作并执导的轻喜剧，讲述的是五个演员收养了一个女婴。该片出人意料地引起了轰动——并为休斯在好莱坞的发展铺平了道路。

《阿拉伯双雄》（1927）一战中，两个美国步兵逃出了德军的战俘集中营；后来进入了阿拉伯的后宫。导演刘易斯·迈尔斯通获得了奥斯卡最佳喜剧导演奖。

《非法图利》（1928）一部由刘易斯·迈尔斯通执导的黑社会戏剧，是《疤面人》的前身，曾广受批评。二十世纪五十年代，休斯在雷电华公司重拍此片。

《求偶电话》（1928）取材于当时的一部畅销小说，讲述了一桩政治婚姻变成真爱的故事。

《地狱天使》（1930）休斯在二十五岁时执导的一个传奇故事。片中的两兄弟杰姆斯·豪尔和本·莱恩都是皇家空军的飞行员，他们都面临着在空中随时可能出现的不确定，并且同时喜欢着同一个女人——珍·哈露，她是休斯发现的影坛新人。她的那句台词"要是我换一件更舒服的衣服的话，你会觉得震惊吗"让她一举成名。那些空中飞行镜头至今仍无法超越。

《恋爱年代》（1931）一部"关于当今最普遍的问题的现代影片——年轻妻子是否应该外出工作"。漂亮的比莉·德芙由此成名，由一个夜总会的歌女成了默片女皇，之后成为休斯的情人和签约演员。

《空中骑士》（1931）比莉·德芙饰演的一个法国风月女郎，爱上了一个英俊的美国飞行员。

《首页》（1931）帕特·欧布里恩凭借此片成为明星，在片中与阿道夫·蒙邱演对手戏。该片讲述芝加哥报社记者的传奇故事，由本·海奇特和查尔斯·麦克阿瑟的热门戏剧改编而来。

《空中恶魔》（1931）《地狱天使》的剩余脚本变成了这部滑稽喜剧，由年轻的斯宾塞·特拉丝主演。

《疤面人》（1932）保罗·穆尼凭借此片一举成名，在片中，他扮演一个邪恶狂暴的黑帮老大。《综艺》杂志评论说，他十分强悍，几乎可以"让黑社会大亨阿尔·卡彭做他的跟班"。乔治·拉夫特也同样成了明星。由霍华德·霍克斯执导，本·海奇特编剧，以黑社会大亨阿尔·卡彭的传奇为原型。休斯跟审查机关斗争了两年，才使此片得以公映。时至今日，它仍然是那个年代最了不起的影片。

《不法之徒》（1943）这部臭名昭著的西部片由休斯发掘的最著名的新人简·拉塞尔领衔主演，由杰克·布特尔饰演小伙比利。由于霍华德·霍克斯受不了休斯的指手画脚而甩手不干，休斯就自己接手担任导演。这部片子把镜头对准了女主角的乳沟和性感，因而与审查机关斗争了十年之久。（为了一个镜头，休斯亲自重新设计了拉塞尔的文胸。）

《哈洛德·迪德伯克的罪恶》（1947）默片喜剧演员哈洛德·罗依德在隐

退之后复出时出演的狂妄角色。该片由浦莱斯顿·斯德基斯编剧和执导，他和休斯曾组建过一个制片公司并短暂共事。在雷电华期间，休斯重拍了本片并改名为《疯狂星期三》。

一九四八年五月，休斯获得了雷电华影业公司的控制权。在此期间，他成为这家公司唯一的持有者，一九五五年七月将其出售。在雷电华公司所制作的电影中，署有休斯名字的影片如下：

《国际巨窃案》（1949）犯罪片，主演是休斯最喜欢的男演员兼好友罗伯特·米切恩（由于吸大麻被捕而刚获释放）和休斯最迷恋的女星简·格里尔。

《假日倾情》（1949）浪漫喜剧，主演是罗伯特·米切恩和珍妮特·利——另一个令休斯神魂颠倒的女人。

《愤怒》（1950）艾达·卢皮诺（二十世纪三十年代她和休斯约会时还是个十几岁的少女）凭借此片成为最早的女导演，这部影片的内容在当时还是一个大胆的话题，讲述了一个年轻的强奸案受害者（休斯旗下的签约演员玛拉·鲍沃斯扮演）努力重新开始生活的故事。

《斯特朗波利》（1950）休斯从来不会错过一个利用丑闻的机会，他让雷电华公司为这部在意大利制作的影片大做宣传——女主角英格丽·褒曼在被发现怀了导演罗伯特·罗西里尼的孩子后逃到美国，这是她复出后的第一部影片。在广告海报上，斯特朗波利岛上的一座火山正喷发着熔岩，下面的字是："愤怒的岛屿……愤怒的情感！"

《世仇》（1950）该片制作周期非常漫长（一九四六年八月开拍），其间先后换了三个导演，耗资三百多万美元。这部当代传奇故事由休斯担任制片，他的女朋友菲斯·多默格和雷电华的签约演员乔治·多兰茨（其演艺事业受到了休斯的阻挠）担任主演，这是一个关于科西嘉人的荣誉与复仇的故事。休斯出品。

《危险之地》（1950）休斯的情人菲斯·多默格饰演一个心理变态者，她诱骗了罗伯特·米切恩。

《最好的坏蛋》（1951）这是杰克·布特尔在签约十年后接拍的第二部影片。（一年以后，他主演了雷电华公司的《杂种》。）

《双爆》（1951）片名指的是简·拉塞尔的天赋。这是一部不合情理的喜剧，讲述两个银行职员卢赛尔和弗兰克·西纳特拉经常从格鲁丘·马克思那里得到浪漫的建议。

《飞行中的陆战队员》（1951）雷电华三部曲中的第一部，由休斯的朋友、爱国主义者约翰·韦恩主演，内容是关于南太平洋战争的。霍华德·休斯出品。

《赌场》（1951）休斯命令电影制作人让那个"书店丽人"泰瑞·摩尔——他的女朋友出演片中的社会工作者，她成功地改造了暴徒维克多·玛图尔。

《坚强、迅速与美丽》（1951）由艾达·卢皮诺执导，萨莉·福里斯特扮演一个年轻的网球冠军。"当霍华德听说我不会打网球后，就想叫我去他的别墅接受培训——培训时间是晚上。"福里斯特回忆说。她拒绝了——并把这一点写进了她与休斯的合同。

《热情如火》（1951）霍华德·休斯出品。以墨西哥的一个度假胜地为背景，简·拉塞尔和罗伯特·米切恩共同演绎了一段浪漫历险记。

《回忆禁区》（1951）由曾与休斯长期保持特殊关系的艾娃·加德纳和罗伯特·米切恩主演，故事发生在十九世纪的新奥尔良。

《路障》（1951）由休斯发掘的选美女王琼·迪克森扮演女杀手。

《去百老汇的双人票》（1951）由音乐剧明星珍妮特·利和托尼·马丁主演。这部影片的拍摄可以说是旷日持久，以至于马丁担心他的影迷会忘了他是谁。

《鞭手》（1951）当休斯开始与好莱坞的共产主义者斗争时，他重新改编了这部戏剧：将关于希特勒和纳粹的情节改成了共产主义者和细菌战的故事。主演卡拉·芭琳达（真名是萨莉·布里丝）是休斯旗下的签约演员，她回忆说："在霍华德插手之前，这是一部不错的小成本影片。"

《拉斯维加斯故事》（1952）以简·拉塞尔为主的一部影片，是休斯与维克多·玛图尔合作的作品。

《澳门》(1952) 简·拉塞尔和罗伯特·米切恩再次联袂主演。这就是激发了休斯写出那篇长达四页的备忘录——关于拉塞尔的乳沟和文胸的设计——的那部影片。

《零点差一分》(1952) 该片由美国部队协助拍摄完成,但在公映时,因片中的一个场景而受到审查机关的制裁,罗伯特·米切姆扮演的上校,下令向韩国难民开炮,因为他认为难民中间混有朝鲜人。安·布里斯饰演的联合国工作人员爱上了米切姆。

《安德鲁克里斯和狮子》(1952) 简·西蒙斯"在一天早上醒来时发现,我已经被霍华德·休斯买下了。"(休斯从英国分级协会买下了她的合同。)这是她出演的第一部美国电影,她扮演一个基督教徒,与罗马士兵维克多·玛图尔演对手戏。为了给故事加点料,休斯在封镜后又加进了一些"贞洁烈女"的镜头,不过最终还是被删掉了。

《天使的面孔》(1953) 心理剧,由简·西蒙斯主演。为了刁难休斯,西蒙斯在拍摄之前,拿起剪刀把一头长发剪成了怪异的短发。男主角是罗伯特·米切恩,导演是奥托·浦里明格,他是好莱坞最令人闻风丧胆的导演之一。

《万事如意》(1954) 简·拉塞尔穿着3-D尺码的胸衣,在甲板上拍了一大堆愚蠢的镜头——她饰演一个得克萨斯女孩,穿着几乎全裸的戏服。审查机关对此非常不快。

《良宵春暖》(1954) 喜剧,迪克·鲍威尔饰演一个中年编剧,爱上了离家出走的少女德比·瑞诺德。休斯十分欣赏瑞诺德,还要求她到他的拉斯维加斯酒店里演出。

《辛巴达之子》(1955) 天方夜谭里的一个故事,由一脸茫然的戴尔·罗伯森和文森特·普赖斯主演,由四十个艳丽动人、丰乳肥臀的女人扮演四十个女盗。为了宣传这部影片,剧组成员进行了全国巡演。

《水下王国》(1955) 简·拉塞尔主演的又一部影片,这次是关于海底沉没的宝藏。比影片本身更让人激动的是该片的首映式，因为它在水下举行。

《征服者》（1956）由约翰·韦恩扮演成吉思汗，休斯的前情人苏姗·海华德饰演塔塔尔族美女。（"这个塔塔尔女人是我的，我全身的血液对我说：搞定她！"）这是一部"霍华德·休斯出品"的影片，影评界一片哗然。休斯十分喜欢它，就买下了整部影片。

《密战计划》（1957）休斯在雷电华最惨痛的失败之作，由于拍摄时间拖得过长，在公映时，那些飞行的镜头已经完全过时了——而休斯也已经不是雷电华的老板。约翰·韦恩饰演一个美国飞行员，爱上了由珍妮特·利饰演的苏联女飞行员。霍华德·休斯出品。

霍华德·休斯一生中的女性

菲丽斯·阿普里盖特　歌星、舞星、休斯发掘的新人和情人。休斯结婚时，她告诉他："开心生活。"现在，她居住在洛杉矶，为一名眼科专家工作。

卡拉·芭琳达　真名萨莉·布里丝，她是休斯在好莱坞发掘的新人，事实上，她是在休斯的保护和控制下长大的。早期她曾为雷电华公司拍过电影，后来活跃在电视屏幕上。

菲丽斯·布鲁克斯　二十世纪三十年代可爱的黑美人，曾与休斯约会，但她后来喜欢上了休斯的朋友加利·格兰特，并与其订婚。

南希·卡洛尔　早期脱口秀明星，她有一头红发，在一次约会时，她被休斯撇在了床上。

赛德·查理斯　米高梅音乐剧的首席舞星，曾受到过休斯的疯狂追求，但她最终选择了歌唱家托尼·马丁作为自己的终身伴侣，而不是这位亿万富翁。

莎丽莉·康隆　天真无邪的印第安纳州少女，因为偶然登上《生活》杂志的封面而被休斯发现；一个星期之后，她来到拉斯维加斯。后来，她从事电视新闻的幕后工作。

琼·克劳馥 尽管对她已婚的身份心知肚明,休斯还是对其紧追不舍,并承诺说,只要她跟自己约会,就会送给她一个"大礼物"。在到好莱坞之前,她得过查尔西顿选美大赛的冠军,后因饰演咄咄逼人的女强人和失职的母亲而闻名(像她的一九四五年奥斯卡获奖影片《欲海情魔》)。她的女儿克莉斯蒂娜在传记《亲爱的妈咪》(1978)一书中对此有过描述。

琳达·达内尔 天真的性感明星,曾出演《永远的琥珀》和《佐罗》。为了休斯,她抛弃了摄影师丈夫,并准备放弃自己的事业,但休斯毫不客气地离开了她。

贝蒂·戴维斯 华纳兄弟公司的影星,两次获得奥斯卡金像奖,曾在马里布与休斯度过一个夏天——直到被她的丈夫和一名侦探捉奸在床。晚年时,她承认自己对休斯用情很深。

伊冯娜·德·卡洛 永远的酒吧女郎,前舞星,在《莎乐美之七面纱舞》一片中声名鹊起。二十世纪四十年代中期曾与休斯有过两年的地下恋情。她因在电视剧《明斯特一家》扮演丽莉·明斯特而被电视观众熟知。

奥莉维拉·德·哈维兰 华纳兄弟公司的女演员,曾跟休斯约会,在得知休斯并不打算跟自己结婚后就离开了他。她演技成熟,曾两度获得奥斯卡金像奖(一九四六年的《风流种子》和一九四九年的《千金小姐》)。此前因在《乱世佳人》(1939)中饰演梅兰妮而广为人知。她把休斯对自己的注意归因于幸运。

菲斯·多默格 在第一次被休斯注意到的时候,她才十几岁,乌发碧眼,摄人心魄。直到二十岁时,休斯才开始跟她恋爱。在休斯的安排下,她出演了《世仇》(1950)。此后她参加了一系列低成本影片的拍摄,包括科幻片《地球岛》。

比莉·德芙 齐格菲歌舞团历史上"最漂亮的女孩"。曾与休斯订婚,并保持了相当长的一段关系,后来,她与农场开发商罗伯特·肯尼斯通结婚,并成为慈善家和艺术家。

琼·芳登 奥莉维拉的妹妹,休斯在追求奥莉维拉的时候,也同时追求着她。因《深闺疑云》(1941) 而获得奥斯卡奖。

布琳达·弗雷泽 被誉为"世纪美人"，与休斯在棕榈海滩和曼哈顿有一段浪漫史。

盖尔·甘莲 与休斯签约的最后一位小影星，她的前程由此走向毁灭。她在起诉状里揭发了休斯奇异的生活方式。在诸多影片里担任多个小角色之后，她成了一名很受欢迎的声效艺术家。

艾娃·加德纳 嗓音沙哑的性感明星，在受到休斯的诱惑后抛弃了丈夫米奇·鲁尼，之后又重新回到了他的怀抱。（她还曾嫁给乐队主唱阿尔特·肖和弗兰克·西纳塔。）她与休斯情人兼朋友的关系持续了二十年。一九五四年，在她的电影《赤足天使》中，亨弗莱·鲍嘉扮演了以休斯为原型的男主角。

凯瑟琳·格雷森 米高梅首席女高音歌唱家，并且是该电影公司最漂亮和最丰满的明星（她曾出演一九五一年的《画舫璇宫》和一九五三年的《刁蛮公主》）。她曾跟霍华德·休斯有过长达八年的感情，有三次差点儿结婚的经历。如今她依旧活跃在舞台上，并且仍住在休斯喜爱的都铎风格别墅里，她对休斯仍然充满深情。

简·格里尔 大眼睛美女，以扮演二十世纪四十年代黑色电影中的荡妇而出名，她以造星候选人的身份被介绍给休斯。但她最终嫁给了歌手鲁迪·威利，激怒了善妒的休斯。如今，她偶尔出现在电视屏幕上。

珍·哈露 金发丰乳，与休斯有过一段露水情缘，因在休斯的《地狱天使》中扮演女主角而扶摇直上。但休斯很不明智地把她的合同卖给了米高梅公司，而后者使哈露成为电影史上一颗不落的明星。哈露二十六岁时英年早逝，此后休斯一直与她的母亲保持着密切关系。

苏珊·海华德 奥斯卡金像奖获得者（一九五八年的《我要活下去》），她有一头红发，意志坚强，她一度认为自己可能成为第二个休斯夫人。休斯追求了她七年，但这段感情在休斯的新年除夕夜游戏后被她毅然放弃。

丽塔·海华丝 当与休斯在玛丽昂·戴维斯的圣莫尼卡别墅如火如荼地

热恋时，她还是电影制作人奥尔森·威尔士的太太。作为二十世纪四十年代最迷人的影星之一——投向比基尼岛的那颗原子弹上就贴着她的照片——在《吉尔达》等影片中，她展示了让人头晕目眩的性感。后来她嫁给了全球富豪普林斯·阿里·可汗。

凯瑟琳·赫本　典型的贵族演员，有强烈的独立意识，是好莱坞有史以来最有天赋的演员之一，曾四次获得奥斯卡奖。休斯和斯宾塞·屈赛是她一生中最爱的两个男人。（休斯把她的情书锁在一个保险柜里，直到去世后才被发现）。

芭芭拉·赫顿　"可怜的富家女"，在休斯与赫本订婚期间，她曾跟休斯上过床，但他们的恋情只持续了十天。赫顿的去世与休斯如出一辙：被遗弃在一个饭店套间里，悄然离世。

齐齐·让迈尔　身材袅娜的罗兰德·珀蒂芭蕾公司女星，在好莱坞露天剧场的一场滑稽剧表演中吸引了休斯的注意力。为了把她留在洛杉矶，休斯花钱买下她所在公司的全部演出，以此博得她的欢心。

多萝茜·乔丹　曾与休斯订过婚，二十世纪三十年代米高梅影星，后来她嫁给了电影制片人梅里安·库柏（《金刚》的导演）。

蒂米·兰辛　纽约社交界少女，曾被休斯追求，并成为休斯事实上的囚徒。后来她嫁给了著名漫画家彼得·阿诺。

珍妮特·利　米高梅音乐喜剧明星，她以新人的身份引起了休斯的兴趣，但后来她仅仅成为雷电华公司的一名演员。在《惊魂记》（1960）一片中扮演阿尔弗雷德·希区柯克导演的女主角而出名，她还因为有一个著名的女儿——女演员詹米·李·克蒂斯而闻名。她常常用幽默的语气来回忆她跟休斯的那段经历。

吉娜·劳洛勃丽吉达　当休斯把她从意大利挖到美国的时候，她还没有成为意大利的性感明星。她拒绝被征服，七年里，休斯没有让她拍一部美国影片，他总是用合同上那些含糊其辞的条款来搪塞她。

艾达·卢皮诺　以出演强硬而严肃的"娘们儿"而闻名，在初次与休斯约会时，她才十六岁。"我妈妈陪我去赴约。"她声称。后来，他帮助她成长为一名导演。

玛丽安·马什　好莱坞传奇剧首屈一指的大牌影星，她认为休斯的变化是由他在三十年代招来的那些保镖人为造成的。现在，她是加利福尼亚棕榈沙漠的一名社区领导人，这个社区组织是她和她后来的丈夫、飞行员克利夫·亨德森一起创建的。

弗吉尼亚·梅奥　金发性感女郎（在一九四六年《黄金时代》一片中，她扮演达纳·安德鲁招蜂引蝶的妻子），她并不喜欢休斯为她安排的纽约之行——因为她晕机。

玛丽莲·梦露　在观看了她的早期影片《无需敲门》之后，休斯被她迷得神魂颠倒。

泰瑞·摩尔　时髦的"永远的小影星"，在出演《兰闺春怨》（1952）和《冷暖人间》（1957）等好电影之前，她曾与一只大猩猩合演了《巨猩乔阳》。在休斯的遗产争夺战中，她宣称曾经跟休斯在海上举行过婚礼。她得到了一笔安置费。在一九八四年的回忆录《美女和亿万富翁》中，她详细叙述了休斯的丰功伟绩。现在，她正在撰写休斯的"自传"，她声称她正在集中精力完成这部作品。

简·皮特斯　朴素迷人的二十世纪福克斯公司影星，在与休斯结婚前，两个人已经断断续续地一起生活了十年。两人于一九五七年结婚。她最著名的影片有：与泰隆·鲍沃合演的《常胜将军》（1947），与马龙·白兰度合演的《萨巴达传》（1952）和《飞瀑欲潮》（1953），在该片中她饰演玛丽莲·梦露。在一九七一年与休斯离婚后，她嫁给了电影制片人斯坦利·霍夫，他们的婚姻一直持续到一九九二年霍夫去世。皮特斯一直积极从事慈善工作，她拒绝接受有关她与休斯的婚姻的采访。

金格尔·罗杰斯　二十世纪三四十年代著名的优雅影星。银幕上她与弗雷德·阿斯泰尔是好搭档；银幕下，她的爱人是休斯。当她离开的时候，休斯为此痛哭。

简·拉塞尔　虽然休斯始终没有把她骗上床，但休斯喜欢她踏实的风度，她的独立和她那绝妙的身材，特别是《不法之徒》一片中被休斯大加渲染的胸部。她出演过二十世纪五十年代的许多影片，深得休斯信任，时至今日仍然是声名不减。

伊冯娜·舒伯特　十五岁的她被五十岁的休斯发现时，是一个充满理想的歌手。她是休斯最后的狂恋，也是真正爱休斯的"后宫佳丽"之一。她是简·皮特斯最大的竞争对手。她的歌唱生涯断断续续一直持续至今。

简·西蒙斯　一位温文尔雅的影星，在《红男绿女》（1955）以及《斯巴达克斯》（1960）中扮演女主角。当休斯买下她的合同时，她以为自己的演艺生涯会就此打住，她认为"他会把我扔到卫生间里"。她通过一场诉讼来反击休斯。时至今日，她依然认为她跟休斯的那段往事是"一段愚蠢的时期"。

伊丽莎白·泰勒　当休斯在贝弗利山旅馆看到她的时候，她还是个十几岁的少女，她和父母很快就与这位百万富翁飞往拉斯维加斯共度周末。

乔伊斯·泰勒　少女歌手出身，看上去比真实年龄成熟。五十年代，休斯签下了她，但一直没有给她安排角色。在出演了《失落的大地》（1961）和《美女与野兽》（1963）等科幻片和惊悚片之后，她才再次进入人们的视野。如今，她居住在科罗拉多州，以写诗打发时间。"我曾对他恨之入骨。现在想起来，我又同情他。"

基妮·蒂尔内　影坛公认的大美女，在《劳拉》（1944）和《狂恋》（1945）等经典影片中担任女主角。在与设计师奥雷格·卡西尼婚前和婚后，她都跟休斯保持着不间断的约会。虽然休斯对她有明显的企图，但蒂尔内还是很感激他，因为他为她那个智力发育迟缓的女儿提供了慷慨的医药资助。

拉娜·特纳　这个"大胸美女"是休斯的未婚妻——休斯把她一个人扔在了结婚圣坛上。当她在《邮差总按两次铃》（1946）中扮演谋杀丈夫的妻子的时候，她那冷冰冰的金发美人形象和喷薄欲出的性感表现得恰如其分。在一九八八年出版的自传里，她把自己跟休斯的关系尽可能地轻描淡写。（特纳曾多次结婚，其中一任丈夫是阿尔特·肖，而肖也有过多次婚姻，其中一任妻子就是休斯的情妇艾娃·加德纳）。

格罗里娅·范德比尔特　一位文弱忧郁的、初入社交界的少女，出身于美国最具声望的家族。曾与休斯有过短暂的订婚，当她开始跟他的朋友帕特·德·奇科约会的时候，休斯离开了她。后来，她成为时装女王，曾在她的回忆录里写过休斯。

资料来源说明

当霍华德·休斯在阿卡普尔科过世前，他已在毒品的麻痹下昏迷不醒，而病痛也让他饱受折磨，但还有一种想法让他感到安慰。他强烈地认为，随着他的去世，他那些私人故事和感情经历——现代历史上最为令人瞠目结舌的感情故事——将跟他自己一起长埋于地下。他一直对自己的名声有着嘉宝式的理念，他认为，只要一个人的故事被掩藏得密不透风并保持神秘，那么他的传奇故事就会沉入人们的心底，并更加神秘。

因此，从二十世纪六十年代晚期开始，休斯就制订了一个作战计划，以确保他的秘密跟他本人一同被埋葬。

他的高管、助手、情人甚至他的太太简·皮特斯，都曾被迫签订保密协议，发誓绝不向外界透露他们与这位二十世纪的巨人、经历复杂和备受折磨的天才之间的关系。不仅如此，在他一九六五年开始起草的遗愿和遗嘱中——在他的助手内丁·亨利、律师格雷格·鲍泽和其他人的帮助下——他规定，一旦他去世，存放在洛美因总部的私人材料必须悉数销毁。

据亨利说，休斯甚至规定，只有把他二十万页的档案撕毁并焚为灰烬之后，才能对他留下的财产进行分配。

这一切完全可能按他的计划进行，可惜，在他过世之前，他的遗嘱和所有的文件都已经无影无踪了。

随着遗嘱的消失，休斯那永守秘密的愿望也随之落空了。

由于他的帝国横跨六个州，有三个州都宣称休斯是他们的合法居民，因此，洛美因总部被来自得克萨斯、内华达和加利福尼亚的律师、助理司法部长和法院官员挤得水泄不通，他们翻遍了所有有关休斯的档案和个人记录，查找着记录休斯生活细节的所有物证，从他在得克萨斯的童年生活一直到他在墨西哥的最后一支致命的可待因。

他的绝大部分私人资料都被秘密看管，直到得克萨斯、内华达、特拉华和加利福尼亚的法庭为他的遗产而争执不休时，才被公布于众。

从一九九二年到一九九三年，经过我们不懈的努力——包括一百多封信件，不计其数的电话，两次亲赴得克萨斯，无数次亲赴内华达——最后，我们终于得到了堆积如山的资料中的大部分。书中的许多信息都是首次公布的。

尽管这些资料很珍贵，但它们并没有成为休斯这部传记的核心和灵魂。本书真正的核心是人物采访——数百个人接受了采访，为此我们跑遍了十五个州，甚至还去了墨西哥、欧洲和加拿大——对休斯的助手、作家、医生、律师以及其他曾经对他的生平做过调查的人。

在这份说明中，有些资料来源还需要做出特别的认定。具体如下：

单行记录多达一万页，详细记载了休斯从一九三〇年到过世前的大部分行动、饮食、电话和会面。迄今为止，这些信息是第一次披露。

休斯和他的第一位夫人、休斯敦名媛埃拉·莱斯·休斯之间的信件和电报。这些材料帮助我们解释了有关休斯第一场婚姻的诸多谜团。

监视记录，是休斯的私人侦探弗兰克·安吉尔和杰弗·乔纳德对休斯所有的女朋友所做的记录，从艾娃·加德纳到休斯的第二任太太简·皮特斯，从小影星泰瑞·摩尔到休斯的最后一位情人伊冯娜·舒伯特。

联邦调查局关于休斯的秘密档案，开始于一九四二年FBI特工对休斯的跟踪，一直到"水门事件"丑闻结束。得益于比尔·克林顿总统更加灵活的

《情报公开法》，我们得到了这份两千一百多页的绝密档案，包括窃听霍华德的电话和爱巢所记载下来的私人记录。

吉米·拉塞尔的录像档案。由拉塞尔（简·拉塞尔的弟弟）剪辑而成的休斯生平的纪录片。在简·拉塞尔小姐的帮助下，我们拿到了偷拍的休斯那些过世已久的助手——格伦·欧德科克和内丁·亨利——冗长的采访视频。通过这些录像带，我们挖掘出了不少鲜为人知的事实，使我们对休斯的了解取得了突破性的进展。

我们还对休斯的前安全主管杰弗·乔纳德进行了一系列的采访，每次采访长达数小时。在过去的年月里，乔纳德负责处理休斯与情人们的关系，他的情人既有著名影星，也有默默无闻的影坛新秀。在乔纳德的帮助下，我们找到了一些小影星，在五十年代时，她们始终等待着休斯对她们的召唤。

HOWARD HUGHES: The Untold Story by Peter Harry Brown and Pat H. Broeske

Copyright © 1996 by Peter Harry Brown and Pat H. Broeske

Simplified Chinese translation copyright © 2016 by New Star Press Co., Ltd.

Published by arrangement with Da Capo Press, a Member of Perseus Books LLC

through Bardon-Chinese Media Agency 博达著作权代理有限公司

ALL RIGHTS RESERVED

图书在版编目（CIP）数据

霍华德·休斯传 ／（美）彼得·布朗，（美）佩特·布罗斯科著；刘科译 .
-- 北京： 新星出版社，2017.1

ISBN 978-7-5133-2370-3

Ⅰ . ①霍… Ⅱ . ①彼… ②佩… ③刘… Ⅲ . ①休斯 (Hughes, Howard 1905-1976) - 传记
Ⅳ . ① K837.125.38

中国版本图书馆 CIP 数据核字（2016）第 282577 号

传记文库

霍华德·休斯传

(美)彼得·布朗，(美)佩特·布罗斯科 著　刘科 译

责任编辑： 孙志鹏
特约编辑： 王　萌
责任印制： 李珊珊
装帧设计： 一千遍工作室

出版发行： 新星出版社
出 版 人： 谢　刚
社　　址： 北京市西城区车公庄大街丙3号楼　　100044
网　　址： www.newstarpress.com
电　　话： 010-88310888
传　　真： 010-65270449
法律顾问： 北京市大成律师事务所

读者服务： 010-88310811　　service@newstarpress.com
邮购地址： 北京市西城区车公庄大街丙 3 号楼　　100044

印　　刷： 北京汇瑞嘉合文化发展有限公司
开　　本： 660mm×970mm　　1/16
印　　张： 30
字　　数： 420千字
版　　次： 2017年1月第一版　2017年1月第一次印刷
书　　号： ISBN 978-7-5133-2370-3
定　　价： 59.00元